The Definitive ANTLR 4 Reference

Terence Parr

The Pragmatic Bookshelf
Dallas, Texas • Raleigh, North Carolina

The Definitive ANTLR4 Reference

오픈소스 ANTLR4 입문

김종배 · 이민규 · 마상혁 · 김찬회 · 최용락 옮김

Terence Parr

한티미디어

역자 약력

김종배
숭실대학교 SW특성화대학원 교수(공학박사)

이민규
숭실대학교 SW특성화대학원(석사과정)

마상혁
숭실대학교 대학원 IT정책경영학과(박사과정)

김찬회
산림청 정보통계담당관실(과장/공학박사)

최용락
숭실대학교 SW특성화대학원 교수(공학박사)

오픈소스 ANTLR4 입문

발행일 2016년 3월 8일 1쇄
2017년 8월 3일 2쇄
지은이 Terence Parr
옮긴이 김종배 · 이민규 · 마상혁 · 김찬회 · 최용락
펴낸이 김준호
펴낸곳 한티미디어 | 주 소 서울시 마포구 연남로 1길 67 1층
등 록 제15-571호 2006년 5월 15일
전 화 02)332-7993~4 | **팩 스** 02)332-7995
ISBN 978-89-6421-249-3
정 가 23,000원

마케팅 박재인 최상욱 김원국 | **관 리** 김지영
편 집 이소영 박새롬 김현경 | **표 지** 박새롬 | **본 문** 이경은

이 책에 대한 의견이나 잘못된 내용에 대한 수정정보는 한티미디어 홈페이지나 이메일로 알려주십시오.
독자님의 의견을 충분히 반영하도록 늘 노력하겠습니다.
홈페이지 www.hanteemedia.co.kr | **이메일** hantee@empal.com

Our Pragmatic courses, workshops, and other products can help you and your team create better software and have more fun. For more information, as well as the latest Pragmatic titles, please visit us at http://pragprog.com.

Cover image by BabelStone (Own work) [CC-BY-SA-3.0 (http://creativecommons.org/licenses/by-sa/3.0)], via Wikimedia Commons:
http://commons.wikimedia.org/wiki/File%3AShang_dynasty_inscribed_scapula.jpg

The team that produced this book includes:

Susannah Pfalzer (editor)
Potomac Indexing, LLC (indexer)
Kim Wimpsett (copyeditor)
David J Kelly (typesetter)
Janet Furlow (producer)
Juliet Benda (rights)
Ellie Callahan (support)

Printed in the United States of America.
ISBN-13: 978-1-93435-699-9
Encoded using the finest acid-free high-entropy binary digits.
Book version: P2.0—September 2014

감사의 글

내가 ANTLR을 개발한 지 대략 25년이 되었다. 그 당시 문법과 기능의 틀을 잡는 데 많은 사람들이 도움을 주었다. 특히 ANTLR 4의 공동 개발자인 Sam Harwell[1]에게 감사를 전한다. Sam은 소프트웨어 개발을 도왔을 뿐만 아니라, 어댑티브 LL(*) 그래머 분석 알고리즘에 지대한 공헌을 했다. 그는 또 ANTLRWorks2 그래머 IDE를 개발하고 있다.

또한 테크니컬 리뷰를 해준 Oliver Ziegermann, Sam Rose, Kyle Ferrio, Maik Schmidt, Colin Yates, Ian Dees, Tim Ottinger, Kevin Gisi, Charley Stran, Jerry Kuch, Aaron Kalair, Michael Bevilacqua-Linn, Javier Collado, Stephen Wolff, and Bernard Kaiflin 에게 감사드린다.

그리고 이 책과 ANTLR 4 소프트웨어의 베타버전에 대한 에러 리포트를 해준 분들에게도 감사드린다. 그중에서도 특히 Kim Shrier and Graham Wideman은 매우 상세한 리뷰를 제공해 주었다. Graham 의 테크니컬 리뷰는 매우 정교하고, 볼륨감있으며 광범위한 것이었다.

마지막으로 세 권의 책을 함께 작업해 온 Pragmatic Bookshelf 편집자인 Susannah Davidson Pfalzer의 조언과 세심한 편집에 감사드린다.

1 http://tunnelvisionlabs.com

환영합니다!

ANTLR4는 강력한 파서Parser 생성기Generator로 구조화된 텍스트나 바이너리 파일을 읽고, 처리하고, 실행하거나 번역하기 위해 사용할 수 있다. 여러 종류의 프로그래밍 언어, 툴 및 프레임워크를 개발하기 위해 학계와 산업계에서 광범위하게 사용되고 있다. 예를 들어, 트위터Twitter 검색 기능에서는 쿼리 파싱Query Parsing을 위해 ANTLR을 사용하여 하루에 20억 개의 쿼리를 처리한다. 또한 Hive와 Pig, 데이터 웨어하우스 및 Hadoop 분석 시스템 언어가 모두 ANTLR을 사용한다. Lex Machina[1]는 법률 문서로부터 정보를 추출하기 위해 ANTLR을 사용한다. 오라클Oracle도 SQL Developer IDE와 마이그레이션Migration 툴 내에서 ANTLR을 사용한다. NetBeans IDE도 ANTLR로 C++를 파싱한다. Hibernate 객체 관계형 매핑 프레임워크Object-relational Mapping Framework의 HQL도 ANTLR로 만들어졌다.

또 이런 큰 기업이 아니더라도 구성 파일 리더Configuration File Reader, 레거시Legacy 코드 변환기, 위키 마크업 렌더러Wiki Markup Renderer, JSONJavaScript Object Notation 파서 등과 같은 다양한 종류의 유용한 툴을 개발할 수 있다. 저자도 과거에 ANTLR로 객체 관계형 데이터베이스 매핑, 3D 가시화를 구현하기도 했고, 분석 코드를 자바Java 코드로 삽입하거나, 강의를 위한 간단한 DNA 패턴 매칭 예제를 만들기도 했다.

정형언어서술을 그래머Grammar라 부른다. ANTLR은 각 언어에 대한 파서를 생성한다. 파서는 자동으로 파스 트리Parse Tree를 만든다. 파스 트리는 데이터 구조로 그래머가 어떻게 입력과 매치Match하는지를 나타낸다. 또한 ANTLR은 자동으로 트리 탐색기Tree Walker

1 http://lexmachina.com

를 생성하며, 응용 프로그램에 특화된 코드Application-specific Code를 실행하는 트리 노드를 찾는 데 사용할 수 있다.

이 책은 ANTLR v4의 참고서이자 언어 인식 문제를 해결하는 데 사용되는 가이드이다. 다음과 같은 내용을 설명한다.

- 독자적인 그래머를 구축하기 위한 참조 매뉴얼과 랭귀지 샘플 안의 그래머 패턴 식별 방법
- 간단한 언어인 JSON뿐만 아니라 복잡한 프로그래밍 언어인 R을 위한 그래머 빌드 방법(파이썬Python과 XML의 다소 어려운 인식 문제도 해결할 수 있다)
- 자동으로 생성된 파스 트리를 통한 그래머를 기반으로 랭귀지 응용 프로그램을 구현하는 방법
- 특정 응용 프로그램 도메인에 대한 인식 에러 핸들링과 에러 리포팅을 커스터마이즈하는 방법
- 자바 액션을 그래머에 삽입하여 파싱을 완전하게 제어하는 방법

다른 교재와 달리 이 책에서는 랭귀지 응용 프로그램 구축을 위한 출발점을 제공할 뿐 아니라, 보다 더 구체적인 사례를 제공하기 위해 예제 중심으로 설명한다.

누구를 위한 책인가?

이 책은 특히 데이터 리더Data Reader, 인터프리터Interpreter 및 변역기Translator 등의 개발 방법을 배우고 싶은 프로그래머를 대상으로 한다. 이 책은 물론 ANTLR로 어떻게 빌드하는지에 관한 내용이 중심이지만, 파서와 렉서Lexer에 관한 일반적인 내용도 배운다. 초보자뿐만 아니라 전문가도 ANTLR4를 효율적으로 사용하기 위해 이 책이 필요하다. III부의 고급 주제를 이해하려면, 이전 장을 학습하여 ANTLR에 관한 경험이 필요하다. 또 독자가 이 책을 완전히 이해하기 위해서는 자바를 알아야 한다.

Honey Badger 릴리스

ANTLR4는 YouTube에서 센세이션을 일으킨 "The Crazy Nastyass Honey Badger[2]"에서 이름을 따온 "Honey Badger" 릴리스이다[3]. 어떤 그래머를 주더라도 욕 나오지 않게 한다!

ANTLR V4의 장점?

ANTLR V4 릴리스는 몇 가지 중요한 신규 기능을 가진다. 습득 시간이 줄어들었고, 그래머와 프로그래밍 언어 개발이 더 쉬워졌다. 가장 중요한 신규 기능은 ANTLR4가 모든 그래머를 받아들일 수 있다는 것이다(단, 간접 왼쪽 회귀Indirect Left Recursion는 예외이다). ANTLR이 그래머를 실행 가능하고 사람이 판독 가능한 파싱 코드로 번역하기 때문에, 그래머 충돌Conflict이나 모호성Ambiguity 경고가 없다.

만일 ANTLR이 생성한 유효 입력값을 준다면, 그래머가 아무리 복잡하더라도 파서는 항상 적합하게 입력을 인식할 것이다. 물론 그래머가 정확하게 언어를 기술하였는지는 당신이 판단해야 한다.

ANTLR 파서는 저자가 Sam Harwell[4]과 공동 개발한 어댑티브 LL(*)[5]나 ALL(*)All Star라 부르는 신규 파싱 기술을 사용한다. ALL(*)는 ANTLR v3의 LL(*)의 확장으로 생성된 파서가 실행되기 전에 런타임 시, 동적으로 그래머를 분석한다. ALL(*) 파서가 실제 입력 시퀀스Sequence를 접근하기 때문에, 그래머를 적합하게 엮음으로써 시퀀스 인식 방법을 항상 이해할 수 있다. 한편 정적 분석은 가능한 모든(무한히 긴) 입력 시퀀스를 고려해야 한다.

실제적으로 ALL(*)은 ANTLR v3같은 다른 파서 생성 툴과 달리 그래머 기반 파싱 전략

---

2 http://www.youtube.com/watch?v=4r7wHMg5Yjg

3 〈역자주〉 뭐든지 먹어 치우는 오소리를 보고 뭐든지 처리하는 툴이라는 의미로 명칭을 가져온 듯 하다.

4 http://tunnelvisionlabs.com

5 Left to right scanning and Left parse

에 맞추기 위해 고생할 필요가 없다. ANTLR v3의 모호성 경고나 yacc[Yet Another Compiler Compiler]의 충돌 해소에 골머리를 앓았다면, ANTLR v4가 해결해 줄 수 있다!

다음으로 놀라운 신규 기능은 ANTLR v3가 구문론(통사론)적 구조를 매치하는 데 사용되는 그래머 룰(프로그래밍 언어의 산술식과 같다)을 아주 간단하게 만들었다는 것이다. 표현식은 ANTLR 그래머를 명세하는 데 있어 항상 귀찮은 일거리였다. ANTLR v3 같은 전통적인 하향식 파서 생성기에서는 표현식을 인식하는 가장 자연스러운 그래머를 인식하지 못했다. 이제 v4에서 다음과 같이 룰과 표현식을 매치할 수 있다.

```
expr : expr '*' expr      // '*' 연산자와 조인하여 하위 표현식을 매치
     | expr '+' expr      // '+' 연산자와 조인하여 하위 표현식을 매치
     | INT                // 간단한 정수 매치
     ;
```

expr 같은 자체 참조 룰[Rule]은 왼쪽 회귀[left recursive]이다. 최소한 하나의 선택적 얼터너티브[alternatives]가 즉시 자체 참조를 수행한다.

ANTLR v4는 expr 같은 왼쪽 회귀 룰을 균등 비왼쪽 회귀[nonleft-recursive equivalents] 대상으로 자동으로 재작성한다. 한 가지 제약점은 룰이 자체를 즉시적으로 참조하도록 왼쪽 회귀가 직접적이어야 한다는 것이다. 룰들은 토큰[Token]을 매치하지 않고 원래 룰을 참조하기 위해 궁극적으로 돌아오는 얼터너티브 왼쪽의 다른 룰을 참조할 수 없다. 상세한 정보는 5.4절 "*우선순위, 왼쪽 회귀 및 결합 다루기*"를 참조하기 바란다.

이 두 가지 그래머 관련 향상 외에도, ANTLR v4에서는 랭귀지 응용 프로그램 빌드가 보다 더 쉬워졌다. ANTLR이 생성한 파서는 파스 트리라 부르는 편리한 입력 표현을 자동으로 빌드한다. 파스 트리는 관심 있는 구성체[construct]를 찾아 코드를 트리거할 수 있다. 이전 v3 사용자는 트리 작업으로 그래머를 보강해야 했다. 트리를 자동으로 생성하는 기능 외에도, ANTLR v4에서는 리스너[Listener]와 비지터[Visitor] 패턴 구현 형식으로 파스 트리 탐색기[Walker]를 자동으로 생성할 수 있다. 리스너는 XML 파서에서 트리거되는 SAX 이벤트에 대응하는 XML 문서 핸들러 오브젝트와 유사하다.

또 ANTLR v4는 v3와는 다르고 많은 신규 기능을 제공하기 때문에 배우기 쉽다.

- 가장 큰 변화는 그래머에 임베디드[Embedded] 액션을 강조하지 않고, 대신에 리스너와 비지터를 제공한다. 신규 메커니즘으로 응용 프로그램 코드와 그래프를 분리하며, 그래머 전반에 걸쳐 여러 코드 조각으로 분산하지 않고 캡슐화를 구현할 수 있다. 임베디드 액션 대신에, 생성된 파서를 다시 컴파일하지 않고 별개 응용 프로그램에서 동일 그래머를 재사용할 수 있다. 여전히 ANTLR은 임베디드 액션을 허용하지만 v4에서는 매우 향상되었다. 이런 액션은 고수준의 제어를 제공하지만, 그래머 재사용 관점에서는 바람직하지 않다.
- ANTLR이 파스 트리와 트리 탐색기를 자동으로 생성하기 때문에, v4에서는 트리 그래머를 빌드할 필요가 없다. 대신에 비지터 같은 설계 패턴을 사용할 수 있다. ANTLR 그래머 구문[Syntax]을 배우면, 실제 랭귀지 응용 프로그램을 구현하기 위해 자바 프로그래밍 언어를 쉽게 접목할 수 있다.
- ANTLR v3의 LL(*) 파싱 정책은 v4의 ALL(*)보다 취약하기 때문에, v3는 입력 문단을 적합하게 파싱하기 위해 종종 역추적[Backtracking]에 의존한다. 역추적은 파서가 동일 입력을 여러 번 역으로 파싱하기 때문에, 파서 전반에 걸쳐 단계별로 그래머를 디버그하기 어렵게 한다. 또한 역추적은 유효하지 않은 입력에 대해 파서가 적합한 에러 메시지를 보내기가 더 힘들다.

ANTLR v4는 저자가 대학원에서부터 25년간 만들어 온 결과이다. ANTLR4는 저자가 생각하고 추구하는 파서 생성기이고, 1980년부터 해결하려고 노력한 문제이다. 이제서야 그동안 추구해 온 문제를 해결했다.

책 내용

이 책은 ANTLR4에 관한 최상의 가장 완벽한 정보 소스이다. 무료 온라인 문서는 기본 그래머 구문과 의미를 공부하기에 충분하지만, ANTLR 개념을 상세하게 설명하지는 않는다. 이 책에서는 프로그래밍 언어에서 그래머 패턴을 어떻게 식별하는지와 ANTLR 그래머로 어떻게 표현하는지를 설명한다. 그리고 예제를 통하여 자체 랭귀지 응용 프로그램을 구축하는 데 필요한 정보를 제공한다. 또한 ANTLR에 관한 전반적인 내용뿐만 아니라, 고급 사용자가 되기 위한 밑거름 역할을 하고자 한다.

이 책은 4부로 구성되어 있다.

- I 부는 ANTLR을 소개하고 프로그래밍 언어에 관한 몇 가지 배경 지식을 제공하며, ANTLR의 기능에 관하여 설명한다. 구문을 짧게 맛보며 무엇을 할 수 있는지를 배운다.
- II 부는 그래머 설계를 설명하고, 트리 탐색기와 결합하여 그래머를 사용하는 랭귀지 응용 프로그램 구축을 설명한다.
- III 부는 ANTLR이 생성한 파서의 에러 처리를 어떻게 커스터마이즈하는지를 보여준다. 다음으로 트리 생성보다 효율적인 액션 삽입 방법을 배운다. 또 액션과 관련되어, 인식 문제를 처리하기 위해 파서 행태를 제어하는 의미 술어Semantic Predicate를 어떻게 사용하는지 배운다. 마지막 절에 XML 인식 및 파이썬의 문맥 인식 줄바꿈 문자 같은 몇 가지 언어 인식 문제를 해결한다.
- IV 부는 참조 섹션이고 ANTLR 그래머 메타 언어와 런타임 라이브러리를 사용하기 위한 룰을 개괄적으로 설명한다.

그래머와 언어 툴이 생소한 독자는 1장 "*ANTLR 개요*"와 2장 "*빅 픽처*"부터 읽으면 되고, ANTLR v3 경험자는 4장 "*퀵 투어*"부터 시작하면 된다.

책에 사용된 모든 예제의 소스 코드는 온라인으로 제공된다. 전자적으로 책을 읽을 경우에, 소스 코드 박스를 클릭하면 브라우저 윈도우에 코드가 나타난다. 종이 버전으로 본다면 책 웹사이트에서 소스 코드를 얻을 수 있다.[6]

모든 파일은 상단에 저작권 경고를 포함하고 있기 때문에, 파서의 입력으로 사용할 경우에는 *listeners* 코드 서브디렉터리의 *t.properties* 같은 저작권 경고를 제거하기 바란다. 전자적 버전을 사용하는 경우에는 아래와 같이 저작권 경고를 표시하지 않는다.

6 http://pragprog.com/titles/tpantlr2/source_code

```
listeners/t.properties
user="parrt"
machine="maniac"
```

ANTLR 온라인

웹사이트 http://www.antlr.org에서 ANTLR 다운로드, ANTLRWorks2 GUI 개발 환경, 문서, 프리빌트 그래머, 예제, 논문 및 파일 공유 영역을 제공한다. 기술 지원 메일 리스트[7]는 초보자가 친숙한 공식 Google 그룹이다.

Terence Parr
University of San Francisco, November 2012

7 https://groups.google.com/d/forum/antlr-discussion

역자 서문

ANTLR은 다양한 타겟 언어에서 액션을 포함하는 문법 정의를 바탕으로 각 언어에 대응하는 파서를 생성해 주는 오픈소스 소프트웨어 엔진이다. 하나의 문장은 여러 개의 단어들로 구성되는데, 이러한 문장의 의미를 인식하려면 그 구조에 대해서 이해하고, 그 안에 있는 단어들이 어떠한 의미로 사용되었는지를 파악해야 한다. 이때 단순한 문장의 경우에는 문자열 형태로 읽은 문장을 각각의 단위 요소로 분해하여 의미를 해석하면 된다. 하지만 우리가 작성하는 소프트웨어의 소스 코드와 같은 문장들은 각 문장 안에 또 다른 문장들을 반복적으로 포함하는 복잡한 형태를 가지고 있다. 이를 코딩으로 해석하려 한다면 이 자체가 굉장한 작업이 아닐 수 없다. 이러한 문제를 손쉽게 해결해 줄 수 있는 것이 Lex(Lexical Analyzer)와 같은 파싱 기술인데, 이를 지원하는 오픈소스 소프트웨어가 ANTLR이다. ANTLR은 자체 문법을 통해서 Lex를 자동으로 만들어 주고, 이를 통해 복잡한 문자열을 파싱할 수 있는데 트리 구성, 트리 순회, 번역, 오류 회복, 오류 알림 등의 뛰어난 기능을 가지고 있다. 그래서 현재 한 달에 약 5,000건 이상의 ANTLR 소스가 다운로드되고 있다.

이 책은 ANTLR을 개발한 저자가 직접 집필한 책으로 ANTLR의 바이블이라 할 수 있다. 이러한 책을 번역한다는 것이 한편으로는 상당한 부담이었기에, 당초 역자들은 이 책의 일부만을 번역하여 내부 교육용으로 활용하고 있었다. 그러나 ANTLR이 국내 개발자들 사이에서도 상당히 많이 사용되고 있음에도 불구하고 시중에 마땅한 한국어 도서가 없었기에, 고심 끝에 출간을 결심하게 되었다. 특히 이 책의 출간을 망설였던 것은 상당수의 용어가 한국어로 번역했을 때 어색할 정도로 일반적으로 사용되지 않는 말들이었기 때문이다. 이 점은 지금까지도 찜찜하게 남아 있는데, 이 때문에 원문의 용어를 최대한 병기하였으니 이에 대해 독자들의 양해를 바라는 바이다.

오랫동안 작업을 함께해 준 제자 이민규 군과 마상혁 이사님, 김찬회 박사님 그리고 최용락 교수님께 경의를 표한다. 또한 언제나 변함없이 오픈소스 소프트웨어 서적 출판을 지지해 주고 계시는 한티미디어 식구들과 김준호 대표이사님께 진심 어린 감사를 드린다.

CONTENTS

PART 1 ANTLR 개요 및 프로그래밍 언어

PART 3 고급 주제

PART 1

ANTLR 개요 및 프로그래밍 언어

I 부에서는 ANTLR을 설치하고, 예제 "hello world" 그래머를 연습하며, 랭귀지 응용 프로그램 개발의 개괄적 그림을 살펴본다. 이런 기본 지식으로, {1, 2, 3} 같은 중괄호의 정수를 인식하고 번역하는 그래머를 빌드한다. 최종적으로 여러 가지 예제 그래머와 응용 프로그램을 통하여 ANTLR 기능을 빠르게 습득한다.

CHAPTER 1

ANTLR 개요

이 책 앞부분의 목적은 ANTLR 기능의 개요를 설명하고, 랭귀지 응용 프로그램 아키텍처를 살펴보는 것이다. 먼저 개괄적 그림을 본 다음에 여러 가지 실제 예제를 통하여 체계적으로 ANTLR을 배우게 될 것이다. 시작하기 위해서 ANTLR을 설치하고 "hello world" 그래머 예제를 실습해 본다.

1.1 ANTLR 설치

ANTLR은 자바Java로 작성되었기 때문에, 시작하기 전에 자바를 설치해야 한다.[1] C#이나 C++ 같은 언어의 파서를 생성할 때에도 필요하다. ANTLR은 자바 버전 1.6 이상을 요구한다.

책에서 명령줄 쉘Shell을 사용하는 이유

책 전반에 걸쳐 ANTLR을 실행하고 응용 프로그램을 빌드하기 위해 명령줄(쉘)을 사용할 것이다. 프로그래머가 다양한 개발 환경과 운영체제를 사용하기 때문에, 운영체제 쉘이 가장 일반적인 인터페이스이다. 또한 랭귀지 응용 프로그램 개발의 각 단계와 빌드 프로세스를 명확하게 하기위해 쉘을 사용한다. 책에서는 일관되게 Mac OS X 쉘을 사용하지만, 명령은 모든 UNIX 쉘에서 동작하며, Windows는 약간 다르다.

1 http://www.java.com/en/download/help/download_options.xml

ANTLR의 설치는 antlr-4.0-complete.jar[2] 같은 최신 jar를 다운로드하고 적절한 위치에 저장하는 것이 전부이다. Jar는 ANTLR이 생성한 인식기(파서/렉서)를 컴파일하고 실행하는데 필요한 ANTLR 툴과 런타임 라이브러리를 실행하는 모든 필수 모듈을 포함하고 있다. 간단하게 말하면 ANTLR 툴은 그래머가 서술한 언어의 문장^Sentence^을 인식하는 프로그램으로 그래머를 변환한다. 예를 들어, JSON 같은 그래머인 경우 ANTLR 툴은 ANTLR 런타임 라이브러리부터 몇 가지 지원 클래스를 사용하여 JSON 입력을 인식하는 프로그램을 생성한다.

또한 jar는 트리 레이아웃 라이브러리[3]와 StringTemplate[4] 등 두 가지 지원 라이브러리를 포함하고 있다. StringTemplate는 코드와 기타 구조화된 텍스트를 생성하는 데 유용한 템플릿 엔진이다. 버전 4.0에서 ANTLR이 아직 ANTLR v3로 작성되었기 때문에, 완벽한 jar는 이전 버전 ANTLR도 가지고 있다.[5]

StringTemplate 엔진

StringTemplate는 소스 코드, 웹 페이지, 전자메일이나 기타 서식화된 텍스트 출력을 생성하는 자바 템플릿 엔진이다(C#, Python, Ruby, Scala 지원). StringTemplate는 여러 타겟의 코드 생성, 여러 사이트 스킨 및 국제화/로컬화에 특히 우수하다. jGuru.com에서 여러 해에 걸쳐 개발하였다. 또한 StringTemplate는 웹사이트를 생성하고 ANTLR 코드 생성에 강력한 기능을 제공한다. 자세한 정보는 http://www.stringtemplate.org/about.html를 참조하기 바란다.[5]

웹 브라우저를 통하여 웹사이트로부터 ANTLR을 수동으로 다운로드하거나, 명령줄 툴 *curl*을 사용하여 가져올 수도 있다.

```
$ cd /usr/local/lib
$ curl -O http://www.antlr.org/download/antlr-4.0-complete.jar
```

2 http://www.antlr.org/download.html, https://github.com/antlr/antlr4.

3 http://code.google.com/p/treelayout

4 http://www.stringtemplate.org

5 http://www.stringtemplate.org/about.html

UNIX에서 /usr/local/lib이 ANTLR 같은 jar를 저장하기 위한 적정 디렉터리이다. Windows인 경우 표준 디렉터리가 없기 때문에, 일반 프로젝트 디렉터리에 저장하면 된다. 대부분의 개발 환경에서 랭귀지 응용 프로그램 프로젝트에 따라 jar를 저장하면 된다. 변경해야 하는 스크립트나 파일은 없다. 단지 자바가 jar를 찾을 수만 있으면 된다.

책에서는 명령줄command line을 사용하기 때문에, CLASSPATH[6] 환경변수를 설정해야 한다. CLASSPATH를 설정하면 자바가 ANTLR 툴과 런타임 라이브러리를 찾을 수 있다. UNIX 시스템인 경우, 셸에서 다음을 실행하거나 셸 스타트업 스크립트에 추가하면 된다(bash 셸인 경우 .bash_profile):

```
$ export CLASSPATH=".:/usr/local/lib/antlr-4.0-complete.jar:$CLASSPATH"
```

현재 디렉터리 식별자인 "."에 주의해야 한다. "."이 없으면 자바 컴파일러와 Java VM이 현재 디렉터리의 클래스를 찾을 수 없다. 항상 현재 디렉터리로부터 대상을 컴파일하고 테스트한다.

ANTLR 툴을 실행하여 설치가 정확하게 되었는지를 확인할 수 있다. Java -jar 옵션으로 직접적으로 jar 디렉터리를 참조하거나 org.antlr.v4.Tool 클래스를 호출하면 된다.

```
$ java -jar /usr/local/lib/antlr-4.0-complete.jar        # launch org.antlr.v4.Tool
ANTLR Parser Generator Version 4.0
  -o ___                specify output directory where all output is generated
  -lib ___              specify location of .tokens files
...
$ java org.antlr.v4.Tool  # launch org.antlr.v4.Tool
ANTLR Parser Generator Version 4.0
-o ___                  specify output directory where all output is generated
-lib ___                specify location of .tokens files
...
```

6 http://docs.oracle.com/javase/tutorial/essential/environment/paths.html

매번 이런 자바 명령을 실행하여 ANTLR을 실행하면 불편하므로, 별명Alias을 만들거나 쉘 스크립트를 만든다. 이책에서는 antlr4을 별명으로 사용하고 있기 때문에, 다음과 같이 UNIX에서 정의한다.

```
$ alias antlr4='java -jar /usr/local/lib/antlr-4.0-complete.jar'
```

아니면 다음 스크립트를 /usr/local/bin에 둔다(전자책인 경우에는 install/antlr4 제목을 클릭하여 얻는다).

install/antlr4

```
#!/bin/sh
java -cp "/usr/local/lib/antlr4-complete.jar:$CLASSPATH" org.antlr.v4.Tool $*
```

Windows인 경우, 다음과 같이 작성할 수 있다(C:₩libraries에 jar를 둔다고 가정하자).

install/antlr4.bat

```
java -cp C:\libraries\antlr-4.0-complete.jar;%CLASSPATH% org.antlr.v4.Tool %*
```

어떤 방식이던 이제 antlr4를 입력하면 된다.

```
$ antlr4
ANTLR Parser Generator Version 4.0
-o ___ specify output directory where all output is generated
-lib ___ specify location of .tokens files
...
```

헬프Help 메시지가 보이면 ANTLR을 사용할 수 있다.

1.2 ANTLR 실행과 인식기 테스트

Hello parrt와 hello world 같은 구문을 인식하는 간단한 그래머는 다음과 같다.

install/Hello.g4

```
grammar Hello;              // Define a grammar called Hello
r : 'hello' ID ;            // match keyword hello followed by an identifier
ID : [a-z]+ ;               // match lower-case identifiers
WS : [ \t\r\n]+ -> skip ;   // skip spaces, tabs, newlines, \r (Windows)
```

깔끔하게 정리하기 위해 Hello.g4 그래머 파일을 /tmp/test와 같은 디렉터리에 둔다. 그럼 다음에 ANTLR을 실행하고 결과를 컴파일한다.

```
$ cd /tmp/test
$ # copy-n-paste Hello.g4 or download the file into /tmp/test
$ antlr4 Hello.g4     # Generate parser and lexer using antlr4 alias from before
$ ls
Hello.g4                    HelloLexer.java     HelloParser.java
Hello.tokens                HelloLexer.tokens
HelloBaseListener.java  HelloListener.java
$ javac *.java          # Compile ANTLR-generated code
```

Hello.g4에 ANTLR 툴을 실행하면 HelloParser.java와 HelloLexer.java가 삽입된 실행 가능한 인식기를 생성한다. 그러나 언어 인식을 트리거하는 메인 프로그램은 가지고 있지 않다(다음 장에서 파서와 렉서를 배운다). 실제 응용 프로그램을 구축하기 전에 몇 가지 별개 그래머를 다룬다. 이것은 모든 신규 그래머를 테스트하는 메인 프로그램을 생성하는 것을 방지하기 위해 필요하다.

ANTLR은 TestRig라고 부르는 런타임 라이브러리에서 유연한 테스팅 툴을 제공한다. 어떻게 인식기가 파일이나 표준 입력으로부터 입력을 매치하는지에 관한 여러 가지 정보를 보여준다. TestRig는 컴파일된 인식기를 호출하기 위해 자바 리플렉션[Reflection]을 사용한다. 시작하기 전에 편리한 별명[Alias]이나 배치 파일을 만드는 것이 바람직하다. 책 전반에 걸쳐 grun을 호출할 것이지만, 사용자가 원하는 방식으로 호출해도 된다.

```
$ alias grun='java org.antlr.v4.runtime.misc.TestRig'
```

TestRig는 main() 메소드Method 같은 룰 이름으로 시작하는 그래머 이름을 받아들이고, 원하는 출력을 지시하는 여러 가지 옵션도 받아들인다. 인식 동안에 토큰을 생성하라고 지시할 수 있다. 토큰은 키워드 hello나 식별자 parrt 같은 어휘 심볼이다. 그래머를 테스트하기 위해 다음과 같이 grun을 시작한다.

```
➤ $ grun Hello r -tokens   # start the TestRig on grammar Hello at rule r
➤ hello parrt              # input for the recognizer that you type
➤ EOF                      # type ctrl-D on Unix or Ctrl+Z on Windows
❮ [@0,0:4='hello',<1>,1:0] # these three lines are output from grun
  [@1,6:10='parrt',<2>,1:6]
  [@2,12:11='<EOF>',<-1>,2:0]
```

grun 명령 다음에 줄바꿈 문자를 치면, 컴퓨터는 줄바꿈 문자 다음에 hello parrt 입력을 대기할 것이다. 그 시점에 표준 입력으로 읽기를 종료하기 위해 EOFend-of-file 문자를 입력해야 한다. 그렇지 않으면 프로그램은 무한정 기다릴 것이다. 인식기가 모든 입력을 읽은 다음에, TestRig는 grun에 –tokens 옵션 사용당 토큰 리스트를 출력할 것이다.

각 출력 라인은 단일 토큰을 나타내며 토큰에 관한 모든 정보를 보여준다. [@1,6:10=' parrt',<2>,1:6]의 의미는 다음과 같다. 토큰이 두 번째(0부터 시작) 토큰이고, 문자 위치가 6에서 10까지이며(0에서 시작), 값은 parrt이고, 토큰 타입은 2(ID)이고 라인 1에 있고(1에서 시작), 문자 위치는 6이다(0에서 시작하고 단일 문자로 탭을 카운팅).

LISP 스타일 텍스트 형식(루트-차일드)으로 파스 트리를 쉽게 인쇄할 수 있다.

```
➤ $ grun Hello r -tree
➤ hello parrt
➤ EOF
❮ (r hello parrt)
```

그러나 어떻게 그래머가 입력을 인식하는지를 보는 가장 쉬운 방식은, 가시적으로 파스 트리를 확인하는 것이다. grun -gui 옵션으로 TestRig를 grun Hello r -gui와 같이 실행하면 다음과 같은 다이얼로그 박스를 생성한다.

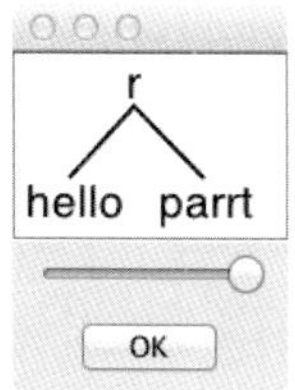

명령줄 옵션 없이 TestRig를 실행하면 헬프 메시지를 출력한다.

```
$ grun
java org.antlr.v4.runtime.misc.TestRig GrammarName startRuleName
  [-tokens] [-tree] [-gui] [-ps file.ps] [-encoding encodingname]
  [-trace] [-diagnostics] [-SLL]
  [input-filename(s)]
Use startRuleName='tokens' if GrammarName is a lexer grammar.
Omitting input-filename makes rig read from stdin.
```

책 전반에 걸쳐 이런 여러 가지 옵션을 사용하므로, 이를 간단하게 설명한다.

- -tokens: 토큰 스트림을 출력
- -tree: LISP 형식으로 파스 트리를 출력
- -gui: 파스 트리를 다이얼로그 박스로 가시적으로 보여줌
- -ps file.ps: PostScript으로 파스 트리의 가시적 표현을 생성하고 file.ps로 저장(책에서 제시한 파스 트리 그림은 -ps로 생성되었음)
- -encoding encodingname: 현재 설정에서 입력을 적절하게 읽지 못할 경우 TestRig 입력 파일 인코딩을 명세(예를 들어, 12.4절 "*XML의 파싱과 렉싱*"의 일본어 인코딩된 XML 파일을 파싱하기 위해 필요함)
- -trace: 룰 이름과 룰 enter/exit의 현재 토큰을 출력

• –diagnostics: 파싱 동안에 분석 메시지를 출력. 모호한 입력 구문 같은 비정상 상황에만 메시지를 생성
• –SLL: 약간 약한 파싱 전략이지만 더 빠르게 사용

이제 ANTLR을 설치하였고 간단한 그래머를 시험했다. 앞으로 다음 장에서 빅 픽처와 몇 가지 중요한 용어를 배울 것이다. 그런 후에 {1, 2, 3} 같은 정수 리스트를 인식하고 번역하는 간단한 Starter 프로젝트를 시도한다. 다음으로 ANTLR 기능을 설명하고 ANTLR이 적용되는 몇 가지 도메인을 제시한 4장 "*퀵 투어*"의 여러 가지 흥미로운 예제를 실습할 것이다.

CHAPTER 2

빅 픽처

앞 장에서 ANTLR이 설치되었고 어떻게 예제를 빌드하고 실행하는지를 학습했으며, 이제부터 빅 픽처를 살펴본다. 2장에서 랭귀지 응용 프로그램과 관련된 중요한 프로세스, 용어 및 데이터 구조를 배울 것이다. 또한 주요 ANTLR 오브젝트를 식별하고, ANTLR이 기본적으로 무엇을 해주는지에 관해 살펴볼 것이다.

2.1 메타 수집!

언어를 구현하기 위해 문장Sentence을 읽고 파스와 발견된 입력 심볼에 적절하게 대응하는 응용 프로그램을 빌드해야 한다(언어는 유효한 문장 세트로 문장은 구문으로 구성되며, 구문은 부구문과 어휘 심볼로 구성된다). 광범위하게 말해서 만일 응용 프로그램이 문장을 계산하거나 실행하면, 그 응용 프로그램을 인터프리터Interpreter라 부른다. 예제로는 계산기, 구성 파일 리더 및 파이썬Python 인터프리터가 있다. 만일 문장을 한 언어로부터 다른 언어로 변환하면 그 응용 프로그램을 트랜스레이터Translator라 부른다. 예제로는 Java to C# 변환기와 컴파일러가 있다.

적절하게 대응하기 위해 인터프리터와 트랜스레이터는 특정 언어의 모든 문법에 맞는 문장, 구문 및 부구문을 인식해야 한다. 구문 인식이란 다양한 컴포넌트를 식별할 수 있고, 다른 구문과 구별할 수 있다는 의미이다. 예를 들어, 프로그래밍 언어 할당 문장Statement으로 입력 sp=100;을 인식한다. 다시 말하면 sp를 할당 대상으로 100을 저장하는 값으로 알고 있다는 의미이다. 유사하게 만일 영어 문장을 인식할 때 주어, 술어 및 목적어 같은 언어의 부분을 식별한다. 할당 sp=100을 인식할 때, 랭귀지 응용 프로그램은 중요한 서술로 명확하게 구분할 수 있다. 인식이 된 다음에 응용 프로그램은 performAssignment("sp", 100)이나 translateAssignment("sp", 100) 같은 적합한 오퍼레이션을 수행한다.

언어를 인식하는 프로그램을 파서나 구문 분석기라고 부른다. 구문은 룰을 참조한다. 이 책에서는 언어 구문을 명세하는 ANTLR 그래머를 빌드한다. 그래머는 룰의 집합으로, 각 룰은 구문의 구조를 표현한다. ANTLR 툴은 그래머를 경험 있는 프로그래머가 수동으로 빌드할 수 있는 파서로 번역한다(ANTLR은 다른 프로그램을 작성하는 프로그램이다). 그래머 자체는 다른 언어를 명세하는 데 최적화된 ANTLR의 메타 언어Meta-Language 구문을 따른다.

파싱의 경우 두 개의 '유사하지만 별개인' 작업 또는 단계로 분할할 때 구문 분석이 더 쉬워진다. 구별 단계에서는 우리가 영어 텍스트를 읽는 방법을 답습한다. 문장Sentence을 문자 별로 읽지는 않는다. 대신에 단어Word 스트림으로 문장Sentence을 인지한다. 사람의 두뇌는 무의식적으로 문자 시퀀스Sequence를 단어로 그룹핑한다. 우리의 뇌 구조는 그래머적 구조를 인식하기 전에 단어를 사전에서 찾는다. 모르스Morse 부호의 경우 메시지를 읽기 전에 도트와 대시를 문자로 변환하기 때문에 프로세스가 더 분명하다. 이는 하와이 주 물고기인 Humuhumunukunukuapua'a와 같은 긴 단어를 읽을 때도 명백하다.

단어나 심볼(토큰)로 문자를 그룹핑하는 프로세스를 어휘 분석Lexical Analysis 또는 간단하게 토큰화Tokenizing라 부른다. 입력을 토큰화하는 프로그램을 렉서Lexer라고 한다. 렉서는 INT(Integer), ID(Identifier), Float(Floating-Point Number, 부동소수점) 등과 같이 관련된 토큰을 토큰 클래스나 토큰 타입으로 그룹핑한다. 렉서는 어휘 심볼을 타입으로 그룹핑한다. 토큰은 "토큰 타입(어휘 구조를 식별)"과 "렉서에 의해 토큰에 매치된 텍스트" 등 최소한 두 가지 정보로 구성된다.

두 번째 단계가 실제 파서이고 문장 구조를 인식하기 위해 토큰을 얻는데, 이 경우가 대입문assignment statement이다. 기본적으로 ANTLR이 생성한 파서는 어떻게 파서가 입력 문장의 구조와 컴포넌트 구문을 인식하는지 기록한 파스 트리Parse Tree나 구문 트리Syntax

Tree라 부르는 데이터 구조를 빌드한다. 다음 그림은 언어 인식기의 기본 데이터 흐름을 나타낸 것이다.

파스 트리의 내부 노드는 차일드를 식별하고 그룹핑하는 구문 이름이다. 루트 노드는 가장 상위의 추상 구문 이름이고, 이 예의 경우 stat[Statement]이다. 파스 트리의 지엽[Leaves]은 항상 입력 토큰이다. 심볼의 연속적 순차인 문장은 하드웨어가 사람처럼 자연스럽게 이해하게 하는 파스 트리의 직렬순차이다. 사람들 사이에서도 서로의 생각을 전달하려면, 단어 스트림을 사용하여 다른 사람의 머리에 동일한 파스 트리를 상기시켜야 한다.

파스 트리를 생성함으로써 파서는 어떻게 심볼을 구문으로 그룹핑하는지에 관한 완전한 정보를 가진 다른 응용 프로그램에 대해 용이한 데이터 구조를 제공한다. 트리는 후속 스텝에서 처리하기가 쉽고 프로그래머가 잘 이해할 수 있는 구조이다. 더욱 좋은 것은 파서가 자동으로 파스 트리를 생성할 수 있다는 것이다.

파스 트리를 운용함으로써 동일 언어를 인식할 필요가 있는 여러 응용 프로그램이 단일 파서를 재사용할 수 있다. 또 다른 선택으로 응용 프로그램에 특화된 코드를 그래머에 직접 삽입할 수도 있다(파서 생성기가 전통적으로 하는 방식). 이 방식은 ANTLR v4에서도 여전히 허용하고 있지만(10장 "*속성과 액션*" 참조), 사실 파스 트리가 보다 더 정돈되고 분리된 설계이다.

또한 파스 트리는 계산의 종속성 때문에 한 단계가 이전 단계로부터의 정보가 필요하여 여러 패스[Pass]를 요구하는 번역에 유용하다. 또 다른 경우에 파스 트리는 응용 프로그램의 복잡성 때문에 여러 단계를 코딩하고 테스트하는 것을 보다 더 쉽게 하는 수단이 될 수도 있다. 각 단계에서 입력 문자를 다시 파싱하는 것보다는 파스 트리를 여러 번 조회하는 것이 보다 더 효율적이기 때문이다.

룰 세트로 구문 구조를 명세하기 때문에, 파스 트리의 서브트리 루트는 그래머 룰 이름과 대응된다. 미리 살펴보면 그림에서 assign 서브트리의 첫 번째 수준과 대응되는 그래머 룰은 다음과 같다.

```
assign : ID '=' expr ';' ;  // match an assignment statement like "sp = 100;"
```

그래머를 사용하고 디버깅하기 위해서는 ANTLR이 이런 룰을 사람이 판독 가능한 파싱 코드로 번역하는 방법을 이해해야 한다. 파싱 작업이 어떻게 수행되는지를 자세히 알아보자.

2.2 파서 구현

ANTLR 툴은 assign 같은 그래머 룰로부터 회귀적 하향 파서[recursive-descent parser]를 생성한다. 회귀적 하향 파서는 룰당 하나의 회귀 메소드 모음이다. 하향이라는 용어는 파싱이 파스 트리 루트에서 시작하여 지엽(토큰)으로 진행된다는 의미이다. Start 심볼 룰을 먼저 호출하고, 파스 트리의 루트가 된다. 이전 절의 파스 트리를 위한 stat() 메소드 호출을 의미한다. 이런 종류의 파싱에서 보다 더 일반적인 용어는 하향식 파싱이다. 회귀적 하향 파서는 하향식 파서 구현의 한 종류이다.

회귀적 하향 파서가 어떤지 알아보기 위해, ANTLR이 룰 assign에 생성하는 메소드를 살펴보면 다음과 같다.

```
// assign : ID '=' expr ';' ;
void assign() {        // method generated from rule assign
    match(ID);         // compare ID to current input symbol then consume
    match('=');
    expr();            // match an expression by calling expr()
    match(';');
}
```

회귀적 하향 파서의 장점은 내부 파스 트리 노드를 반영하는 stat(), assign() 및 expr() 메소드를 호출하여 추적된 콜 그래프call graph이다(파스 트리 그림을 다시 확인하기 바란다). match() 콜은 파스 트리 지엽과 부합된다. 수작업 파서로 파스 트리를 만들기 위해서는, 각 룰 메소드 시작 시점에 "신규 서브트리 루트 추가add new subtree root" 오퍼레이션을 삽입하고, match()에 "신규 지엽 노드 추가add new leaf node"를 삽입해야 한다.

메소드 assign()은 모든 필요한 토큰이 존재하고 순차적으로 되었는지를 점검한다. 파서가 assign()을 입력할 때, 하나 이상의 얼터너티브 간에 선택하지는 않는다. 예를 들어, assign을 호출하는 stat 룰은 다른 종류의 문장 리스트를 가진다.

```
/** Match any kind of statement starting at the current input position */
stat: assign            // First alternative ('|' is alternative separator)
    | ifstat            // Second alternative
    | whilestat
    ...
    ;
```

stat의 파싱 룰은 switch문과 유사하다.

```
void stat() {
    switch ( ≪current input token≫) {
        CASE ID      : assign(); break;
        CASE IF      : ifstat(); break; // IF is token type for keyword 'if'
        CASE WHILE   : whilestat(); break;
        ...
        default      : ≪raise no viable alternative exception≫
    }
}
```

메소드 stat()는 다음 입력 토큰을 점검하여 파싱 결정이나 조건을 만들어야 한다. 파싱 결정은 어떤 얼터너티브가 성공적인지를 추측한다. 이런 경우에 WHILE 키워드를 보면 룰 stat의 세 번째 얼터너티브를 예측한다. 그러므로 룰 메소드 stat()는 whilestat()를 호출한다. 예상 토큰Lookahead Token라는 용어를 들어보았을 것이다. 그것은 다음 입력 토큰을 의미한다. 예상 토큰은 파서가 매칭 또는 소비 전에 감지하는 어떤 토큰이다.

파서는 대개 어떤 얼터너티브가 성공할 것인지를 예측하기 위해 많은 예상 토큰이 필요하다. 현재 지점부터 파일 끝까지 모든 토큰을 고려할 수도 있다. ANTLR은 이런 일을 말없이 처리하지만, 의사결정 과정을 기본적으로 이해하면 좀 더 도움이 될 뿐만 아니라 생성된 파서의 디버깅도 더 쉬워진다.

파싱 결정을 시각화하기 위해 단일 입구를 가진 미로와 바닥에 작성된 단어를 가진 단일 출구를 가정한다. 입구로부터 출구로의 경로에 따른 모든 단어 시퀀스는 문장으로 표현된다. 미로의 구조는 언어를 정의하는 그래머의 룰과 유사하다. 언어를 구성하는 문장을 테스트하기 위해, 미로를 순회하여 마룻바닥에 적힌 단어와 문장의 단어를 비교한다. 문장의 단어를 따라 출구에 다다를 수 있다면 그 문장은 유효하다.

미로 속에서 길을 찾기 위해 각 분기점에서 유효한 경로를 선택해야 한다. 파서에서 얼터너티브를 선택하는 것과 유사하다. 분기점의 각 경로를 따라 나타나는 단어와 문장의 단어를 비교하여, 어떤 경로를 받아들일 것인지 결정해야 한다. 분기점에서 보이는 단어는 예상 토큰과 유사하다. 각 경로가 유일한 단어로 시작한다면 의사결정은 아주 쉽다. stat 룰에서 각 얼터너티브는 유일 토큰으로 시작하므로, stat()는 처음 예상 토큰을 확인하여 얼터너티브를 구별할 수 있다.

분기점의 각 경로에서 시작하는 단어가 중복된다면, 파서는 더 찾아볼 필요가 있다. 얼터너티브를 구별하는 단어를 스캐닝해야 한다. ANTLR은 각 의사결정에 필요한 만큼 자동으로 예상 상향/하향의 양을 조절한다. 만일 예상이 출구(파일 마지막)에 이르는 여러 경로와 동일 하향이라면, 현재 입력 구문에 대해 여러 가지의 번역이 발생한다. 이러한 모호성을 해결하는 것이 다음 주제이다. 그런 후에 랭귀지 응용 프로그램을 빌드하기 위해 파스 트리를 어떻게 사용하는지를 파악해 보자.

2.3 "원자로에 너무 많은 물을 넣을 수 없다"

모호한 구문과 문장은 여러 해석을 유발한다. 다시 말하면 단어가 한 개 이상의 그래머적 구조에 적용될 수도 있다는 것이다. "You Can't Put Too Much Water into a Nuclear Reactor"는 저자가 몇 해 전에 본 Saturday Night Live에 나오는 문장이다. 이 문장은 원자로에 너무 많은 물을 넣지 않도록 주의해야 한다는 것인지 원자로에 많은 물을 넣어야 하는지 모호하다.

"No Thanks"가 너무 많은 분을 위하여

내가 좋아하는 모호한 문장 중 하나가 나의 친구 케빈의 박사 논문 헌정사이다. "나의 박사과정 지도교수에게, No Thanks가 너무 많은 분을 위하여". 이 말은 그가 감사하는지, 감사하지 않은지 명확하지 않다. 케빈은 후자라고 주장한다. 그런데 왜 박사후 과정을 동일 교수에게 했냐고 물었다. 그의 대답은 "복수에요." 였다.

모호성은 사람 간의 대화(자연어natural language)에서는 재미있을 수 있지만, 컴퓨터 기반 언어 관련 응용 프로그램에서는 문제를 유발할 수 있다. 구문을 번역하기 위해 프로그램은 의미를 유일하게 식별해야 한다. 즉, 생성된 파서가 한 방식으로 정확하게 각 입력 구문을 매치할 수 있도록 명확한 그래머를 제공해야 한다.

아직 그래머에 대해 자세하게 학습하지 않았지만, 모호성 표기를 보다 더 명확하게 하기 위해 몇 가지 모호한 그래머를 소개한다. 이후에 그래머를 빌드할 때 모호성이 발생하면 여기를 참조하기 바란다.

```
stat: ID '=' expr ';'    // match an assignment; can match "f();"
    | ID '=' expr ';'    // oops! an exact duplicate of previous alternative
    ;
expr: INT ;
```

룰 stat의 두 얼터너티브를 통하여 함수 호출을 매치할 수 있는 다음 그래머에서 모호성이 더 절묘할 수 있다.

```
stat: expr ';'              // expression statement
    | ID '(' ')' ';'        // function call statement
    ;
expr: ID '(' ')'
    | INT
    ;
```

다음은 룰 stat에서 시작하는 입력 f();의 두 가지 해석이다.

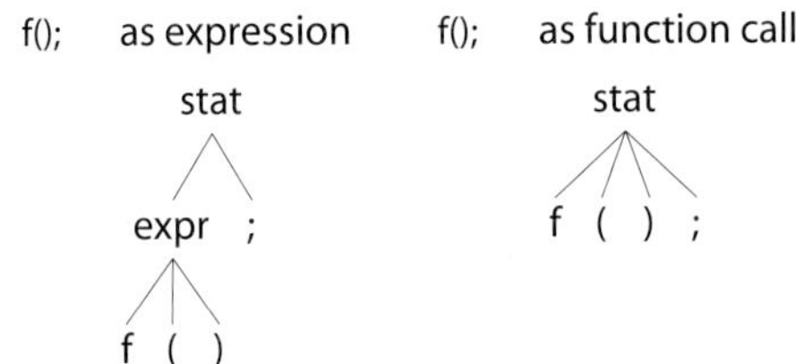

왼쪽의 파스 트리는 f()가 룰 expr에 매치되는 사례를 보여준다. 오른쪽의 파스 트리는 룰 stat의 두 번째 얼터너티브 시작과 매치하는 f()를 보여준다.

대부분의 언어 창시자가 구문을 모호하지 않게 설계하기 때문에, 모호한 그래머는 프로그래밍 버그에 가깝다. 각 입력 구문에 대하여 파서에게 단일 선택을 제공하기 위해 그래머를 재구성할 필요가 있다. 만일 파서가 모호한 구문을 탐지한다면, 가능한 얼터너티브 중 하나를 골라야 한다. ANTLR은 의사결정에 포함된 처음 얼터너티브를 선택해 모호성을 해결한다. 이런 경우에, 파서는 왼쪽의 파스 트리와 관련된 f(); 해석을 선택할 것이다.

모호성은 파서뿐만 아니라 렉서에서도 발생할 수 있지만, ANTLR은 그 문제들을 해결하기 때문에 룰이 자연스럽게 동작한다. ANTLR은 입력 문자열을 그래머에 처음 명세된 룰과 매치하여 어휘적 모호성을 해결한다. 어떻게 동작하는지 보기 위해 대부분의 프로그래밍 언어에 나타나는 공통적인 모호성, 즉 키워드 식별자 룰 간의 모호성을 살펴본다. 키워드 begin(앞선 문자가 없는)은 최소한 어휘적으로 식별자이다. 그래서 렉서는 b-e-g-i-n을 룰로 매치할 수 있다.

```
BEGIN : 'begin' ;     // match b-e-g-i-n sequence; ambiguity resolves to BEGIN
ID    : [a-z]+ ;      // match one or more of any lowercase letter
```

이런 어휘적 모호성을 상세하게 보려면 5.5절 "*공통 어휘 구조 인식*"의 "*식별자 매칭*"을 보기 바란다.

렉서는 각 토큰에 대하여 가능한 가장 긴 문자열 매치를 시도한다. 즉, 입력 beginner는 룰 ID에만 매치된다. 렉서는 뒤에 ID 매칭 입력 ner이 따르는 BEGIN과 beginner를 매치하지 않는다.

때때로 언어 구문이 모호하더라도 그래머 재구성이 발생하지 않을 수도 있다. 예를 들어, 그래머는 산술식에서 1+2*3 같은 입력을 두 가지 방식으로 해석할 수 있다. Smalltalk처럼 왼쪽에서 오른쪽으로 오퍼레이션을 수행할 수도 있고, 대부분의 프로그래밍 언어처럼 연산자 우선순위[precedence order]에 따라 수행할 수도 있다. 5.4절 "*우선순위, 왼쪽 회귀 및 결합 다루기*"에서 표현식의 연산자 우선순위를 어떻게 명확하게 명세하는지 배울 것이다.

C 언어도 또 다른 종류의 모호성을 드러내지만, 식별자가 정의된 방식 같은 컨텍스트 정보를 사용하여 문제를 해결할 수 있다. 코드 i*j; 를 보자. 구문적으로 표현식처럼 보이지만, 의미는 i가 type 이름인지 변수인지에 따라 달라진다. 만일 i가 type 이름이라면 코드는 표현식이 아니다. 변수 j의 선언은 type i의 포인터이다. 11장 "*시맨틱 서술로 파스 변경*"에서 이런 모호성을 어떻게 해결하는지 배운다.

파서는 랭귀지 멤버십을 위해서만 스스로 입력 문장을 테스트하고 파스 트리를 빌드한다. 이제 랭귀지 응용 프로그램이 입력을 번역하기 위해 파스 트리를 어떻게 사용하는지를 살펴볼 시간이다.

2.4 파스 트리를 사용하여 랭귀지 응용 프로그램 빌딩

랭귀지 응용 프로그램을 만들기 위해서 각 입력 구문에 대하여 몇 가지 코드를 실행해야 한다. 가장 쉬운 방법은 파서가 자동 생성한 파스 트리로 작업하는 것이다. 트리에서 작업하는 것의 이점은 우리가 대부분 자바에 친숙하기 때문에 응용 프로그램을 빌드하기 위해 또 다른 구문을 배울 필요가 없다는 점이다.

ANTLR이 인식과 파스 트리를 위해 사용하는 데이터 구조와 클래스 이름을 보다 더 상세하게 살펴본다. 데이터 구조와 전달기술[Passing]은 이후에 논의한다.

렉서는 문자를 처리하고 파서에 토큰을 전달한다. 그러고 나서 렉서는 구문을 점검하고 파스 트리를 생성한다. 이에 해당하는 ANTLR 클래스는 CharStream, Lexer, Token, Parser 및 ParseTree이다. 렉서와 파서를 연결하는 파이프는 TokenStream이다. 아래 그림은 이런 타입의 오브젝트가 메모리에서 서로 어떻게 연결되는지 보여준다.

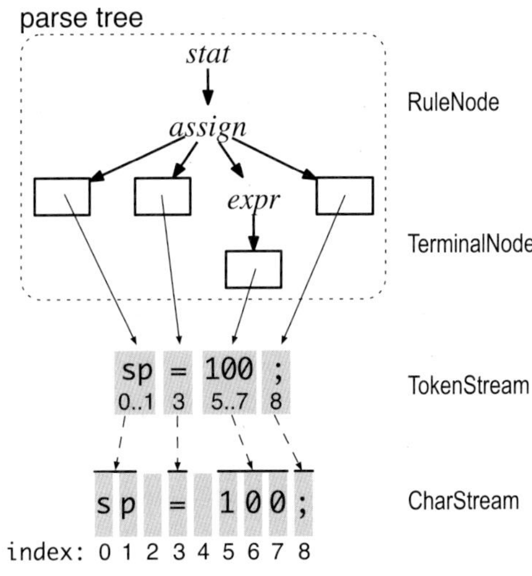

이런 ANTLR 데이터 구조는 메모리를 적게 사용하려고 최대한 데이터를 공유한다. 그림에서 파스 트리의 지엽(토큰) 노드는 TokenStream의 토큰을 가리키는 컨테이너이다. 토큰은 서브 문자열을 복사하기보다는 시작과 중지 문자 인덱스를 CharStream에 기록한다. 렉서가 공백[Whitespace]은 버리기 때문에 공백 문자와 관련된 토큰은 없다(찾아보기 2, 4).

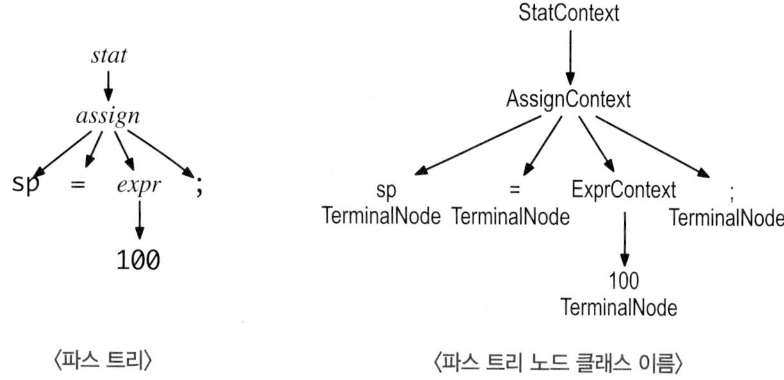

〈파스 트리〉 〈파스 트리 노드 클래스 이름〉

또한 그림은 서브트리 루트와 지엽 노드인 ParseTree 서브클래스인 RuleNode와 TerminalNode를 보여준다. RuleNode는 getChild()와 getParent()와 같은 친숙한 메소드를 가지고 있지만, 그래머에 특정적이지 않다. 특정 노드 내의 엘리먼트 접근을 더 용이하게 지원하기 위해 ANTLR은 각 룰에 RuleNode 서브클래스를 생성한다. 다음 그림은 할당 구문 예제의 StatContext, AssignContext, ExprContext와 같은 특정 서브트리 루트 클래스를 보여주고 있다.

룰에 의한 구문 인식에 관해 모든 것을 기록하기 때문에, 이런 것들을 컨택스트 오브젝트라 부른다. 각 컨택스트context 오브젝트는 인식된 구문을 위한 시작과 중지 토큰을 알며, 그 구문의 모든 엘리먼트 접근을 제공한다. 예를 들어, AssignContext는 식별자 노드와 표현식 서브트리를 접근하기 위해 메소드 ID()와 expr()을 제공한다.

완전한 타입의 서술이 제공됨으로써, 트리의 깊이 우선 탐색depth-first walk을 수행하기 위해 손으로 코드를 작성할 수 있다. 발견하고 종료된 노드에 관하여 원하는 대로 액션을 수행할 수 있다. 전형적인 오퍼레이션은 계산, 데이터 구조 업데이트나 출력 생성 같은 것들이다. 각 응용 프로그램에 대하여 동일한 트리 탐색 표준문안 코드tree-walking boilerplate code를 반복하여 작성하기보다는 ANTLR이 자동으로 생성한 트리 탐색 메커니즘을 사용할 수 있다.

2.5 파스 트리 리스너와 비지터

ANTLR은 런타임 라이브러리에서 두 가지 트리 탐색 메커니즘을 지원한다. 기본적으로 ANTLR은 빌트인 트리 탐색기가 트리거한 이벤트에 응답하는 파스 트리 리스너Listener 인터페이스를 생성한다. 리스너 자체는 XML 파서의 SAXSimple API for XML 다큐먼트 핸들러 오브젝트와 거의 유사하다. SAX 리스너는 startDocument()와 endDocument() 같은 이벤트 통지를 수신한다. 리스너의 메소드는 단지 GUI 응용 프로그램에서 체크박스 클릭에 응답하기 위해 사용하는 콜백Callback과 같은 것이다. 리스너를 살펴보면 ANTLR이 비지터Visitor 설계 패턴[1]을 따르는 트리 탐색기를 어떻게 생성할 수 있는지를 볼 수 있다.

파스 트리 리스너

트리를 탐색하고 리스너에 호출을 트리거하기 위해, ANTLR 런타임은 ParseTreeWalker 클래스를 제공한다. 랭귀지 응용 프로그램을 만들기 위해, 주변의 더 큰 응용 프로그램을 호출하는 프로그램에 특화된 코드를 가진 ParseTreeListener를 구현한다.

ANTLR은 각 룰에 대하여 enter/exit 메소드로 각 그래머에 특정적인 ParseTreeListener 서브클래스를 생성한다. 탐색기가 룰 assign 노드를 만나면 enterAssign()을 트리거하고, AssignContex 파스 트리 노드에 전달한다. 탐색기는 assign 노드의 모든 차일드를 찾은 다음, exitAssign()을 트리거한다. 아래 그림은 깊이 우선 탐색을 수행하는 ParseTreeWalker를 보여준다. 탐색 순서는 두꺼운 점 라인으로 표현되어 있다.

또한 ParseTreeWalker가 룰 assign의 enter/exit 메소드를 호출하는 탐색 위치를 식별한다.

그리고 그림 1. "*ParseTreeWalker 호출 순차*"는 문장 트리에서 ParseTreeWalker에 의해 리스너에 만들어진 완전한 호출 시퀀스를 보여준다.

---

1 http://en.wikipedia.org/wiki/Visitor_pattern

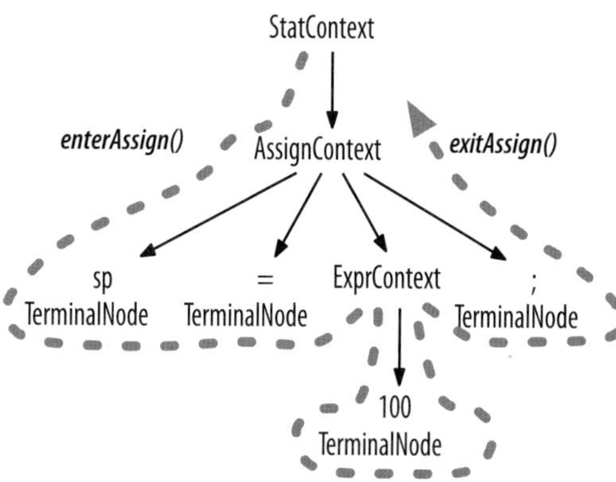

리스너 메커니즘의 좋은 점은 모두 자동이라는 것이다. 파스 트리 탐색기를 작성할 필요가 없으며, 리스너 메소드가 차일드를 명시적으로 방문할 필요가 없다.

파스 트리 비지터

그러나 차일드를 방문하여 명시적으로 메소드를 호출하기 위해, 탐색 자체를 제어할 필요가 있을 수 있다. ANTLR이 옵션 -visitor을 지정하여 그래머로부터 룰마다 visit 메소드를 가진 비지터 인터페이스를 생성할 수 있다. 다음은 파스 트리에서 적용되는 비지터 패턴이다.

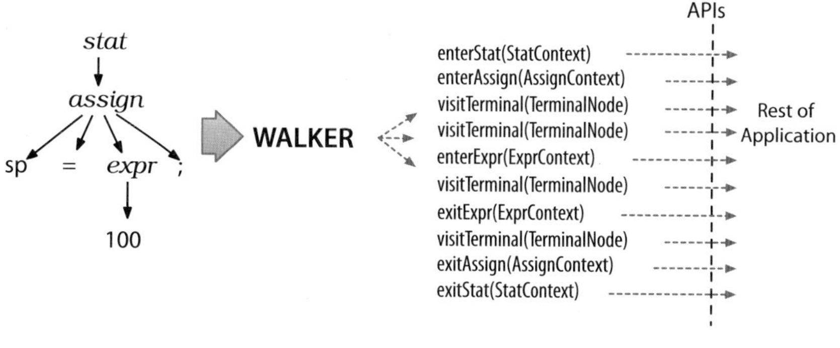

그림 1 – ParseTreeWalker 호출 순차

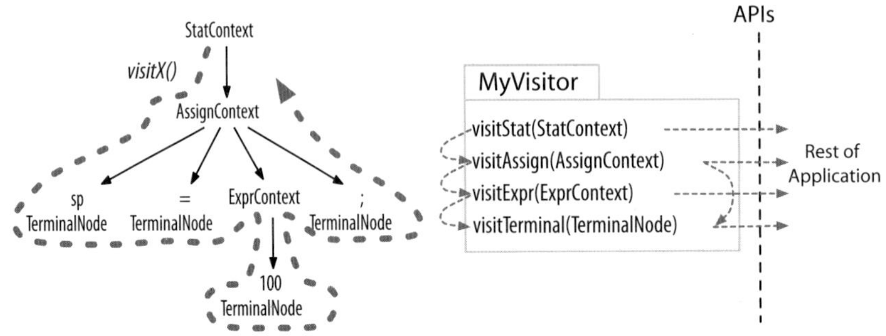

두꺼운 점선이 파스 트리의 깊이 우선 탐색 과정이다. 얇은 점선은 비지터 메소드 간의 호출 순서를 가리킨다. 트리 탐색을 개시하기 위해 응용 프로그램에 특화된 코드는 비지터를 생성하고, visit()를 호출한다.

```
ParseTree tree = ... ;      // tree is result of parsing
MyVisitor v = new MyVisitor();
v.visit(tree);
```

ANTLR 비지터는 루트 노드를 보기 위해 visitStat()를 호출하는 코드를 지원한다. 거기서부터 visitStat()는 탐색을 계속하기 위해 아규먼트 차일드로 visit()를 호출한다. 아니면 visitMethod()로 visitAssign()를 명시적으로 호출할 수도 있다.

ANTLR은 비지터 인터페이스를 생성하고 비지터 메소드의 기본적인 리스너를 제공함으로써 코딩 작업을 크게 줄여준다. 이런 방식으로 인터페이스의 모든 메소드를 만들어 주기 때문에, 관심 있는 메소드에만 집중하면 된다. 모든 비지터와 리스너는 7장 "*응용 프로그램에 특화된 코드로부터 그래머 분리*"에서 자세히 다룬다.

지금까지 문자 스트림부터 파스 트리까지 전체 데이터 흐름을 살펴보았고, ANTLR 런타임의 주요 클래스 이름을 알아보았다. 또한 응용 프로그램에 특화된 코드와 파서를 연결하기 위해 사용되는 리스너와 비지터를 개략적으로 알아보았다. 지금까지의 내용은 다음 장의 실제 예제를 이해하는 데 많은 도움을 줄 것이다.

파싱 용어

2장에서 여러 가지 중요한 언어인식 용어를 소개했다.

- 언어Language: 언어는 유효한 문장Sentence을 가진 집합이다. 문장은 구문Phrase으로 구성되며, 구문은 부구문Subphrase으로 구성된다.
- 그래머Grammar: 그래머는 언어의 구문Syntax 룰을 공식적으로 정의한다. 그래머의 각 룰은 부구문의 구조를 표현한다.
- 구문 트리Syntax Tree와 파스 트리Parse Tree: 문장의 구조를 표현한다. 각 서브트리 루트는 아래 엘리먼트에 추상 이름을 부여한다. 서브트리 루트는 그래머 룰 이름과 대응된다. 트리의 지엽Leaves은 문장의 심볼이나 토큰이다.
- 토큰Token: 토큰은 언어의 어휘 심볼이다. 이런 것들은 "식별자Identifier" 같은 심볼의 카테고리를 표현할 수 있고, 단일 연산자나 키워드를 표현할 수도 있다.
- 렉서Lexer또는 토큰나이저Tokenizer: 입력 문자 스트림을 토큰으로 분할한다. 렉서는 어휘적 분석을 수행한다.
- 파서Parser: 파서는 그래머 룰에 대하여 문장 구조를 점검하여 특정 랭귀지의 멤버십을 위한 문장을 점검한다. 파싱은 입구로부터 출구로 가기 위해 바닥에 작성된 단어와 문장의 단어를 비교하는 미로 순회Traverse에 비유할 수 있다. *ANTLR*은 의사결정을 하기 위해 모든 나머지 입력 심볼을 사용할 수 있는 *ALL(*)*라 부르는 하향식 파서를 생성한다. 하향식 파서는 목표 지향적이고 *program*이나 *inputFile* 같은 정밀하지 않은 구조와 관련된 룰에서 매칭을 시작한다.
- 회귀 하향 파서Recursive-Descent Parser: 그래머의 각 룰을 위한 함수로 구현된 특정 하향식 파서의 한 종류이다.
- 미리보기Lookahead: 파서는 각 얼터너티브를 시작하는 심볼을 비교하여 의사결정하기 위해 미리보기를 사용한다.

CHAPTER 3

ANTLR 프로젝트 스타터

첫 번째 프로젝트를 위해 C의 작은 서브세트나 C에서 파생한 자바에 관한 그래머를 빌드해 보자. 특히 {1, 2, 3}과 {1, {2, 3}, 4} 같은 중괄호로 중첩된 정수를 인식해 보자. 이러한 형태는 int 배열Array이나 struct의 초기화Initializer 구문이다. 이 구문의 그래머는 다양한 상황에서 도움이 된다. 한 예로, 모든 초기화된 값이 byte에 맞는다면 정수 배열을 바이트 배열로 변경하는 C의 소스 코드 리팩토링Refactoring 툴을 빌드하는 데 사용할 수 있다. 또한 이 그래머를 초기화된 Java short 배열을 문자열로 변환하는 데 사용할 수도 있다. 예를 들어,

```
static short[] data = {1,2,3};
```

를 다음과 같이 Unicode 상수를 가진 동등 문자열로 변환할 수 있다.

```
static String data = "\u0001\u0002\u0003"; // Java char are unsigned short
```

여기에서 ₩u0001 같은 Unicode 문자 명세자는 16비트 문자값을 표현하는 4자리 16진법을 사용하며 그것이 바로 short이다.

이렇게 변환하는 이유는 자바의 .class 파일 포맷 제한을 극복하기 위해서이다. Java 클래스 파일은 팩드 바이트Packed Byte 컴팩트 블록Compact Block대신에 data[0]=1; data[1]=2; data[2]=3; 과 동등한 명시적 배열 요소 초기화 시퀀스로 배열 초기자initializers를 저장한

다.[1] 자바가 초기화 메소드의 크기를 제한하기 때문에, 초기화할 수 있는 배열의 크기를 제한한다. 반대로 자바 클래스 파일은 short의 연속적 시퀀스로 문자열을 저장한다. 배열 초기자를 문자열로 변환하면 보다 더 정밀한 클래스 파일이 되고, 자바의 초기화 메소드 크기 제한도 피할수 있다.

이 Starter 예제를 작업함으로써 ANTLR 그래머 구문, ANTLR이 그래머로부터 생성하는 출력, 생성된 파서를 자바 응용 프로그램에 포함하는 방법, 파스 트리 리스너와 함께 트랜스레이터를 만드는 방법에 관해서 배울 수 있을 것이다.

3.1 ANTLR 툴, 런타임 및 생성 코드

먼저 ANTLR jar의 내부를 살펴보자. ANTLR 툴과 ANTLR 런타임(파스 타임) API 등 두 가지 주요 ANTLR 컴포넌트가 있다. "그래머에 ANTLR 실행"이라는 말은 클래스 org.antlr.v4.Tool로 ANTLR 툴을 실행한다는 뜻이다. ANTLR을 실행하면 그래머가 서술한 언어의 문장을 인식하는 파서와 렉서 코드를 생성한다. 렉서는 문자 입력 스트림을 토큰으로 분할하고 구문을 점검하는 파서에 전달한다. 런타임은 파서, 렉서 및 토큰처럼 생성된 코드에서 필요한 클래스와 메소드의 라이브러리이다. 먼저 그래머에 ANTLR을 실행하고 jar의 런타임 클래스에 대하여 생성된 코드를 컴파일한다. 궁극적으로 컴파일된 응용 프로그램은 런타임 클래스와 결합하여 실행된다.

랭귀지 응용 프로그램 구현의 처음 단계는 랭귀지의 구문 룰(유효한 문장 집합)을 설명하는 그래머를 생성하는 것이다. 5장 "*그래머 설계하기*"에서 그래머를 어떻게 작성하는지를 배우지만, 우리가 원하는 그래머는 다음과 같다.

---

1 http://www.mefeedia.com/watch/24642856 참조

```
starter/ArrayInit.g4
/** Grammars always start with a grammar header. This grammar is called
 * ArrayInit and must match the filename: ArrayInit.g4
 */
grammar ArrayInit;

/** A rule called init that matches comma-separated values between {...}. */
init : '{' value (',' valu3e)* '}' ;  // must match at least one value

/** A value can be either a nested array/struct or a simple integer (INT) */
value : init
      | INT
      ;

// parser rules start with lowercase letters, lexer rules with uppercase
INT : [0-9]+ ;           // Define token INT as one or more digits
WS  : [ \t\r\n]+ -> skip ; // Define whitespace rule, toss it out
```

그래머 파일 ArrayInit.g4를 /tmp/array 같은 자체 디렉터리에 넣는다(잘라내기→복사를 하거나 웹사이트에서 다운로드받으면 된다). 그러고 나서 그래머 파일에 ANTLR을 실행할 수 있다.

```
$ cd /tmp/array
$ antlr4 ArrayInit.g4   # Generate parser and lexer using antlr4 alias
```

ANTLR은 그래머 ArrayInit.g4로부터 통상 손으로 작성해야 했던 여러 가지 파일을 생성해준다.

이 시점에서 개발 프로세스의 요점을 알아야 하기 때문에 생성된 파일을 간단하게 설명한다.

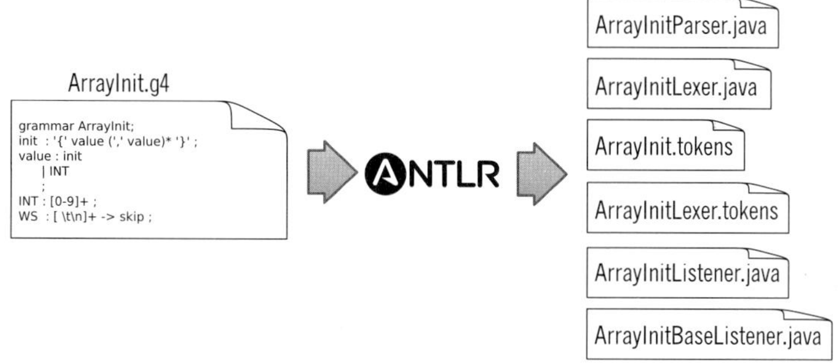

- `ArrayInitParser.java`: 이 파일은 언어 구문 배열을 인식하는 그래머 ArrayInit에 특정적인 파서 클래스 정의를 포함한다.

```
public class ArrayInitParser extends Parser { ... }
```

  그래머의 각 룰에 관한 메소드뿐만 아니라 몇 가지 지원 코드를 가진다.

- `ArrayInitLexer.java`: ANTLR은 그래머로부터 자동으로 개별 파서와 렉서 명세를 추출한다. 이 파일은 그래머 문자 '{', ',', 및 '}'뿐만 아니라 어휘적 룰 INT와 WS를 분석하여 ANTLR이 생성한 렉서 클래스 정의를 가진다. 렉서는 입력을 토큰화하며, 어휘 심볼로 분할한다. 다음은 클래스 아웃라인이다.

```
public class ArrayInitLexer extends Lexer { ... }
```

- `ArrayInit.tokens`: ANTLR은 토큰 타입 번호를 우리가 정의한 각 토큰에 할당하고 이 값들을 파일에 저장한다. ANTLR이 모든 토큰 타입 번호들을 동기화할 수 있기 때문에 이 작업은 우리가 큰 그래머를 여러 개의 작은 그래머들로 쪼갤 때 필요하다. 4.1절 "*산술식 언어 매칭*"에서 그래머 임포트를 참조하라.

- `ArrayInitListener.java`, `ArrayInitBaseListener.java`: 기본적으로 ANTLR 파서는 입력으로부터 트리를 빌드한다. 트리 탐색기는 트리를 탐색하여 리스너 오브젝트에 이벤트(콜백)를 보낼 수 있다. ArrayInitListener는 구현할 수 있는 콜백을 설명하는 인터페이스이다. 이 클래스는 관심 있는 콜백을 사용하기 쉽게 만든다(7.2절 "*파스 트리 리스너로 응용 프로그램 구현하기*" 참조). 또한 ANTLR은

-visitor 명령줄 옵션으로 트리 비지터를 생성할 수 있다.

Short 배열 초기화를 String 오브젝트로 번역하기 위해 리스너를 사용하지만, 먼저 파서가 샘플 입력과 매치하는지를 검증한다.

ANTLR 그래머가 정규 표현식보다 더 강력하다

정규 표현식[2]과 친숙하다면 ANTLR이 이런 간단한 인식 문제인 경우 너무 과잉이라고 생각할 수도 있다. 중첩된 초기자 때문에 초기화 인식에 정규 표현식을 사용할 수 없다는 것이 밝혀졌다. 정규 표현식은 메모리를 가지고 있지 않다. 입력에서 이전에 매치된 것을 기억할 수가 없다. 이런 이유로 왼쪽/오른쪽 괄호를 어떻게 매치하는지를 모른다. 5.3절 "*ANTLR 그래머로 일반 언어 패턴 인식하기*"의 "패턴: 중첩된 구문"에서 상세하게 설명한다.

3.2 생성된 파서 테스팅

그래머에 ANTLR을 실행한 다음에는 생성된 자바 소스 코드를 컴파일할 필요가 있다. 아래와 같이 /tmp/array 디렉터리의 모든 것을 컴파일하여 간단하게 수행할 수 있다.

```
$ cd /tmp/array
$ javac *.java              # Compile ANTLR-generated code
```

만일 컴파일러에서 ClassNotFoundException 에러가 발생한다면, Java CLASSPATH를 정확하게 설정하지 않았기 때문이다. UNIX 시스템에서 다음 명령을 수행할 필요가 있다.

```
$ export CLASSPATH=".:/usr/local/lib/antlr-4.0-complete.jar:$CLASSPATH"
```

그래머를 테스트하기 위해 이전에 본 별명[Alias] grun을 통하여 TestRig를 사용한다. 다음은 렉서에서 생성한 토큰을 어떻게 출력하는지를 보여준다.

2 http://en.wikipedia.org/wiki/Regular_expression

```
➢ $ grun ArrayInit init -tokens
➢ {99, 3, 451}
➢ EOF
❮ [@0,0:0='{',<1>,1:0]
  [@1,1:2='99',<4>,1:1]
  [@2,3:3=',',<2>,1:3]
  [@3,5:5='3',<4>,1:5]
  [@4,6:6=',',<2>,1:6]
  [@5,8:10='451',<4>,1:8]
  [@6,11:11='}',<3>,1:11]
  [@7,13:12='<EOF>',<-1>,2:0]
```

배열 초기화 {99, 3, 451}을 입력한 다음에, 라인에 EOF[3]를 입력해야 한다. 기본적으로 ANTLR은 처리하기 전에 전체 입력을 적재한다(이것은 가장 일반적인 경우이고 효율적이다).

각 출력 라인은 단일 토큰을 나타내며, 토큰에 관해 아는 모든 것을 보여준다. 예를 들어, [@5,8:10='451',<4>,1:8]는 토큰이 인덱스 5(0에서 시작)에 있고, 문자 위치가 8에서 10이며(0에서 시작), 텍스트는 451이고, 토큰 타입은 4(INT)이며, 라인 1에 있고(1에서 시작), 문자 위치가 8이다(0에서 시작하여 단일 문자로 탭을 카운트한다). 공백과 줄바꿈 문자에 관한 토큰은 없다. 그래머 룰 WS는 -> skip 명령으로 버린다.

파서가 입력을 인식하는 방법을 보다 더 상세하게 배우기 위해 -tree 옵션으로 파스 트리를 요청할 수 있다.

```
➢ $ grun ArrayInit init -tree
➢ {99, 3, 451}
➢ EOF
❮ (init { (value 99) , (value 3) , (value 451) })
```

3 UNIX에서 EOF는 Ctrl+D이고 Windows에서는 Ctrl+Z이다.

옵션 -tree는 LISP 같은 텍스트 형식(루트 차일드)으로 파스 트리를 출력한다. 아니면 -gui 옵션으로 다이얼로그 박스로 트리를 가시화할 수 있다. 입력: {1, {2, 3}, 4}로 중첩된 정수 그룹을 시도해 보라.

```
➢ $ grun ArrayInit init -gui
➢ {1,{2,3},4}
➢ EOF
```

다음은 팝업된 파스 트리 다이얼로그 박스이다.

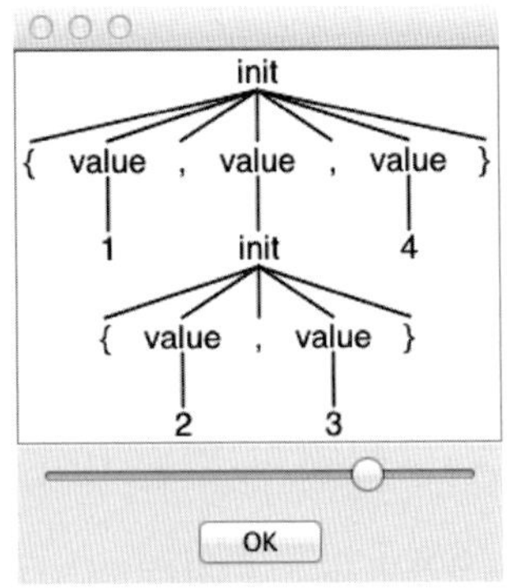

설명하면 "입력은 중괄호로 싸인 세 가지 값으로 초기화된다. 처음 값과 세 번째 값은 정수 1과 4이고, 두 번째 값은 자체가 중괄호로 싸인 두 가지 값의 초기자이다. 그 값은 정수 2와 3이다."

이 내부 노드 init과 value는 이름으로 모든 다양한 입력 엘리먼트를 식별하기 때문에 유용하다. 문장에서 동사와 주어를 식별하는 것과 같다. ANTLR이 좋은점은 그래머의 룰 이름을 기반으로 자동으로 트리를 생성해 준다는 것이다. 3장 마지막에 enterInit()와 enterValue() 같은 콜백을 트리거하기 위해, 빌트인 트리 탐색기를 사용하여, 이 그래머를 기반으로 트렌스레이터를 빌드할 것이다.

이제 그래머에 ANTLR을 실행하고 테스트할 수 있다. 다음으로 자바 응용 프로그램에서 이 파서를 어떻게 호출하는지를 배운다.

3.3 생성된 파서를 자바 프로그램에 통합

그래머를 시작했다면 ANTLR 생성 코드를 응용 프로그램으로 통합할 수 있다. 여기에서는 초기자 파서를 호출하고 TestRig의 -tree 옵션 같은 파스 트리를 출력하는 간단한 Java main()을 살펴볼 것이다. 다음은 2.1절 "*메타 수집!*"에서 본 전체 인식기 데이터 흐름을 구현한 표준문안 Test.java 파일이다.

starter/Test.java

```
// import ANTLR's runtime libraries
import org.antlr.v4.runtime.*;
import org.antlr.v4.runtime.tree.*;

public class Test {
    public static void main(String[] args) throws Exception {
        // create a CharStream that reads from standard input
        ANTLRInputStream input = new ANTLRInputStream(System.in);

        // create a lexer that feeds off of input CharStream
        ArrayInitLexer lexer = new ArrayInitLexer(input);

        // create a buffer of tokens pulled from the lexer
        CommonTokenStream tokens = new CommonTokenStream(lexer);

        // create a parser that feeds off the tokens buffer
        ArrayInitParser parser = new ArrayInitParser(tokens);

        ParseTree tree = parser.init(); // begin parsing at init rule
        System.out.println(tree.toStringTree(parser)); // print LISP-style tree
    }
}
```

프로그램은 4.1절 "*산술식 언어 매칭*"에서 상세하게 배우는 ANTLR 런타임 라이브러리로부터 CommonTokenStream와 ParseTree 같은 여러 가지 클래스를 사용한다.

다음은 어떻게 컴파일하고 Test를 실행하는지 보여준다.

```
➤ $ javac ArrayInit*.java Test.java
➤ $ java Test
➤ {1,{2,3},4}
➤ EOF
❮ (init { (value 1) , (value (init { (value 2) , (value 3) })) , (value 4) })
```

또한 ANTLR 파서는 구문 에러를 자동으로 보고하고 복구한다. 예를 들어, 다음은 최종 중괄호를 누락한 초기자를 입력할 때 어떤 일이 발생하는지를 보여준다.

```
➤ $ java Test
➤ {1,2
➤ EOF
❮ line 2:0 missing '}' at '<EOF>'
  (init { (value 1) , (value 2) <missing '}'>)
```

여기에서 그래머에 ANTLR을 실행시키는 방법과 생성된 파서를 자바 응용 프로그램에 통합하는 방법을 보았다. 단지 구문을 점검하는 응용 프로그램은 인상적이지 못하기 때문에, short 배열 초기자를 String 오브젝트로 번역하는 응용 프로그램을 빌드한다.

3.4 랭귀지 응용 프로그램 빌딩

배열 초기자 예제에 이어서 다음 목표는 단지 초기자 인식이 아닌 한 단계 수준이 높은 번역이다. 예를 들어, {99, 3, 451} 같은 Java short 배열을 "₩u0063₩u0003₩u01c3"로 번역한다("₩u0063"은 99의 16진법 표현이다).

인식 수준을 넘어 진행하려면 응용 프로그램이 파스 트리에서 데이터를 추출해야 한다. 가장 쉬운 방법은 깊이 우선 탐색을 수행하는 콜백을 트리거하는 ANTLR의 빌트인 파스 트리 탐색기를 사용하는 것이다. 이전에 보았듯이 ANTLR은 리스너 인프라를 자동으로 생성한다. 이런 리스너는 GUI 위젯의 콜백이나(예, 버튼을 누르면 버튼이 표시되는 체크박스 같은), XML 파서의 SAX이벤트와 유사하다.

입력에 반응하는 프로그램을 작성하기 위해, ArrayInitBaseListener 서브클래스에 몇 가지 메소드를 구현해야 한다. 기본 전략은 트리 탐색기가 호출될 때 각 리스너 메소드가 번역한 조각을 출력하는 것이다.

리스너 메커니즘의 장점은 트리 탐색을 자체적으로 할 필요가 없다는 것이다. 실제적으로 런타임 시 메소드를 호출하기 위해 트리를 탐색하는 것조차 몰라도 된다. 한 가지 알아야 할 것은 그래머의 룰과 관련된 구문 시작과 종료 시점에 리스너가 통지한다는 것이다(7.2절 "*파스 트리 리스너로 응용 프로그램 구현하기*" 참조). 이러한 접근법은 ANTLR을 배워야 하는 양을 크게 줄여 주는데, 파스 인식만 빼고 프로그래밍 언어 영역과 유사하다.

번역 프로젝트의 시작은 각 입력 토큰이나 구문을 어떻게 출력 문자열로 변환하는지를 파악하는 것이다. 그렇게 하기 위해 일반 구문 대 구문 변환을 선택하기 위한 몇 가지 표현 샘플을 수동으로 번역해 보는 것도 좋은 생각이다. 이런 경우에 번역은 아주 간단하다.

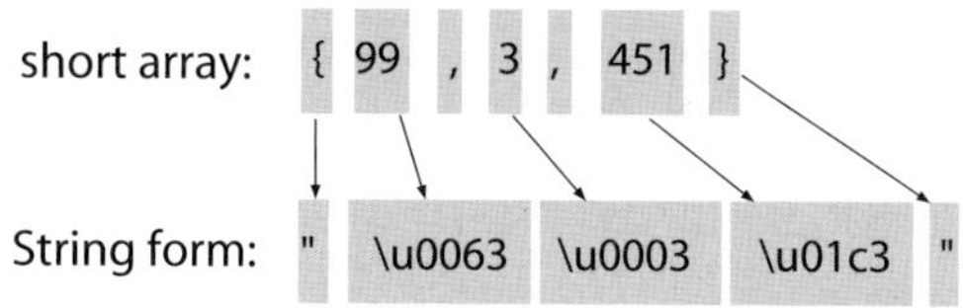

번역은 "X가 Y

로 간다"의 룰 시리즈이다.

1. "{"를 """로 번역

2. "}"를 """로 번역

3. 정수를 접두사 ₩u를 가진 4자리 16진법 문자열로 번역

트랜스레이터를 코딩하기 위해 적합한 입력 토큰이나 구문을 볼 수 있는 변환된 문자열을 출력하는 메소드를 작성할 필요가 있다. 빌트인 트리 탐색기는 다양한 구문의 시작과 종료를 보기 위해 리스너의 콜백을 트리거한다. 다음은 번역 룰을 위한 리스너 구현이다.

starter/ShortToUnicodeString.java

```
/** Convert short array inits like {1,2,3} to "\u0001\u0002\u0003" */
public class ShortToUnicodeString extends ArrayInitBaseListener {
    /** Translate { to " */
    @Override
    public void enterInit(ArrayInitParser.InitContext ctx) {
        System.out.print('"');
    }

    /** Translate } to " */
    @Override
    public void exitInit(ArrayInitParser.InitContext ctx) {
        System.out.print('"');
    }

    /** Translate integers to 4-digit hexadecimal strings prefixed with \\u */
    @Override
    public void enterValue(ArrayInitParser.ValueContext ctx) {
        // Assumes no nested array initializers
        int value = Integer.valueOf(ctx.INT().getText());
        System.out.printf("\\u%04x", value);
    }
}
```

모든 enter/exit 메소드를 오버라이드override할 필요는 없다. 관심 있는 것만 고려하면 된다. 한 가지 친숙하지 않은 표현은 ctx.INT()이다. 룰 value 호출에 매치되는 정수 INT 토큰에 관한 컨텍스트 오브젝트를 요청한다. 컨텍스트 오브젝트는 룰 인식 동안에 발생한 모든 것을 기록한다.

이제 남은 것은 아래의 Test 상용구 코드로부터 도출된 번역프로그램을 생성하는 것뿐이다.

```
starter/Translate.java
// import ANTLR's runtime libraries
import org.antlr.v4.runtime.*;
import org.antlr.v4.runtime.tree.*;

public class Translate {
    public static void main(String[] args) throws Exception {
        // create a CharStream that reads from standard input
        ANTLRInputStream input = new ANTLRInputStream(System.in);
        // create a lexer that feeds off of input CharStream
        ArrayInitLexer lexer = new ArrayInitLexer(input);
        // create a buffer of tokens pulled from the lexer
        CommonTokenStream tokens = new CommonTokenStream(lexer);
        // create a parser that feeds off the tokens buffer
        ArrayInitParser parser = new ArrayInitParser(tokens);
        ParseTree tree = parser.init(); // begin parsing at init rule

➤       // Create a generic parse tree walker that can trigger callbacks
➤       ParseTreeWalker walker = new ParseTreeWalker();
➤       // Walk the tree created during the parse, trigger callbacks
➤       walker.walk(new ShortToUnicodeString(), tree);
➤       System.out.println(); // print a \n after translation
    }
}
```

이 상용구 코드에서의 유일한 차이점은 트리 탐색기를 생성하고 파서로부터 리턴한 트리를 탐색하기 위해 요청하는 부문이다. 트리 탐색기가 순회하면 ShortToUnicodeString 리스너 호출을 트리거한다.

주의점: 책에서는 일부 중요한 코드만을 보여 주기 때문에 집중해야 한다. 디지털 버전을 보고 있다면 코드 제목을 클릭하면, 웹에서 완전한 소스 코드를 볼 수 있다. 아니면

책 웹사이트에서 완전한 소스 코드 번들을 다운로드할 수도 있다.[4]

이제 트랜스레이터를 빌드하고 샘플 입력을 테스트해 본다.

```
➤ $ javac ArrayInit*.java Translate.java
➤ $ java Translate
➤ {99, 3, 451}
➤ EOF
❮ "\u0063\u0003\u01c3"
```

실행 결과, 그래머를 건드리지도 않고 첫 번째 트랜스레이터를 빌드했다. 우리는 단지 유효한 구문 번역을 출력하는 몇 가지 메소드를 구현한 것뿐인데 말이다. 게다가 별개 리스너에 전달함으로써 완전하게 다른 출력을 생성할 수 있다. 리스너는 그래머와 랭귀지 응용 프로그램을 효율적으로 분리하여, 그래머를 다른 응용 프로그램에서 재사용할 수 있게 한다.

다음 장에서는 ANTLR을 보다 강력하고 사용하기 쉽게 만드는 주요 특징과 ANTLR 그래머 표기에 관하여 설명한다.

4 http://pragprog.com/titles/tpantlr2/source_code

CHAPTER 4

퀵 투어

지금까지 ANTLR의 설치 방법, 주요 프로세스, 용어 그리고 랭귀지 응용 프로그램을 빌드하는 데 필요한 몇 가지를 배웠다. 4장에서는 ANTLR의 기능을 표현하는 여러 가지 예제들을 통하여 ANTLR을 빠르게 살펴볼 것이다. 간결하게 하기 위해 상세 사항은 대충 넘어가지만, 그렇다고 불분명하게 설명하지는 않는다. 목표는 ANTLR을 통하여 무엇을 할 수 있는지를 완벽하게 파악하는 것이다. 이후 5장 "*그래머 설계하기*"를 통해 여러 가지 내용을 살펴볼 것이다. 이전 버전의 ANTLR에 대한 경험이 있는 사용자에게 4장은 재무장할 수 있는 좋은 기회이다.

4장은 ANTLR의 특징을 잘 보여주는 네 가지의 광범위한 주제로 나누어진다. 책의 코드를 다운로드하고 예제를 통하여 작업하면 더욱 좋을 것이다.[1] 예제들을 통해 그래머 파일로 작업하고 ANTLR 응용 프로그램을 빌드할 수 있다. 다시 말하지만 주의할 점은 많은 코드가 완전한 파일이 아니고 관심 있는 내용만을 간추려 보여준다는 것이다.

먼저 간단한 산술연산 랭귀지의 그래머로 작업한다. ANTLR의 빌트인 TestRig를 사용하여 테스트하고, 3.3절 "*생성된 파서를 자바 프로그램에 통합*"에서 본 파서를 호출하는 상용구 메인 프로그램에 관하여 더 상세하게 배울 것이다. 다음으로 표현식 그래머를 위한 중요한 파스 트리를 살펴본다. 파스 트리는 파서가 입력 구문을 매치하는 방식을 기록한다. 매우 큰 그래머를 다루기 위해, 그래머 임포트[import]를 사용하여 관리 가능한

1 http://pragprog.com/titles/tpantlr2/source_code

청크Chunk로 그래머를 분리하는 방법을 볼 것이다. 다음으로 ANTLR이 생성한 구문이 유효하지 않은 입력에 어떻게 응답하는지를 점검할 것이다.

두 번째로, 산술연산을 위한 파서를 살펴본 다음에 표현식 그래머 파스 트리를 탐색하는 계산기를 빌드하기 위해 비지터 패턴을 사용할 것이다. ANTLR 파서는 자동으로 비지터 인터페이스와 공백 메소드를 생성하기 때문에, 편안하게 시작할 수 있다.

세 번째로, 자바 클래스 정의를 읽고 그 클래스의 메소드로부터 도출된 자바 인터페이스를 분할하는 트랜스레이터를 빌드한다. 우리가 구현하는 응용 프로그램 역시 ANTLR이 자동으로 생성하는 트리 리스너 메커니즘을 사용할 것이다.

네 번째로, 액션Action(임의 코드)을 그래머에 직접적으로 삽입하는 방법을 배운다. 보통의 경우 랭귀지 응용 프로그램을 비지터나 리스너로 빌드할 수 있지만, 무한한 유연성을 위하여 ANTLR은 응용 프로그램에 특화된 코드를 생성된 파서에 삽입하는 것을 허용한다. 이런 액션은 파싱하는 동안에 실행되며, 정보를 수집하고 기타 임의 코드같은 출력을 생성할 수 있다. 의미 술어Semantic Predicates(불리언 표현식Boolean Expression)와 결합하여 런타임에 그래머 부분이 사라질 수도 있다. 예를 들어, 여러 랭귀지 버전을 파싱하기 위해 자바 그래머에 enum 키워드를 on/off하기를 원할 수도 있다. 의미 술어가 없다면, 두 가지 다른 버전의 그래머를 가져야 한다.

최종적으로 어휘(토큰) 수준에서 몇 가지 ANTLR의 특성을 살펴볼 것이다. ANTLR이 하나 이상의 언어를 가진 입력 파일을 어떻게 다루는지를 볼 것이다. 그런 후에 토큰 스트림을 비틀고 토막내며 조정하는 강력한 TokenStreamRewriter 클래스를 살펴본다. 모두다 원래의 입력 스트림은 건드리지 않는다. ANTLR이 자바를 파싱하는 동안에 공백과 코멘트를 무시할 수 있지만, 후속 처리를 위해 공백과 코멘트를 유지하는 방법에 관하여 배우기 위해 인터페이스 생성기 예제를 최종적으로 살펴본다.

ANTLR 그래머 표기를 숙지하고 시작하자. 1.2절 "*ANTLR 실행과* 인식기 테스트"에 설명된 대로, antlr4, grun 별명Alias과 스크립트가 정의되었는지 다시 확인한다.

4.1 산술식 언어 매칭

우리의 첫 그래머를 위해 간단한 계산기를 빌드한다. 일반적인 표현식으로 만들려고 한다. 간단하게 하기 위해 기본적인 산술연산자(+, -, /, *)와 괄호, 정수 및 변수만을 허용한다. 또한 부동소수점을 허용하지 않고 정수로만 국한한다.

다음은 모든 언어 특성을 표현하는 샘플 입력이다.

tour/t.expr

```
193
a = 5
b = 6
a+b*2
(1+2)*3
```

우리가 만든 표현식의 *program*은 줄바꿈 문자로 종료되는 문장의 시퀀스이다. 문장은 표현식, 할당이나 공백 라인이다. 다음은 이런 문장과 표현식을 파싱하는 ANTLR 그래머이다.

tour/Expr.g4

```
grammar Expr;

/** The start rule; begin parsing here. */
prog: stat+ ;

stat: expr NEWLINE
    | ID '=' expr NEWLINE
    | NEWLINE
    ;

expr: expr ('*'|'/') expr
     | expr ('+'|'-') expr
```

```
-        | INT
-        | ID
15       | '(' expr ')'
-        ;
- ID  : [a-zA-Z]+ ; // match identifiers
- NT  : [0-9]+ ;    // match integers
20 NEWLINE:'₩r'? '₩n' ;  // return newlines to parser (is end-statement signal)
- WS  : [ ₩t]+ -> skip ; // toss out whitespace
```

간단히 ANTLR 그래머 표기의 몇 가지 주요 엘리먼트를 살펴보자.

- 그래머는 구문을 설명하는 룰 세트로 구성된다. stat와 expr같은 구문 구조를 위한 룰과 식별자나 정수 같은 어휘 심볼을 위한 룰이 있다.
- 소문자로 시작하는 룰은 파서 룰을 구성한다.
- 대문자로 시작하는 룰은 렉서(어휘, 토큰) 룰을 구성한다.
- 대체 룰은 "|" 연산자로 구분하며, 심볼을 괄호로 묶어 서브룰^Subrule로 그룹핑할 수 있다. 예를 들어, 서브룰('*'|'/')은 곱셈 심볼이나 나눗셈 심볼로 매치된다.

상세한 정보는 5장 "*그래머 설계하기*"를 참조하기 바란다.

ANTLR v4에서 가장 크게 바뀐것은 왼쪽 회귀^left-recursive 룰을 처리하는 능력이다. 왼쪽 회귀 룰은 얼터너티브^alternative의 시작 지점에서 자신을 호출하는 것이다. 예를 들어, 위 그래머에서 룰 expr은 왼쪽 단에서 expr을 회귀적으로 호출하는 라인 11과 12에 얼터너티브를 가진다. 이런 방식으로 산술식 표기를 명세하면 일반적인 하향식 파서 전략에서 필요한 사항보다 훨씬 더 쉬워진다. 하향식 파서 전략에서는 각 연산자 우선순위 수준마다 여러 룰이 필요하다. 자세한 내용은 5.4절 "*우선순위, 왼쪽 회귀 및 결합 다루기*"를 참조하기 바란다.

토큰 정의 표기는 정규 표현식 경험자에게는 친숙할 것이다. 6장 "*실제 그래머 탐구*"에서, 여러 가지 어휘(토큰) 룰을 살펴볼 것이다. 친숙하지 않은 구문은 WS공백^Whitespace 룰의 -> skip 오퍼레이션이다. 렉서에게 매치는 하되 공백으로 버리라고 지시하는 것이다. 모든 입력 문자는 최소한 하나의 어휘적 룰과 매치된다. 렉서에게 스킵하도록 그래머의 임의 코드 대신에 공식 ANTLR 표기를 사용하여 그래머가 특정 타겟언어에 묶이는 것을 방지한다.

다음으로 그래머 Expr을 살펴보자. Tour/Expr.g4를 다운로드한다.

그래머를 테스트하는 가장 쉬운 방법은 빌트인 TestRig를 사용하는 것이다. 별명 grun을 사용하여 접근할 수 있다. 예를 들어, 다음은 UNIX에서 빌드하고 테스트하는 순서이다.

```
$ antlr4 Expr.g4
$ ls Expr*.java
ExprBaseListener.java ExprListener.java
ExprLexer.java ExprParser.java
$ javac Expr*.java
$ grun Expr prog -gui t.expr # launches org.antlr.v4.runtime.misc.TestRig
```

-gui 옵션으로 TestRig는 파스 트리를 보여주는 윈도우를 팝업시킨다.

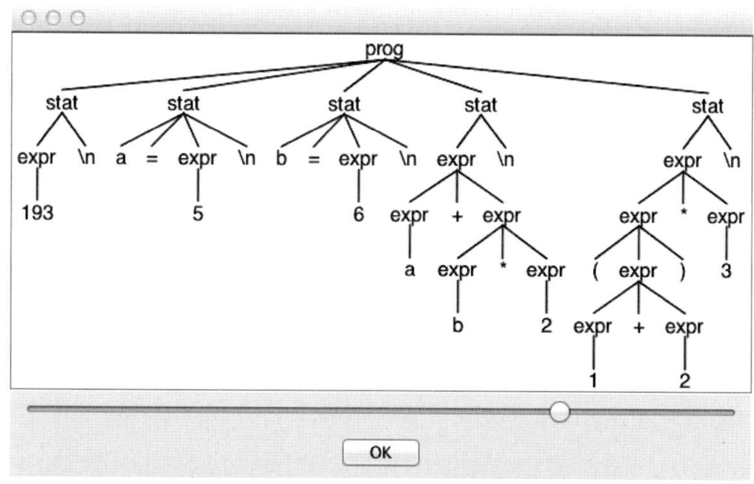

그림 2 – 파스 트리를 보여주는 윈도우

파스 트리는 함수 콜 트리와 유사하며, 파서는 입력을 인식한 대로 추적한다(ANTLR은 각 룰에 대하여 함수를 생성한다).

TestRig를 사용하여 그래머를 개발하고 테스트하지만 궁극적으로 ANTLR이 생성한 파서를 응용 프로그램에 통합할 필요가 있다. 아래 메인 프로그램은 모든 필요한 오브젝트를 생성하고, 룰 prog에서 시작하는 표현식 언어 파서를 호출하기 위해 필요한 코드를 보여준다.

tour/ExprJoyRide.java

```
01 import org.antlr.v4.runtime.*;
 - import org.antlr.v4.runtime.tree.*;
 - import java.io.FileInputStream;
 - import java.io.InputStream;
05 public class ExprJoyRide {
 -     public static void main(String[] args) throws Exception {
 -         String inputFile = null;
 -         if ( args.length>0 ) inputFile = args[0];
 -         InputStream is = System.in;
10         if ( inputFile!=null ) is = new FileInputStream(inputFile);
 -         ANTLRInputStream input = new ANTLRInputStream(is);
 -         ExprLexer lexer = new ExprLexer(input);
 -         CommonTokenStream tokens = new CommonTokenStream(lexer);
 -         ExprParser parser = new ExprParser(tokens);
15         ParseTree tree = parser.prog(); // parse; start at prog
 -         System.out.println(tree.toStringTree(parser)); // print tree as text
 -     }
 - }
```

라인 7..11은 렉서를 위한 입력 스트림을 생성한다. 라인 12..14는 렉서와 파서 오브젝트 및 그들 간의 토큰 스트림 파이프[Pipe]를 생성한다. 라인 15는 파서를 실제적으로 호출한다(룰 메소드 호출은 룰을 호출하는 것과 유사하다. 원하는 파서 룰 메소드를 호출할 수 있다). 최종적으로 라인 16은 룰 메소드 prog()로부터 리턴된 파스 트리를 텍스트 형식으로 출력한다.

다음은 테스트 프로그램을 빌드하고 입력파일 t.expr로부터 실행하는 방법을 보여준다.

```
➤ $ javac ExprJoyRide.java Expr*.java
➤ $ java ExprJoyRide t.expr
❮ (prog
    (stat (expr 193) \n)
    (stat a = (expr 5) \n)
    (stat b = (expr 6) \n)
    (stat (expr (expr a) + (expr (expr b) * (expr 2))) \n)
    (stat (expr (expr ( (expr (expr 1) + (expr 2)) )) * (expr 3)) \n)
  )
```

파스 트리의 텍스트 표현은 가시적 표현만큼 읽기 쉽지는 않지만, 기능을 테스팅하기에는 유용하다.

이 표현식 그래머는 아주 작지만 그래머들은 수천 라인을 처리할 수 있다. 다음 절에서 이런 큰 그래머를 어떻게 관리하고 유지하는지를 배운다.

그래머 임포트

매우 큰 그래머는 논리적 청크Chunks로 분할하는 것이 유리하다. 한 가지 방식은 그래머를 파서와 렉서 그래머로 분할하는 것이다. 각기 다른 언어 간에 어휘적으로 중첩되는 양이 많기 때문에 그렇게 나쁜 생각은 아니다. 예를 들어, 식별자와 숫자는 언어 전반에 걸쳐 동일하다. 어휘적 룰을 "모듈Module"로 재정비한다는 것은 다른 파서 그래머에서 사용할 수 있다는 의미이다. 다음은 모든 어휘적 룰을 가진 렉서 그래머이다.

tour/CommonLexerRules.g4

```
lexer grammar CommonLexerRules; // note "lexer grammar"

ID  : [a-zA-Z]+ ;           // match identifiers
INT : [0-9]+ ;              // match integers
NEWLINE:'\r'? '\n' ;        // return newlines to parser (end-statement signal)
WS : [ \t]+ -> skip ;       // toss out whitespace
```

이제 원래 그래머로부터 어휘적 룰을 import 문으로 대체한다.

```
tour/LibExpr.g4
grammar LibExpr;              // Rename to distinguish from original
import CommonLexerRules; // includes all rules from CommonLexerRules.g4
/** The start rule; begin parsing here. */
prog: stat+ ;
stat: expr NEWLINE
    | ID '=' expr NEWLINE
    | NEWLINE
    ;

expr: expr ('*'|'/') expr
     | expr ('+'|'-') expr
     | INT
     | ID
     | '(' expr ')'
     ;
```

빌드 및 테스트 시퀀스는 임포트가 없는 것과 동일하다. 임포트된 그래머에 ANTLR을 실행하지 않는다.

```
➤ $ antlr4 LibExpr.g4 # automatically pulls in CommonLexerRules.g4
➤ $ ls Lib*.java
❮ LibExprBaseListener.java          LibExprListener.java
  LibExprLexer.java                 LibExprParser.java
➤ $ javac LibExpr*.java
➤ $ grun LibExpr prog -tree
➤ 3+4
➤ EOF
❮ (prog (stat (expr (expr 3) + (expr 4)) \n))
```

지금까지 문법에 맞는 입력을 가정했지만, 에러 처리는 대부분의 랭귀지 응용 프로그램에서 중요한 부분이다. ANTLR이 에러 입력을 어떻게 처리하는지 살펴본다.

에러 입력 처리

ANTLR 파서는 구문 에러를 자동으로 리포트하고 복구한다. 예를 들어, 표현식에서 괄호로 닫는 것을 깜빡한다면 파서는 에러 메시지를 자동으로 내보낸다.

```
➢ $ java ExprJoyRide
➢ (1+2
➢ 3
➢ EOF
❮ line 1:4 mismatched input '\n' expecting {')', '+', '*', '-', '/'}
  (prog
     (stat (expr ( (expr (expr 1) + (expr 2)) <missing ')'>) \n)
     (stat (expr 3) \n)
  )
```

마찬가지로 중요한 것은 파서가 두 번째 표현식(3)을 정확하게 매치하고 복구한다는 것이다.

grun에서 -gui 옵션을 사용할 때, 파스 트리 다이얼로그는 에러 노드를 자동으로 빨간색으로 하이라이트한다.

```
➢ $ grun LibExpr prog -gui
➢ (1+2
➢ 34*69
➢ EOF
```

ANTLR은 처음 표현식 에러에서 성공적으로 복구하고, 두 번째를 정확하게 다시 매치한다.

ANTLR 에러 메커니즘은 여러 가지 유연성을 가진다. 에러 메시지를 변경하고, 인식 예외처리를 포착하며, 기본적인 에러 처리 전략조차도 변경할 수 있다. 자세한 내용은 9장 "*에러 리포팅 및 복구*"를 참조하기 바란다.

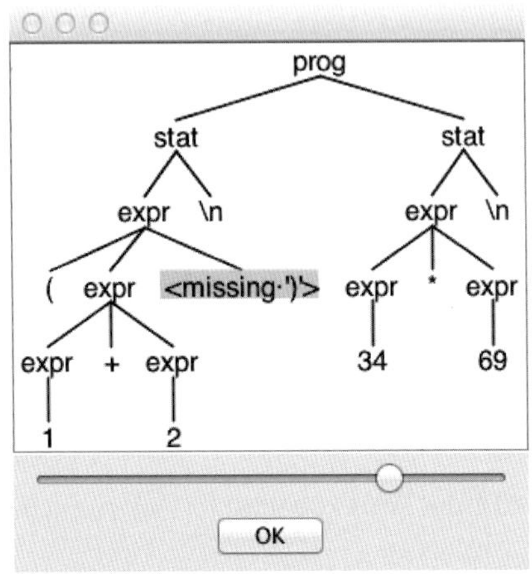

지금까지 간단한 표현식 그래머, 샘플 메인 프로그램을 살펴보고 빌트인 TestRig를 사용하여 어떻게 호출하는지를 살펴보았다. 또한 그래머가 입력 구문을 어떻게 인식하는지에 관해서 보고, 파스 트리의 텍스트 및 가시적 표현 방식을 살펴보았다. Import 문을 통하여 그래머를 모듈로 분할할 수 있다. 이제부터 언어 인식을 넘어 표현식 번역(값 계산)에 관하여 살펴본다.

4.2 비지터로 계산기 구현하기

값을 계산하는 산술연산 파서를 얻기 위해 몇 가지 자바 코드를 작성해야 한다. ANTLR v4를 통하여, 그래머를 정제된 상태로 유지하고 랭귀지 응용 프로그램을 구현하기 위해 파스 트리 비지터와 기타 탐색기를 사용할 수 있다. 이 절에서 작은 계산기를 구현하기 위해 잘 알려진 비지터 패턴을 사용한다. 쉽게 하기 위해 ANTLR은 자동으로 비지터 인터페이스와 빈 비지터 구현 오브젝트를 자동으로 생성한다.

비지터를 생성하기 전에 그래머를 조금 수정해야 한다. 먼저 룰 얼터너티브를 레이블해야 한다. 레이블은 룰 이름과 충돌하지 않는 어떤 식별자라도 무관하다. 얼터너티브에 레이블이 없으면, ANTLR은 룰 하나당 하나의 비지터 메소드만을 생성한다(7장 "*응용 프로그램에 특화된 코드로부터 그래머 분리*"에서 보다 더 상세하게 비지터 메커니즘을 설명하는 유사 그래머를 사용한다). 각 얼터너티브에 각기 다른 비지터 메소드를 원하기 때문에, 각 입력 구문 종류마다 각기의 "이벤트"를 얻을 수 있다. 레이블은 얼터너티브 오른쪽 끝에 나타나고, 신규 그래머에서 # 심볼로 시작한다.

```
tour/LabeledExpr.g4
stat: expr NEWLINE            # printExpr
    | ID '=' expr NEWLINE     # assign
    | NEWLINE                 # blank
    ;

expr: expr op=('*'|'/') expr  # MulDiv
    | expr op=('+'|'-') expr  # AddSub
    | INT                     # int
    | ID                      # id
    | '(' expr ')'            # parens
    ;
```

다음으로 연산자 리터럴을 위한 토큰 이름을 정의하고, 이후에 비지터에서 자바 상수로 토큰 이름을 참조할 수 있다.

```
tour/LabeledExpr.g4
MUL :   '*'  ; // assigns token name to '*' used above in grammar
DIV :   '/'  ;
ADD :   '+'  ;
SUB :   '-'  ;
```

이제 적절하게 개선된 그래머를 가지고 계산기 코딩을 시작하고 메인 프로그램이 어떤지 살펴본다. 파일 Calc.java의 메인 프로그램은 이전의 ExprJoyRide.java의 main()과 거의 동일하다. 차이는 Expr이 아니라 LabeledExpr에서 그래머를 도출한 렉서와 파서 오브젝트를 생성한다는 것이다.

```java
tour/Calc.java
LabeledExprLexer lexer = new LabeledExprLexer(input);
CommonTokenStream tokens = new CommonTokenStream(lexer);
LabeledExprParser parser = new LabeledExprParser(tokens);
ParseTree tree = parser.prog(); // parse
```

또한 트리를 텍스트로 보여주는 print 문을 제거할 수 있다. 다른 차이는 이후에 비지터 클래스 EvalVisitor 인스턴스를 생성한다는 것이다. 메소드 prog()로부터 리턴된 파스 트리를 탐색하기 위해, visit()를 호출한다.

```java
tour/Calc.java
EvalVisitor eval = new EvalVisitor();
eval.visit(tree);
```

이제 모든 것이 준비되었다. 남은 하나는 파스 트리를 탐색하여 값을 계산하고 리턴하는 비지터를 구현하는 것이다. 우선 ANTLR이 무엇을 생성하는지 살펴보자.

```
➤ $ antlr4 -no-listener -visitor LabeledExpr.g4
```

먼저 ANTLR은 각 레이블된 얼터너티브 이름을 위한 메소드와 비지터 인터페이스를 생성한다.

```java
public interface LabeledExprVisitor<T> {
    T visitId(LabeledExprParser.IdContext ctx);             # from label id
    T visitAssign(LabeledExprParser.AssignContext ctx);     # from label assign
    T visitMulDiv(LabeledExprParser.MulDivContext ctx);     # from label MulDiv
    ...
}
```

인터페이스 정의는 visit 메소드의 리턴 값을 위한 파라미터화된 타입을 가진 자바 제너릭^generic^을 사용한다. 이것을 통하여 구현하고자 하는 계산에 맞추기 위해 리턴 값 타입의 얼터너티브를 가진 리스너를 도출할 수 있다.

다음으로 ANTLR은 서브클래스화할 수 있는 LabeledExprBaseVisitor라 부르는 기본 비지터를 생성한다. 이런 경우에 표현식 결과는 정수이고 EvalVisitor는 LabeledExprBaseVisitor<Integer>로부터 상속을 받아야 한다. 계산기를 구현하기 위해, 문장과 표현식 얼터너티브와 관련된 메소드를 오버라이드한다. 다음은 전체 내용이다. 다음을 참조하여 저장한다.

tour/EvalVisitor.java

```
import java.util.HashMap;
import java.util.Map;

public class EvalVisitor extends LabeledExprBaseVisitor<Integer> {
    /** "memory" for our calculator; variable/value pairs go here */
    Map<String, Integer> memory = new HashMap<String, Integer>();

    /** ID '=' expr NEWLINE */
    @Override
    public Integer visitAssign(LabeledExprParser.AssignContext ctx) {
        String id = ctx.ID().getText(); // id is left-hand side of '='
        int value = visit(ctx.expr());  // compute value of expression on right
        memory.put(id, value);          // store it in our memory
        return value;
    }

    /** expr NEWLINE */
    @Override
    public Integer visitPrintExpr(LabeledExprParser.PrintExprContext ctx) {
        Integer value = visit(ctx.expr()); // evaluate the expr child
        System.out.println(value);         // print the result
        return 0;                          // return dummy value
    }
```

다음은 t.expr의 표현식을 평가하는 빌드 및 테스트 순서이다.

```
➤ $ antlr4 -no-listener -visitor LabeledExpr.g4 # -visitor is required!!!
➤ $ ls LabeledExpr*.java
❮ LabeledExprBaseVisitor.java        LabeledExprParser.java
  LabeledExprLexer.java              LabeledExprVisitor.java
➤ $ javac Calc.java LabeledExpr*.java
➤ $ cat t.expr
❮ 193
  a = 5
  b = 6
  a+b*2
  (1+2)*3
➤ $ java Calc t.expr
❮ 193
  17
  9
```

ANTLR v3에서 필요했던 것과 달리 그래머에 순수 자바 액션을 삽입하지 않고도 계산기를 빌드할 수 있다. 그래머는 응용 프로그램 독립성과 프로그래밍 언어 중립성을 유지한다. 비지터 메커니즘은 친숙한 자바 영역의 인식관련 요소를 넘어 모든 것을 유지할 수 있다. 생성된 파서 상단에 랭귀지 응용 프로그램을 빌드하기 위해 별도의 ANT-LR 표기를 배울 필요가 없다.

진행하기 전에 clear 문을 추가하여 이 표현식 언어를 확장할 필요가 있다. 명령 clear는 메모리 맵을 청소하며, 인식하기 위해 룰 stat에 새로운 얼터너티브가 필요할 것이다. 얼터너티브를 # clear로 레이블하고 확장된 비지터 인터페이스를 얻기 위해 그래머상에 ANTLR을 실행한다. 그런 다음에 clear에 어떤 작업을 발생하기 위해, 비지터 메소드 visitClear()를 구현한다. 앞의 순서에 따라 Calc를 컴파일하고 실행한다.

이제 입력을 해석하거나 평가하는 대신에 번역에 관해 고려해 보자. 다음 절에서는 자바 소스 코드 번역기를 빌드하기 위해 리스너[listener]라 부르는 다양한 비지터를 사용한다.

4.3 리스너로 번역기 구현하기

당신의 상관이 자바 클래스 정의의 메소드로부터 자바 인터페이스 파일을 생성하는 툴을 구현하라고 지시했다고 가정하자. 초급 프로그래머라면 당황스러울 것이다. 경험있는 자바 개발자라면 메소드 특징을 추출하는 javap 툴이나 Java Reflection API를 사용할 것이다. 만일 자바 툴 실력이 아주 강하다면 ASM[2] 같은 바이트코드를 사용할 것이다. 그런 후에 상관이 말하길 "음, 메소드 패턴 범위 내에 공백과 코멘트를 유지하세요." 라고 한다면 해결할 방법이 없다. 자바 소스 코드를 파싱해야 한다. 예를 들어, 다음과 같은 자바 코드를 읽으려고 한다.

tour/Demo.java

```
import java.util.List;
import java.util.Map;
public class Demo {
        void f(int x, String y) { }
        int[ ] g(/*no args*/) { return null; }
        List<Map<String, Integer>>[] h() { return null; }
}
```

그리고 메소드 시그니처method signature로 공백과 주석을 유지하면서 인터페이스를 생성한다.

tour/Demo.java

```
interface IDemo {
        void f(int x, String y);
        int[ ] g(/*no args*/);
        List<Map<String, Integer>>[] h();
}
```

2 http://asm.ow2.org

자바 파스 트리 탐색기로부터 발생된 이벤트를 탐지하여 15줄의 코드로 이 문제의 핵심을 해결하려고 한다. 자바 파스 트리는 소스 코드에 포함된 기존 자바 그래머로부터 생성된 파서로부터 온다. 클래스 이름으로부터 생성된 인터페이스 이름을 도출하고, 메소드 정의로부터 메소드 특징(리턴 타입, 메소드 이름, 아규먼트 리스트)을 가져온다. 자세한 내용은 8.3절 "*콜 그래프 생성*"을 참조하기 바란다.

그래머와 리스너 오브젝트 간의 주 인터페이스를 javaListener라 부르는데, ANTLR이 자동으로 생성한다. ANTLR 런타임의 ParseTreeWalker 클래스가 파스 트리 순회[Traverse]로 트리거할 수 있는 모든 메소드를 정의한다. 이런 경우에 세 가지 메소드를 오버라이드하여 탐색기가 클래스 정의를 enter/exit할 때, 메소드 정의를 만날 때 등의 이벤트에 응답할 필요가 있다. 다음은 생성된 리스너 인터페이스로부터의 관련 메소드이다.

```
public interface JavaListener extends ParseTreeListener {
    void enterClassDeclaration(JavaParser.ClassDeclarationContext ctx);
    void exitClassDeclaration(JavaParser.ClassDeclarationContext ctx);
    void enterMethodDeclaration(JavaParser.MethodDeclarationContext ctx);
    ...
}
```

리스너와 비지터 메커니즘의 가장 큰 차이는 ANTLR이 제공하는 탐색기[Walker] 오브젝트에 의해 리스너 오브젝트가 호출되는 것이다. 비지터 메소드는 명확한 visit 콜로 차일드를 탐색해야 한다. 노드의 차일드에 visit()를 호출하지 않으면, 그 서브트리는 누락된다.

리스너 구현을 빌드하기 위해 리스너 메소드가 룰과 매치되는 구문을 가져와야 하기 때문에, 룰 classDeclaration과 methodDeclaration이 무엇인지 알아야 한다. 파일 java.g4는 자바를 위한 완벽한 그래머이지만, 이 문제를 확인하는 데 필요한 두 가지 메소드는 다음과 같다.

```
tour/Java.g4
classDeclaration
    : 'class' Identifier typeParameters? ('extends' type)?
      ('implements' typeList)?
      classBody
    ;
```

```
tour/Java.g4
methodDeclaration
    : type Identifier formalParameters ('[' ']')* methodDeclarationRest
    | 'void' Identifier formalParameters methodDeclarationRest
    ;
```

200개나 되는 모든 인터페이스 메소드를 임플리먼트할 필요가 없기 때문에, ANTLR은 JavaBaseListener를 생성한다. 인터페이스 추출기는 JavaBaseListener를 서브클래스화할 수 있고, 관심 메소드를 오버라이드할 수 있다.

기본 전략은 클래스 정의 스타트를 볼 때 인터페이스 헤더를 출력하는 것이다. 그런 다음에 클래스 정의 끝에 종료 문자 "}"를 출력할 수 있다. 각 메소드 정의마다 특징을 분할한다. 다음은 완전한 구현이다.

```
tour/ExtractInterfaceListener.java
import org.antlr.v4.runtime.TokenStream;
import org.antlr.v4.runtime.misc.Interval;

public class ExtractInterfaceListener extends JavaBaseListener {
    JavaParser parser;
    public ExtractInterfaceListener(JavaParser parser) {this.parser = parser;}
    /** Listen to matches of classDeclaration */
    @Override
    public void enterClassDeclaration(JavaParser.ClassDeclarationContext ctx){
        System.out.println("interface I"+ctx.Identifier()+" {");
```

```
    }
    @Override
    public void exitClassDeclaration(JavaParser.ClassDeclarationContext ctx) {
        System.out.println("}");
    }
    /** Listen to matches of methodDeclaration */
    @Override
    public void enterMethodDeclaration(
        JavaParser.MethodDeclarationContext ctx
    )
    {
        // need parser to get tokens
        TokenStream tokens = parser.getTokenStream();
        String type = "void";
        if ( ctx.type()!=null ) {
            type = tokens.getText(ctx.type());
        }
        String args = tokens.getText(ctx.formalParameters());
        System.out.println("\t"+type+" "+ctx.Identifier()+args+";");
    }
}
```

파서를 호출하기 위해서 이전의 다른 것들과 거의 유사한 메인 프로그램이 필요하다. 응용 프로그램 코드는 파서를 호출한 다음에 시작된다.

tour/ExtractInterfaceTool.java

```
JavaLexer lexer = new JavaLexer(input);
CommonTokenStream tokens = new CommonTokenStream(lexer);
JavaParser parser = new JavaParser(tokens);
ParseTree tree = parser.compilationUnit(); // parse

ParseTreeWalker walker = new ParseTreeWalker(); // create standard walker
ExtractInterfaceListener extractor = new ExtractInterfaceListener(parser);
walker.walk(extractor, tree); // initiate walk of tree with listener
```

또한 파일의 상단에 import org.antlr.v4.runtime.tree.*; 도 필요하다.

그래머 java.g4와 ExtractInterfaceTool의 main()이 준비되었으면, 다음과 같이 빌드하고 테스트한다.

```
➤ $ antlr4 Java.g4
➤ $ ls Java*.java ExtractInterface*.java
❮ ExtractInterfaceListener.java      JavaBaseListener.java      JavaListener.java
  ExtractInterfaceTool.java          JavaLexer.java             JavaParser.java
➤ $ javac Java*.java Extract*.java
➤ $ java ExtractInterfaceTool Demo.java
❮ interface IDemo {
        void f(int x, String y);
        int[ ] g(/*no args*/);
        List<Map<String, Integer>>[] h();
  }
```

List 같은 인터페이스 메소드에서 참조되는 타입을 위한 import 문이 인터페이스 파일에 포함되지 않았기 때문에, 이 구현은 완벽하지 않다. 연습삼아 import 처리를 시도해 보자. 리스너를 사용하여 이런 종류의 추출기extractor나 번역기를 빌드하는 것이 편하다. parser.getTokenStream().getText(ctx)과 같이 enterImportDeclaration()이 전체 룰에 의해 매치되는 텍스트를 출력하기 때문에, importDeclaration 룰이 무엇인지 알 필요조차도 없다.

비지터와 리스너 메커니즘은 잘 동작되며, 파싱과 파서 응용 프로그램 간의 고려사항을 해결한다. 그러나 종종 별도의 제어와 유연성이 필요하다.

4.4 파싱 동안에 조작하기

리스너와 비지터는 그래머 외부로 응용 프로그램에 특화된 코드를 유지하고, 그래머를 보다 더 읽기 쉽게 만들며, 특정 응용 프로그램에 종속되지 않게 하기 때문에 아주 우수하다. 그러나 최상의 유연성과 제어를 위해, 그래머 내에 코드를 직접적으로 삽입한다. 이런 액션은 ANTLR이 생성하는 회귀 하향 파서 코드로 복사된다. 이 절에서 데이터 행[Row]를 읽고 특정 컬럼[Column]에서 찾은 값을 출력하는 간단한 프로그램을 구현할 것이다. 그런 후에 그래머 부분을 on/off하는 의미 술어[Semantic Predicates]라 부르는 특수한 액션을 어떻게 만드는지 살펴볼 것이다.

임의 코드를 그래머에 삽입하기

파스 트리 구현에 따르는 오버헤드를 원하지 않는다면, 파싱 동안에 값을 계산하고 출력할 수 있다. 다른 한편으로 더 힘들지만 표현식 그래머 내에 임의 코드를 삽입한다는 의미이다. 파서에서 액션의 영향을 이해하고 이런 액션이 어디에 자리잡는지 알아야 한다.

그래머에 삽입된 액션을 보기 위해 데이터 행으로부터 특정 컬럼을 출력하는 프로그램을 빌드한다. 종종 내용(이름이나 전자메일 컬럼)을 뽑아내고 싶은 텍스트 파일이 있기 때문에 항상 만나는 문제이다. 다음 데이터를 사용한다.

tour/t.rows

```
parrt	Terence Parr	101
tombu	Tom Burns	020
bke	Kevin Edgar	008
```

컬럼은 탭[tab]으로 구분되고 각 열은 줄바꿈 문자로 끝난다. 이런 종류의 입력 매칭은 그래머적으로 아주 간단하다.

```
file  : (row NL)+ ; // NL is newline token: '\r'? '\n'
row   : STUFF+ ;
```

액션을 추가하면서부터 변경이 필요하다. 원하는 컬럼 번호에 전달할 수 있게 생성자[constructor] 정의와 룰 row의 "(…)+" 내부에 액션이 필요하다.

```
tour/Rows.g4
grammar Rows;

@parser::members { // add members to generated RowsParser
	int col;
	public RowsParser(TokenStream input, int col) { // custom constructor
		this(input);
		this.col = col;
	}
}

file: (row NL)+ ;

row
locals [int i=0]
	: ( STUFF
		{
		$i++;
		if ( $i == col ) System.out.println($STUFF.text);
		}
	  )+
	;

TAB  : '\t' -> skip ;		// match but don't pass to the parser
NL   : '\r'? '\n' ;		// match and pass to the parser
STUFF: ~[\t\r\n]+ ;		// match any chars except tab, newline
```

STUFF 어휘적 룰은 탭이나 줄바꿈 문자가 아닌 모든 것과 매치된다(즉, 컬럼에 공백 문자를 가질 수도 있다).

여기에서 다른 점 하나는 커스텀 생성자를 사용하고 파서에게 트리를 빌드하지 말라고 요청하면서 컬럼 번호를 파서에 전달하는 것이다.

```
tour/Col.java
RowsLexer lexer = new RowsLexer(input);
CommonTokenStream tokens = new CommonTokenStream(lexer);
int col = Integer.valueOf(args[0]);
RowsParser parser = new RowsParser(tokens, col); // pass column number!
parser.setBuildParseTree(false); // don't waste time building a tree
parser.file(); // parse
```

10장 "*속성과 액션*"에서 상세하게 설명한다. 현재 시점에서 액션은 중괄호로 둘러싸인 코드이다. members 액션은 생성된 파서 클래스의 멤버 영역에 코드를 삽입한다. 룰 row 내의 액션은 locals 절과 정의된 지역 변수인 $i를 접근한다. 또한 가장 최근에 매치된 STUFF 토큰을 위한 텍스트를 얻기 위해 $STUFF.text를 사용한다.

다음은 빌드 및 테스트 순서이다(컬럼 하나당 하나의 테스트).

```
➤ $ antlr4 -no-listener Rows.g4 # don't need the listener
➤ $ javac Rows*.java Col.java
➤ $ java Col 1 < t.rows # print out column 1, reading from file t.rows
❮ parrt
  tombu
  bke
➤ $ java Col 2 < t.rows
❮ Terence Parr
  Tom Burns
  Kevin Edgar
➤ $ java Col 3 < t.rows
❮ 101
  020
  008
```

이런 액션은 파서가 매치한 값을 추출하고 출력하지만, 파스 자체를 변경하지는 않는다. 또한 액션은 파서가 입력 구문을 인식하는 방법을 정교화할 수 있다. 다음 절에서 한 단계 더 나아가 액션 삽입의 개념을 알아본다.

시맨틱 서술로 파스 변경하기

11장 "*시맨틱 서술*Semantic Predicates*로 파스 변경*" 전까지는 간단한 예제로 의미 술어의 파워를 보여준다. 정수 시퀀스를 읽는 그래머를 살펴본다. 입력 부분이 얼마나 많은 정수를 함께 그룹핑하느냐가 관건이다. 실행하기 전까지는 얼마나 많은 정수가 매치되는지를 알 수 없다. 다음은 샘플 입력 파일이다.

tour/t.data

```
2 9 10 3 1 2 3
```

첫 번째 번호 2는 두 가지 후속 번호 9와 10이 매치됨을 말하고, 10 다음의 3은 3개가 순차적으로 매치됨을 말한다. 목표는 9와 10을 함께 그룹핑하고 다음으로 1, 2, 3을 그룹핑 하는 그래머 Data이고 다음과 같다.

```
➤ $ antlr4 -no-listener Data.g4
➤ $ javac Data*.java
➤ $ grun Data file -tree t.data
❮ (file (group 2 (sequence 9 10)) (group 3 (sequence 1 2 3)))
```

다음과 같이 파스 트리가 그룹을 명확하게 식별한다.

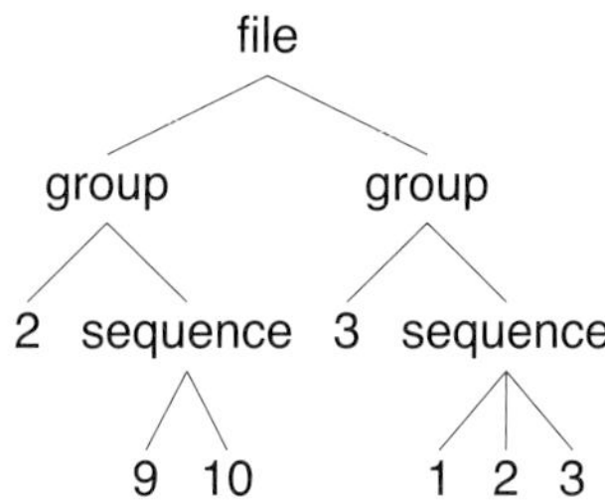

다음 Data 그래머의 핵심은 의미 술어라 부르는 특수한 불리언 값 액션이다: {$i<=$n}?. 이 서술은 sequence 룰 파라미터 n이 요청한 정수 숫자를 넘어가는지 여부를 true/false로 평가한다. false는 그래머로부터 사라진 연관 얼터너티브를 만든다. 이런 이유

로 생성된 파서로부터 만든다. 이런 경우에, false는 "(…)*" 루프 종료를 만들고 룰 sequence로부터 리턴한다.

```
tour/Data.g4
grammar Data;

file : group+ ;

group: INT sequence[$INT.int] ;

sequence[int n]
locals [int i = 1;]
     : ( {$i<=$n}? INT {$i++;} )*  // match n integers
     ;

INT  : [0-9]+ ;              // match integers
WS   : [ \t\n\r]+ -> skip ;    // toss out all whitespace
```

가시적으로 파서에서 사용되는 룰 sequence의 내부 그래머 표현은 다음과 같다.

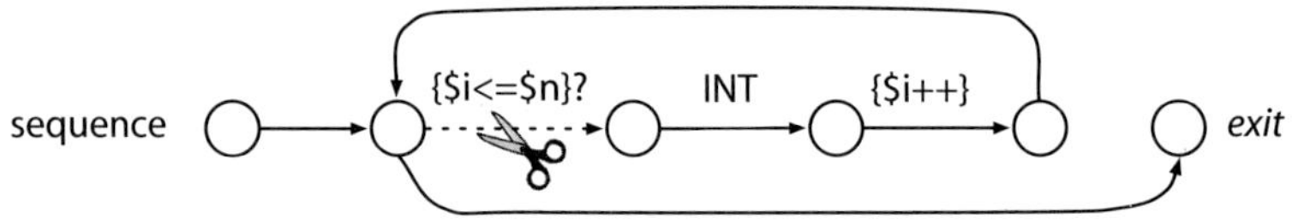

가위와 점선은 술어가 경로를 절단하고 파서가 하나의 선택만을 할 수 있음을 나타낸다(경로가 바로 exit으로).

대부분 이런 미세한 관리가 필요 없지만, 걷잡을 수 없는 파싱 문제를 처리하는 무기를 가지는 것이 유리하다.

지금까지 파싱의 특성에 관하여 집중했지만, 어휘 수준에서 여러 가지 흥미있는 것들이 많았다.

4.5 우수한 어휘적 특성

ANTLR은 책에서 언급할 가치가 있는 세 가지 우수한 토큰 관련 특성을 가진다. 먼저 동일 파일에 별개 어휘 구조를 가진 XML 같은 포맷을 어떻게 다루는지 볼 것이다. 다음으로 입력 스트림을 건드려 자바 클래스에 필드를 삽입하는 방법을 배울 것이다. 최소의 노력으로 입력과 유사한 출력을 생성하는 방법을 보여줄 것이다. 마지막으로 ANTLR이 공백과 주석을 버리지 않고 어떻게 무시하는지를 배운다.

독립 그래머: 동일 파일에 별개 포맷 다루기

현재까지 봐 온 모든 샘플 입력 파일은 단일 언어를 가졌지만, 여러 언어를 가진 파일 포맷이 일반적이다. 예를 들어, 자바 문서 주석 내의 @author 태그는 작은 랭귀지이다. 즉, 주석 외부는 자바 코드이다. StringTemplate[3]와 Django[4] 같은 템플릿 엔진도 비슷한 문제를 가진다. 템플릿 표현식으로 둘러싸인 모든 텍스트는 개별적으로 다루어야 한다. 이런 것들을 독립 그래머Island Grammar라 부른다.

ANTLR은 혼합 포맷을 가진 파일을 손쉽게 다룰 수 있는 어휘 모드Lexical Mode라 부르는 잘 알려진 렉서 특성을 제공한다. 기본 사상은 특수한 구분 문자sentinel character의 경우 모드간에 전/후진Forth/Back하는 렉서 스위치를 가지는 것이다.

XML이 좋은 예로, XML 파서는 태그와 엔터티 참조(£)를 제외한 모든 것을 텍스트 청크로 취급한다. 렉서가 "<"를 볼 때, "inside" 모드로 스위치하고, ">"나 "/>"를 볼 때 기본 모드로 스위치백한다. 다음 그래머는 어떻게 작업되는지를 보여준다(12장 "*어휘적 마술 부리기*"에서 상세하게 다룬다).

---

3 http://www.stringtemplate.org

4 https://www.djangoproject.com

tour/XMLLexer.g4

```
lexer grammar XMLLexer;

// Default "mode": Everything OUTSIDE of a tag
OPEN        :  '<'          -> pushMode(INSIDE) ;
COMMENT     :  '<!--' .*? '-->' -> skip ;
EntityRef   :  '&' [a-z]+ ';' ;
TEXT        :  ~('<'|'&')+ ;  // match any 16 bit char minus < and &

// ---------------- Everything INSIDE of a tag --------------------
mode INSIDE;
CLOSE       :  '>'  -> popMode ; // back to default mode
SLASH_CLOSE :  '/>' -> popMode ;
EQUALS      :  '=' ;
STRING      :  '"' .*? '"' ;
SlashName   :  '/' Name ;
Name        :  ALPHA (ALPHA|DIGIT)* ;
S           :  [ \t\r\n] -> skip ;

fragment
ALPHA       :  [a-zA-Z] ;

fragment
DIGIT       :  [0-9] ;
```

다음 그래머의 샘플 입력으로 XML 파일을 사용한다.

tour/t.xml

```
<tools>
        <tool name="ANTLR">A parser generator</tool>
</tools>
```

다음은 TestRig를 빌드하고 테스트하는 방법이다.

```
➤ $ antlr4 XMLLexer.g4
➤ $ javac XML*.java
➤ $ grun XML tokens -tokens t.xml
❮ [@0,0:0='<',<1>,1:0]
  [@1,1:5='tools',<10>,1:1]
  [@2,6:6='>',<5>,1:6]
  [@3,7:8='\n\t',<4>,1:7]
  [@4,9:9='<',<1>,2:1]
  [@5,10:13='tool',<10>,2:2]
  [@6,15:18='name',<10>,2:7]
  [@7,19:19='=',<7>,2:11]
  [@8,20:26='"ANTLR"',<8>,2:12]
  [@9,27:27='>',<5>,2:19]
  [@10,28:45='A parser generator',<4>,2:20]
  [@11,46:46='<',<1>,2:38]
  [@12,47:51='/tool',<9>,2:39]
  [@13,52:52='>',<5>,2:44]
  [@14,53:53='\n',<4>,2:45]
  [@15,54:54='<',<1>,3:0]
  [@16,55:60='/tools',<9>,3:1]
  [@17,61:61='>',<5>,3:7]
  [@18,62:62='\n',<4>,3:8]
  [@19,63:62='<EOF>',<-1>,4:9]
```

출력의 각 라인은 토큰을 나타내고 토큰 인덱스, 시작/종료 문자, 토큰 텍스트, 토큰 타입 및 라인과 라인 내에서 문자 위치를 가진다. 렉서가 입력을 어떻게 토큰화하는지를 말해 준다.

TestRig 명령줄에서 XML tokens 순차는 일반적으로 시작 룰이 따르는 그래머 이름이다. 이런 경우에 TestRig에게 렉서를 실행하고 파서는 실행하지 말라고 지시하는 특수 룰 이름 tokens이 따르는 그래머 이름을 사용한다. 그런 후에 -tokens 옵션의 TestRig로 매치된 토큰 리스트를 출력한다.

렉서로부터 파서로의 토큰 스트림 흐름에 대한 지식은 아주 유용하다. 예를 들어, 어떤 번역 문제가 입력을 수정할 수도 있다. 종종 완전하게 새로운 출력을 생성하기보다는 원래 토큰 스트림을 변경하는 것으로 편법을 부릴 수 있다.

입력 스트림 재작성

java.io.Serializable와 함께 사용하기 위해 직렬화 식별자(serialVersionUID)를 삽입하는 자바 소스 코드를 처리하기 위한 툴을 구현한다(Eclipse가 자동으로 하는 것처럼). 단지 텍스트를 추출하고 출력하기 위해, ANTLR에 의해 자바 그래머로부터 생성된 javaListener 인터페이스의 모든 리스너 메소드를 구현하지 않는다. 원래 토큰 스트림에 적절한 상수 필드를 삽입하고, 변경된 입력 스트림을 출력하는 것이 더 쉽다(간편하고 빠르다).

메인 프로그램은 리스너가 종료될 때 토큰 스트림을 출력하는 것만 제외하고, 4.3절 "*리스너로 번역기 구현하기*"의 ExtractInterfaceTool.java와 동일하다.

tour/InsertSerialID.java

```
ParseTreeWalker walker = new ParseTreeWalker(); // create standard walker
InsertSerialIDListener extractor = new InsertSerialIDListener(tokens);
walker.walk(extractor, tree); // initiate walk of tree with listener

// print back ALTERED stream
➤ System.out.println(extractor.rewriter.getText());
```

리스너를 구현하기 위해 클래스의 시작에서 삽입을 트리거할 필요가 있다.

tour/InsertSerialIDListener.java

```
import org.antlr.v4.runtime.TokenStream;
import org.antlr.v4.runtime.TokenStreamRewriter;

public class InsertSerialIDListener extends JavaBaseListener {
```

```
    TokenStreamRewriter rewriter;
    public InsertSerialIDListener(TokenStream tokens) {
        rewriter = new TokenStreamRewriter(tokens);
    }
    @Override
    public void enterClassBody(JavaParser.ClassBodyContext ctx) {
    String field = "\n\tpublic static final long serialVersionUID = 1L;";
        rewriter.insertAfter(ctx.start, field);
    }
}
```

스트림을 실제로 변경하지 않고 변경된 토큰 스트림 뷰를 주는 방식을 아는 TokenStreamRewriter 오브젝트가 중요하다. 모든 조작 메소드를 "명령어"로 취급하고, 텍스트로 돌려주기 위해 토큰 스트림을 순회할 때 나중에 실행하기 위해 큐에 넣는다. 재작성기[rewriter]는 getText()를 호출하는 명령을 매번 실행한다.

이전에 사용한 Demo.java 테스트 파일에 리스너를 빌드하고 테스트해 보자.

```
➤ $ antlr4 Java.g4
➤ $ javac InsertSerialID*.java Java*.java
➤ $ java InsertSerialID Demo.java
❮ import java.util.List;
  import java.util.Map;
  public class Demo {
          public static final long serialVersionUID = 1L;
          void f(int x, String y) { }
          int[ ] g(/*no args*/) { return null; }
          List<Map<String, Integer>>[] h() { return null; }
  }
```

아주 작은 몇 줄만으로도 삽입 점 외부를 건드리지 않고 자바 클래스 정의를 수정할 수 있다. 이 전략은 소스 코드 편성이나 재구성의 일반적인 문제에 매우 효과적이다. TokenStreamRewriter는 토큰 스트림을 조작하는 강력하고 아주 효율적인 수단이다.

어휘 관련하여 한 가지 더 좋은 것은 ANTLR의 토큰 채널 같은 일반 스키마 없이 해결할 수 있다는 것이다.

다른 채널에 토큰 전송

이전에 보았던 자바 인터페이스 추출기는 다음과 같은 메소드 패턴으로 공백과 주석을 유지한다.

```
int[ ] g(/*no args*/) { return null; }
```

전통적으로 만족시키기에 다소 고약한 요구사항이다. 대부분 그래머에서 주석과 공백은 파서가 무시할 수 있는 대상이다. 만일 그래머 전 영역에서 공백과 주석을 명확하게 원하지 않는다면, 버려버리는 렉서가 필요하다. 유감스럽게도 응용 프로그램 코드와 후속 처리 단계에서 공백과 주석을 접근할 수가 없다. 공백과 주석을 무시하지만 유지하는 기술은 "히든 채널Hidden Channel"로 파서에게 이런 것들을 전송하는 것이다. 파서는 하나의 채널에만 맞춰지며 원하는 것을 다른 채널로 전달할 수 있다. 다음은 자바 그래머에서 어떻게 수행하는지 보여준다.

```
tour/Java.g4
COMMENT
        : '/*' .*? '*/' -> channel(HIDDEN) // match anything between /* and */
        ;
WS      : [ \r\t\u000C\n]+ -> channel(HIDDEN)
        ;
```

-> channel(HIDDEN)은 이전에 논의한 렉서 명령 -> skip과 유사하다. 이런 경우에 이런 토큰의 채널 번호를 설정하고, 파서에서 무시한다. 토큰 스트림은 원래 토큰 순차를 유지하지만, 파서를 피딩Feeding할 때 오프 채널Off-Channel 토큰으로 스킵한다.

4장에서는 ANTLR을 쉽게 사용하고 유연성을 가지는 주요 엘리먼트를 다루었다. 상세하게는 다루지 않았지만 작고 실제적인 문제를 해결하는 방법을 살펴보았다. 그래머 표기도 배웠고, 그래머에 액션을 삽입하지 않고 계산하고 번역할 수 있는 비지터와 리스너를 구현했다. 삽입된 액션은 내부 통제를 만족하기 위한 것이다. 최종적으로 ANTLR 렉서와 토큰 스트림으로 다룰 수 있는 여러 가지 재미있는 사항을 다루었다.

II부에서는 4장에서 다룬 모든 개념을 천천히 상세하게 다룬다. 책의 다음 부분은 랭귀지 구현자가 되기 위한 여러 가지 사항을 배운다. ANTLR 표기 및 예제와 언어 참조 매뉴얼로부터 그래머를 어떻게 도출하는지를 밝혀낸다. 이런 기초과정을 통하여 실제 언어를 위한 그래머를 빌드하고, 트리 리스너와 비지터의 상세 내용을 배운다. 그런 후에 III 부 고급 과정으로 이동한다.

PART 2

ANTLR 그래머로 랭귀지 응용 프로그램 개발

II부에서는 랭귀지 명세와 샘플 입력으로부터 그래머를 어떻게 도출하는지를 배운다. 콤마로 구분된 값, JSON, DOT 그래픽 포맷, 간단한 프로그래밍 언어 및 R을 위한 그래머를 빌드한다. 그래머를 어떻게 설계하는지 배운 다음에, 파스 트리를 탐색하여 랭귀지 응용 프로그램을 빌드하기 위해 상세한 내용을 파고들 것이다.

CHAPTER 5

그래머 설계하기

I부에서 ANTLR을 접했고 그래머와 랭귀지 응용 프로그램에 관한 고급 뷰를 보았다. 이제 속도를 늦추어 내부 데이터 구조 구축, 정보 추출 및 입력 변환 생성 같은 유용한 작업을 수행하는 데 필요한 상세 내용을 배운다. 처음 단계는 그래머를 어떻게 빌드하는지 배운다. 5장에서 가장 일반적으로 사용되는 어휘와 구문 언어 구조를 살펴보고, ANTLR 표기로 어떻게 표현하는지를 알아볼 것이다. 이런 ANTLR 빌딩 블록을 숙지한 다음에, 다음 장에서 실제적인 그래머를 빌드하기 위해 결합할 것이다.

그래머를 어떻게 빌드하는지 배우기 위해, 다양한 ANTLR 구성 개념을 힘들게 파헤칠 수는 없다. 먼저 일반적인 언어 패턴을 연구하고 프로그래밍 언어 문장으로 식별하는 방법을 배운다. 즉, 전반적 언어 구조의 큰 그림을 얻는 방법을 배운다. 언어 패턴은 영어에서 주어-동사-목적어나 한국어의 주어-목적어-동사의 순차 같은 순환하는 그래머적 구조이다. 최종적으로 전형적인 입력 파일 세트로부터 언어 구조를 예측하는 능력이 필요하다. 언어 구조를 식별한 다음에, ANTLR 그래머 형식으로 표현할 수 있다.

과거 50년간에 걸쳐 발명된 랭귀지들이 방대하지만, 다행스러운 것은 상대적으로 기본 언어 패턴은 적다는 것이다. 사람들이 머릿속에서 자연어로 제한한 것에 따라 언어를 설계하는 경향이 있기 때문이다. 토큰 간의 의존성을 예상하여 토큰 순서를 예측한다. 예를 들어, "{(}"는 토큰 순서가 잘못되어 그래머를 벗어난다. "(1+2 같은 것도)"가 없기 때문에 혼란스럽다. 또한 랭귀지는 설계자가 수학식에서 일반 표기를 따르기 때문에 유사한 경향이 있다. 어휘 수준에서도 랭귀지는 식별자, 정수, 문자열 등의 동일 구조를 재사용한다. 자연어에서 도출된 단어 순서와 의존성 제약은 네 가지 추상적 프로그래밍 언어 패턴으로 정리된다.

- **순차**Sequence: 배열의 초기값처럼 엘리먼트의 연속된 순서이다.
- **선택**Choice: 프로그래밍 언어에서 다른 종류의 문장같은 여러 가지 얼터너티브 구문 간의 선택이다.
- **토큰 의존성**Token Dependence: 한 토큰의 존재는 왼쪽/오른쪽 괄호 일치 같은 구문 어딘가에 대응 관계를 가진 대상이 존재해야 한다.
- **중첩된 구문**Nested Phrase: 프로그래밍 언어의 중첩된 서술문 블록이나 중첩된 산술 표현식 같은 자체 유사 언어 구성체이다.

이런 패턴을 구현하기 위해 얼터너티브, 토큰 레퍼런스 및 룰 레퍼런스로 구성된 그래머 룰이 필요하다(BNFBackus-Naur-Format). 편의를 위해서 이런 엘리먼트를 서브룰Subrule로 그룹핑한다. 서브룰은 괄호로 묶인 인라인 룰이다. 여러 번 묶인 그래머 조각을 인식하기 위해 얼터너티브, 0이나 다수(*), 1이나 다수(+) 루프로 서브룰을 표시할 수 있다(EBNFExtended Backus-Naur-Format).

경력 있는 개발자들의 대부분은 정규 표현식이나 그래머 형식을 봐왔겠지만, 이 책에서는 일관되게 기초부터 시작한다.

5.1 언어 샘플로부터 그래머 도출하기

그래머 작성은 함수나 프로시저Procedure 대신에 룰로 작업하는 것을 제외하면 소프트웨어를 작성하는 것과 아주 유사하다(ANTLR은 그래머의 각 룰에 대하여 함수를 생성한다). 그러나 룰 내부를 들여다 보기 전에, 전체 그래머 구조를 이해하고 기초 그래머 구조를 형성하는 방법을 논의하는 것이 좋다. 굳이 첫 번째 파서를 빌드하고 실행하기 원한다면 4장 "*퀵 투어*"를 다시 보거나 6.1절 "*CSV 파싱하기*"의 첫 번째 예제로 바로 가면 된다. 여기에서는 기본을 배우기 때문에 책의 이전/이후 예제를 마음대로 옮겨 다녀도 된다.

그래머는 그래머 이름인 헤더와 각각을 호출할 수 있는 룰 세트로 구성된다.

```
grammar MyG;
rule1 : ≪stuff≫;
rule2 : ≪more stuff≫;
...
```

소프트웨어를 작성하는 것처럼 어떤 룰이 필요한지, ≪stuff≫가 무엇인지, 어떤 룰이 start 룰인지(main() 메소드와 유사) 파악해야 한다.

해당 언어에 대하여 이런 사항을 파악하기 위해 언어를 잘 알아야 하고 대표적인 입력 샘플 세트를 가져야 한다. 자연스럽게 참조 매뉴얼의 언어 그래머나 기타 파서 생성기의 포맷이라도 가지면 도움이 된다. 그러나 지금은 지침으로 할 만한 기존 그래머가 없다고 가정한다.

적절한 그래머 설계는 프로그래밍에서 기능적 재분할이나 하향식 설계를 반영한다. 즉, 언어 구조를 식별하고 그래머 룰로 인코딩하기 위해 처음엔 청크로부터 점차 미세한 수준으로 작업한다. 그러므로 처음 작업은 스타트 룰이 되는 언어 구조를 위한 이름을 찾는 것이다. 영어에서는 문장Sentence을 사용할 수 있다. XML 파일에서는 다큐먼트Document를 사용하고, 자바 파일에서는 compilationUnit을 사용할 수 있다.

Start 룰의 내용을 설계하는 것은 소프트웨어를 작성할 때 하는 것처럼 영어 의사코드Pseudocode로 전체 입력 포맷을 서술하는 일이다. 예를 들어 CSVComma Separated Value 파일은 신규 라인으로 종료된 행row들의 시퀀스이다. 왼쪽의 필수 단어 file은 룰 이름이고, 오른쪽은 ≪stuff≫이다.

```
file : ≪sequence of rows that are terminated by newlines≫;
```

그런 다음에 스타트 룰 오른쪽에 식별된 엘리먼트를 서술하여 단계적으로 한 수준 내려간다. 오른쪽의 명사는 일반적으로 토큰이나 아직 정의되지 않은 룰의 참조이다. 토큰은 사람의 머리속에서는 일반적으로 단어, 구두점이나 오퍼레이터로 이해하는 엘리먼트이다. 단어Word는 영어 문장Sentence의 최소 기본Atomic 엘리먼트이고, 토큰Token은 파서 그래머Grammar에서 최소 기본 엘리먼트이다. 그러나 룰 레퍼런스는 행Row처럼 보다 더 상세하게 분할할 필요가 있는 다른 언어 구조를 참조한다.

또 다른 상세 수준으로 내려가면, 행Row은 콤마로 구분된 필드Field의 순차이다. 필드는 숫자나 문자열이다. 의사코드는 다음과 같다.

```
file  : ≪sequence of rows that are terminated by newlines≫;
row   : ≪sequence of fields separated by commas≫;
field : ≪number or string≫;
```

룰을 모두 다 정의하면 대략적인 그래머를 가지게 된다.

이런 기술들이 자바 파일에서 몇 가지 중요한 구조를 설명하기 위해 어떻게 동작하는지 살펴본다. 청크 수준에서 Java compilationUnit은 하나 이상의 클래스 정의가 따르는 선택적 패키지 명세자Package Specifier이다. 한 수준 내려가면 클래스 정의는 키워드 class, 식별자, 선택적으로 슈퍼클래스 명세자Superclass Specifier, 선택적으로 구현 절Implements Clause, 클래스 바디Class Body가 따른다. 클래스 본문은 중괄호 "{}"로 묶인 멤버member 시리즈이다. 멤버는 중첩된 클래스 정의, 필드나 메소드이다. 여기에서 필드와 메소드를 설명하고 메소드 내의 문장Statement을 설명한다. 가능한 최상위 수준에서 시작하여, 단계를 낮춘다. 자바 클래스 정의같은 큰 부구문subphrase도 이후에 정의하기 위해 룰로 다룬다. 그래머 의사코드에서 다음과 같이 시작한다.

```
compilationUnit  : ≪optional packageSpec then classDefinitions≫;
packageSpec      : 'package' identifier ';' ;
classDefinition  :
    'class' ≪optional superclassSpec optional implementsClause classBody≫;
superclassSpec   : 'super' identifier ;
implementsClause :
    'implements' ≪one or more identifiers separated by comma≫;
```

```
classBody        : '{' ≪zero-or-more members≫'}' ;
member           : ≪nested classDefinition or field or method≫;
...
```

자바 같은 언어의 그래머 설계는 만일 참조로 사용할 만한 그래머를 접근할 수 있다면 더 쉽다. 그러나 주의할 것은 나중에 다시 언급하겠지만, 기존 그래머를 무작정 따르면 잘못된 방향으로 갈 수도 있다는 것이다.

5.2 지침으로 기존 그래머 사용하기

ANTLR 포맷이 아닌 형태로 기존 그래머를 접근하면 언어의 구문을 분할할 때 많은 도움이 된다. 최소한 기존 그래머는 지침으로 사용할 좋은 룰 이름 리스트를 준다. 주의할 점은 참조 매뉴얼로부터 ANTLR로 그래머를 잘라 붙인 후에, 동작이 되도록 조정해야 한다는 것이다. 정확한 코드라기보다는 지침으로 사용하는 것이 좋다.

참조 매뉴얼은 종종 그래머의 명확성을 이유로 너무 유연해서, 그래머가 언어에 없는 문장을 너무 많이 인식한다. 또는 동일 입력 시퀀스를 하나 이상의 방식으로 매치하기 위해 그래머가 모호해질 수도 있다. 예를 들어, 그래머가 표현식이 생성자나 함수를 호출할 수 있다고 말할 수 있다. 문제는 T(i) 같은 입력은 양쪽을 매치할 수 있다는 것이다. 이상적으로 그래머에서는 이런 모호성이 없어야 한다. 번역 등의 작업들을 수행하기 위해서는 각 입력 문장에 하나의 번역만이 필요하다.

정반대로 참조 매뉴얼의 그래머는 종종 룰을 과다 명세한다. 그래머 구조로 제약을 강화하려기보다는 입력을 파싱한 다음에 강제해야 하는 어떤 제약이 있을 수 있다. 예를 들어, 12.4절 "*XML의 파싱과 렉싱*"을 보면 W3C XML 언어 정의를 스캔하면 모든 상세를 잃어버린다. 사소한 예제로 XML 그래머는 태그에서 공백을 반드시 가져야 하는 위치와 선택적인 것을 명백하게 명세한다. 물론 명세를 아는것이 좋겠지만 단순히 파서에 보내기 전에 태그 내부의 공백을 없애는 렉서를 가질 수 있다. 그래머가 모든 공백을 테스트할 필요는 없다.

또한 명세는 〈?xml …〉 태그가 encoding 및 standalone 같은 두 가지의 특수한 어트리뷰트를 가질 수 있다고 말할 수도 있다. 이런 제약을 알 필요가 있지만 어떤 어트리뷰트 이름이든 모두 허용하고, 파싱한 후 제약을 만족하는 것을 보장하기 위해 파스 트리를 조사하는 것이 더 쉽다. 결국 XML은 텍스트에 삽입된 태그 묶음이기 때문에, 그래머 구조는 아주 간단하다. 한 가지 문제는 태그 내외부에서 무엇을 다르게 취급하는가이다. 12.3절 "*스트림 속의 섬*"에서 상세하게 살펴본다.

그래머 룰 식별과 의사코드의 오른쪽 표현은 처음에는 어려워 보이지만, 더 많은 랭귀지들을 위한 그래머를 빌드하다 보면 점점 더 쉬워진다. 이 책에서 여러 가지 예제를 실습할 것이다.

의사코드를 가진 다음에 실제 그래머를 얻기 위해 ANTLR 표기로 번역할 필요가 있다. 다음 절에서 어떤 언어에서나 발견되는 네 가지 언어 패턴을 정의하고, ANTLR 구성체와 어떻게 매핑되는지를 살펴본다. 그런 후에 정수나 식별자 같은 그래머에서 참조되는 토큰을 어떻게 정의하는지를 밝혀낸다. 지금 우리는 그래머 개발의 기초를 살펴보고 있고, 다음 장에서는 실제 예제를 다루기 위해 필요한 기초를 견고히 다진다.

5.3 ANTLR 그래머로 일반 언어 패턴 인식하기

우리는 그래머를 개략적으로 이해하기 위한 일반적인 하향식 전략을 가지고 있으므로 순차^Sequence^, 선택^Choice^, 토큰 의존성^Token Dependency^ 및 중첩된 구문^Nested Phrase^ 등과 같은 보통의 언어 패턴에 집중할 필요가 있다. 이전 절에서 이런 패턴의 몇 가지 예제를 보았지만, 다양한 언어의 보다 더 많은 예제를 볼 것이다. 이어서 공식 그래머 룰로 특정 패턴을 표현함으로써 기본 ANTLR 표기를 배울 것이다. 가장 일반적인 언어 패턴으로 시작해 보자.

패턴: 순차

프로그래밍 언어에서 가장 자주 보는 구조는 클래스 정의 내의 메소드 순차 같은 엘리먼트 순차이다. HTTP, POP 및 SMTP 네트워크 프로토콜 같은 간단한 언어도 순차 패턴을 보인다. 프로토콜은 명령 순차를 예상한다. 예를 들어, 다음은 POP 서버에 로그인을 하고 처음 메시지를 얻는 순서이다.

```
USER parrt
PASS secret
RETR 1
```

명령 자체도 순차이다. 대부분 명령은 피연산자[Operand] 및 신규라인과 함께 나오는 USER이나 RETR 같은 키워드(예약 식별자)이다. 예를 들어, 그래머에서 retrieve 명령은 정수와 신규라인 토큰이 뒤따르는 키워드라고 말한다면 그래머에서 이런 순차로 명세하기 위해 순서대로 엘리먼트를 단순 열거한다. ANTLR 표기에서 retrieve 명령은 'RETR' INT '₩n' 순차이다.

```
retr : 'RETR' INT '\n' ; // match keyword integer newline sequence
```

그래머에 'RETR' 같은 문자열을 직접적으로 키워드나 구두점 같은 문자 순차를 포함시킬 수 있다. 5.5절 "*공통 어휘 구조 인식*"에서 INT 같은 어휘 구조를 상세하게 다룬다.

프로그래밍 언어에서 함수로 서술문 리스트를 레이블하는 것처럼 언어 구조를 레이블하기 위해 그래머 룰을 사용한다. 이런 경우에 RETR 순차를 retr 룰로 레이블링한다. 그래머 어딘가에 약칭 룰 이름으로 RETR 순차를 참조할 수 있다.

[1 2 3] 같은 Matlab[Matrix Laboratory] 벡터의 간단한 정수 리스트같은 임의적으로 긴 순차를 살펴보자. 유한 순차로 다음에 한 엘리먼트를 원하지만, INT INT INT INT INT INT INT INT INT.... 같은 룰 조각으로 모든 가능한 정수 리스트를 만들 수는 없다.

하나 이상의 엘리먼트 순차를 인코딩하기 위해 + 서브룰 연산자를 사용한다. 예를 들어, (INT)+는 임의의 긴 정수 순차를 서술한다. 약칭으로 INT+면 마찬가지로 OK다. 리스트가 공백이 될 수 있도록 명세하기 위해 0이나 다수 * 오퍼레이터를 INT*와 같이 사용한다. 이 오퍼레이터는 프로그래밍 언어에서의 반복문[loop]과 유사하다.

이런 패턴의 변형은 종결자[Terminator] 순차, 구분자[Separator] 순차가 있을 수 있다(CSV 파일이 이 두 가지를 잘 나타낸다). 다음은 ANTLR 표기로 이전 섹션의 의사코드 그래머를 어떻게 표현하는지를 보여준다.

```
file  : (row '\n')* ;        // sequence with a '\n' terminator
row   : field (',' field)* ; // sequence with a ',' separator
field : INT ;                // assume fields are just integers
```

룰 file은 0이나 다수의 row '₩n' 순차와 매치되는 종결자 패턴의 리스트를 사용한다. '₩n' 토큰은 각 순차 엘리먼트를 종료한다. 룰 row는 0이나 다수의 ',' field 순차가 따르는 field를 매칭하여 구분자의 리스트를 사용한다. ',' 순차는 필드를 분할하며 row는 1과 1, 2와 1, 2, 3 같은 순차를 매치한다.

프로그래밍 언어에서 동일한 구성을 볼 수 있다. 예를 들어, 다음은 자바 같은 프로그래밍 언어에서 서술문 순차를 인식하는 방법을 보여준다(각 서술문은 세미콜론으로 종료된다).

```
stats : (stat ';')* ; // match zero or more ';'-terminated statements
```

다음은 함수 호출 아규먼트 리스트에서 발견할 수 있는 콤마로 구분된 표현식 리스트를 명세하는 방법을 보여준다.

```
exprList : expr (',' expr)* ;
```

ANTLR 메타 언어도 순차 패턴을 사용한다. 다음은 ANTLR이 자체 구문에서 룰 정의 구문을 표현하는 방식을 부분적으로 보여준다.

```
// match 'rule-name :' followed by at least one alternative followed
// by zero or more alternatives separated by '|' symbols followed by ';'
rule : ID ':' alternative ('|' alternative )* ';' ;
```

마지막으로 ?로 명세되는 특수한 종류인 0이나 1 순차가 있다. 선택적인 구성체를 표현하기 위해 사용한다. 예를 들어, 자바 그래머에서 선택적 슈퍼클래스 명세와 매치하는 ('extends' identifier)? 같은 순차를 발견할 수도 있다. 유사하게 변수적 정의에서 선택적 초기화를 매치하기 위해 ('=' expr)?을 말할 수도 있다. 선택적[Optional] 연산자는 존재/비존재 간의 선택이다. 다음 섹션에서 알겠지만, ('=' expr)?는 ('=' expr |)과 동일하다.

패턴: 선택(얼터너티브)

하나의 문장만을 가진 언어는 아주 지루하다. 네트워크 프로토콜 같은 아주 간단한 언어 조차도 POP의 경우 USER/RETR 명령같은 여러 정당한 문장을 가진다. 그래서 선택 패턴이 존재한다. 룰 멤버로 자바 그래머 의사코드 ≪nested class-Definition or field or method≫에서 이미 선택을 보았다.

언어에서 선택 표기를 표현하기 위해, 얼터너티브[Alternatives]나 생성[Productions]이라 부르는 그래머적 선택을 분리하는 '|'나 'or' 같은 오퍼레이터를 사용한다. 그래머는 선택의 집합체이다.

CSV 그래머로 돌아와서 정수나 문자열 선택을 허용하여 보다 더 유연한 field 룰을 만들 수 있다.

```
field : INT | STRING ;
```

다음 장에서 그래머를 살펴보면 6.4절 "*Cymbol 파싱*"에서 룰 type의 타입 이름 목록 같은 여러 가지 선택 패턴 예제를 볼 수 있다.

```
type: 'float' | 'int' | 'void' ; // user-defined types
```

6.3절 "*DOT 파싱*"에서는 그래프 서술에서 가능한 서술문 목록을 볼 수 있다.

```
stmt: node_stmt
    | edge_stmt
    | attr_stmt
    | id '=' id
    | subgraph
    ;
```

언제든지 "언어 구조 x는 이것이나 저것이 될 수 있다"라고 선언할 수 있으며, 선택 패턴으로 식별할 수 있다. 룰 x에 '|'를 사용한다.

그래머 순차와 선택을 통하여 여러 가지 언어 구성체를 인코딩할 수 있지만, 살펴봐야 할 두 가지 주요 잔여 패턴, 즉 토큰 의존성과 구문 연결이 있다. 이들은 일반적으로 그래머에서 함께 사용되지만, 간단하게 하기 위해 독립적으로 토큰 의존성을 설명한다.

패턴: 토큰 의존성

이전에 Matlab 벡터 [1 2 3]에서 비어 있지 않은 정수 순차를 표현하기 위해 INT+를 사용했다. 대괄호로 묶인 벡터를 명세하기 위해 토큰 간의 의존성을 표현하는 방식이 필요하다. 만일 문장에서 한 심볼을 본다면 문장 내에 어딘가에 대응 매칭을 발견해야 한다. 이것을 그래머로 표현하기 위해 양 심볼을 명세하는 순차를 사용한다. 통상 다른 엘리먼트와 묶이거나 그룹핑한다. 이런 경우에 다음과 같이 벡터를 완벽하게 명세한다.

```
vector : '[' INT+ ']' ; // [1], [1 2], [1 2 3], ...
```

복잡한 프로그램을 보면, (…), {…}, […] 처럼 쌍으로 발생하는 심볼 그룹들을 볼 수 있다. 6.4절 "*Cymbol 파싱*"에서 배열 인덱스의 대괄호와 메소드 호출 괄호 간의 토큰 의존성을 발견할 수 있다.

```
expr: expr '(' exprList? ')'  // func call like f(), f(x), f(1,2)
    | expr '[' expr ']'       // array index like a[i], a[i][j]
    ...
    ;
```

메소드 선언에서 왼쪽/오른쪽 괄호 간의 토큰 의존성을 볼 수도 있다.

examples/Cymbol.g4

```
functionDecl
    :   type ID '(' formalParameters? ')' block // "void f(int x) {...}"
    ;
formalParameters
    :   formalParameter (',' formalParameter)*
    ;
formalParameter
    :   type ID
    ;
```

6.2절 *"JSON 파싱"*의 그래머는 { "name":"parrt", "passwd":"secret" } 같은 오브젝트 정의 주변의 중괄호를 매치한다.

examples/JSON.g4

```
object
    : '{' pair (',' pair)* '}'
    | '{' '}' // empty object
    ;
pair: STRING ':' value ;
```

토큰 매칭에 관한 더 많은 예제는 6.5절 *"R 파싱"*을 참조하기 바란다.

명심할 것은 종속적 심볼[dependent symbol]은 매치될 필요가 없다는 것이다. 또한 C 계통의 언어들은 a?b:c 와 같이 삼중 오퍼레이터[ternary operator]를 가진다. '?'는 이후 구문에서 ':'를 요구한다.

또한 중첩된 구문을 필수적으로 내포하지 않는 토큰을 매칭하기 때문이다. 예를 들어, 중첩된 벡터를 허용하지 않을 수도 있다. 일반적으로 부구문은 전형적으로 연결되는 매칭 심볼로 싸여 있다. a[(i)]와 {while (b) {i=1;}} 같은 구성을 가지기 때문에 다음과 같은 언어 패턴이 필요하다.

패턴: 중첩된 구문

중첩된 구문은 자체 유사[self-similar] 언어 구조를 가지고 있는데, 하나의 부구문이 그것과 동일한 구조를 내포하는 것이다. 표현식은 전형적인 자체 유사 언어 구조이고 오퍼레이터로 구별된 부표현식 연결로 구성된다. 유사하게 while 코드 블록은 외부 코드 블록 안의 중첩된 코드 블록이다. 그래머에서 회귀 룰을 사용하여 자체 유사 언어 구조를 표현한다. 그러므로 만일 룰의 의사코드가 자체를 참조한다면, 회귀(자체 참조) 룰이 필요하다.

중첩이 코드 블록에서 어떻게 동작하는지 살펴보자. While 문은 괄호와 조건문이 뒤따르는 while 키워드로 표현된다. 또한 중괄호로 묶어 단일 블록 문장으로 여러 문장을 취급할 수도 있다. 그래머적인 표현은 다음과 같다.

```
stat: 'while' ' ( ' expr ' ) ' stat  // match WHILE statement
    | '{' stat* '}'                  // match block of statements in curlies
    ...                              // and other kinds of statements
    ;
```

While의 루핑문 stat는 {…}로 묶을 경우 그룹 문장이나 단일 문장이 될 수 있다. 룰 stat는 첫 번째 (그리고 두 번째) 얼터너티브에서 자체 참조하기 때문에 직접 회귀이다. 만일 두 번째 얼터너티브를 자체 룰로 이동시킨다면, stat와 block 룰은 상호 간접 회귀가 된다.

```
stat: 'while' ' ( ' expr ' ) ' stat  // match WHILE statement
    | block                          // match a block of statements
    ...                              // and other kinds of statements
    ;
block: ' { ' stat* ' } ' ;           // match block of statements in curlies
```

대부분의 랭귀지들은 많은 회귀 룰을 유발하는 여러개의 자체 유사 구조를 가진다. 인덱스된 배열 참조, 괄호로 묶인 표현식, 정수 등과 같이 세 가지 표현식을 가진 간단한 언어를 위한 표현식 룰을 살펴보자. 다음은 ANTLR로 어떻게 표현하는지 보여준다.

```
expr: ID '[' expr ']' // a[1], a[b[1]], a[(2*b[1])]
    | '(' expr ')'    // (1), (a[1]), (((1))), (2*a[1])
    | INT             // 1, 94117
    ;
```

회귀가 어떻게 발생하는지 확인해 보자. 배열 인덱스 표현식의 인덱스 컴포넌트는 그 자체가 표현식이다. 그래서 그 얼터너티브에서 expr을 참조한다. 배열 인덱스 얼터너티브 자체가 표현식이라는 사실이 우리를 귀찮게 하지는 않는다. 랭귀지 구조의 고유 특성이 회귀를 발생시키는 룰 참조의 사용을 지시한다.

다음은 두 가지 샘플 입력의 파스 트리이다.

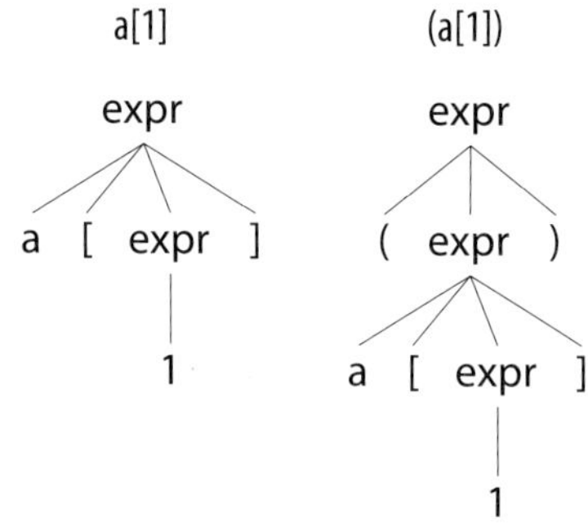

2.1절 "*메타 수십!*"에서 본 것처럼 내부 트리 노드는 룰 참조이고 지엽은 토큰 참조이다. 트리의 루트로부터 노드로의 경로는 엘리먼트에 대한 룰 호출 스택을 나타낸다(ANTLR이 생성한 회귀 하향 파서의 콜 스택). 회귀를 나타내는 경로, 중첩된 서브트리는 동일 룰에 여러 가지 참조를 가진다. 룰 노드를 아래 서브트리의 레이블링으로 생각하는 것이 좋다. 루트는 expr이기 때문에 전체 트리가 표현식이다. 1 이전의 expr 서브트리는 표현식으로 정수를 레이블한다.

데이터 포맷같이 모든 언어가 표현식을 가지지는 않지만, 우리가 동작시킬 대부분의 언어들은 복잡한 표현식을 가진다(6.5절 "*R 파싱*" 참조). 게다가 표현식 그래머 명세가 항상 명백하지는 않기 때문에, 표현식 인식을 상세하게 파고들 가치가 있다.

향후의 참조를 위해 ANTLR의 핵심 그래머 표기를 아래 표와 같이 요약한다.

표 1 - ANTLR 핵심 표기

구문	설명
x	토큰, 룰 참조나 서브룰 x 매치
x y ... z	룰 엘리먼트 순차 매치
(... | ... | ...)	여러 얼터너티브의 서브룰
x?	x를 매치하거나 스킵
x*	x를 0이나 다수로 매치
x+	x를 1이나 다수로 매치
r : ... ;	룰 r을 정의
r : ... | ... | ... ;	다중 얼터너티브로 룰 r 정의

다음은 보통의 프로그래밍 언어 패턴에 관해 지금까지 배운 것을 요약한 표이다.

표 2 - 일반적인 프로그래밍 언어 패턴

패턴	설명
순차Sequence	토큰이나 부구문의 유한하거나 임의적으로 긴 순차. 예제로는 변수 선언이나 정수 리스트가 있다. 다음은 샘플 구현이다. x y ... z *// x followed by y, ..., z* '*[*' INT+ '*]*' *// Matlab vector of integers*
순차 + 종결자Terminator	토큰으로 구분된 부구문이나 토큰의 잠재적으로 비어 있는 순차로, 통상 세미콜론이나 신규라인으로 구분된다. 예제로는 C와 같은 언어에서의 서술문 리스트나 신규라인으로 종료된 데이터 행이 있다. 다음은 샘플 구현이다. (statement '*;*')* // Java statement list (row '\n')* // Lines of data

<table>
<tr><th>패턴</th><th>설명</th></tr>
<tr><td>순차 + 구분자Separator</td><td>토큰으로 구분된 부구문이나 토큰의 비어 있지 않은 임의적으로 긴 순차, 콤마, 세미콜론이나 구두점으로 구분한다. 예제로는 함수 아규먼트 정의 리스트, 함수 호출 아규먼트 리스트, 서술문이 구분되었지만 종료되지 않은 언어, 디렉터리 이름이 있다. 다음은 샘플 구현이다.

expr (' , ' expr)* // function call arguments
(expr (' , ' expr)*)? // optional function call arguments
'/'? name (' / ' name)* // simplified directory name
stat (' . ' stat)* // SmallTalk statement list</td></tr>
<tr><td>선택Choice</td><td>얼터너티브 구문 세트이다. 예제는 여러 종류의 타입, 문장, 표현식이나 XML 태그가 있다. 다음은 샘플 구현이다.

type : 'int' | 'float' ;
stat : ifstat | whilestat | 'return' expr ';' ;
expr : '(' expr ')' | INT | ID ;
tag : '<' Name attribute* '>' | '<' '/' Name '>' ;</td></tr>
<tr><td>토큰 의존성Token Dependency</td><td>한 토큰의 존재는 하나 이상의 후속 토큰의 존재를 요구한다. 예제로는 소괄호Parentheses, 중괄호Curly Bracket, 대괄호Square Bracket 및 꺾쇠괄호Angle Bracket 매칭이 있다. 다음은 샘플 구현이다.

'(' expr ')' // nested expression
'{' stat* '}' // statements grouped in curlies
ID '[' expr ']' // array index
'<' ID (',' ID)* '>' // generic type specifier</td></tr>
<tr><td>중첩된 구문Nested Phrase</td><td>자체 유사 언어 구조이다. 예제로는 표현식, 중첩된 자바 클래스, 중첩된 코드 블록, 중첩된 파이썬Python 함수 정의가 있다. 다음은 샘플 구현이다.

expr : '(' expr ')' | ID ;
classDef : 'class' ID '{' (classDef|method|field) '}' ;</td></tr>
</table>

5.4 우선순위, 왼쪽 회귀 및 결합 다루기

하향식 그래머로 명세하고 회귀 하향 파서로 인식하기 위해 표현식에서는 항상 번거로운 일이 생긴다. 대부분의 자연어 그래머가 모호성을 가지는데다 왼쪽 회귀를 사용하기 때문이다. 이후에 상세하게 다루겠지만 전통적으로 하향식 그래머와 파서는 왼쪽 회귀를 다룰 수 없다는 것에 주의하기 바란다.

문제를 표현하기 위해, 곱셈과 덧셈 연산자 및 정수를 가진 간단한 산술식 언어를 가정한다. 표현식은 자체 유사[self-similar]이기 때문에, 곱셈 표현식은 '*' 오퍼레이터로 중첩된 두 가지 부표현식이다. 또한 표현식으로 간단한 정수를 가질 수 있다. 그래머로서의 문자 인코딩은 다음과 같은 룰을 유도한다.

```
expr : expr '*' expr   // match subexpressions joined with '*' operator
     | expr '+' expr   // match subexpressions joined with '+' operator
     | INT             // matches simple integer atom
     ;
```

문제는 어떤 입력 구문에서는 이 룰이 모호하다는 것이다. 즉, 이 룰은 단일 입력 스트림을 하나 이상의 방식으로 매치할 수 있다는 것이다(2.3절 "*원자로에 너무 많은 물을 넣을 수 없다*" 참조). 1+2와 1*2 같은 단일 오퍼레이터와 간단한 정수의 경우 매치하는 방식이 단 하나이기 때문에 상관이 없다. 예를 들어, 룰은 두 번째 얼터너티브만을 사용하여 1+2를 매치할 수 있다(그림 3. "*파스 트리 번역*" 그림의 왼쪽 파스 트리 참조).

문제는 룰이 명세된 대로 중간과 오른쪽 파스 트리에서 그려진 두 가지 방식으로 1+2*3 같이 번역할 수 있다는 것이다. 중간 트리는 2와 3의 곱에 1을 더한다고 말하기 때문에 오른쪽 트리의 1과 2를 더하고 3을 곱하는 것과는 다르다.

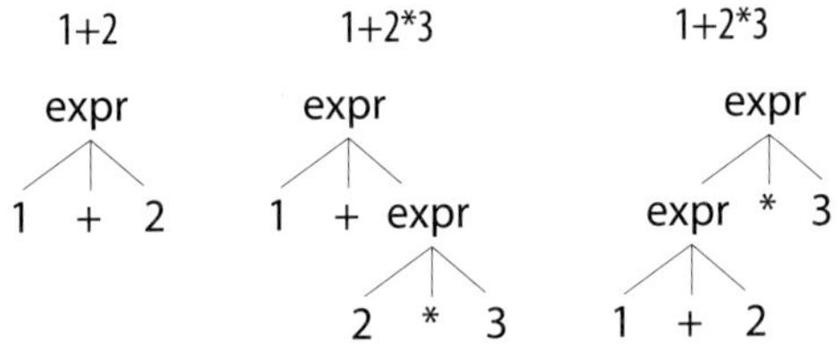

그림 3 – 파스 트리 번역

이것이 연산자 우선순위의 문제인데, 전통적 그래머는 우선순위를 명세할 방법이 없다.

Bison[1] 같은 대부분의 그래머 툴은 연산자 우선순위를 명세하기 위해 특수 표기를 사용한다.

대신에 ANTLR은 연산자 우선순위를 명시적으로 명세하여, 주어진 얼터너티브를 먼저 선행하여 모호성을 해결한다. 룰 expr은 덧셈 얼터너티브 이전에 곱셈 얼터너티브를 가지기 때문에 ANTLR은 곱셈을 선행하여 1+2*3의 모호성 문제를 해결한다.

기본적으로 ANTLR은 '*'와 '+'의 경우 예상대로 왼쪽에서 오른쪽으로 오퍼레이터를 연관시킨다. 지수 같은 오퍼레이터들은 오른쪽에서 왼쪽으로 그룹핑한다. 그래서 우리는 옵션 assoc 같은 오퍼레이터 토큰을 사용하여 연관성을 수동적으로 명세해야 한다. 다음은 입력 2^(3^4)을 2^3^4와 같이 번역하는 표현식 룰이다.

```
expr  : expr '^'<assoc=right> expr // ^ operator is right associative
      | INT
      ;
```

다음의 파스 트리는 '^'의 왼쪽과 오른쪽 연관 버전 간의 차이를 보여주고 있다. 오른쪽 파스 트리가 일반적인 번역이지만, 랭귀지 설계자가 양쪽 연관 중 어느 쪽으로 사용하든 자유이다.

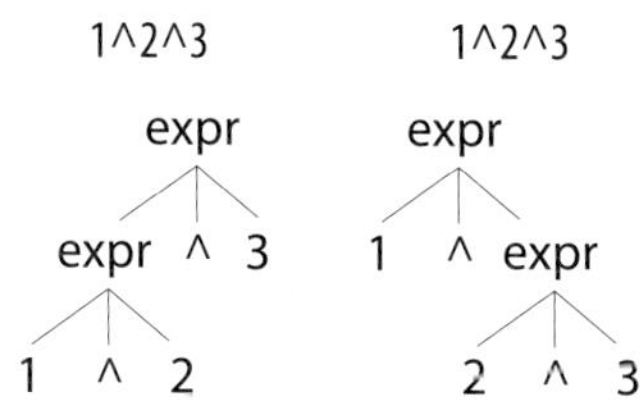

모든 세 가지 오퍼레이터를 단일 룰로 결합하기 위해, 우리는 다른 것 전에 '^' 오퍼레이터를 둔다. 왜냐하면 '^' 가 '*'나 '+' 보다 우선순위가 높기 때문이다(1+2^3은 9).

1 http://dinosaur.compilertools.net/bison/bison_8.html#SEC71

```
expr : expr '^'<assoc=right> expr // ^ operator is right associative
     | expr '*' expr // match subexpressions joined with '*' operator
     | expr '+' expr // match subexpressions joined with '+' operator
     | INT           // matches simple integer atom
     ;
```

ANTLR v3에 친숙한 사용자는 잠시 기다려 주기 바란다. 모든 전통적 하향식 파서 생성기는 왼쪽 회귀 룰을 처리할 수 없다. 그러나 ANTLR v4의 주요 개선점 중 하나가 왼쪽 회귀를 직접적으로 처리할 수 있다는 것이다. 왼쪽 회귀 룰은 얼터너티브 왼쪽 단에서 자체를 직간접적으로 호출할 수 있다. Expr 룰은 INT 얼터너티브가 expr 룰 자체를 참조하여 시작되므로 직접적인 왼쪽 회귀다(또한 expr이 몇몇 얼터너티브의 오른쪽 단에서 참조하기 때문에 오른쪽 회귀이다).

ANTLR v4가 직접 왼쪽 회귀를 처리할 수 있는 반면에 간접 왼쪽 회귀는 처리할 수 없다. 즉, expr을 그래머적으로 동등한 룰로 구성할 수 없다는 뜻이다.

```
expr  : expo // indirectly invokes expr left recursively via expo
      | ...
      ;
expo  : expr '^'<assoc=right> expr ;
```

ANTLR v3로 표현식을 인식하기 위해서는 expr을 다중 룰로 보고 각 우선순위 수준에서 하나씩 왼쪽 회귀를 해결해야 했다. 예를 들어, 다음과 같이 곱셈 및 덧셈 연산자의 표현식 룰을 사용해야 했다.

```
expr      : addExpr ;
addExpr   : multExpr ('+' multExpr)* ;
multExpr  : atom ('*' atom)* ;
atom      : INT ;
```

표현식 파싱에서 우선순위 상승Precedence Climbing

경험있는 컴파일러 개발자들은 성능을 최대한 짜내고 에러 복구를 완벽하게 통제하기 위해 종종 회귀 하향 파서를 수동으로 빌드한다. 그러나 그들은 대개 긴 표현식 룰을 작성하는 대신에, 연산자 우선순위 파서를 사용한다.[2]

ANTLR도 이와 유사하지만 1986년 Keith Clarke[3]가 만든 연산자 우선순위 보다 더 강력한 전략을 사용한다. Theodore Norvell이 이후 우선순위 상승[4]이라는 용어를 만들었다. 마찬가지로 ANTLR은 직접 왼쪽 회귀를 단정 루프Predicated loop로 대체하여 이전과 다음 연산자 우선순위를 비교한다. 11장 "시맨틱 서술로 파스 변경"에서 술어를 상세하게 다룬다.

C 또는 자바와 같은 랭귀지들의 표현식은 수동으로 회귀 하향 파서 또는 하향식 그래머를 빌드할 때 15가지 가량의 번거로운 룰들로 귀결된다.

ANTLR v4는 직접적으로 왼쪽 회귀 표현식 룰을 간단히 만든다. 보다 더 효율적인 새로운 메커니즘일 뿐만 아니라, 표현식 룰이 이해하기 더 쉽고 간단하다. 예를 들어, 자바 그래머에서는 표현식 라인 수가 반으로 줄어든다(172 라인에서 91 라인으로).

실제적으로 직접 왼쪽 회귀를 고려하는 모든 언어 구조를 처리할 수 있다. 예를 들어, 다음은 *(*a)[][]; 같은 입력을 포함하는 C 선언자를 매치하는 룰이다.

```
decl : decl '[' ']'   // match [] suffixes using direct left-recursion
     | '*' decl       // *x, *x[], **x
     | '(' decl ')'   // (x), (x[]), (*x)[]
     | ID
     ;
```

ANTLR의 직접 왼쪽 회귀 지원 방식에 관한 상세한 내용은 14장 "*직접 왼쪽 회귀 제거*"를 참조하기 바란다.

---

2 http://en.wikipedia.org/wiki/Operator-precedence_parser

3 http://antlr.org/papers/Clarke-expr-parsing-1986.pdf

4 http://www.engr.mun.ca/~theo/Misc/exp_parsing.htm

지금까지 프로그래밍 언어에서 발견되는 일반 패턴을 파악하였고, ANTLR 표기로 어떻게 표현하는지 살펴보았다. 그러나 완벽한 예제를 접하기 전에, 그래머 룰에서 참조되는 토큰을 어떻게 서술하는지 확인할 필요가 있다. 주요 그래머적 언어 패턴은 몇 안 되기 때문에, 일반적인 어휘 구조를 쉽게 찾을 수 있다. 완벽한 그래머를 생성하는 것은 이 절의 그래머적 룰과 다음 절의 어휘적 룰을 결합하는 것이다.

5.5 공통 어휘 구조 인식

프로그래밍 언어들은 어휘적으로 유사하다. 예를 들어, 이해하기 어려운 문법적 정보로 뒤섞는다면 토큰) 10 (f 는 초기 언어로부터 최신 언어까지 유효한 구문으로 결합될 수 있다. 50년 전에 LISP에서는 (f 10), Algol에서는 f(10)을 사용했다. 물론 f(10)은 Prolog부터 자바, 그리고 새로운 Go 언어[5]까지 모든 프로그래밍 언어에서 거의 유효하다. 어휘적으로 함수형 언어, 절차적 언어, 선언형 언어뿐만 아니라 객체 지향 언어까지 대부분 아주 유사하다.

식별자와 정수를 어떻게 서술하는지 한 번만 배우면(약간 변형은 있겠지만), 대부분의 언어에 적용할 수 있다. 파서와 함께 렉서는 다양한 언어 구조를 서술하는 룰을 사용하며 기본적으로 동일한 표기를 사용한다. 한 가지 차이점은 파서는 토큰 스트림에서 문법적 구조를 인식하고, 렉서는 문자 스트림에서 그래머적 구조를 인식하는 것이다.

렉싱과 파싱 룰은 유사한 구조를 가지므로 ANTLR은 단일 그래머 파일로의 결합을 허용한다. 그러나 렉싱과 파싱은 언어 인식의 서로 다른 단계이기 때문에, ANTLR에게 각 룰이 어떤 단계에 속하는지 알려 주어야 한다. 렉서 룰 이름은 대문자로 시작하고 파서 룰 이름은 소문자로 시작한다. 예를 들어, ID는 렉서 룰 이름이고 expr은 파서 룰 이름이다.

---

5 http://golang.org/

새로운 그래머를 시작할 때 저자는 통상적으로 공통 어휘 구성체를 위해 자바[6] 같은 기존 그래머로부터 식별자, 숫자, 문자열, 코멘트 및 공백 같은 룰들을 가져온다. 약간만 수정하면 바로 실행할 수 있다. 대부분의 모든 프로그래밍 언어뿐만 아니라, XML과 JSON 같은 비프로그래밍 언어조차도 다양한 토큰을 가진다. 예를 들어, 그래머적으로 매우 다름에도 불구하고, C의 렉서는 다음과 같이 JSON을 토큰화하는 데 아무런 문제가 없다.

```
{
    "title":"Cat wrestling",
    "chapters":[ {"Intro":"..."}, ... ]
}
```

또 다른 예제로 블록 코멘트block comment를 고려해 보자. 자바에서 /*..*/로 묶여지고 XML에서는 〈!--…--〉로 묶여지지만, 시작과 종료 심볼을 제외하고는 거의 동일한 어휘적 구성체를 가진다.

키워드, 오퍼레이터 및 구두점인 경우 렉서 룰이 필요 없다. 'while', '*', '++' 같은 작은따옴표로 파서 룰에서 직접적으로 참조할 수 있다. 어떤 개발자는 문자 '*'보다는 MULT 같은 어휘적 룰 참조를 선호한다. 그런 방식으로 파서 룰의 MULT 참조를 변경하지 않고 곱셈 오퍼레이터 문자를 변경할 수 있다. 문자와 어휘적 룰 MULT 양쪽 다 문제는 안 된다. 즉, 양쪽 다 동일 토큰 타입의 결과를 가진다.

어휘적 룰이 무엇인지 알아보기 위해 작은 식별자로 공통 토큰의 간단한 버전을 빌드해 보자.

식별자 매칭하기

그래머 의사코드에서 기본 식별자는 소문자와 대문자의 비어 있지 않은 시퀀스이다. 우

---

6 http://www.antlr.org/grammar/java

리가 새로 배운 스킬을 사용하면, 표기 (…)+를 사용하는 시퀀스 패턴을 표현할 수 있다. 시퀀스의 엘리먼트가 소문자나 대문자이기 때문에, 서브룰 내에서 선택 연산자를 가질 수 있다.

```
ID : ('a'..'z'|'A'..'Z')+ ; // match 1-or-more upper or lowercase letters
```

여기에서 새로운 ANTLR 표기는 범위 연산자 'a'…'z'뿐이다(a에서 z 사이의 문자를 의미). 그것은 말 그대로 ASCII 코드 97부터 122까지이다. Unicode 포인트를 사용한다면, '₩uXXXX'를 사용하며 여기서 XXXX는 16진법 값이다.

ANTLR은 문자 세트의 약칭으로 더 친숙한 정규 표현식 세트 표기를 지원한다.

```
ID : [a-zA-Z]+ ; // match 1-or-more upper or lowercase letters
```

종종 ID 같은 룰은 다른 어휘적 룰이나 'enum' 같은 그래머에서 참조되는 문자와 충돌한다.

```
grammar KeywordTest;
enumDef : 'enum' '{' ... '}' ;
...
FOR : 'for' ;
...
ID : [a-zA-Z]+ ; // does NOT match 'enum' or 'for'
```

룰 ID는 enum과 for 같은 키워드와 매치할 수 있다. 즉, 동일한 문자열과 매치될 수 있는 하나 이상의 룰이 존재할 수 있다는 뜻이다. 이것을 보다 더 명확하게 하기 위해, ANTLR이 결합된 렉서/파서 그래머를 어떻게 처리하는지 살펴본다. ANTLR은 파서 룰로부터 모든 문자열 문자와 렉서 룰을 분리하고 수집한다. 'enum' 같은 문자는 어휘적 룰이 되어 파서 룰 다음에 위치하지만 명시적인 어휘적 룰 이전에 위치한다.

ANTLR 렉서는 먼저 명세한 룰을 선호하여 어휘적 룰 간의 모호성을 해결한다. 즉, ID

룰은 모든 키워드 룰 다음에 정의되어야 한다. ANTLR은 명시적 렉서 룰 전에 문자를 위한 어휘적 룰을 암시적으로 생성한다. 이런 경우에 'enum'은 자동으로 ID보다 더 높은 우선순위를 획득한다.

ANTLR이 파서 룰 다음에 발생한 어휘적 룰을 재정리하기 때문에, 다음 KeywordTest의 변형은 동일 파서와 렉서를 유발한다.

```
grammar KeywordTestReordered;
FOR    : 'for' ;
ID     : [a-zA-Z]+ ; // does NOT match 'enum' or 'for'
...
enumDef : 'enum' '{' ... '}' ;
...
```

이 식별자 정의는 숫자를 허용하지 않지만 6.3절 "*DOT 파싱*", 6.4절 "*Cymbol 파싱*", 6.5절 "*R 파싱*"에서 완전한 ID 룰을 볼 수 있다.

숫자 매칭하기

10 같은 정수는 단지 숫자의 시퀀스이기 때문에 이를 서술하는 것은 쉽다.

```
INT : '0'..'9'+ ; // match 1 or more digits

INT : [0-9]+ ;  // match 1 or more digits
```

불행히도 부동소수점 숫자는 많이 복잡하지만 지수를 무시할 수 있다면 쉽게 간단한 버전을 만들 수 있다(완전한 부동소수점 숫자 매치와 3.2i 같은 복잡한 숫자와 매치하는 어휘적 룰은 6.5절 "*R 파싱*" 참조). 부동소수점 숫자는 구두점이 따르는 숫자의 시퀀스이고, 선택적으로 소수를 가지며, 구두점으로 시작하여 숫자 시퀀스가 지속될 수도 있다. 구두점 자체는 유효하지 않다. 그러므로 부동소수점 룰은 선택과 몇 가지 시퀀스 패턴을 사용한다.

```
FLOAT : DIGIT+ '.' DIGIT*  // match 1. 39. 3.14159 etc...
      |        '.' DIGIT+  // match .1 .14159
      ;
fragment
DIGIT    :    [0-9] ;       // match single digit
```

또한 보조 룰인 DIGIT을 사용하면, 모든 곳에 [0-9]를 작성하지 않아도 된다. Fragment로 룰을 미리 고정함으로써, ANTLR에게 룰이 다른 어휘 룰에서만 사용됨을 알려 줄 수 있다. 그 안 또는 그 자체가 토큰은 아니기 때문에, 파서 룰에서 DIGIT을 참조할 수는 없다.

문자열 문자 매칭하기

프로그래밍 언어가 공통적으로 가지고 있는 다음 토큰은 "Hello" 같은 문자열이다. 대부분 큰따옴표를 사용하지만, 작은따옴표를 사용하거나 양쪽을 다 사용하기도 한다(파이썬처럼). 우리는 구분자[Delimiter]와 무관하게, 구분자 사이에 모든 것을 허용하는 룰을 사용하여 매치한다. 그래머 의사코드에서 문자열은 큰따옴표 사이 문자들의 시퀀스이다.

```
STRING : '"' .*? '"' ; // match anything in "..."
```

'.' 연산자는 모든 단일 문자를 매치한다. 그러므로 '.*'는 0이나 다수 문자의 시퀀스와 매치하는 루프가 될 수 있다. 물론 파일의 끝까지 반복하지만 매우 효율적이지 못하다. 대신에 ANTLR은 표준 정규 표현식 표기(접미사 ?)를 사용하는 최소일치[Nongreedy] 서브룰을 지원한다. 최소일치는 "렉서 룰에서 무엇이 서브룰을 따르는지 찾을 때까지 문자들을 뒤진다"는 것을 의미한다. 보다 더 정확하게 말하면 최소일치 서브룰은 매치하기 위한 전체 룰을 허용하면서 가장 적은 수의 문자를 매치한다. 상세한 정보는 15.6절 "*와일드카드 및 최소일치 부규칙*"을 참고하기 바란다. 대조적으로 '.*'는 루프 내에 매치되는 문자를 모두 소모하기 때문에 최대일치이다. 만일 '.*?'가 혼란스럽다면 걱정할 필요가 없다. 따옴표나 기타 구분자 내에 덩어리를 매치하는 패턴이라는 것만 기억하라. 코멘트를 찾을 때 최소일치 루프를 다시 보게 될 것이다.

STRING 룰은 문자열 내부에 큰따옴표를 허용하지 않기 때문에 아직 충분하지 않다. 이런 것들을 지원하기 위해, 대부분의 프로그래밍 언어들은 백슬래시 '\'로 시작하는 이스케이프[Escape] 시퀀스를 정의하고 있다. 공통 이스케이프 문자들을 지원하기 위해, 다음과 같은 것들이 필요하다.

```
STRING: '"' (ESC|.)*? '"' ;
fragment
ESC : '\\"' | '\\\\' ; // 2-char sequences \" and \\
```

ANTLR 자체도 이스케이프 문자를 확장할 필요가 있다. 그래서 백슬래시 문자를 명세하기 위해 ~~₩₩~~가 필요하다.

STRING 루프에서 프레그먼트[fragment] 룰 ESC를 호출하거나 '.' 를 통하여 단일 문자로 이스케이프 문자 시퀀스를 매치할 수 있다. '*?' 서브룰 연산자는 무엇이 뒤따르는지 확인하면서 '(ESC|.)*?' 루프를 종료한다(이스케이프가 아닌 큰따옴표 문자).

코멘트와 공백 매칭하기

렉서가 지금까지 정의한 토큰을 매치할 때, 토큰 스트림을 통하여 파서에게 토큰을 전달한다. 그런 후에 파서는 스트림의 그래머적 구조를 점검한다. 그러나 파서는 선택적 코멘트와 공백 매치에 관해 걱정할 필요는 없다. 예를 들어, WS가 공백 어휘적 룰인 경우 다음과 같은 파서 룰은 대단히 곤란하고 에러의 경향이 있다.

```
assign : ID (WS|COMMENT)? '=' (WS|COMMENT)? expr (WS|COMMENT)? ;
```

이런 버려진 토큰의 정의는 버려지지 않은 토큰에도 동일하다. 렉서에게 skip 명령을 사용해 버려야 된다는 것을 지시할 뿐이다. 예를 들어, 다음은 C 계통의 언어들이 단일 또는 다중 라인 코멘트를 어떻게 매치하는지 보여준다.

```
LINE_COMMENT : '//' .*? '\r'? '\n' -> skip ; // Match "//" stuff '\n'
COMMENT      : '/*' .*? '*/'      -> skip ; // Match "/*" stuff "*/"
```

LINE_COMMENT에서 .*?는 줄바꿈 문자(윈도우즈 운영체제에서는 carriage return)를 만나기 전까지 // 이후의 모든 것을 소모한다. COMMENT에서 .*?는 */로 끝나기 전에 /* 이후의 모든 것을 소모한다.

렉서는 -> 오퍼레이터 이후의 모든 명령을 받아들이는데 skip이 그중 하나이다. 예를 들어, channel 명령을 사용하여 "히든 채널hidden channel"로 파서에 이런 토큰을 전달하는 옵션을 가진다. 자세한 내용은 12.1절 "*다른 채널에 토큰 브로드캐스팅하기*"를 참조하기 바란다.

다음으로 마지막 공통 토큰인 공백whitespace을 살펴보자. 대부분의 프로그래밍 언어에서 공백 문자를 토큰의 구분자로 사용하는데, 그렇지 않은 경우는 무시한다(파이썬은 공백을 특정 구문 목적, 즉 명령을 종료하는 줄바꿈 문자와 들여쓰기 목적으로 사용하기 때문에 예외이다). 다음은 ANTLR에게 어떻게 공백을 버리도록 하는지를 보여준다.

```
WS : (' '|'\t'|'\r'|'\n')+ -> skip ; // match 1-or-more whitespace but discard

WS : [ \t\r\n]+        -> skip ; // match 1-or-more whitespace but discard
```

줄바꿈 문자가 이처럼 무시될 수 있는 공백일 경우 또는 종료자command terminator일 때, 문제가 발생한다. 줄바꿈 문자는 문맥 인식Context-Sensitive이기 때문에, 하나의 문맥에서 어떤 경우에는 줄바꿈 문자를 버려야 하고, 또 어떤 경우에는 명령이 종료되었음을 알리기 위해 파서에 전달해야 한다. 예를 들어, 파이썬에서 f() 다음의 줄바꿈 문자는 f()를 호출함으로써 코드를 실행한다. 파이썬은 호출을 실행하기 전 ')' 다음의 줄바꿈 문자를 기다린다.

```
➢ $ python
➢ >>> def f(): print "hi"
< ...
➢ >>> f()
< hi
➢ >>> f(
➢ ... )
< hi
```

문제와 솔루션에 관한 상세한 내용은 12.2절 "*문맥에 민감한 어휘적 문제*"에서 "*파이썬의 줄바꿈 문자 다루기*"를 참조하기 바란다.

지금까지, 대부분의 일반적인 어휘 구성체[lexical construct]들의 식별자[Identifier], 숫자[Number], 문자열[String], 코멘트[Comment], 공백[Whitespace] 등과 같은 기본적인 버전 매치 방법을 배웠다. 당신이 믿던 안 믿던, 아무리 큰 프로그래밍 언어라도 렉서는 대단히 좋은 출발점이다. 아래는 이후에 참조할 만한 렉서 스타터 키트이다.

토큰 카테고리	설명
구두점[Punctuation] - 마침표(.), 콜론(:), 세미콜론(;) 및 쉼표(,)	오퍼레이터와 구두점을 가장 쉽게 처리하는 방식은 파서 룰에서 직접적으로 참조하는 것이다. call : ID ' *(* ' exprList ' *)* ' ; 어떤 프로그래머는 LP[Left Parenthesis] 같은 토큰 레이블을 선호한다. call : ID LP exprList RP ; LP : ' *(* ' ; RP : ' *)* ' ;
키워드[Keyword]	키워드는 예약어[reserved identifiers]이고, 직접적으로 참조하거나 토큰 타입을 정의하여 참조할 수 있다. returnStat : '*return*' expr ';'

<table>
<tr><th>토큰 카테고리</th><th>설명</th></tr>
<tr><td>식별자Identifier</td><td>식별자는 모든 언어에서 대부분 유사한데, 처음 문자가 무엇인지나 Unicode를 허용하는지가 약간 다르다.

ID : ID_LETTER (ID_LETTER | DIGIT)* ; // From C language
fragment ID_LETTER : 'a'..'z'|'A'..'Z'|'_' ;
fragment DIGIT : '0'..'9' ;</td></tr>
<tr><td>숫자Number</td><td>다음은 정수와 간단한 부동소수점 숫자의 정의이다.

INT : DIGIT+ ;
FLOAT
    : DIGIT+ '.' DIGIT*
    | '.' DIGIT+
    ;</td></tr>
<tr><td>문자열String</td><td>큰따옴표 문자열 매치

STRING : '"' (ESC | .)*? '"' ;
fragment ESC : '\\' [btnr"\\ ] ; // \b, \t, \n etc...</td></tr>
<tr><td>코멘트Comment</td><td>코멘트 매치와 폐기

LINE_COMMENT : '//' .*? '\n' -> skip ;
COMMENT : '/*' .*? '*/' -> skip ;</td></tr>
<tr><td>공백Whitespace</td><td>렉서에서 공백을 매치하고 버림

WS : [\t\n\r]+ -> skip ;</td></tr>
</table>

이 시점에서 우리는 간단한 입력 파일로부터 파서와 렉서 룰로 가기 위한 전략을 가지고 있으며, 다음 장의 예제를 다룰 준비가 되었다. 그러나 다음 장으로 이동하기 전에, 고려해야 할 두 가지 중요한 이슈가 있다. 첫 번째는, 파서에서 매치한 것과 렉서에서 매치한 것을 아직 명확하게 구분하지 못한다는 것이고 두 번째는, ANTLR이 그래머 규칙 상의 몇 가지 제한을 가지고 있다는 점을 인지해야 한다는 것이다.

5.6 렉서와 파서 간에 구분짓기

ANTLR 렉서 룰은 회귀를 사용할 수 있기 때문에, 렉서도 파서만큼 기술적으로 강력하다. 즉, 렉서에서 그래머적 구조까지도 매치할 수 있다. 반대로 문자를 토큰처럼 다룰 수도 있고, 문자 스트림에서 그래머적 구조를 적용하는 데 파서를 사용할 수도 있다. 이것을 스캐너리스 파서Scannerless-Parser라고 부른다. 간단한 C + SQL 혼합을 매치하는 그래머에 관해서는 code/extras/CSQL.g4를 참조하기 바란다.

렉서와 파서를 구분짓는 것은 부분적으로는 프로그래밍 언어의 기능function이지만, 의도된 응용 프로그램의 기능이기도 하다. 다행스럽게도 다음과 같은 몇 가지 경험적 규칙이 있다.

- 파서가 전혀 볼 필요가 없는 것은 렉서에서 매치하고 폐기한다. 프로그래밍 언어에서 공백과 코멘트 같은 것을 인식하고 폐기하는 것처럼 처리한다. 다른 한편으로 파서는 토큰 간에 코멘트나 공백이 있는지를 항상 점검할 수도 있다.
- 식별자, 키워드, 스트링 및 숫자 같은 공통 토큰은 렉서에서 매치한다. 파서는 렉서보다 과부하가 걸리기 때문에, 파서에서 정수를 인식하기 위해 숫자를 매치하도록 부하를 주면 안 된다.
- 파서가 구분할 필요가 없는 어휘 구조는 단일 토큰에 묶는다. 예를 들어, 응용 프로그램이 정수와 부동소수점을 숫자를 동일하게 다룬다면, 토큰 타입 NUMBER로 묶어 버린다. 파서에 별개 토큰 타입을 전송할 필요가 없다.
- 다른 한편으로 만일 파서가 처리하기 위해 텍스트 청크 전체가 필요하다면, 렉서는 파서에게 토큰으로 개별 컴포넌트를 전달해야 한다. 예를 들어, 파서가 IP 주소의 엘리먼트를 처리할 필요가 있다면, 렉서는 IP 컴포넌트(정수와 '.')를 위한 개별 토큰을 전송해야 한다.

파서가 어휘 구조를 구별할 필요가 없거나 그 구조 안에 무엇이 있는지 고려할 필요가 없다고 한다면, 응용 프로그램도 이를 고려하지 않는다는 뜻이다. 응용 프로그램은 어휘 구조와 동일한 액션과 번역을 수행한다.

의도된 응용 프로그램이 렉서에서 매치한 것과 파서에서 매치한 것들 간에 어떻게 영향을 미치는지 살펴보기 위해, 라인당 하나의 레코드를 가진 웹 서버의 로그 파일 처리를 가정한다. 렉서와 파서 간에 영역을 구분하기 위해 응용 프로그램 요구사항을 점점 더 늘릴 것이다. 각 행이 요청 IP 주소, HTTP 프로토콜 명령 및 결과 코드를 가진다고 가정한다. 다음은 샘플 로그 엔트리이다.

```
192.168.209.85 "GET /download/foo.html HTTP/1.0" 200
```

사람 머리로는 자연스럽게 다양한 어휘적 엘리먼트를 집어내지만, 만일 원하는 것이 파일에 얼마나 많은 라인이 있는지 카운트하는 거라면 모든 것을 무시하고 줄바꿈 문자 문자의 시퀀스만 고려할 것이다.

```
file    : NL+ ;               // parser rule matching newline (NL) sequence
STUFF   : ~'\n'+ -> skip ;    // match and discard anything but a '\n'
NL      : '\n' ;              // return NL to parser or other invoking code
```

렉서는 구조의 방식에 관해서는 인식할 필요가 없고, 파서가 줄바꿈 문자 토큰 시퀀스를 매치한다(~x 오퍼레이터는 x 외의 것만 매치한다).

다음으로 로그 파일에서 IP 주소 리스트를 수집하기를 원한다고 하자. 이 경우 IP 주소의 어휘 구조를 인식하는 룰이 필요하며, 다른 레코드 엘리먼트를 위해 렉서 룰을 제공해야 할 것이다.

```
IP      : INT '.' INT '.' INT '.' INT ; // 192.168.209.85
INT     : [0-9]+ ;            // match IP octet or HTTP result code
STRING  : '"' .*? '"' ;       // matches the HTTP protocol command
NL      : '\n' ;              // match log file record terminator
WS      : ' ' -> skip ;       // ignore spaces
```

완전한 토큰 세트로 로그 파일 레코드를 매치하는 파서 룰을 만들 수 있다.

```
file    : row+ ;               // parser rule matching rows of log file
row     : IP STRING INT NL ;   // match log file record
```

한 단계 처리 수준을 높이면, 텍스트 IP 주소를 32비트 숫자로 변환한다. split('.') 같은 편리한 라이브러리 함수로 IP 주소를 문자열로 파서에게 보내 처리할 수 있다. 그러나 렉서가 IP 주소의 어휘 구조를 매치하고 파서에게 토큰으로 컴포넌트를 전달하는 것이 더 낫다.

```
file    : row+ ;                // parser rule matching rows of log file
row     : ip STRING INT NL ;    // match log file record
ip      : INT '.' INT '.' INT '.' INT ;  // match IPs in parser

INT     : [0-9]+ ;              // match IP octet or HTTP result code
STRING  : '"' .*? '"' ;         // matches the HTTP protocol command
NL      : '\n' ;                // match log file record terminator
WS      : ' ' -> skip ;         // ignore spaces
```

렉서 룰 IP의 파서 룰 ip로의 전환은 구분선dividing line을 얼마나 쉽게 이동할 수 있는지를 보여준다(4개의 INT 토큰을 32비트 숫자로 변환하기 위해서는 그래머에 삽입된 응용 프로그램 코드가 필요하지만, 아직은 깊게 다루지 않고 나중으로 미루어 놓자).

만일 HTTP 프로토콜 명령 문자열의 내용 처리를 요구한다면 유사한 사고 방식을 따라야 한다. 만일 응용 프로그램이 문자열의 각 부분을 점검할 필요가 없다면, 렉서는 파서에게 단일 토큰으로 전체 문자열을 전달할 수 있다. 그러나 만일 다양한 조각들을 끄집어낼 필요가 있다면, 렉서가 이런 조각들을 인식하고 파서에게 각 부분들을 전달하는 것이 더 낫다.

프로그래밍 언어의 심볼과 응용 프로그램의 요구에 따라 구분선을 긋는 것에 익숙해지는데에는 오랜 시간이 걸리지 않는다. 다음 장의 예제가 경험적 지식을 내재화하는데 도움을 줄것이다. 그 후에 12장 "*어휘적 마술 부리기*"에서 몇 가지 고약한 어휘 문제를 다룰 것이다. 예를 들어, 자바 컴파일러는 Javadoc 코멘트를 무시하거나 처리할 필요가 있고, XML 파일은 태그 안과 밖에서 각기 다른 어휘 구조를 가진다.

5장에서는 그래머 의사코드(그리고 ANTLR 표기의 공식 그래머)를 생성하기 위해 전형적인 언어 샘플이나 언어 문서로부터 어떻게 작업하는지 배웠다. 또한 순차Sequence, 선택Choice, 토큰 의존성Token Dependency 및 중첩된 구문Nested Phrase과 같은 공통 언어 패턴에 관하여 배웠다. 어휘 영역에서는 식별자Identifier, 숫자Number, 문자열String, 코멘트Comment, 공백Whitespace 등과 같은 대부분의 공통 토큰 구현을 살펴보았다. 이제 몇 가지 실제 언어를 위한 그래머를 빌드하는 작업에 이런 지식들을 사용할 시간이다.

CHAPTER 6

실제 그래머 탐구

앞 장에서 공통 어휘 및 문법 구조를 배웠고, 그것들을 ANTLR 그래머로 어떻게 표현하는지 살펴보았다. 이제 실제 그래머를 빌드하기 위해 그 지식들을 활용할 시간이다. 가장 우선적인 목표는 참조 매뉴얼, 샘플 입력 파일 및 기존 비ANTLR 그래머를 통해 전체 그래머를 어떻게 조립하는지를 배우는 것이다. 다섯 가지 언어를 다루며, 점차 더 복잡하게 올라갈 것이다. 모든 것을 빌드할 필요는 없다. 편하게 작업하면 되고 실제로 더 복잡한 문제를 만날 때 다시 보면 된다. 또한 이전 장에서 소개한 ANTLR 코드와 패턴은 언제든지 다시 보고 확인할 수도 있다.

살펴볼 첫 번째 언어는 스프레드시트나 데이터베이스에서 사용되는 CSV^Comma-Separated-Value^ 포맷이다. CSV는 간단하고 광범위하게 적용할 수 있기 때문에 처음 시작으로는 안성맞춤이다. 두 번째 언어는 JSON[1]이라 부르는 중첩된 데이터 엘리먼트를 가진 데이터 포맷이다. 실제 언어에서 룰 회귀 사용을 연습할 수 있다.

다음으로 그래프(네트워크)를 서술하는 DOT[2]라 부르는 선언형 언어를 살펴볼 것이다. 선언형 언어에서는 제어 흐름을 명세하지는 않고 논리적 구성을 설명한다. DOT를 통하여 대소문자 구분이 없는 키워드 같은 보다 더 복잡한 어휘 구조를 연구할 수 있다.

네 번째는 Cymbol이라 부르는 간단한 비객체지향 프로그래밍 언어이다. 원형적 그래

1 http://www.json.org

2 http://www.graphviz.org

머Prototypical Grammar로 다른 명령형Imperative 프로그래밍 언어의 시작점이나 참조로 사용할 수 있다(함수, 변수, 서술문 및 표현식으로 구성됨).

마지막으로 R 함수형Functional 프로그래밍 언어[3]를 위한 그래머를 빌드한다(함수형 언어는 표현식을 평가하여 계산한다). R은 통계 프로그래밍 언어로 데이터 분석에 많이 사용되고 있다. R이 주로 아주 큰 표현식으로 구성된 그래머를 가지고 있기 때문에 R을 선택했다. 실제 언어의 오퍼레이터 선행성과 결합성을 이해할 수 있는 좋은 기회이다.

그래머 빌드에 익숙해진 다음에는 응용 프로그램이 관심 입력 구문을 찾을 때 액션을 트리거하는 것을 살펴볼 것이다. 다음 장에서는 데이터 구조를 빌드하고, 변수와 함수 정의를 추적하는 심볼 테이블을 관리하며, 언어 번역을 수행하는 파서 리스너를 생성할 것이다.

6.1 CSV 파싱하기

5.3절 "ANTLR 그래머로 일반 언어 패턴 인식하기"의 "*패턴: 시퀀스*"에서 기본적인 CSV 그래머를 살펴보았는데, 여기서 헤더 행의 표기를 보강하고 빈 컬럼을 허용해 보자. 다음은 전형적인 입력 파일이다.

examples/data.csv

```
Details,Month,Amount
Mid Bonus,June,"$2,000"
,January,"""zippo"""
Total Bonuses,"","$5,000"
```

헤더 행은 정규 행과 다르지 않다. 단순히 컬럼 값을 컬럼 헤더 이름으로 해석한다. 헤더 행뿐만 아니라 정규 행을 매치하기 위해 row+ 를 사용하는 대신에, 별개로 매치한다. 이 그래머를 기반으로 실제 응용 프로그램을 빌드할 때, 헤더를 다르게 취급하기

3 http://www.r-project.org

원할 것이다. 이런 방식으로 첫 번째 특정 행에서 핸들을 얻을 수 있다. 다음은 그래머의 첫 번째 부분이다.

```
examples/CSV.g4
grammar CSV;

file  : hdr row+ ;
hdr  : row ;
```

명확하게 하기 위해 특수 룰인 hdr을 도입하였다. 그래머적으로 단순하게 row이지만, 분리함으로써 역할을 더 명확하게 만들었다. 오른쪽 룰 file의 row+나 row row*를 사용하여 비교한다.

룰 row는 이전과 동일하다. 필드 리스트는 콤마로 분리되고 줄바꿈 문자로 종료된다.

```
examples/CSV.g4
row : field (',' field)* '\r'? '\n' ;
```

필드를 이전 장보다 더 유연성 있게 만들기 위해 임의 텍스트, 문자열 및 심지어 빈 필드를 콤마 사이에 허용한다.

```
examples/CSV.g4
field
    : TEXT
    | STRING
    |
    ;
```

토큰 정의가 그리 나쁘지 않다. 콤마 필드 구분자나 라인의 끝을 만날 때까지 TEXT 토큰은 캐릭터의 시퀀스이다. 문자열은 큰따옴표 사이의 모든 문자이다. 다음은 지금까지 사용한 두 가지 토큰 정의이다.

```
examples/CSV.g4
TEXT  : ~[,\n\r"]+ ;
STRING : '"' ('""'|~'"')* '"' ; // quote-quote is an escaped quote
```

큰따옴표 문자열 내부의 큰따옴표를 얻기 위해, 일반적으로 CSV 포맷은 행에 2개의 큰따옴표를 사용한다. 그것은 룰 STRING의 ('""'|~'"')* 서브룰이다. 문자열 시작 다음에 본 처음 "에서 종료하기 때문에, 와일드카드 ('""'|.)*?로 최소 상세 루프[nongreedy loop]를 사용할 수 없다. "x""y" 같은 입력은 내부에 ""를 가진 하나의 문자열이 아니라 두 가지 문자열을 매치한다. 최소 상세 서브룰은 가능한 최소의 문자를 매치한다.

파서 룰을 테스트하기 전에, 렉서가 문자 스트림을 적합하게 분할하는지 토큰 스트림을 살펴본다. 옵션 -tokens로 별명[Alias] grun을 통해 TestRig를 사용하면 다음과 같은 결과를 가진다.

```
➤ $ antlr4 CSV.g4
➤ $ javac CSV*.java
➤ $ grun CSV file -tokens data.csv
❮ [@0,0:6='Details',<4>,1:0]
  [@1,7:7=',',<1>,1:7]
  [@2,8:12='Month',<4>,1:8]
  [@3,13:13=',',<1>,1:13]
  [@4,14:19='Amount',<4>,1:14]
  [@5,20:20='\n',<2>,1:20]
  [@6,21:29='Mid Bonus',<4>,2:0]
  [@7,30:30=',',<1>,2:9]
  [@8,31:34='June',<4>,2:10]
  [@9,35:35=',',<1>,2:14]
  [@10,36:43='"$2,000"',<5>,2:15]
  [@11,44:44='\n',<2>,2:23]
  [@12,45:45=',',<1>,3:0]
  [@13,46:52='January',<4>,3:1]
```

토큰이 정확하게 보인다. 구두점, 텍스트 및 문자열이 예상한 대로 나온다.

이제 그래머가 입력 스트림에서 그래머적 구조를 어떻게 인식하는지 살펴본다. 옵션 -tree를 사용하면, TextRig는 텍스트 형식 파스 트리를 출력한다.

```
➤ $ grun CSV file -tree data.csv
❮ (file
    (hdr (row (field Details) , (field Month) , (field Amount) \n))
    (row (field Mid Bonus) , (field June) , (field "$2,000") \n)
    (row field , (field January) , (field """zippo""") \n)
    (row (field Total Bonuses) , (field "") , (field "$5,000") \n)
  )
```

루트 노드는 스타트 룰 file이 매치한 모든 것을 나타낸다. 헤더 행으로 시작하여, 차일드로 여러 가지 행을 가졌다. 다음은 가시적인 파스 트리이다(옵션 -ps file.ps).

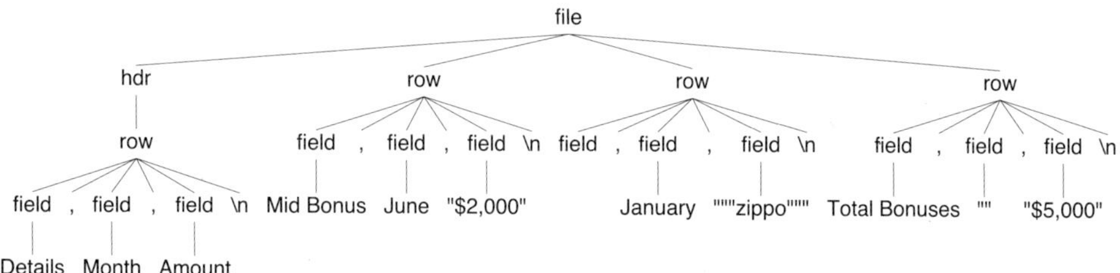

CSV는 단순하기 때문에 좋긴 하지만, 다중 값을 가지는 단일 필드가 필요할 때는 분할해야 한다. 이런 이유로 중첩된 엘리먼트를 허용하는 데이터 포맷이 필요하다.

6.2 JSON 파싱하기

JSON은 이름값 쌍 모음을 파일화하는 텍스트 데이터 포맷이고, 값 자체가 모음이 될 수 있다. JSON은 중첩된 구조를 가질 수도 있다. JSON용 파서를 설계함으로써 언어 참조 매뉴얼[4]로부터 그래머를 도출하는 기회를 가지며, 좀 더 복잡한 어휘 룰을 작업할

4 http://json.org

수 있다. 보다 더 확고하게 하기 위해 간단한 JSON 데이터 파일을 제시한다.

examples/t.json

```
{
        "antlr.org": {
                "owners" : [],
                "live" : true,
                "speed" : 1e100,
                "menus" : ["File", "Help\nMenu"]
        }
}
```

목표는 JSON 참조 매뉴얼을 읽고, 구문 도표와 기존 그래머를 조사하여, ANTLR 그래머를 빌드하는 것이다. 매뉴얼로부터 주요 구문을 조사하고, 그래머적 구조로 시작하는 ANTLR 룰로 어떻게 인코딩하는지 밝혀낸다.

JSON 그래머적 룰

언어 참조 매뉴얼에서 JSON 파일은 오브젝트나 값 배열이 될 수 있다고 한다. 그래머적으로 이것은 룰로 형식적으로 명세할 수 있는 선택[Choice] 패턴이다.

examples/JSON.g4

```
json: object
    | array
    ;
```

다음 단계로 json의 룰 참조를 파고든다. 오브젝트인 경우 참조 매뉴얼에서 다음과 같이 말한다.

> *object* 는 정열되지 않은 이름값 쌍 세트이다. 오브젝트는 왼쪽 괄호 ({)로 시작하여 오른쪽 괄호 (})로 종료한다. 각 이름은 콜론 (:)이 뒤따르며, 이름값 쌍은 콤마 (,)로 구분된다.

JSON 웹사이트에서도 명시하고 있지만 이름은 문자열이어야 한다. 이런 영어 서술문을 문법 구조로 변환하기 위해서는 순차, 선택, 토큰 의존성 및 중첩된 구문 등 패턴 중 하나로 표현하는 주요 구문을 찾기 위해 문장을 분할해야 한다. 문장의 시작인 "An Object is"는 object라는 룰을 생성하라는 것이다. 다음으로 "an unordered set of name-value pairs"는 쌍의 순차일 뿐이다. "unordered set"은 이름의 의미[Semantic]와 관련 있다. 특히 이름의 순서는 의미가 없다. 즉, 우리는 단지 파싱만 하기 때문에 모든 쌍 목록을 매치할 수 있다.

두 번째 문장은 오브젝트가 중괄호로 시작해서 중괄호로 종료되기 때문에 토큰 의존성을 설명하고 있다. 마지막 문장은 콤마 구분자를 가진 순차가 되도록 쌍 순차를 정교화한다. ANTLR 표기법으로 종합해 보면 다음과 같다.

examples/JSON.g4

```
object
    :   '{' pair (',' pair)* '}'
    |   '{' '}' // empty object
    ;
pair : STRING ':' value ;
```

명확하게 하기 위해 그리고 코드 중복을 줄이기 위해, 이름값 쌍을 자체 룰로 분할하는 것이 좋다. object의 첫 번째 얼터너티브는 다음과 같다.

```
object : '{' STRING ':' value (',' STRING ':' value)* '}' | ... ;
```

토큰으로 STRING을 가지지만 문법적인 룰은 아니다. JSON 파일을 읽는 응용 프로그램은 문자열을 문자 순차로 보기보다는 완전한 엔터티로 취급한다. 5.6절 "*렉서와 파서 간에 구분짓기*"에서 경험한 지식에 따르면, 문자열은 토큰이어야 한다.

또한 JSON 참조 매뉴얼은 몇 가지 비공식인 문법 규칙을 가지고 있는데, ANTLR 룰이 어떻게 비교하는지를 보자. 다음은 참조 매뉴얼의 그래머 그 자체이다.

```
object
    { }
    { members }

members
    pair
    pair , members

pair
    string : value
```

참조 매뉴얼은 pair 룰을 분할하지만, 우리가 가지고 있지 않은 members 룰을 가지고 있다. 아래의 루프 vs. 꼬리 회귀Tail Recursion에서 서술한 대로, 그것은 (…)* 루프 없이 그래머가 순차를 표현하는 방법이다.

고수준 구성체인 배열로 되돌아가서 참조 매뉴얼은 다음과 같이 말한다.

> *array*는 정열된 값의 모음이다. 배열은 왼쪽 중괄호 ([)로 시작해서 오른쪽 중괄호 (])로 종료한다. 값은 콤마 (,)로 구분된다.

룰 object처럼 array는 콤마 구분 순차이고 왼쪽과 오른쪽 중괄호 간에 토큰 의존성을 가진다.

examples/JSON.g4

```
array
    :   '[' value (',' value)* ']'
    |   '[' ']' // empty array
    ;
```

정교화 수준을 더하기 위해, 참조 매뉴얼에 따라 선택Choice 패턴인 value를 가진다.

> *value*는 큰따옴표 안의 문자열이거나, 숫자, True/False, 널Null, 오브젝트 및 배열일 수 있다. 이런 구조는 중첩될 수 있다.

루프Loop vs. 꼬리 회귀Tail Recursion

pair 또는 콤마가 따르는 pair의 선택 그리고 자체 참조에 적합한 영어 서술문이 없기 때문에, JSON 참조 매뉴얼의 룰 members는 다소 생소하다.

```
members
        pair
        pair , members
```

차이점은 ANTLR은 EBNF 그래머를 지원하고 JSON 참조 매뉴얼의 비공식 룰은 순수 BNF를 사용하기 때문이다. BNF는 (…)* 루프 같은 서브룰을 지원하지 않기 때문에, 꼬리 회귀로 루핑을 수행한다(얼터너티브의 마지막 엘리먼트로 룰 자체를 호출).
영어 순차 서술과 꼬리 회귀 룰 간에 관계에 관해서 보기 위해 아래에 members가 1, 2, 3 쌍을 어떻게 도출하는지를 설명한다.

```
members => pair

members => pair , members
           => pair , pair

members => pair , members
           => pair , pair , members
           => pair , pair , pair
```

5.2절 "지침으로 기존 그래머 사용하기"에서 이야기한 대로, 기존 그래머는 절대적인 진리가 아니라 지침으로만 사용되어야 한다.

용어 nested는 어떤 회귀 룰 참조를 예상하는 중첩된 구문Nested Phrase 패턴을 말한다. ANTLR 표기에서 value는 그림 4. *"ANTLR 표기에서 값"*과 유사하다.

object나 array를 참조함으로써 룰 valuc는 (간접석)회귀가 된다. value 룰로부터 호출함으로써 궁극적으로 룰 value로 되돌아갈 수 있다.

examples/JSON.g4

```
value
    :   STRING
    |   NUMBER
```

```
    |   object  // recursion
    |   array   // recursion
    |   'true'  // keywords
    |   'false'
    |   'null'
    ;
```

그림 4 – ANTLR 표기에서 값

룰 value는 JSON 키워드를 매치하기 위해 문자열 문자를 직접적으로 참조한다. 또한 문자열과 동일한 이유로 숫자를 토큰으로 취급한다. 응용 프로그램은 숫자를 완전한 엔터티로 취급한다.

문법 규칙은 여기까지이다. 우리는 JSON 파일의 구조를 완벽하게 명세하였다. 다음은 그래머가 샘플 입력을 파싱하는 방식이다.

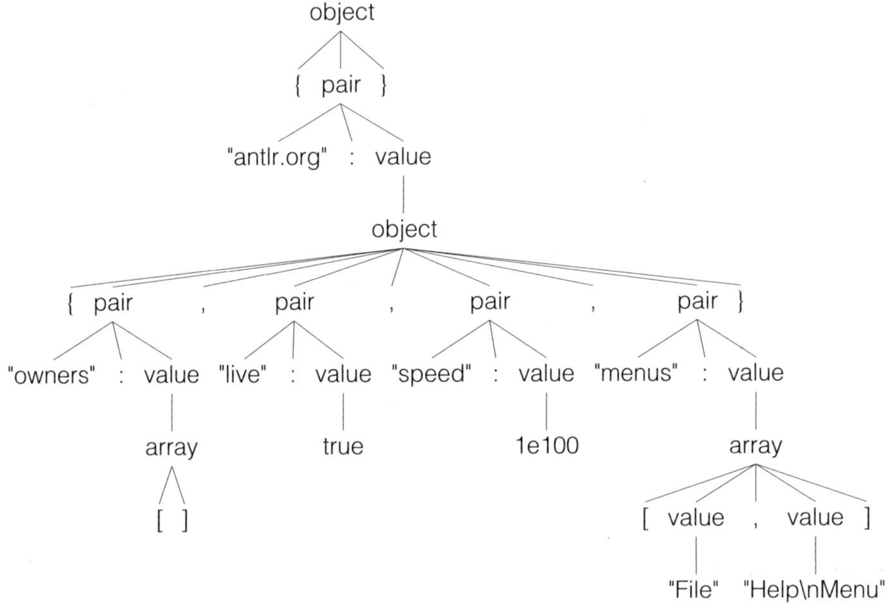

물론 완전한 렉서 그래머를 완성하기 전까지는 그림과 같은 이미지를 생성하기 위해 프로그램을 실행할 수는 없다. STRING과 NUMBER 라는 두 가지 주요 토큰을 위한 룰이 필요하다.

JSON 어휘 룰

JSON 참조 매뉴얼에 따르면 문자열은 다음과 같이 정의된다.

> *string* 은 백슬래시 이스케이프 문자를 사용하여 큰따옴표로 싸인 여러 Unicode 문자나 빈 순차이다. 문자는 싱글 캐릭터 스트림으로 표현되며, 문자열은 C나 자바 문자열과 아주 유사하다.

이전에도 언급하였지만 대부분의 프로그래밍 언어들에서 문자열은 아주 유사하다. JSON의 문자열은 Unicode 이스케이프를 추가하면 5.5절 "*공통 어휘 구조 인식*"의 "*문자열 문자 매칭*"에서 수행한 것과 유사하다. 기존 JSON 그래머를 살펴보면 작성된 서술문이 불완전하다고 말할 수 있다. 그래머는 다음과 같다.

```
char
    any-Unicode-character-except-"-or-\-or-control-character
    \"
    \\
    \/
    \b
    \f
    \n
    \r
    \t
    \u four-hex-digits
```

이것은 이스케이프가 무엇인지를 보여주고 있는데, 큰따옴표와 백슬래시를 제외한 Unicode를 매치할 수 있다. ~["\\] 역문자(inverted character) 세트로 명세할 수도 있다(오퍼레이터 ~는 NOT을 의미한다). STRING 정의는 다음과 같다.

```
examples/JSON.g4
STRING : '"' (ESC | ~["\\])* '"' ;
```

ESC 룰은 미리 정의된 이스케이프나 Unicode 순차를 매치한다.

```
examples/JSON.g4
fragment ESC : '\\' (["\\/bfnrt] | UNICODE) ;
fragment UNICODE : 'u' HEX HEX HEX HEX ;
fragment HEX : [0-9a-fA-F] ;
```

UNICODE에서 헥사 숫자를 여러 번 반복 정의하기보다는 약칭으로 HEX fragment 룰을 사용한다. fragment로 정의된 룰은 다른 렉서 룰에서만 호출될 수 있고 당연히 토큰이 아니다.

파서에서 마지막으로 사용된 토큰은 NUMBER이다. JSON 참조 매뉴얼에서는 다음과 같이 정의한다.

> 숫자는 8진법이나 16진법 포맷을 사용할 수 없는 것을 제외하고는 C나 자바 숫자와 아주 유사하다.

JSON 참조 매뉴얼의 기존 그래머는 숫자에 관해 다소 복잡한 룰을 가지고 있지만, 세 가지 주요 얼터너티브로 정리할 수 있다.

```
examples/JSON.g4
NUMBER
    :   '-'? INT '.' INT EXP? // 1.35, 1.35E-9, 0.3, -4.5
    |   '-'? INT EXP          // 1e10 -3e4
    |   '-'? INT              // -3, 45
    ;
fragment INT : '0' | [1-9] [0-9]* ; // no leading zeros
fragment EXP : [Ee] [+\-]? INT ; // \- since - means "range" inside [...]
```

다시 말하면 룰 fragment INT와 EXP를 사용하면 중복을 줄이고 그래머를 읽기가 더 쉽다.

공식 JSON 그래머에 따르면 INT는 숫자 0으로 시작하는 정수는 매치하지 않는다.

```
int
    digit
    digit1-9 digits
    - digit
    - digit1-9 digits
```

NUMBER에 – 마이너스 오퍼레이터를 사용하기 때문에, 첫 부분의 digit과 digit1-9 digits 두 가지 선택에만 집중할 수 있다. 첫 번째 선택은 모든 단일 숫자를 매치하기 때문에 0 자체도 문제가 없다. 두 번째 선택은 0을 제외한 모든 숫자인 digit1-9로 시작한다.

이전의 CSV 예제와 달리 JSON은 공백을 고려해야 한다.

> 공백은 토큰 쌍 사이에 삽입될 수 있다.

이것이 일반적인 공백의 의미이므로 이전 장의 마지막에 소개한 렉서 "스타터 키트"의 룰을 재사용할 수 있다.

examples/JSON.g4

```
WS : [ \t\n\r]+ -> skip ;
```

이제 완전한 그래머적 및 어휘적 룰 세트를 가지고 시도할 수 있다. 샘플 입력 [1,"₩u0049",1.3e9]으로 토큰을 출력함으로써 시작해 보자.

```
➤ $ antlr4 JSON.g4
➤ $ javac JSON*.java
➤ $ grun JSON json -tokens
➤ [1,"\u0049",1.3e9]
➤ EOF
```

```
< [@0,0:0='[',<5>,1:0]
  [@1,1:1='1',<11>,1:1]
  [@2,2:2=',',<4>,1:2]
  [@3,3:10='"\u0049"',<10>,1:3]
  [@4,11:11=',',<4>,1:11]
  [@5,12:16='1.3e9',<11>,1:12]
  [@6,17:17=']',<1>,1:17]
  [@7,19:18='<EOF>',<-1>,2:0]
```

렉서가 입력 스트림을 토큰으로 정확하게 분할하고 있으니 다음 그래머 룰을 시도해 보자.

```
➤ $ grun JSON json -tree
➤ [1,"\u0049",1.3e9]
➤ EOF
< (json (array [ (value 1) , (value "\u0049") , (value 1.3e9) ]))
```

그래머가 토큰 스트림을 세 가지 값 배열로 적절하게 해석하고 있기 때문에, 모든 것이 좋아 보인다. 이제 우리는 보다 더 복잡한 그래머를 위하여 정확성 검증을 위한 여러 가지 다른 입력 파일을 시도하기를 원한다.

이러한 관점에서 두 가지 데이터 언어(CSV와 JSON)에 관한 그래머를 보았고, 이제부터 그래머적 복잡성을 높이고 새로운 어휘 패턴(대소문자 구분 없는 키워드)을 가지는 DOT라는 선언형 언어를 살펴보자.

6.3 DOT 파싱

DOT[5]는 네트워크 다이어그램, 트리나 상태 머신State Machine 같은 그래프를 서술하는 선언형 언어이다(DOT는 그래프를 어떻게 빌드하는지가 아니라 그래프 연결이 무엇인지

5 http://www.graphviz.org/Documentation/dotguide.pdf

를 말하기 때문에 일종의 선언형 언어이다). DOT는 범용 그래프 툴로, 이미지 생성이 필요한 프로그램이 있을 경우에 유용하다. 예를 들어, ANTLR의 -atn 옵션은 상태 머신 가시화를 위해 DOT를 사용한다.

이 언어를 잘 이해하기 위해, 네 가지 기능을 가진 프로그램에 대하여 콜 트리 그래프를 가시화한다고 가정한다. 수동으로 그리거나 다음과 같이 DOT로 관계를 명세할 수도 있다(수동으로 하든 또는 프로그램 소스로부터 관계를 계산하는 랭귀지 응용 프로그램으로 자동 빌드하든).

examples/t.dot

```
digraph G {
    rankdir=LR;
    main [shape=box];
    main -> f -> g;          // main calls f which calls g
    f -> f [style=dotted] ;  // f is recursive
    f -> h;                  // f calls h
}
```

다음은 DOT 가시화 툴인 graphviz[6]를 사용하여 생성한 다이어그램이다.

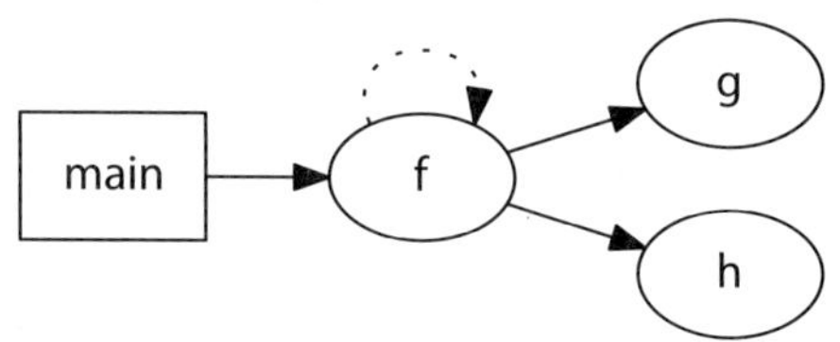

만일 ANTLR 구문으로 변경할 수 있다면, DOT 참조 가이드가 거의 재사용할 수 있는 구문 룰을 가지고 있기 때문에 약간은 도움이 된다. 그러나 아쉽게도 우리는 자체 어휘 룰을 가지고 있다. 우리는 정확한 룰을 밝혀내기 위해 문서와 샘플을 자세히 살펴보아야 한다. 가장 손쉬운 방법은 그래머적 룰로 시작하는 것이다.

---

6 http://www.graphviz.org

DOT 그래머적 룰

다음은 DOT 언어 참조문서[7]로부터 번역된 ANTLR 표기법의 핵심 그래머이다.

examples/DOT.g4

```
graph       : STRICT? (GRAPH | DIGRAPH) id? '{' stmt_list '}' ;
stmt_list   : ( stmt ';'? )* ;
stmt        : node_stmt
            | edge_stmt
            | attr_stmt
            | id '=' id
            | subgraph
            ;
attr_stmt   : (GRAPH | NODE | EDGE) attr_list ;
attr_list   : ('[' a_list? ']')+ ;
a_list      : (id ('=' id)? ','?)+ ;
edge_stmt   : (node_id | subgraph) edgeRHS attr_list? ;
edgeRHS     : ( edgeop (node_id | subgraph) )+ ;
edgeop      : '->' | '--' ;
node_stmt   : node_id attr_list? ;
node_id     : id port? ;
port        : ':' id (':' id)? ;
subgraph    : (SUBGRAPH id?)? '{' stmt_list '}' ;
id          : ID
            | STRING
            | HTML_STRING
            | NUMBER
            ;
```

참조 그래머에서 변형한 것은 룰 port이다. 참조문서는 다음과 같이 제시하고 있다.

7 http://www.graphviz.org/pub/scm/graphviz2/doc/info/lang.html

```
port:    ':' ID [ ':' compass_pt ]
      |    ':' compass_pt
compass_pt
      :    (n | ne | e | se | s | sw | w | nw)
```

만일 compass point가 식별자가 아니고 키워드라면 일반적으로 이런 룰이 정상이지만, 참조문서의 텍스트가 그래머 의미를 변경한다.

> 허용된 컴퍼스 포인트compass point 값이 키워드가 아니라면, 이런 문자열은 일상적인 식별자로 어디에서나 사용될 수 있다….

n -> sw 같은 edge_stmtedge statement를 받아들여야 한다는 의미이다(여기에서 n과 sw는 식별자이지 컴퍼스 포인트가 아님). 참조문서는 계속해서 다음과 같이 언급한다. "반대로, 파서는 모든 식별자를 받아들인다." 전체적으로 명확하지는 않지만, 파서가 컴퍼스 포인트에 대한 모든 식별자를 받아들이는 것처럼 보인다. 만일 사실이라면 그래머에서 컴퍼스 포인트에 관하여 걱정할 필요는 없다. 우리는 룰 compass_pt에 관한 참조를 id로 대체할 수 있다.

```
port: ':' id (':' id)? ;
```

확실히 하기 위해서 Graphviz 웹사이트[8]에서 찾을 수 있는 것처럼 DOT 뷰어로 추정을 시도해도 나쁠 것은 없다. 실제적으로 DOT는 다음과 같은 그래프 정의를 받아들이기 때문에, port 룰은 문제가 없다.

```
digraph G { n -> sw; }
```

이러한 관점에서 우리는 우리에게 적합한 문법 규칙을 가진다. 토큰 정의가 완성되었다고 생각하고 샘플 입력 t.dot로 파스 트리를 확인해 보자(grun DOT graph -gui t.dot을 사용).

8 http://www.graphviz.org

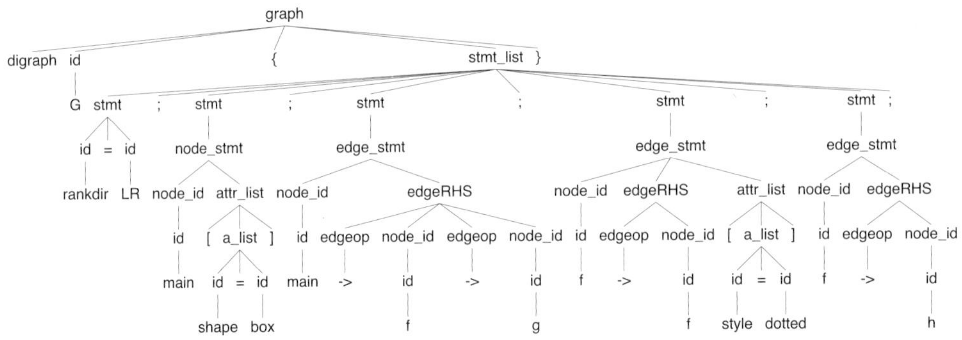

이제 이 토큰들을 정의해 보자.

DOT 어휘적 룰

참조 지침이 공식적인 어휘 룰을 제공하지는 않기 때문에, 작성된 서술문으로부터 도출해야 한다. 키워드는 아주 간단하므로 이것부터 시작한다.

참조문서에 따르면 "키워드 node, edge, graph, digraph, subgraph, strict 등은 대소문자 구분이 없다." 만일 대소문자 구분이 있다면 그래머에서 'node' 처럼 리터럴literals을 사용하면 된다. 'nOdE' 같은 변형을 허용하기 위해서는 각 문자의 위치에서 대문자와 소문자 변형을 가진 어휘적 룰을 구상해야 한다.

examples/DOT.g4

```
STRICT     : [Ss][Tt][Rr][Ii][Cc][Tt] ;
GRAPH      : [Gg][Rr][Aa][Pp][Hh] ;
DIGRAPH    : [Dd][Ii][Gg][Rr][Aa][Pp][Hh] ;
NODE       : [Nn][Oo][Dd][Ee] ;
EDGE       : [Ee][Dd][Gg][Ee] ;
SUBGRAPH : [Ss][Uu][Bb][Gg][Rr][Aa][Pp][Hh] ;
```

식별자는 대부분의 프로그래밍 언어와 유사하다.

> 식별자는 알파벳 ([a-zA-Z\200-\377]) 문자, 밑줄 ('_')이나 숫자 ([0-9])의 문자열로, 숫자로 시작하면 안 된다.

₩200-₩377 8진법은 16진법으로 80-FF로, ID 룰은 다음과 같다.

```
examples/DOT.g4
ID          : LETTER (LETTER|DIGIT)*;
fragment
LETTER    : [a-zA-Z\u0080-\u00FF_] ;
```

헬퍼Helper 룰 DIGIT는 숫자를 매치하는 데 필요한 어휘 룰 중 하나이다. 참조 지침에 따르면 숫자는 이 정규 표현식을 따른다.

[-]?(.[0-9]+ | [0-9]+(.[0-9]*)?)

[0-9]를 DIGIT으로 대체하면 ANTLR 표기의 DOT 숫자는 다음과 같다.

```
examples/DOT.g4
NUMBER : '-'? ('.' DIGIT+ | DIGIT+ ('.' DIGIT*)? ) ;
fragment
DIGIT      : [0-9] ;
```

DOT 문자열은 아주 기본적이다.

큰따옴표된 문자열("…")으로 이스케이프 큰따옴표(₩")를 가질 수도 있다.

문자열 내부의 모든 것을 매치하기 위해, 최종 큰따옴표를 보기 전까지 문자를 소모하도록 도트Dot 와일드카드 오퍼레이터를 사용한다. 또한 서브룰 루프의 얼터너티브로 이스케이프 큰따옴표를 매치할 수 있다.

```
examples/DOT.g4
STRING    : '"' ('\\"'|.)*? '"' ;
```

또한 DOT는 HTML 문자열을 가지고 있는데, 이것은 큰따옴표 대신에 꺾쇠괄호를 사용하는 문자열과 같다. 참조문서에 따르면 〈…〉 표기를 사용하며, 다음과 같이 말한다.

… HTML 문자열에서, 꺾쇠괄호는 일치된 쌍으로 나타나며, 이스케이프 없는[Unescaped] 줄 바꿈이 허용된다. 또 컨텐트는 정당한 XML이어야 하고, 어트리뷰트 값이나 텍스트에서 ", &, 〈, 〉 문자를 삽입하기 위해 이런 문자를 위한 특수 XML 이스케이프 순차가 필요할 수도 있다.

이 설명은 무엇이 필요한지는 말하고 있지만, HTML 코멘트 내부에 〉를 가질 수 있는지에 대해서 말하고 있지는 않다. 꺾쇠괄호의 태그 시퀀스를 〈〈i〉hi〈/i〉〉과 같이 감싸야 하는 것처럼 보인다. DOT 뷰어로 실험해 보면 DOT는 괄호만 매치되면 꺾쇠괄호 사이의 모든 것을 받아들인다. 그러므로 HTML 코멘트 내의 〉는 XML 파서처럼 무시되지 않는다. HTML 문자열 〈foo〈!--ksjdf 〉 --〉〉는 문자열 "foo〈!--ksjdf 〉 --" 처럼 취급된다.

꺾쇠괄호 내의 모든 것을 받아들이기 위해 ANTLR 구조 '〈' .*? '〉'을 사용할 수 있다. 그러나 최근의 〈보다는 처음 〈와 처음 〉를 연관시키기 때문에, 내부에 중첩된 꺾쇠괄호는 허용하지 않는다. 다음 룰은 트릭이다.

```
examples/DOT.g4
/** "HTML strings, angle brackets must occur in matched pairs, and
 * unescaped newlines are allowed."
 */
HTML_STRING :  '<' (TAG|~[<>])* '>' ;
fragment
TAG         :  '<' .*? '>' ;
```

HTML_STRING 룰은 꺾쇠괄호 쌍 내에, 단일 연결 수준을 구현한 TAG를 허용한다. ~[〈〉] 세트는 < 같은 XML 문자 엔터티들의 매칭을 고려한다. 왼쪽/오른쪽 꺾쇠괄호 외의 모든 것을 매치한다. 여기에서 와일드카드와 최소일치 루프를 사용할 수 없다. 루프 내부의 와일드카드가 〈foo 같은 것을 매치할 수 있기 때문에 (TAG|.)*?가 〈foo〉 같은 부적당한 입력을 매치할 수 있다. 이런 경우에 HTML_STRING은 태그를 매치하기 위해 TAG를 호출하지는 않는다.

다음과 같이 꺾쇠괄호를 매치하기 위해 회귀를 사용할 수도 있다.

```
HTML_STRING : '<' (HTML_STRING|~[<>])* '>' ;
```

그러나 시작/종료 꺾쇠괄호로 균형을 맞추는 대신에 중첩된 태그를 매치한다. 중첩된 태그가 <<i
>>같은 형태가 될 수 있는데, 이것은 우리가 원하는 바가 아니다.

DOT는 이제까지 보지 못한 어휘 구조를 가지고 있다. DOT는 #으로 시작하는 라인을 매치하고 버린다. # 라인을 C 전처리기의 출력으로 간주하기 때문이다. 우리는 이것을 이전에 본 단일 코멘트single-line comment로 취급할 수 있다.

examples/DOT.g4

```
PREPROC : '#' .*? '\n' -> skip ;
```

위 내용은 DOT 그래머를 위한 것이다(그러나 아주 친숙한 룰은 아니다). 복잡한 문법 및 어휘 구조까지는 아니지만, 전반적인 프로그래밍 언어를 파악하기 위해서는 반드시 여러 가지 소스를 확인할 것을 권고한다. 프로그래밍 언어가 더 크면 클수록, 다양한 레퍼런스와 입력 샘플이 더 많이 필요하다. 경우에 따라 극단적인 사례를 탐색하기 위해서는 무작위로 기존의 구현 결과들을 다루어 봐야 한다. 레퍼런스가 완벽한 것은 없기 때문이다.

또한 무엇이 정당한 파싱 프로세스 부분인지와 이후에 어떤 것이 별도 단계로 처리되어야 하는지를 판단해야 한다. 예를 들어, 우리는 파서의 간단한 식별자로 ne와 sw 같은 특수 포트 이름을 다룬다. 또한 <...> 문자열 내부의 HTML을 번역하지 않는다. 완벽한 DOT 구현은 어떤 점에서 이런 엘리먼트를 검증하고 처리해야 하지만, 파서는 이것을 청크로 다룬다.

이제 프로그래밍 언어를 다룰 시간이다. 다음 섹션에서 C와 같은 전통적인 명령형 프로그래밍 언어를 위한 그래머를 빌드한다. 그런 후에 함수형 프로그래밍 언어 R로 아주 큰 문제에 도전한다.

6.4 Cymbol 파싱

C로부터 도출된 구문으로 프로그래밍 언어를 어떻게 파싱하는지 보여주기 위해, Cymbol이라는 언어의 그래머를 빌드한다. Cymbol은 구조체가 없는 C 처럼 보이는 단순한 비객체지향 프로그래밍 언어이다. 이 언어의 그래머는 다른 신규 프로그래밍 언어를 빌드할 경우 적용할 수 있는 좋은 프로토타입이다. 새로운 ANTLR 구문은 없지만, 그래머가 간단한 왼쪽 회귀 표현식 룰을 어떻게 빌드하는지 보여 줄 것이다.

언어를 설계할 때 참조할 매뉴얼이나 공식적인 그래머는 없다. 대신에 대표적 언어 샘플을 상기하여 시작한다. 거기서부터 5.1절 "*언어 샘플로부터 그래머 도출하기*"에서 수행한대로 그래머를 도출한다(또한 레퍼런스나 공식적인 그래머가 없는 기존 언어를 다루는 방법도 배웠다). 다음은 Cymbol 코드가 어떻게 생겼는지 보여주는 전역 변수와 회귀 함수 선언을 가진 프로그램이다.

examples/t.cymbol

```
// Cymbol test
int g = 9;               // a global variable
int fact(int x) {        // factorial function
    if x==0 then return 1;
    return x * fact(x-1);
}
```

요리 쇼처럼 최종 제품이 어떤지 살펴보며, 목표를 마음에 새겨보자. 그래머가 입력을 어떻게 번역해야 하는지를 나타내는 파스 트리는 다음과 같다.

```
grun Cymbol file -gui t.cymbol
```

Cymbol 프로그램을 확인하여 전역 변수와 함수 선언 시퀀스를 살펴보자.

examples/Cymbol.g4

```
file    : (functionDecl | varDecl)+ ;
```

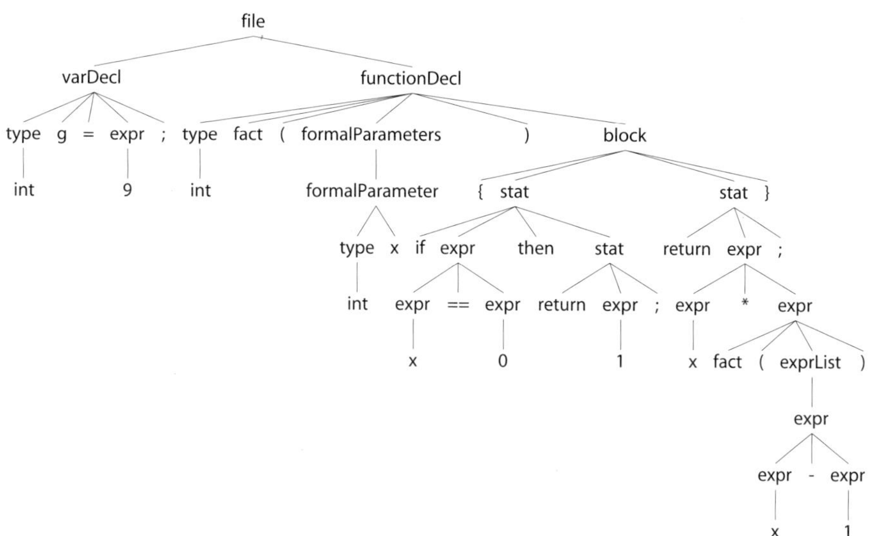

변수 선언은 모든 C 선언과 유사하며, type 다음에 식별자가 따르고 초기 표현식이 선택적으로 따른다.

examples/Cymbol.g4

```
varDecl
    :   type ID ('=' expr)? ';'
    ;
type :  'float' | 'int' | 'void' ; // user-defined types
```

함수는 기본적으로 동일하다. type 다음에 함수 이름이 따르고 괄호로 싸인 아규먼트 리스트와 함수 바디가 따른다.

examples/Cymbol.g4

```
functionDecl
    :   type ID '(' formalParameters? ')' block // "void f(int x) {...}"
    ;
formalParameters
    :   formalParameter (',' formalParameter)*
```

```
    ;
formalParameter
    :   type ID
    ;
```

함수 바디는 중괄호로 싸인 서술문 블록이다. 중첩된 블록, 변수 선언, if 서술문, return 서술문, 할당 및 함수 호출 등 여섯 가지 종류의 서술문을 만들어 보자. ANTLR 구문으로 인코딩하면 다음과 같다.

examples/Cymbol.g4

```
block:  '{' stat* '}' ; // possibly empty statement block
stat:   block
    |   varDecl
    |   'if' expr 'then' stat ('else' stat)?
    |   'return' expr? ';'
    |   expr '=' expr ';' // assignment
    |   expr ';'          // func call
    ;
```

프로그래밍 언어의 마지막 주요 부분은 표현식 구문이다. Cymbol은 다른 프로그래밍 언어를 빌드하는 프로토타입이나 징검다리이기 때문에 큰 오퍼레이터 리스트는 회피해도 좋다. 다음과 같은 것을 가진다: 단항 부정Unary Negate, 불리언 부정Boolean Not, 곱셈, 덧셈, 뺄셈, 함수 호출, 배열 인덱싱, 동등 비교, 변수, 정수 및 괄호로 싸인 표현식.

examples/Cymbol.g4

```
expr:   ID '(' exprList? ')'    // func call like f(), f(x), f(1,2)
    |   expr '[' expr ']'       // array index like a[i], a[i][j]
    |   '-' expr                // unary minus
    |   '!' expr                // boolean not
    |   expr '*' expr
    |   expr ('+'|'-') expr
    |   expr '==' expr          // equality comparison (lowest priority op)
```

```
    |   ID                          // variable reference
    |   INT
    |   '(' expr ')'
    ;
exprList : expr (',' expr)* ;       // arg list
```

여기에서 가장 중요한 사항은 가장 높은 것부터 가장 낮은 우선순위의 얼터너티브 리스트를 가져야 한다는 것이다. ANTLR이 왼쪽 회귀를 제거하고 연산자 우선순위를 처리하는 방법에 관한 자세한 내용은 14장 "*직접 왼쪽 회귀 제거*"를 참조하기 바란다.

실제적으로 우선순위를 보기 위해, 룰 stat에서 시작하는 입력 -x+y; 와 -a[i];에 대한 파스 트리를 확인한다(번잡함을 피하기 위해 file 대신에 간단한 예제를 살펴보자).

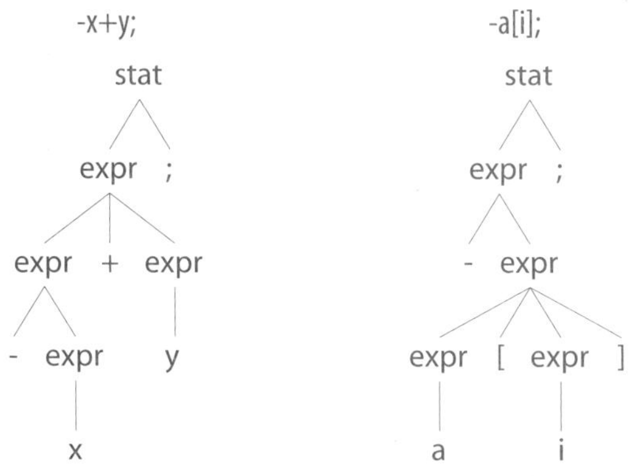

왼쪽의 파스 트리에서 덧셈보다는 더 높은 우선도를 가지기 때문에, x에 가장 밀접하게 결합된 단항 부정을 보여준다. 단항 부정 얼터너티브는 덧셈 얼터너티브 이전에 나타난다. 한편 단항 부정은 배열 인덱스 얼터너티브보다 이후에 나타나기 때문에, 단항 부정은 배열 인덱스 첨가 오퍼레이터보다는 낮은 우선순위를 가진다. 오른쪽 파스 트리는 부정이 a라는 식별자가 아니라 a[i]에 적용된 예제이다. 다음 절에서 보다 더 복잡한 표현식 룰을 볼 것이다.

항상 수행해 온 어휘 룰로 이동할 필요는 없다. 점검한다고 해서 새로운 것은 없다. 룰은 이전 장에서의 어휘 패턴으로부터 대부분 가져온다. 여기에서 초점은 명령형 프로그래밍 언어의 그래머적 구조를 탐구하는 것이다.

struct/class 없는 자바 언어가 어떤지 직관적으로 생각해 보면 Cymbol 그래머를 쉽게 빌드할 수 있다.

다음으로 아주 높은 수준의 언어를 다룬다. 적절한 R 그래머를 얻기 위해, 다양한 참조 문서를 뒤지고 샘플 프로그램을 조사하며 기존 R 구현을 테스트하여 정확한 언어 구조를 추론해야 한다.

6.5 R 파싱

R은 통계적 문제를 서술하는 특화된 프로그래밍 언어다. 예를 들어 벡터를 생성하고, 벡터에 함수를 적용하고, 필터링하기가 쉽다(아래의 R 대화식 쉘[Interactive Shell] 참조).

```
> x <- seq(1,10,.5)                  # x = 1, 1.5, 2, 2.5, 3, 3.5, ..., 10
> y <- 1:5                           # y = 1, 2, 3, 4, 5
> z <- c(9,6,2,10,-4)                # z = 9, 6, 2, 10, -4
> y + z                              # add two vectors
< [1] 10 8 5 14 1                    # result is 1-dimensional vector
> z[z<5]                             # all elements in z < 5
< [1] 2 -4
> mean(z)                            # compute the mean of vector z
< [1] 4.6
> zero <- function() { return(0) }
> zero()
< [1] 0
```

R은 중형 크기이지만 복잡한 프로그래밍 언어이다. 대부분은 R을 모를 것이다. 이전 절 Cymbol에서 언어 구조의 직관적 감각으로부터 그래머를 작성한 것처럼 할 수는 없다. 참

조 매뉴얼, 예제 및 기존 구현의 공식 yacc 그래머[9]를 통하여 R 구조를 추정해야 한다.

시작하기 위해 몇 가지 언어 개요[10,11]를 살펴보는 것이 좋다. 언어에 대한 감각을 얻기 위해 R 예제를 살펴볼 필요가 있고, "인수 테스트"로 제공하기 위해 몇 가지 파일을 선택해야 한다. Ajay Shah가 사용할 수 있는 좋은 예제 세트[12]를 빌드하였다. 이런 예제를 다루면 R 코드의 많은 부분을 처리하는 그래머를 얻을 수 있다. 언어를 상세하게 모르고는 완전한 그래머를 얻을 수 없다. R 그래머를 빌드하는 난해한 문제에 도움을 주는 여러 가지 문서를 메인 웹사이트[13]에서 찾을 수 있다. 그러나 이 책에서는 R-intro[14]와 언어 정의 R-lang[15]에 집중한다.

그래머 구축은 평상시처럼 낮은 수준에서 시작한다. 언어 개요에 의하면 R 프로그램은 표현식^Expression^이나 할당^Assignment^의 연속이 분명하다. 함수 정의조차도 할당이다(우리는 함수 문자에 변수를 할당한다). 한 가지 친숙하지 않은 것은 <-, =, <<- 와 같은 세 가지 할당 연산자이다. 우리의 목적이 인터프리터나 컴파일러를 만드는 것이 아니라 파서를 만드는 것이기 때문에 의미를 심도 깊게 고려하지는 않는다. 프로그램 구조에서 처음으로 볼 것은 다음과 같다.

```
prog : (expr_or_assign '\n')* EOF ;

expr_or_assign
    : expr ('<-' | '=' | '<<-' ) expr_or_assign
    | expr
    ;
```

9 http://svn.r-project.org/R/trunk/src/main/gram.y
10 http://www.stat.wisc.edu/~deepayan/SIBS2005/slides/language-overview.pdf
11 http://www.stat.lsa.umich.edu/~kshedden/Courses/Stat600/Notes/R_introduction.pdf
12 http://www.mayin.org/ajayshah/KB/R/index.html
13 http://www.r-project.org/
14 http://cran.r-project.org/doc/manuals/R-intro.pdf
15 http://cran.r-project.org/doc/manuals/R-lang.html

몇 가지 예제를 보면, 세미콜론으로 분리하여 한 라인에 하나 이상의 표현식을 둘 수 있다. 또한 매뉴얼에는 없지만 R 셸은 공백 라인을 허용하고 무시한다.

examples/R.g4

```
prog:   ( expr_or_assign (';'|NL)
        | NL
        )*
        EOF
    ;

expr_or_assign
    : expr ('<-'|'='|'<<-') expr_or_assign
    | expr
    ;
```

Windows의 줄바꿈(₩r₩n)과 UNIX(₩n)의 줄바꿈을 허용해야 하기 때문에 문자 '₩n'을 사용하기보다는 토큰 NL을 사용한다. 때문에 어휘 룰을 정의하기가 더 쉬워진다.

examples/R.g4

```
// Match both UNIX and Windows newlines
NL      :   '\r'? '\n' ;
```

NL은 이런 토큰을 관례적으로 버리라는 말이 아니다. 파서는 자바의 세미콜론처럼 표현식 종료로 사용하므로, 렉서는 이것을 파서에 반드시 전달해야 한다.

대부분의 R 구문은 표현식과 관련되기 때문에 이 절의 나머지 부분에서 이를 중점적으로 다룬다. 여기에는 서술문 표현식, 오퍼레이터 표현식, 함수 관련 표현식과 같은 세 가지 주요 종류가 있다. R 서술문은 명령형 언어와 아주 유사하기 때문에 여기에서부터 시작해 보자. 룰 expr로부터 서술문을 다루는 얼터너티브는 다음과 같다(expr에서 오퍼레이터 얼터너티브 다음에 나타남).

```
examples/R.g4
|   '{' exprlist '}'              // compound statement
|   'if' '(' expr ')' expr
|   'if' '(' expr ')' expr 'else' expr
|   'for' '(' ID 'in' expr ')' expr
|   'while' '(' expr ')' expr
|   'repeat' expr
|   '?' expr                      // get help on expr, usually string or ID
|   'next'
|   'break'
```

첫 번째 얼터너티브는 표현식 그룹을 매치한다. 기본 명령은 중괄호('{', '}')에 의해 하나의 복합 표현식으로 함께 그룹핑될 수 있다. 다음은 exprlist이다.

```
examples/R.g4
exprlist
    :   expr_or_assign ((';'|NL) expr_or_assign?)*
    |
    ;
```

대부분의 R 표현식 언어는 강력한 오퍼레이터를 다룬다. 정확한 형식을 가지기 위해, 최선책은 yacc 그래머에 의존하는 것이다. 실행 코드는 항상은 아니지만 종종, 언어 개발자가 의도한 목적에 맞는 최상의 지침이다. 우선권을 얻기 위해 관련 오퍼레이터 우선권을 명확하게 제시한 우선순위 테이블을 확인할 필요가 있다. 예를 들어, 다음은 yacc 그래머가 산술연산에 관해 열거한 것이다(처음에 리스트된 %left 우선순위 명령은 가장 낮은 우선권을 갖는다).

```
%left       '+'   '-'
%left       '*'   '/'
```

R-lang 문서는 또한 "삽입Infix 및 접두Prefix 연산자"에서 연산자 우선순위 룰을 제공하지

만, yacc 그래머에서 보이는 ::: 연산자는 누락한 것으로 보인다. 모두 함께 모으면 이항Binary, 접두Prefix, 접미Suffix 연산자와 같은 얼터너티브를 사용할 수 있다.

```
examples/R.g4
expr:   expr '[[' sublist ']' ']'  // '[[' follows R's yacc grammar
    |   expr '[' sublist ']'
    |   expr ('::'|':::') expr
    |   expr ('$'|'@') expr
    |   expr '^'<assoc=right> expr
    |   ('-'|'+') expr
    |   expr ':' expr
    |   expr USER_OP expr          // anything wrappedin %: '%' .* '%'
    |   expr ('*'|'/') expr
    |   expr ('+'|'-') expr
    |   expr ('>'|'>='|'<'|'<='|'=='|'!=') expr
    |   '!' expr
    |   expr ('&'|'&&') expr
    |   expr ('|'|'||') expr
    |   '~' expr
    |   expr '~' expr
    |   expr ('->'|'->>'|':=') expr
```

이 예제를 이해만 하면 되기 때문에, 굳이 오퍼레이터가 무슨 의미인지까지 알 필요는 없다. 단지 그래머가 연산자 우선순위와 결합성을 정확하게 매치하는지만 고려하면 된다.

룰 expr의 특이한 속성 중 하나는 얼터너티브 expr '[[' sublist ']' ']' 에서 '[' '[' 대신에 '[['를 사용한다는 것이다. ([[…]]은 단일 엘리먼트를 선택하며 […]는 서브리스트를 만든다). R의 yacc 그래머로부터 직접적으로 '[['를 선택한다. 이것은 "2개의 왼쪽 괄호 사이에 공백이 없음" 룰을 강제하지만, 참조 매뉴얼에는 명확한 명세가 없다.

R-lang에서 다음과 같이 지시하기 때문에 오퍼레이터 ^는 토큰 접미사 <assoc=right>를 가진다.

지수 오퍼레이터 '^'와 왼쪽 할당 오퍼레이터 '<- = <<-'는 오른쪽에서 왼쪽으로 그룹핑되며, 모든 다른 오퍼레이터는 왼쪽에서 오른쪽으로 그룹핑된다. 즉, 2 ^ 2 ^ 3은 2 ^ 8 (=256)이지 4 ^ 3 (=64)이 아니다.

서술문과 오퍼레이터 표현식을 제쳐 두고, 함수 정의와 호출이라는 expr 룰의 마지막 주요 부분을 살펴보자. 다음 두 가지 얼터너티브를 사용할 수 있다.

examples/R.g4

```
|   'function' '(' formlist? ')' expr   // define function
|   expr '(' sublist ')'                // call function
```

룰 formlist와 sublist는 공식 아규먼트 정의 리스트를 정의하고 아규먼트 표현식을 호출한다. 룰 이름은 두 가지 그래머를 비교하기가 쉽도록 yacc 그래머가 사용하는 것을 반영한다.

공식 함수 아규먼트는 다음 R-lang 명세에 따라 formlist에 의해 표현된다.

> … 콤마로 구분된 아이템 리스트 각각이 identifier, 'identifier = default' 형식이나, 특수 토큰 '…' 가 될 수 있다. default는 모든 정당한 표현식이 될 수 있다.

yacc 그래머의 formlist와 유사한 ANTLR 룰을 사용하여 인코딩할 수 있다(그림 5. "*formlist 유사 룰을 위한 ANTLR 룰*" 참조).

이제 함수를 정의하는 대신에 호출하기 위해, R-lang은 아규먼트 구문을 서술한다(그림 6. "*함수를 호출하는 R-lang 아규먼트 구문*" 참조)

examples/R.g4

```
formlist : form (',' form)* ;

form: ID
    | ID '=' expr
    | '...'
    ;
```

그림 5 – formlist 유사 룰을 위한 ANTLR 룰

각 아규먼트는 태그(tag=expr) 되거나 단순한 표현식이 될 수 있다.
또한 공백이 될 수도 있고 특수 토큰 '…', '..2', … 중 하나가 될 수도 있다.

그림 6 – 함수를 호출하는 R-lang 아규먼트 구문

yacc 그래머를 보면 약간 엄격해진다. 또한 "n"=0, n=1, NULL = 2 같은 것을 가질 수도 있다. 명세를 결합하면 함수 호출 아규먼트를 위한 룰은 다음과 같다.

examples/R.g4
```
sublist  :  sub (',' sub)* ;
sub :   expr
    |   ID '='
    |   ID '=' expr
    |   STRING '='
    |   STRING '=' expr
    |   'NULL' '='
    |   'NULL' '=' expr
    |   '...'
    |
    ;
```

룰 sub에서 ..2 같은 특수 토큰을 매치 하는 것에 관해 의문점이 들 것이다. 렉서가 식별자로 취급할 수 있기 때문에 명확하게 매치할 필요는 없다. R-lang에 따르면

> 식별자는 문자, 숫자, 도트 '.' 및 밑줄 '_' 순차로 구성된다. 숫자나 밑줄 및 숫자가 따르는 도트로 시작하면 안 된다. '…'과 '..1', '..2' 등으로 시작하는 식별자는 특수 토큰이다.

모든 것을 인코딩하기 위해, 다음의 식별자 룰을 사용한다.

examples/R.g4
```
ID :   '.' (LETTER|'_'|'.') (LETTER|DIGIT|'_'|'.')*
   |   LETTER (LETTER|DIGIT|'_'|'.')*
   ;
fragment LETTER : [a-zA-Z] ;
```

첫 번째 얼터너티브는 처음의 케이스를 분리한다. 식별자는 도트로 시작한다. 숫자가 다음 문자가 아님을 확인해야 한다. 서브룰 (LETTER|'_'|'.')로 보장할 수 있다. 식별자가 숫자나 밑줄로 시작하지 않음을 보장하기 위해 헬프 룰 LETTER을 참조하여 두 번째 얼터너티브를 시작한다. ..2를 매치하기 위해, 첫 번째 얼터너티브를 사용한다. 이니셜 '.' 레퍼런스는 첫 번째 도트를 매치하고, 서브룰 (LETTER|'_'|'.')는 두 번째 도트를 매치하며, 마지막 서브룰은 숫자 2를 매치한다.

나머지 렉서 룰은 이전까지 보아온 룰의 확장이므로 더 이상 논의하지 않는다.

다음 입력의 grun을 사용하여 이제까지 작성한 내용을 살펴보자.

examples/t.R

```
addMe <- function(x,y) { return(x+y) }
addMe(x=1,2)
r <- 1:5
```

다음은 t.R에 대하여 어떻게 가시적으로 파스 트리를 빌드하고 가져오는지를 보여준다(그림 7. "*입력 t.R을 위한 파스 트리*" 참조).

```
$ antlr4 R.g4
$ javac R*.java
$ grun R prog -gui t.R
```

우리의 R 그래머는 함수 addMe()처럼 각 표현식이 라인에 맞는한 잘 동작한다. 아쉽게도 R이 함수와 기타 표현식의 멀티 라인 확장을 허용하기 때문에, 추정이 너무 제한적이다. 그럼에도 불구하고 여기에서는 R 그래머 구조만을 다루기 때문에 이쯤에서 마무리한다. 소스 디렉터리 code/extras에서, 표현식 내에서 신규라인을 무시하는 까다로운 문제의 해결책을 찾을 수 있다(R.g4, RFilter.g4, TestR.java 참조). 구문에 따라 적절하게 신규라인을 유지하거나 버리기 위해, 렉서로부터 토큰을 필터링한다.

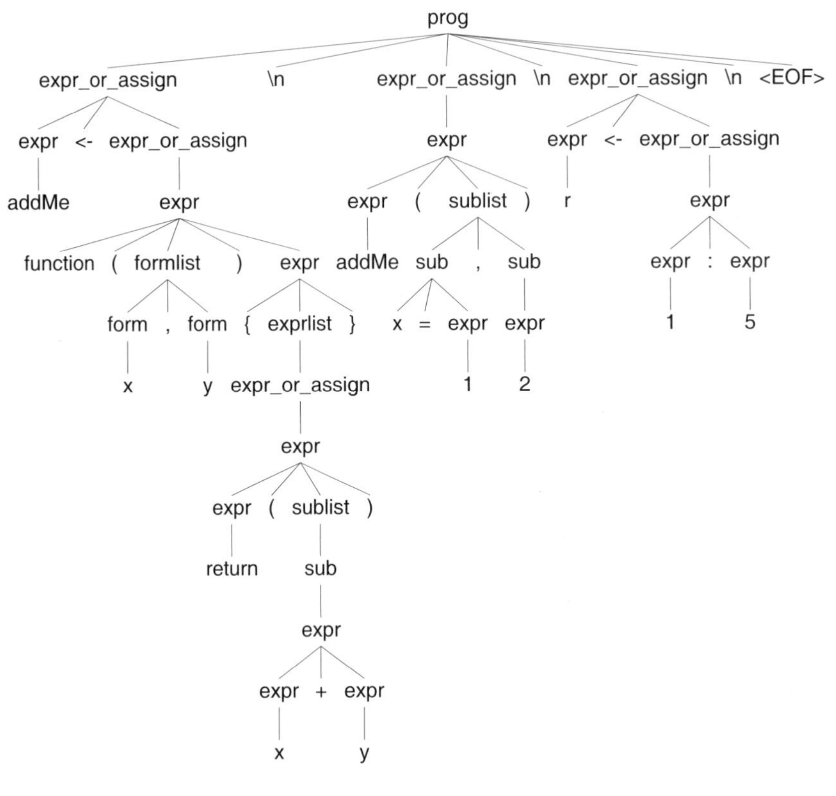

그림 7 – 입력 t.R을 위한 파스 트리

여기에서 목표는 ANTLR 구문 지식을 확고하게 하고 ANTLR 외의 그래머, 언어참조 매뉴얼, 예제로부터 어떻게 그래머를 도출하는지 배우는 것이다. 그 목적을 달성하기 위해 두 가지 데이터 언어(CSV, JSON), 선언형 언어(DOT), 명령형 언어(Cymbol) 및 함수형 언어(R)을 살펴보았다. 또한 예제에서 적당하게 복잡한 언어 그래머를 빌드하는 데 필요한 모든 기술을 다루었다. 다음으로 넘어가기 전에, 그래머를 다운로드해 언어를 변경하기 위해 몇 가지 간단한 수정을 가하여 연습하는 것도 좋다. 예를 들어, Cymbol 그래머에 더 많은 오퍼레이터와 서술문을 추가하여 시도할 수 있다. 변경된 그래머와 샘플 입력 간의 관계를 보기 위해 TestRig를 사용한다.

이 책에서 지금까지는 언어 인식에 집중하였지만, 그래머 자체는 입력이 언어를 준수해야만 보여줄 수 있다. 이제 위저드를 파싱하며, 파싱 메커니즘에 응용 프로그램에 특화된 코드를 첨부하는 방법에 관해 배운다. 뒤이어 실제적인 랭귀지 응용 프로그램을 빌드할 것이다.

CHAPTER 7

응용 프로그램에 특화된 코드로부터 그래머 분리

지금까지 ANTLR 그래머 구문을 사용하여 언어를 공식적으로 정의하는 방법에 관하여 배웠고, 이제 그래머에 관해 더 많은 지식을 배울 시간이다. 입력 문장이 언어 명세를 준수할 때에만 연관된 파서가 그 결과를 주기 때문에 그래머 자체로는 유용하지 않다. 랭귀지 응용 프로그램을 만들기 위해 특정 입력 문장, 구문이나 토큰을 볼 때, 특정 액션을 트리거하는 파서가 필요하다. 구문 → 액션 쌍 모음은 랭귀지 응용 프로그램을 나타내며, 최소한 그래머와 더 큰 응용 프로그램 간의 인터페이스를 나타낸다.

7장에서는 랭귀지 응용 프로그램을 빌드하기 위해 파스 트리 리스너와 비지터를 어떻게 사용하는지를 배운다. 리스너는 파스 트리 탐색기Parse-Tree Walker가 노드를 발견하고 종료하여 트리거한, 룰 enter/exit 이벤트에 응답하는 오브젝트이다. 또한 응용 프로그램의 트리 탐색 제어를 지원하기 위해 트리 비지터 패턴을 지원한다.

리스너와 비지터의 가장 큰 차이점은 리스너 메소드가 차일드를 탐색하기 위해 명확하게 메소드를 호출하는 데 있어 책임을 지지 않는다는 것이다. 다른 한편으로 비지터는 트리 순회Tree traversal를 유지하기 위해 차일드 노드에 대한 탐색을 명확하게 트리거해야 한다(2.5절 "*파스 트리 리스너와 비지터*" 참조). 비지터는 순회 순서를 통제하고 얼마나 많은 트리를 탐색할 것인지를 제어한다. 편의를 위해 우리는 리스너 콜백Callback이나 비지터 메소드에 대하여 이벤트 메소드Event Method라는 용어를 사용할 것이다.

목표는 트리 탐색이 무엇을 빌드하는지와 왜 하는지에 관해 정확하게 이해하는 것이다. 리스너 메커니즘의 기초부터 시작하며, 리스너와 비지터를 사용하여 그래머에서 응용 프로그램에 특화된 코드를 어떻게 회피할 수 있는지를 배운다. 다음으로 룰의 각 얼터너티브에 대하여, ANTLR이 보다 더 정확한 이벤트를 어떻게 생성하는지를 배운다. ANTLR 트리 탐색에 관하여 약간 배우고 나면, 부표현식Subexpression 결과를 전달하는 또 다른 방식을 표현한 3개의 계산기 구현들을 살펴본다. 마지막으로 트리 접근법의 장점과 단점을 논의한다. 이 시점에서 실제적인 예제를 다룰 준비가 되었다.

7.1 임베디드 액션에서 리스너로의 진화

만일 ANTLR 이전 버전이나 다른 파서 생성기에 익숙하다면, 그래머에 액션(코드)을 삽입하지 않고도 랭귀지 응용 프로그램을 빌드할 수 있다는 사실이 놀라울 것이다. 리스너와 비지터 메커니즘은 강력한 이점을 제공하면서 응용 프로그램 코드로부터 그래머를 분리한다. 이런 분리로 그래머에 걸쳐 조각을 분산하거나 분열하지 않고 응용 프로그램을 우수하게 캡슐화할 수 있다. 액션을 삽입하지 않고, 심지어는 생성된 파서를 다시 컴파일하지 않고도 다른 응용 프로그램에서 동일 그래머를 재사용할 수 있다.

또한 ANLTR은 액션이 없다면 동일 그래머에 대하여 다른 프로그래밍 언어로 파서를 생성할 수도 있다. 삽입된 액션 때문에 결합 충돌에 관하여 걱정하지 않아도 되므로 그래머 버그 픽스와 업데이트 통합도 쉽다.

여기에서는 삽입된 액션을 가진 그래머로부터 완전한 그래머와 응용 프로그램 분리로의 진화를 조사한다. ≪...≫로 그려진 삽입된 액션을 가진 프로퍼티 파일 그래머는 라인당 하나의 프로퍼티 할당으로 프로퍼티 파일을 읽는다. ≪start file≫같은 액션은 적절한 자바 코드를 대신한다.

```
grammar PropertyFile;
file   : {≪start file≫} prop+ {≪finish file≫} ;
prop   : ID '=' STRING '\n' {≪process property≫} ;
ID     : [a-z]+ ;
STRING : '"' .*? '"' ;
```

이런 강한 결합tight coupling은 그래머를 한 특정 응용 프로그램에 묶는다. 더 나은 접근법은 ANTLR이 생성한 파서인 PropertyFileParser 서브클래스를 생성하고, 삽입된 액션을 메소드로 변경하는 것이다. 리팩토링을 하면 새로 생성된 메소드를 트리거하는 약간의 메소드 콜 액션만이 그래머에 남는다. 그런 후에 파서를 서브클래스화함으로써, 그래머를 변경하지 않고도 여러 다른 응용 프로그램을 구현할 수 있다. 그러한 리팩토링은 다음과 같은 모습으로 나타난다.

```
grammar PropertyFile;
@members {
        void startFile() { } // blank implementations
        void finishFile() { }
        void defineProperty(Token name, Token value) { }
}
file    : {startFile();} prop+ {finishFile();} ;
prop    : ID '=' STRING '\n' {defineProperty($ID, $STRING)} ;
ID      : [a-z]+ ;
STRING : '"' .*? '"' ;
```

이런 결합 제거decoupling를 통하여 다른 응용 프로그램에서 그래머를 재사용할 수 있지만, 메소드 콜 때문에 그래머는 여전히 자바에 묶여 있다. 우리는 그것을 간략하게 다루어 볼 것이다.

리팩토링된 그래머의 재사용성을 보여주기 위해, 두 가지 다른 응용 프로그램들을 빌드해 보자. 프로퍼티를 만나면 출력하는 응용 프로그램으로 시작한다. ANTLR이 생성한 파서 클래스를 확장하고 그래머가 트리거하는 여러 가지 메소드를 오버라이드Override하기 때문에 프로세스는 간단하다.

```
class PropertyFilePrinter extends PropertyFileParser {
    void defineProperty(Token name, Token value) {
        System.out.println(name.getText()+"="+value.getText());
    }
}
```

ANTLR이 PropertyFileParser 슈퍼클래스에 디폴트 구현을 생성하기 때문에, startFile()이나 finishFile()을 오버라이드하지 않아도 된다.

이 응용 프로그램을 호출하기 위해, PropertyFileParser 대신에 PropertyFilePrinter 파서 서브클래스 인스턴스[Instance]를 생성할 필요가 있다.

```
PropertyFileLexer lexer    = new PropertyFileLexer(input);
CommonTokenStream tokens   = new CommonTokenStream(lexer);
PropertyFilePrinter parser = new PropertyFilePrinter(tokens);
parser.file(); // launch our special version of the parser
```

두 번째 응용 프로그램으로 프로퍼티를 출력하는 대신에 Map으로 적재한다. 우리가 할 작업은 신규 서브클래스를 생성하고 defineProperty()에 다른 기능을 두는 것뿐이다.

```
class PropertyFileLoader extends PropertyFileParser {
    Map<String,String> props = new OrderedHashMap<String, String>();
    void defineProperty(Token name, Token value) {
        props.put(name.getText(), value.getText());
    }
}
```

파서가 실행된 다음에 필드 props는 이름값 쌍을 가진다.

이 그래머는 삽입된 액션으로 인하여 자바만을 생성할 수 있기 때문에 여전히 문제를 가진다. 그래머를 재사용성이 있고 언어 독립적으로 만들려면, 삽입된 액션을 완전하게 배제해야 한다. 다음은 리스너와 비지터로 어떻게 처리하는지를 배운다.

7.2 파스 트리 리스너로 응용 프로그램 구현하기

응용 프로그램과 그래머에 얽히지 않고 랭귀지 응용 프로그램을 빌드하기 위해 파스 트리를 생성하는 파서를 가지고 있어야 하며, 그러고 나서 응용 프로그램에 특화된 코드를 트리거하기 위해 파스 트리를 탐색하는 것이 중요하다. 선호하는 기술을 사용하여 트리를 탐색할 수도 있고, ANTLR이 생성하는 트리 탐색 메커니즘을 사용할 수도 있다. 여기에서는 ANTLR의 빌트인 ParseTreeWalker를 사용한다. 이전의 프로퍼티 파일 응용 프로그램의 리스너 기반 버전을 빌드한다.

프로퍼티 파일 그래머의 원본으로 시작해 보자.

listeners/PropertyFile.g4

```
file   : prop+ ;
prop : ID '=' STRING '\n' ;
```

다음은 샘플 프로퍼티 파일이다.

listeners/t.properties

```
user="parrt"
machine="maniac"
```

그래머로부터 ANTLR은 PropertyFileParser를 생성하는데 다음 파스 트리를 자동으로 빌드한다.

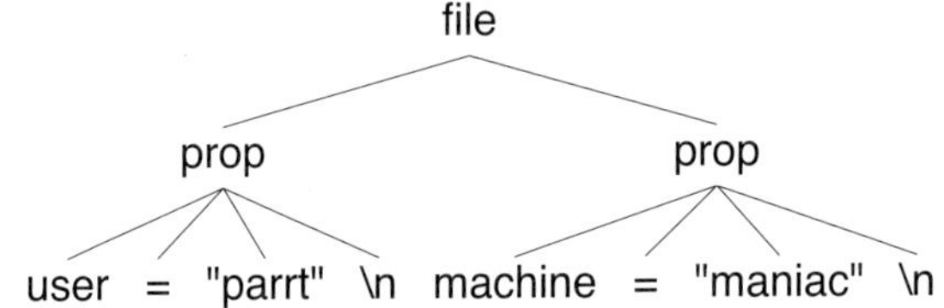

파스 트리를 얻은 다음에는 enter/exit 메소드를 트리거하여 모든 노드를 탐색하기 위해 ParseTreeWalker를 사용할 수 있다.

ANTLR이 그래머 PropertyFile로부터 생성한 PropertyFileListener 리스너 인터페이스를 살펴보자. ANTLR의 ParseTreeWalker는 노드를 발견하고 종료하여 각 룰 서브트리에 대하여 enter/exit 메소드를 트리거한다. 그래머 PropertyFile에 두 가지 파서 룰밖에 없기 때문에 인터페이스에는 네 가지 메소드가 있다.

```
listeners/PropertyFileListener.java
import org.antlr.v4.runtime.tree.*;
import org.antlr.v4.runtime.Token;

public interface PropertyFileListener extends ParseTreeListener {
        void enterFile(PropertyFileParser.FileContext ctx);
        void exitFile(PropertyFileParser.FileContext ctx);
        void enterProp(PropertyFileParser.PropContext ctx);
        void exitProp(PropertyFileParser.PropContext ctx);
}
```

FileContext와 PropContext 오브젝트는 특정 그래머 룰에 특화된 파스 트리 노드 구현이다. 탐색하는데 유용한 메소드를 가지고 있다.

또한 ANTLR은 이전 그래머의 @members 영역에서 수동으로 작성한 공백 메소드와 유사하게 디폴트 구현으로 PropertyFileBaseListener 클래스를 생성한다.

```
public class PropertyFileBaseVisitor<T> extends AbstractParseTreeVisitor<T>
implements PropertyFileVisitor<T>
{
@Override public T visitFile(PropertyFileParser.FileContext ctx) { }
@Override public T visitProp(PropertyFileParser.PropContext ctx) { }
}
```

디폴트 구현을 통하여 고려하는 메소드만 오버라이드하고 구현하면 된다. 예를 들어, 다음은 이전처럼 단일 메소드를 가지지만 리스너 메커니즘을 사용하는 프로퍼티 파일 로더[loader]를 재구현한 것이다.

```
listeners/TestPropertyFile.java
public static class PropertyFileLoader extends PropertyFileBaseListener {
    Map<String,String> props = new OrderedHashMap<String, String>();
```

```
    public void exitProp(PropertyFileParser.PropContext ctx) {
        String id = ctx.ID().getText(); // prop : ID '=' STRING '\n' ;
        String value = ctx.STRING().getText();
        props.put(id, value);
    }
}
```

주요 차이점으로 이 버전은 파서 대신에 기반 리스너를 확장한 버전이고 리스너 메소드는 파서가 완료된 다음에 트리거된다는 점이다.

수많은 인터페이스와 클래스가 존재하므로 주요 오브젝트 간의 상속 관계를 살펴보자.

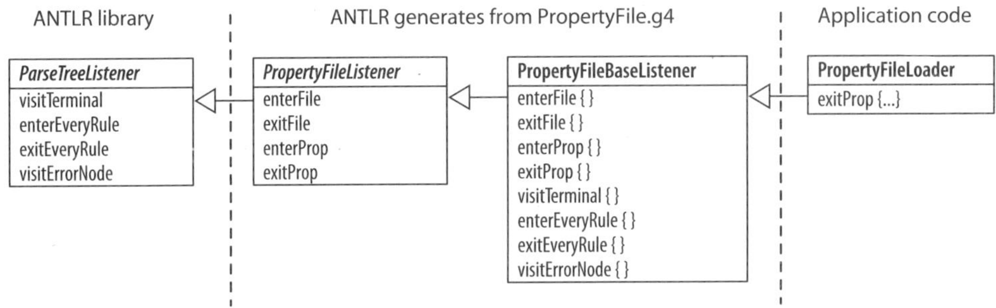

ParseTreeListener 인터페이스는 ANTLR 런타임 라이브러리에 있으며, 모든 리스너가 visitTerminal(), enterEveryRule(), exitEveryRule(), visitErrorNode() 이벤트에 응답한다. ANTLR은 그래머 PropertyFile로부터 인터페이스 PropertyFileListener와, 클래스 PropertyFileBaseListener의 모든 메소드에 대한 디폴트 구현도 생성한다. 우리가 오직 한 가지 빌드하는 것은 PropertyFileLoader인데, PropertyFileBaseListener로부터 모든 공백 기능을 상속한다.

메소드 exitProp()는 룰 prop와 관련된 룰 컨텍스트 오브젝트 PropContext에 액세스access한다. 컨텍스트 오브젝트는 룰 prop에 언급된 엘리먼트(ID, STRING) 각각에 대한 메소드를 가진다. 이런 엘리먼트는 그래머에서 토큰 레퍼런스이기 때문에 메소드가

TerminalNode 파스 트리 노드를 리턴한다. getText()를 통하여 토큰 페이로드[Payload]의 텍스트를 직접적으로 액세스하거나, getSymbol()을 통하여 토큰 페이로드의 처음을 얻을 수도 있다.

이제 트리를 탐색해 보자.

listeners/TestPropertyFile.java

```
// create a standard ANTLR parse tree walker
ParseTreeWalker walker = new ParseTreeWalker();
// create listener then feed to walker
PropertyFileLoader loader = new PropertyFileLoader();
walker.walk(loader, tree);            // walk parse tree
System.out.println(loader.props);     // print results
```

다음은 그래머에 ANTLR을 어떻게 실행하는지, 생성된 코드를 어떻게 컴파일하는지, 입력 파일을 처리하기 위해 테스트 프로그램을 어떻게 호출하는지를 보여 준다.

```
$ antlr4 PropertyFile.g4
$ ls PropertyFile*.java
PropertyFileBaseListener.java    PropertyFileListener.java
PropertyFileLexer.java           PropertyFileParser.java
$ javac TestPropertyFile.java PropertyFile*.java
$ cat t.properties
user="parrt"
machine="maniac"
$ java TestPropertyFile t.properties
{user="parrt", machine="maniac"}
```

우리의 테스트 프로그램이 파일로부터 메모리 맵 데이터 구조로 프로퍼티 할당을 성공적으로 재구성한다.

모든 트리 탐색 및 메소드 트리거가 자동으로 수행되기 때문에 리스너 기반 접근법은 우수하다. 그러나 탐색 자체를 제어하지 못하기 때문에 자동 트리 탐색이 약점이 될 수 있다. 예를 들어, 함수 바디 서브트리를 스킵skip하여 함수 내부의 모든 것을 무시하는 C 프로그램 파스 트리를 탐색할 수도 있다. 또한 리스너 이벤트 메소드는 데이터를 전달하는 메소드 리턴 값을 사용할 수 없다. 탐색을 제어하거나 이벤트 메소드 리턴 값으로 값을 리턴하기 원한다면, 비지터 패턴을 사용한다. 접근법을 비교하기 위해 프로퍼티 파일 로더의 비지터 기반 버전을 빌드한다.

7.3 비지터로 응용 프로그램 구현하기

리스너 대신에 비지터를 사용하기 위해 비지터 인터페이스 생성, 인터페이스 구현 및 파스 트리에 visit()를 호출하는 TestRig 생성을 ANTLR에 요청한다. 그래머를 건드릴 필요는 없다.

명령줄에서 -visitor 옵션을 사용할 때, ANTLR은 인터페이스 PropertyFileVisitor와 클래스 PropertyFileBaseVisitor를 생성한다. 다음과 같은 디폴트 구현을 가진다.

```
public class PropertyFileBaseVisitor<T> extends AbstractParseTreeVisitor<T>
    implements PropertyFileVisitor<T>
{
    @Override public T visitFile(PropertyFileParser.FileContext ctx) { ... }
    @Override public T visitProp(PropertyFileParser.PropContext ctx) { ... }
}
```

리스너에서 exitProp()의 Map 기능을 복사하여 룰 prop와 연관된 비지터 메소드로 붙여넣기할 수 있다.

listeners/TestPropertyFileVisitor.java

```
public static class PropertyFileVisitor extends
    PropertyFileBaseVisitor<Void>
{
    Map<String,String> props = new OrderedHashMap<String, String>();
    public Void visitProp(PropertyFileParser.PropContext ctx) {
```

```
        String id = ctx.ID().getText(); // prop : ID '=' STRING '\n' ;
        String value = ctx.STRING().getText();
        props.put(id, value);
        return null; // Java says must return something even when Void
    }
}
```

이전 리스너 버전과 비교하기 위해, 비지터 인터페이스와 클래스 간의 상속 관계를 확인한다.

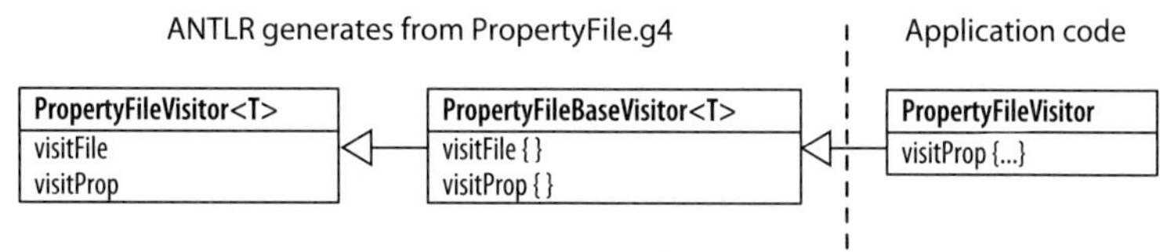

비지터는 차일드 노드에 인터페이스 ParseTreeVisitor의 visit() 메소드를 명시적으로 호출하여 파스 트리를 탐색한다. 이런 메소드는 AbstractParseTreeVisitor에 구현된다. 이런 경우에 prop 호출을 위해 생성된 노드는 차일드를 가지지 않기 때문에, visitProp()는 visit()를 호출할 필요가 없다. 7.5절 "이벤트 메소드 간의 정보 공유하기"의 "*비지터로 파스 트리 순회*"의 비지터 타입 파라미터를 살펴본다.

비지터와 리스너 TestRig(TestPropertyFile 같은) 간의 가장 큰 차이점은 비지터는 ParseTreeWalker가 필요 없다는 것이다. 파서가 생성한 트리를 탐색하기 위해 비지터에게 요청하면 된다.

listeners/TestPropertyFileVisitor.java

```
PropertyFileVisitor loader = new PropertyFileVisitor();
loader.visit(tree);
System.out.println(loader.props); // print results
```

적절하게 준비되었다면 다음과 같이 빌드하고 테스트한다.

```
$ antlr4 -visitor PropertyFile.g4     # create visitor as well this time
$ ls PropertyFile*.java
PropertyFileBaseListener.java         PropertyFileListener.java
PropertyFileBaseVisitor.java          PropertyFileParser.java
PropertyFileLexer.java                PropertyFileVisitor.java
$ javac TestPropertyFileVisitor.java
$ cat t.properties
user="parrt"
machine="maniac"
$ java TestPropertyFileVisitor t.properties
{user="parrt", machine="maniac"}
```

비지터와 리스너를 가지고 원하는 모든 것을 빌드할 수 있다. 자바로 작업한다면 ANTLR에 관하여 배울 것이 없다. 알아야 할 것은 그래머, 파스 트리 및 비지터/리스너 이벤트 메소드 간의 관계이다. 입력 구문 인식에 대응하여 출력을 생성하고, 정보를 수집하며, 구문을 검증하고 계산을 수행할 수 있다. 이 프로퍼티 파일 예제는 얼터너티브를 가진 룰에 관한 이슈를 실행하지 않아도 될 만큼 충분히 작다. 기본적으로 ANTLR은 파서가 어떤 얼터너티브를 매치하는지와 무관하게 각 룰마다 단일한 종류의 이벤트를 생성한다. 리스너와 비지터 메소드 입장에서는 파서가 매치하는 얼터너티브가 무엇인지를 파악해야 하기 때문에 아주 불편하다. 다음 절에서 이벤트를 세밀화하는 방법을 배운다.

7.4 정교한 이벤트 메소드를 위한 룰 얼터너티브 레이블링

이벤트 정교화 문제를 설명하기 위해 다음과 같은 표현식 그래머에 대한 리스너를 가진 간단한 계산기를 빌드해 보자.

listeners/Expr.g4

```
grammar Expr;
s : e ;
e : e op=MULT e // MULT is '*'
  | e op=ADD e  // ADD is '+'
  | INT
  ;
```

e의 모든 얼터너티브 결과가 동일한 enterE()와 exitE() 메소드를 트리거하는 트리 탐색기이기 때문에, 룰 e는 별로 도움이 되지 않는 리스너를 생성한다.

```
public interface ExprListener extends ParseTreeListener {
    void enterE(ExprParser.EContext ctx);
    void exitE(ExprParser.EContext ctx);
    ...
}
```

리스너 메소드는 파서가 어떤 얼터너티브가 op 토큰 레이블과 ctx의 메소드를 사용하는 각 e 서브트리와 매치하는지 확인할 필요가 있다.

listeners/TestEvaluator.java

```
public void exitE(ExprParser.EContext ctx) {
    if ( ctx.getChildCount()==3 ) { // operations have 3 children
        int left = values.get(ctx.e(0));
        int right = values.get(ctx.e(1));
        if ( ctx.op.getType()==ExprParser.MULT ) {
            values.put(ctx, left * right);
        }
        else {
            values.put(ctx, left + right);
        }
    }
    else {
            values.put(ctx, values.get(ctx.getChild(0))); // an INT
```

```
    }
}
```

exitE()에서 참조하는 MULT 필드는 ExprParser에서 ANTLR에 의해 생성된다.

```
public class ExprParser extends Parser {
    public static final int MULT=1, ADD=2, INT=3, WS=4;
    ...
}
```

클래스 ExprParser의 EContext를 보면, ANTLR이 세 가지 얼터너티브로부터 동일 컨텍스트 오브젝트로 모든 엘리먼트를 채워 넣는 것을 볼 수 있다.

```
public static class EContext extends ParserRuleContext {
    public Token op;                    // derived from label op
    public List<EContext> e() { ... }   // get all e subtrees
    public EContext e(int i) { ... }    // get ith e subtree
    public TerminalNode INT() { ... } // get INT node if alt 3 of e
    ...
}
```

보다 더 정교한 리스너 이벤트를 얻기 위해, ANTLR은 # 오퍼레이터를 사용하여 모든 룰의 최외각 얼터너티브를 레이블한다. Expr로부터 그래머 LExpr을 도출하고 e의 얼터너티브를 레이블한다. 다음은 수정된 e 룰이다.

```
listeners/LExpr.g4
e : e MULT e        # Mult
  | e ADD e         # Add
  | INT             # Int
  ;
```

이제 ANTLR은 e의 각 얼터너티브에 대하여 별개의 리스너 메소드를 생성한다. 결과적으로 op 토큰 레이블이 더 이상 필요 없다. 얼터너티브 레이블 X를 위하여 ANTLR은 enterX()와 exitX()를 생성한다.

```
public interface LExprListener extends ParseTreeListener {
    void enterMult(LExprParser.MultContext ctx);
    void exitMult(LExprParser.MultContext ctx);
    void enterAdd(LExprParser.AddContext ctx);
    void exitAdd(LExprParser.AddContext ctx);
    void enterInt(LExprParser.IntContext ctx);
    void exitInt(LExprParser.IntContext ctx);
    ...
}
```

또한 ANTLR은 얼터너티브에 대하여 특정 컨텍스트 오브젝트(EContext의 서브클래스)를 생성한다. 특수화된 컨텍스트 오브젝트의 getter 메소드는 연관된 얼터너티브에 가용한 것만으로 제한된다. 예를 들어, IntContext는 INT() 메소드만을 가진다. enterInt()에서 ctx.INT()를 요청할 수 있지만 enterAdd()에서는 불가하다.

리스너와 비지터는 훌륭하다. 단지 이벤트 메소드를 더 구체화하여 랭귀지 응용 프로그램을 캡슐화할 뿐만 아니라 재사용 가능하고 재구성 가능한 그래머를 얻는다. ANTLR은 개략적 코드도 자동으로 생성한다. 이런 이유로 우리가 만드는 응용 프로그램이 간단해져 일반적인 구현 문제를 겪지 않아도 된다(종종 이벤트 메소드는 부분적 결과나 다른 정보를 전달할 필요가 있다).

7.5 이벤트 메소드 간의 정보 공유하기

정보를 수집하던 값을 계산하던지 간에, 필드나 전역 변수를 사용하기보다는 아규먼트나 리턴 값을 전달하는 것이 가장 편하고 우수한 프로그래밍 기법이다. 문제는 ANTLR이 응용 프로그램의 특정 리턴 값이나 아규먼트 없이 리스너 메소드 코드를 자동으로 생성한다는 것이다. 또한 ANTLR은 응용 프로그램의 특정 아규먼트 없이 비지터 메소드를 생성한다.

이번 섹션에서는 이벤트 메소드 코드를 변경하지 않고 데이터를 전달하는 메커니즘을 학습한다. 이전 섹션의 LExpr 표현식 그래머를 기반으로 동일 계산기로부터 세 가지 다른 구현을 빌드한다. 처음 구현은 비지터 메소드 리턴 값을 사용하고, 두 번째는 이벤트 메소드 간에 공유되는 필드를 정의하며, 세 번째는 관심 값을 저장하기 위해 파스 트리 노드에 주석을 단다.

비지터로 파스 트리 순회

비지터 기반 계산기를 빌드하기 위해, 가장 쉬운 접근법은 룰 expr 관련 이벤트 메소드가 부표현식subexpression 값을 리턴하게 하는 것이다. 예를 들어, visitAdd()는 두 가지 부표현식을 더한 결과를 리턴한다. visitInt()는 정수 값을 리턴한다. 일반적인 비지터는 visit 메소드에 리턴 값을 명세하지 않는다. 특정 응용 프로그램의 요구에 대하여 클래스를 구현할 때, 리턴 타입을 명세하는 것은 쉽다. LExprBaseVisitor〈T〉를 확장하고 〈T〉 타입 파라미터로 정수를 제공한다. 다음은 지금까지 언급된 비지터이다.

listeners/TestLEvalVisitor.java

```
public static class EvalVisitor extends LExprBaseVisitor<Integer> {
    public Integer visitMult(LExprParser.MultContext ctx) {
        return visit(ctx.e(0)) * visit(ctx.e(1));
    }
    public Integer visitAdd(LExprParser.AddContext ctx) {
        return visit(ctx.e(0)) + visit(ctx.e(1));
    }
    public Integer visitInt(LExprParser.IntContext ctx) {
        return Integer.valueOf(ctx.INT().getText());
    }
}
```

EvalVisitor는 ANTLR의 AbstractParseTreeVisitor 클래스로부터 일반 visit() 메소드를 상속한다. 서브트리 탐색을 단순하게 트리거하는 데 사용하는 비지터이다.

EvalVisitor는 룰 s에 대하여 비지터 메소드를 가지지 않는다. LExprBaseVisitor에서 visitS()의 디폴트 구현은 미리 정의된 메소드 ParseTreeVisitor.visitChildren()를 호출한다. visitChildren()는 마지막 차일드 탐색으로부터 리턴된 값을 리턴한다. 이런 경우에 visitS()는 자체 차일드(e 노드)만 탐색으로부터 리턴된 표현식 값을 리턴한다. 우리는 이런 디폴트 행위를 사용할 수 있다.

TestRig TestLEvalVisitor.java에서 LExprParser를 호출하고 파스 트리를 출력하는 일반 코드를 가진다. 그런 후에 EvalVisitor를 호출하고 트리를 탐색하는 동안에 계산된 표현식 값을 출력하는 코드가 필요하다.

listeners/TestLEvalVisitor.java

```
EvalVisitor evalVisitor = new EvalVisitor();
int result = evalVisitor.visit(tree);
System.out.println("visitor result = "+result);
```

계산기를 빌드하기 위해 이전에 프로퍼티 파일 그래머에서 한 것처럼 -visitor 옵션을 사용하여 ANTLR에게 비지터 생성을 요청한다. 더 이상 리스너 생성이 필요 없다면 -no-listener 옵션을 사용할 수도 있다. 다음은 완전한 빌드 및 테스트 순서이다.

```
➤ $ antlr4 -visitor LExpr.g4
➤ $ javac LExpr*.java TestLEvalVisitor.java
➤ $ java TestLEvalVisitor
➤ 1+2*3
➤ EOF
❮ (s (e (e 1) + (e (e 2) * (e 3))))
  visitor result = 7
```

빌트인built-in 자바 리턴 값 메커니즘을 사용하기 때문에, 응용 프로그램에 특화된 리턴 값이 필요하다면 비지터가 적합하다. 만일 차일드를 탐색할 때 명시적으로 비지터 메소드를 호출하기 원하지 않는다면, 리스너 메커니즘으로 전환하면 된다. 그러나 아쉽게도 그것은 자바 메소드 리턴 값 사용의 장점을 포기한다는 의미이다.

스택으로 리턴 값 시뮬레이션하기

ANTLR은 값을 리턴하지 않는(void 리턴 타입) 리스너 이벤트 메소드를 생성한다. 파스 트리에서 상위에 있는 노드를 실행하는 리스너 메소드에 값을 리턴하기 위해, 리스너 필드에 부분적 결과를 저장할 수도 있다. 값들의 스택은 한시적으로 메소드 리턴 값을 저장하기 위해 CPU 스택을 사용하는 자바 런타임을 생각하면 된다. 개념은 부표현식의 계산 결과를 스택에 넣는 것이다. 부표현식의 메소드는 스택에 오퍼랜드[Operand]를 저장하며 파스 트리를 올라간다. 다음은 완전한 Evaluator 계산기 리스너이다(TestLEvaluator.java).

listeners/TestLEvaluator.java

```
public static class Evaluator extends LExprBaseListener {
    Stack<Integer> stack = new Stack<Integer>();

    public void exitMult(LExprParser.MultContext ctx) {
        int right = stack.pop();
        int left = stack.pop();
        stack.push( left * right );
    }

    public void exitAdd(LExprParser.AddContext ctx) {
        int right = stack.pop();
        int left = stack.pop();
        stack.push(left + right);
    }

    public void exitInt(LExprParser.IntContext ctx) {
        stack.push( Integer.valueOf(ctx.INT().getText()) );
    }
}
```

이것을 실행하면 TestRig TestLEvaluator에서 ParseTreeWalker를 생성하고 사용할 수 있다. 다음은 앞의 TestPropertyFile에서 수행한 내용이다.

```
➢ $ antlr4 LExpr.g4
➢ $ javac LExpr*.java TestLEvaluator.java
➢ $ java TestLEvaluator
➢ 1+2*3
➢ EOF
❮ (s (e (e 1) + (e (e 2) * (e 3))))
  stack result = 7
```

스택 필드 사용은 약간 불편하지만 동작은 잘된다. 이벤트 메소드가 리스너 이벤트 전반에 걸쳐 정확한 순서로 대상을 "팝/푸시[Pop/Push]"해야 한다.

파스 트리 주석달기

이벤트 메소드 간에 데이터를 공유하기 위해 한시적인 저장소를 사용하는 대신에, 파스 트리 자체에 이런 값들을 저장할 수도 있다. 리스너와 비지터 양쪽에 이런 트리 주석달기 접근법을 사용할 수 있지만, 여기에서는 리스너 예제만 설명한다. 부분적 결과에 주석달기하는 1+2*3에 대한 LExpr 그래머 파스 트리를 살펴보자(그림 8. *"1+2*3에 대한 LExpr 그래머 파스 트리"*).

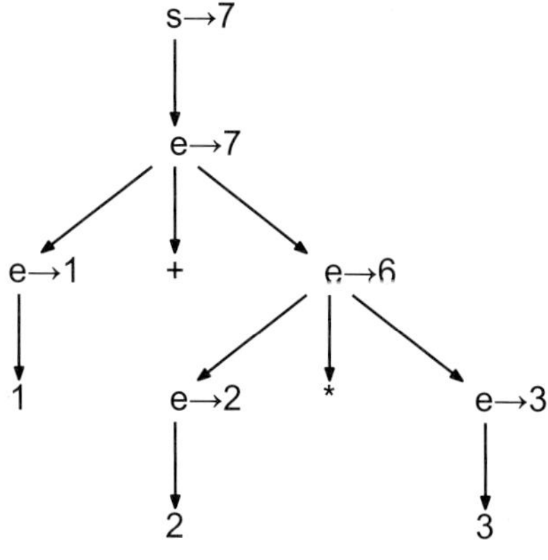

그림 8 – 1+2*3에 대한 LExpr 그래머 파스 트리

각 부표현식은 서브트리 루트와 e 룰 호출과 대응된다. e 노드에서 나오는 수평 오른쪽 화살표가 지칭하는 숫자는 리턴하는 부분적 결과이다.

룰 아규먼트와 리턴 값을 통하여 노드에 필드 추가

그래머를 특정 언어에 묶으려고 시도하지 않는다면, 관심 룰 명세에 리턴 값을 추가하면 된다.

```
e returns [int value]
  : e '*' e     # Mult
  | e '+' e     # Add
  | INT         # Int
  ;
```

ANTLR은 관련된 컨텍스트 오브젝트에 모든 룰의 리턴 값과 파라미터를 두고, 그 값이 EContext의 필드가 된다.

```
public static class EContext extends ParserRuleContext {
    public int value;
    ...
}
```

얼터너티브 컨텍스트가 EContext로부터 도출되었기 때문에, 모든 리스너 메소드는 이 값을 접근한다. 예를 들어, 리스너 메소드는 ctx.value=0; 라고 말할 수 있다.

이 접근법은 룰 메소드가 컨텍스트 오브젝트에 저장된 결과 값을 만들어 내는 것을 포함한다. 명세는 타겟 언어 구문을 사용하고, 결과적으로 특정 타겟 언어로 그래머를 묶는다. 그러나 이 접근법은 특정 응용 프로그램에 그래머를 필수적으로 묶을 필요는 없고, 다른 응용 프로그램에서 동일한 룰 결과 값을 사용할 수 있다. 다른 한편으로 만일 별개 응용 프로그램에서 하나 이상의 리턴 값이나 타입이 다른 리턴 값이 필요하다면, 이 접근법은 적합하지 않다.

노드 주석달기 전략이 LExpr 그래머로부터 룰 e에 대하여 어떻게 동작하는지를 살펴보자.

listeners/LExpr.g4

```
e : e MULT e   # Mult
  | e ADD e    # Add
  | INT        # Int
  ;
```

e의 얼터너티브 리스너 메소드는 해당 e 파스 트리 노드에 결과를 저장한다. 파스 트리에서 상위 노드의 다음 덧셈이나 곱셈 이벤트는 해당 차일드에 저장된 값을 확인하여 부표현식 값을 저장한다.

각 파스 트리 노드가 value 필드를 가진다고 가정하면 exitAdd()는 다음과 같다.

```
public void exitAdd(LExprParser.AddContext ctx) {
    // e(0).value is the subexpression value of the first e in the alternative
    ctx.value = ctx.e(0).value + ctx.e(1).value; // e '+' e # Add
}
```

타당하게 보이지만 아쉽게도 자바에서는 동적으로 value 필드를 추가하기 위해 ExprContext 클래스를 확장할 수 없다. 파스 트리 주석달기 작업을 위해, ANTLR이 생성한 연관 노드 클래스를 수동적으로 변경하지 않고 다양한 노드에 주석을 다는 방법이 필요하다. 그렇지 않다면 ANTLR이 다음 번에 코드를 생성할 때 기존의 변경 내용에 겹쳐 써버린다.

파스 트리 노드 주석달기의 가장 쉬운 방법은 노드에 임의 값을 연계시키는 Map을 사용하는 것이다. 이런 이유로 ANTLR은 간단한 헬퍼 클래스 ParseTreeProperty를 제공한다. ParseTreeProperty 인스턴스를 사용하여 LExpr 파스 트리 노드로 부분 결과를 연계시키는 TestLEvaluatorWithProps.java 파일에 EvaluatorWithProps라 부르는 또 다른 계산기 버전을 빌드한다. 다음은 리스너 시작에서 적합한 정의이다.

listeners/TestLEvaluatorWithProps.java

```
public static class EvaluatorWithProps extends LExprBaseListener {
    /** maps nodes to integers with Map<ParseTree,Integer> */
    ParseTreeProperty<Integer> values = new ParseTreeProperty<Integer>();
```

ParseTreeProperty 대신에 자체 필드 타입 Map을 사용한다면, 일반 HashMap이 아니라 IdentityHashMap으로부터 도출해야 한다. equals() 대신에 identity를 테스트하여 특정 노드에 주석을 달 필요가 있다. 두 가지 e 노드는 equals()가 될 수도 있지만, 메모리에서 동일 물리적 노드는 아니다.

노드에 주석을 달기 위해 values.put(node, value)를 제공한다. 노드와 연관된 값을 얻기 위해 values.get(node)를 제공한다. 이것으로 충분하지만 코드를 더 쉽게 읽기 위해서 명확한 이름을 가진 몇 가지 헬퍼 메소드를 생성한다.

listeners/TestLEvaluatorWithProps.java

```
public void setValue(ParseTree node, int value) { values.put(node, value); }
public int getValue(ParseTree node) { return values.get(node); }
```

가장 간단한 표현식 얼터너티브 Int로 리스너 메소드를 시작한다. INT 토큰 일치하는 정수 값으로 파스 트리 e 노드에 주석을 단다.

listeners/TestLEvaluatorWithProps.java

```
public void exitInt(LExprParser.IntContext ctx) {
    String intText = ctx.INT().getText(); // INT # Int
    setValue(ctx, Integer.valueOf(intText));
}
```

추가 서브트리를 위해 두 가지 부표현식 차일드의 값을 얻고 합계로 서브트리 루트에 주석을 단다.

listeners/TestLEvaluatorWithProps.java

```
public void exitAdd(LExprParser.AddContext ctx) {
    int left = getValue(ctx.e(0)); // e '+' e # Add
    int right = getValue(ctx.e(1));
    setValue(ctx, left + right);
}
```

메소드 exitMult()는 계산이 덧셈 대신에 곱셈을 사용하는 것 외에는 동일하다.

TestRig는 룰 s를 파싱하여 시작하며 파스 트리 루트가 e 서브트리 값을 가졌는지 확인해야 한다. 룰 s 대신에 e부터 파싱할 수도 있다. e 노드로부터 루트 s 노드로 올라가기 위해 exitS()를 구현한다.

```
listeners/TestLEvaluatorWithProps.java
/** Need to pass e's value out of rule s : e ; */
public void exitS(LExprParser.SContext ctx) {
    setValue(ctx, getValue(ctx.e())); // like: int s() { return e(); }
}
```

다음은 리스너를 어떻게 호출하고 파스 트리 루트 노드로부터 표현식 값을 어떻게 출력하는지를 설명한다.

```
listeners/TestLEvaluatorWithProps.java
ParseTreeWalker walker = new ParseTreeWalker();
EvaluatorWithProps evalProp = new EvaluatorWithProps();
walker.walk(evalProp, tree);
System.out.println("properties result = " +evalProp.getValue(tree));
```

다음은 빌드 및 테스트 순서이다.

```
➤ $ antlr4 LExpr.g4
➤ $ javac LExpr*.java TestLEvaluatorWithProps.java
➤ $ java TestLEvaluatorWithProps
➤ 1+2*3
➤ EOF
❮ (s (e (e 1) + (e (e 2) * (e 3))))
  properties result = 7
```

지금까지 세 가지 동일 계산기 구현을 보았고, 실제 예제 빌드에 사용할 지식을 가지게 되었다. 각 접근법의 장단점이 있기 때문에 지금까지 배운 것을 리뷰하고 개별 기술을 비교한다.

정보 공유 접근법 비교하기

재사용 가능하고 재적용 가능한 그래머를 얻기 위해, 사용자 정의 액션을 명확하게 유지할 필요가 있다. 즉, 응용 프로그램에 특화된 코드를 그래머 외부의 특정 리스너나 비지터로 둔다는 의미이다. 리스너와 비지터는 파스 트리에 운용되며, ANTLR은 적절한 트리 탐색 인터페이스와 디폴트 구현을 자동으로 생성한다. 이벤트 메소드 패턴이 고정이고 응용 프로그램에 특화되지 않기 때문에, 세 가지 방식의 이벤트 메소드가 정보를 공유할 수 있음을 확인했다.

- **고유 자바 콜 스택**: 비지터 메소드가 사용자 정의 타입 값을 리턴한다. 만일 비지터가 파라미터 전달이 필요하다면, 다음 두 가지 기술 중 하나를 사용해야 한다.
- **스택 기반**: 스택 필드가 자바 콜 스택처럼 리턴 값과 파라미터를 운용한다.
- **주석달기**: Map 필드가 유용한 값으로 노드에 주석을 단다.

모든 세 가지 방식은 그래머 자체로부터 분리되며, 특수화된 오브젝트로 캡슐화된다. 그밖에 각각 장단점을 가지기 때문에 특정 문제나 개인 성향에 따라 접근법을 선택할 수 있다. 동일 응용 프로그램 내에 다양한 솔루션을 사용해도 무방하다.

비지터 메소드는 부분적 결과를 얻기 위해 다른 비지터 메소드를 직접적으로 호출하여 읽을 수 있고, 다른 메소드에 값을 리턴할 수도 있다. 또한 그것이 단점이 될 수도 있다. 리스너는 그렇지 않지만 비지터 메소드는 차일드를 명시적으로 탐색해야 한다. 비지터는 일반 인터페이스를 가지기 때문에, 아규먼트를 정의할 수 없다. 비지터는 차일드를 호출할 때 비지터 메소드에 아규먼트를 전달하는 솔루션 중 하나를 반드시 사용해야 한다. 비지터의 공간 효율성은 좋지만 한번에 소수의 부분적 결과만을 유지할 수 있다. 비지터 메소드가 값을 리턴할 수 있는 반면에 각 값은 다른 솔루션과 달리 동일 타입이어야 한다.

스택 기반 솔루션은 아규먼트를 운용하고 스택에 값을 리턴할 수 있지만, 스택을 수동으로 관리할 때 연결 단절 순간이 있다. 이는 리스너 메소드가 각각을 직접 호출할 수 없기 때문에 발생할 수 있다. 프로그래머로서 푸시push한 값이 향후 이벤트 메소드가 호출할 때 적절하게 팝pop이 되는지를 확인해야 한다. 스택은 여러 가지 값과 여러 가지 리턴 값을 전달할 수 있다. 또한 스택 기반 솔루션은 트리에 아무것도 첨부하지 않기 때문에 공간 효율적이다. 모든 부분적 결과의 스토리지는 트리 탐색 후에 없어진다.

주석달기는 파스 트리의 상하위 노드에 운용되는 이벤트 메소드에 대한 정보를 임의적으로 제공할 수 있기 때문에 디폴트 솔루션이다. 여러 가지 값을 전달할 수 있고, 임의적 타입이라도 무관하다. 주석달기는 많은 경우에 임시 값을 가진 스택을 사용하는 것보다 더 좋다. 다양한 메소드의 데이터 전달 간에 연결이 단절될 경우는 많지 않다. setValue(ctx, value)로 트리에 주석달기는 프로그래밍 언어 리턴 값보다는 덜 직관적이지만, 보다 더 일반적이다. 다른 두 가지에 비해서 이 접근법의 단점은 부분적 결과가 파스 탐색 동안에 유지되어 메모리를 많이 잡아먹는다는 것이다.

다른 한편으로 트리에 주석달기는 어떤 응용 프로그램에서는 필수적이다(8.4절 "*프로그램 심볼 사용 검증*" 참조). 트리에 여러 가지 전달이 필요한 응용 프로그램인 경우, 트리에 데이터를 저장하고 계산하는 첫 번째 전달에 유용하고 편하다. 그런 후에 두 번째 전달일 경우 파스 트리 탐색기가 트리를 재탐색하여 데이터를 쉽게 접근할 수 있다. 트리 주석달기는 아주 유연하며 수용 가능한 메모리 부하를 가진다.

지금까지 파스 트리 리스너와 비지터를 사용하여 몇 가지 기본 랭귀지 응용 프로그램을 어떻게 구현하는지를 배웠다. 이제 이런 기술을 기반으로 실제 툴을 몇 가지 빌드할 시간이다. 다음 장에서 자세하게 설명한다.

CHAPTER 8

실제 랭귀지 응용 프로그램 빌드

지금까지 리스너와 비지터를 통하여 응용 프로그램 코드를 어떻게 트리거하는지를 배웠고, 이제 몇 가지 유용한 응용 프로그램을 빌드할 시간이다. 6장 *"실제 그래머 탐구"*의 CSV, JSON, Cymbol 그래머를 기반으로 복잡성을 증가시킨 네 가지 리스너를 구축한다.

처음의 실제 응용 프로그램은 2차원 데이터 구조를 구축하는 CSV 파일 적재기이다. 그런 후에 JSON 텍스트 파일을 XML 텍스트 파일로 어떻게 번역하는지 파악한다. 다음으로 Cymbol 프로그램을 읽고, DOT/graphviz를 사용하여 함수 호출 의존성 그래프를 가시화한다. 마지막으로 정의되지 않은 변수나 함수를 점검하고 변수와 함수가 적절하게 사용되는지를 검증하는 Cymbol 프로그램에 대한 실제 심볼 테이블을 빌드한다. 점검기는 파스 트리에 여러 가지 전달을 수행할 필요가 있고, 그러므로 한 전달에서 정보를 어떻게 수집하는지와 다음에 어떻게 사용하는지를 설명한다.

이제 가장 간단한 응용 프로그램으로 시작한다.

8.1 CSV 데이터 적재하기

CSV 데이터를 "맵 리스트" 데이터 구조로 적재하는 리스너를 빌드하는 것이 목표이다. 일반 데이터 포맷 리더기나 구성 파일 리더기가 수행하는 작업이다. 각 행의 필드를 값과 헤더 이름을 연계시킨 맵으로 수집한다. 다음은 입력 예제이다.

listeners/t.csv

```
Details,Month,Amount
Mid Bonus,June,"$2,000"
,January,"""zippo"""
Total Bonuses,"","$5,000"
```

다음과 같이 맵 리스트를 출력하기 원한다고 보자.

```
[{Details=Mid Bonus, Month=June, Amount="$2,000"},
 {Details=, Month=January, Amount="""zippo"""},
 {Details=Total Bonuses, Month="", Amount="$5,000"}]
```

리스너 내에 정확한 메소드를 얻기 위해 6.1절 *"CSV 파싱하기"*에서 만든 CSV 그래머로부터 룰 field의 각 얼터너티브를 레이블한다.

listeners/CSV.g4

```
grammar CSV;

file : hdr row+ ;
hdr  : row ;

row : field (',' field)* '\r'? '\n' ;

field
    :   TEXT        # text
    |   STRING      # string
    |               # empty
    ;

TEXT  : ~[,\n\r"] + ;
STRING : '"' ( '""'|~'"' ) * '"' ;
```

다른 것들은 이전과 동일하다.

필요한 데이터 구조를 정의하여 리스너 구현을 시작할 수 있다. 먼저 rows라 부르는 맵 리스트인 메인 데이터 구조가 필요하다. 또한 헤더 행 header에서 컬럼 이름 리스트가 필요하다. 행을 처리한 다음에 임시 리스트 currentRowFieldValues로 필드 값을 읽는다. 그런 후에 컬럼 이름을 각 행에서 종료하고 이런 값으로 매핑한다.

다음은 리스너 시작이다.

listeners/LoadCSV.java

```
public static class Loader extends CSVBaseListener {
    public static final String EMPTY = "";
    /** Load a list of row maps that map field name to value */
    List<Map<String,String>> rows = new ArrayList<Map<String, String>>();
    /** List of column names */
    List<String> header;
    /** Build up a list of fields in current row */
    List<String> currentRowFieldValues;
```

다음 트리 룰 메소드는 적절한 문자열을 계산하고 currentRowFieldValues에 추가하여 필드 값을 처리한다.

listeners/LoadCSV.java

```
public void exitString(CSVParser.StringContext ctx) {
    currentRowFieldValues.add(ctx.STRING().getText());
}

public void exitText(CSVParser.TextContext ctx) {
    currentRowFieldValues.add(ctx.TEXT().getText());
}

public void exitEmpty(CSVParser.EmptyContext ctx) {
    currentRowFieldValues.add(EMPTY);
}
```

행을 처리하기 전에 처음 행으로부터 컬럼 이름 리스트를 가져올 필요가 있다. 헤더 행은 구문적으로 또 다른 행이지만, 정규 데이터 행과는 다르게 취급할 필요가 있다. 즉, 컨텍스트를 확인할 필요가 있다. 이제 exitRow()가 실행한 다음에 currentRowFieldValues가 컬럼 이름 리스트를 가진다고 가정한다. 헤더를 채우기 위해 처음 행으로부터 필드 값을 가져와야 한다.

```
listeners/LoadCSV.java
public void exitHdr(CSVParser.HdrContext ctx) {
    header = new ArrayList<String>();
    header.addAll(currentRowFieldValues);
}
```

행으로 되돌아가기 위해, 두 가지 오퍼레이션이 필요하다(행을 시작할 때와 종료할 때). 행을 시작할 때, 깨끗한 데이터 세트를 준비하기 위해 currentRowFieldValues를 할당할 필요가 있다.

```
listeners/LoadCSV.java
public void enterRow(CSVParser.RowContext ctx) {
    currentRowFieldValues = new ArrayList<String>();
}
```

행 종료 시점에 컨텍스트를 고려해야 한다. 만일 헤더 행만을 적재했다면 row 필드를 변경할 필요가 없다. 컬럼 이름은 데이터가 아니다. exitRow()에서 파스 트리의 부모 노드의 getRuleIndex() 값을 확인하여 컨텍스트를 테스트할 수 있다. 부모 노드가 타입 HdrContext인가를 확인해도 된다. 만일 현재 행이 데이터 행이 아니라면 헤더에서 컬럼 이름을 동시적으로 탐색하여 얻은 값과 currentRowFieldValues의 값을 사용해 맵을 생성한다.

```
listeners/LoadCSV.java
public void exitRow(CSVParser.RowContext ctx) {
    // If this is the header row, do nothing
    // if ( ctx.parent instanceof CSVParser.HdrContext ) return; OR:
    if ( ctx.getParent().getRuleIndex() == CSVParser.RULE_hdr ) return;
    // It's a data row
    Map<String, String> m = new LinkedHashMap<String, String>();
    int i = 0;
    for (String v : currentRowFieldValues) {
        m.put(header.get(i), v);
        i++;
    }
    rows.add(m);
}
```

모든 내용이 CSV를 데이터 구조로 적재하는 것이다. 트리를 순회하기 위해 ParseTree-Walker를 사용한 다음에, LoadCSV의 main()은 rows 필드를 출력한다.

```
listeners/LoadCSV.java
ParseTreeWalker walker = new ParseTreeWalker();
Loader loader = new Loader();
walker.walk(loader, tree);
System.out.println(loader.rows);
```

다음은 빌드 및 테스트 순서이다.

```
$ antlr4 CSV.g4
$ javac CSV*.java LoadCSV.java
$ java LoadCSV t.csv
[{Details=Mid Bonus, Month=June, Amount="$2,000"}, {Details=, Month=January,
  Amount="""zippo"""}, {Details=Total Bonuses, Month="", Amount="$5,000"}]
```

데이터를 읽은 다음에 수행할 작업은 다른 언어로 변환하는 것이다. 다음 절에서 설명한다.

8.2 JSON을 XML로 변환하기

수많은 웹 서비스가 JSON 데이터를 리턴하지만, 여기에서는 JSON 데이터를 XML만 받아들이는 기존 코드로 넣는 환경에서 실행하기 원한다. JSON에서 XML로의 변환기를 빌드하는 기초로 6.2 "*JSON 파싱*"의 JSON 그래머를 사용한다. JSON 텍스트 파일을 다음과 같이 읽는 것이 목표다.

listeners/t.json

```
{
    "description" : "An imaginary server config file",
    "logs"        : {"level":"verbose", "dir":"/var/log"},
    "host"        : "antlr.org",
    "admin"       : ["parrt", "tombu"],
    "aliases"     : []
}
```

그리고 다음과 같이 동일 형식으로 XML을 만든다.

```
<description>An imaginary server config file</description>
<logs>
    <level>verbose</level>
    <dir>/var/log</dir>
</logs>
<host>antlr.org</host>
<admin>
    <element>parrt</element>
    <element>tombu</element>
</admin>
<aliases></aliases>
```

<element>는 변환하는 동안에 기억하는 데 필요한 태그이다.

CSV 그래머에서 한 것처럼 ANTLR이 보다 더 정확한 리스너 메소드를 생성하기 위해,

JSON 그래머의 얼터너티브를 레이블한다.

listeners/JSON.g4

```
object
    :   '{' pair (',' pair)* '}'    # AnObject
    |   '{' '}'                     # EmptyObject
    ;

array
    :   '[' value (',' value)* ']' # ArrayOfValues
    |   '[' ']'                     # EmptyArray
    ;
```

룰 value에 동일한 것을 적용할 수 있지만 약간 수정해 보자. 세 가지 얼터너티브가 얼터너티브와 일치하는 값의 텍스트를 리턴해야 한다. 모든 것에 동일한 레이블을 사용할 수 있어, 파스 트리 탐색기가 이런 얼터너티브의 동일 리스너 메소드를 트리거할 수 있다.

listeners/JSON.g4

```
value
    :   STRING        # String
    |   NUMBER        # Atom
    |   object        # ObjectValue
    |   array         # ArrayValue
    |   'true'        # Atom
    |   'false'       # Atom
    |   'null'        # Atom
    ;
```

변역기를 구현하기 위해 각 룰이 매치한 입력 구문의 XML과 동등한 대상을 각 룰이 리턴 한다. 이런 부분적 결과를 추적하기 위해 필드 xml과 두 가지 헬퍼 메소드를 사용하여 파스 트리에 주석을 단다.

```
listeners/JSON2XML.java
public static class XMLEmitter extends JSONBaseListener {
    ParseTreeProperty<String> xml = new ParseTreeProperty<String>();
    String getXML(ParseTree ctx) { return xml.get(ctx); }
    void setXML(ParseTree ctx, String s) { xml.put(ctx, s); }
```

변환된 각 서브트리의 문자열을 서브트리 루트에 첨부한다. 파스 트리를 올라가는 노드에 작업하는 메소드는 더 큰 문자열을 계산하기 위해 이런 값을 가진다. 루트 노드에 첨부된 문자열은 완전한 변환이다.

가장 쉬운 변환으로 시작한다. value의 Atom 얼터너티브는 매치된 토큰의 텍스트를 리턴 한다(ctx.getText()는 룰 호출에 의해 매치된 텍스트를 가져온다).

```
listeners/JSON2XML.java
public void exitAtom(JSONParser.AtomContext ctx) {
    setXML(ctx, ctx.getText());
}
```

문자열은 큰따옴표를 벗기는 것을 빼고는 기본적으로 동일하다(stripQuotes()는 파일의 헬퍼 메소드다).

```
listeners/JSON2XML.java
public void exitString(JSONParser.StringContext ctx) {
    setXML(ctx, stripQuotes(ctx.getText()));
}
```

만일 value() 룰 메소드가 오브젝트나 배열을 찾는다면, 자체 파스 트리 노드의 복합 엘리먼트에 대하여 부분적 변환을 복사할 수 있다. 다음은 오브젝트에 대해 어떻게 하는지를 보여준다.

```
listeners/JSON2XML.java
public void exitObjectValue(JSONParser.ObjectValueContext ctx) {
    // analogous to String value() {return object();}
    setXML(ctx, getXML(ctx.object()));
}
```

모든 값을 변환한 다음에 이름값 쌍을 태그와 텍스트로 변환할 필요가 있다. 결과 XML의 태그 이름은 STRING ':' value 얼터너티브의 STRING으로부터 도출된다. open/close 태그 사이의 텍스트는 value 차일드에 첨부된 텍스트로부터 도출된다.

```
listeners/JSON2XML.java
public void exitPair(JSONParser.PairContext ctx) {
    String tag = stripQuotes(ctx.STRING().getText());
    JSONParser.ValueContext vctx = ctx.value();
    String x = String.format("<%s>%s</%s>\n", tag, getXML(vctx), tag);
    setXML(ctx, x);
}
```

JSON 오브젝트는 이름값 쌍으로 구성된다. 그러므로 얼터너티브에서 object에 의해 발견된 모든 쌍은 AnObject으로 마크되며, 파스 트리에서 계산된 결과를 확장한다.

```
listeners/JSON2XML.java
public void exitAnObject(JSONParser.AnObjectContext ctx) {
    StringBuilder buf = new StringBuilder();
    buf.append("\n");
    for (JSONParser.PairContext pctx : ctx.pair()) {
        buf.append(getXML(pctx));
    }
    setXML(ctx, buf.toString());
}
public void exitEmptyObject(JSONParser.EmptyObjectContext ctx) {
    setXML(ctx, "");
}
```

배열 처리도 유사한 패턴을 따르며 차일드 노드로부터 결과 리스트를 단순하게 결합하고 ⟨element⟩ 태그로 감싼다.

```
listeners/JSON2XML.java
public void exitArrayOfValues(JSONParser.ArrayOfValuesContext ctx) {
    StringBuilder buf = new StringBuilder();
    buf.append("\n");
    for (JSONParser.ValueContext vctx : ctx.value()) {
        buf.append("<element>"); // conjure up element for valid XML
        buf.append(getXML(vctx));
        buf.append("</element>");
        buf.append("\n");
    }
    setXML(ctx, buf.toString());
}

public void exitEmptyArray(JSONParser.EmptyArrayContext ctx) {
    setXML(ctx, "");
}
```

마지막으로 오브젝트나 배열로부터 수집한 전체 변환을 가지고 파스 트리 루트에 주석을 달 필요가 있다.

```
listeners/JSON.g4
json: object
    | array
    ;
```

간단한 set 오퍼레이션으로 리스너에 작업할 수 있다.

```
listeners/JSON2XML.java
public void exitJson(JSONParser.JsonContext ctx) {
    setXML(ctx, getXML(ctx.getChild(0)));
}
```

다음은 빌드 및 테스트 순서이다.

```
$ antlr4 JSON.g4
$ javac JSON*.java
$ java JSON2XML t.json

<description>An imaginary server config file</description>
<logs>
<level>verbose</level>
...
```

JSON에서 XML로의 변환처럼 항상 간단하고 쉽지는 않다. 그러나 예제를 통하여 부분적으로 변환한 구문의 조각을 묶어 문장 변환 문제를 어떻게 해결하는지를 배웠다. 소스 코드 디렉터리를 보면, 출력을 생성하기 위해 StringTemplate[1]를 사용한 버전도 찾을 수 있다(JSON2XML_ST.java). XML DOM 트리를 빌드하는 것도 있다(JSON2XML_DOM.java).

데이터에 관해 충분히 연습한 다음에 프로그래밍 언어 관련 주제를 시작한다.

8.3 콜 그래프 생성

소프트웨어는 작성하고 유지보수하기가 힘들다. 이런 이유로 생산성과 효율성을 높이는 툴을 빌드하려고 계속해서 노력해 왔다. 예를 들어, 지난 세기에 걸쳐 폭발적으로 증가하는 수많은 테스트 프레임워크, 코드 커버리지 툴Code Coverage Tool, 코드 분석기를 보아 왔다. 또한 트리로 클래스 계층도를 가시적으로 보는 것도, 대부분의 개발 환경에서 지원한다. 저자가 선호하는 가시화 툴은 콜 그래프Call Graph이다. 노드로 함수를 가지고 함수 호출은 노드 간에 지정된 엣지Edge이다.

여기에서 6.4절 "*Cymbol 파싱*"의 Cymbol 그래머를 사용해 콜 그래프 생성기를 빌드한

1 http://www.stringtemplate.org

다. 아주 간단하며 결과도 깔끔하다. 무엇을 달성하는지 보이기 위해, 다음 함수와 함수 호출 세트를 고려한다.

listeners/t.cymbol

```
int main() { fact(); a(); }

float fact(int n) {
  print(n);

  if ( n==0 ) then return 1;
  return n * fact(n-1);
}
void a() { int x = b(); if false then {c(); d();} }
void b() { c(); }
void c() { b(); }
void d() { }
void e() { }
```

다음과 같은 콜 그래프를 가시화한다.

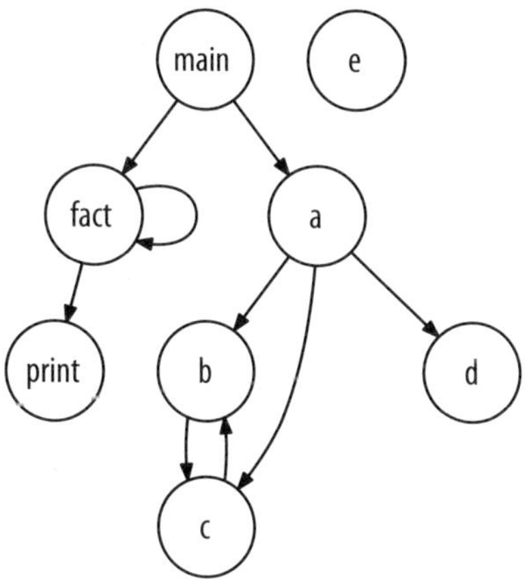

가시화가 좋은 점은 사람 눈으로 잘못된 점을 쉽게 찾을 수 있다는 것이다. 예를 들어, e() 노드는 고아이다. 아무도 호출하지 않기 때문에 불필요한 코드Dead Code이다. 한눈에 폐기할 함수가 보인다. 또한 fact() → fact()와 b() → c() → b() 같은 그래프에서 사이클을 보면 아주 쉽게 회귀를 탐지할 수 있다.

콜 그래프를 가시화하기 위해, Cymbol 프로그램을 읽고 DOT 파일을 생성해야 한다. 그런 다음에 graphviz로 본다. 예를 들어, 다음은 이전 예제의 파일 t.cymbol로부터 생성하는 DOT이다.

```
digraph G {
  ranksep=.25;
  edge [arrowsize=.5]
  node [shape=circle, fontname="ArialNarrow",
        fontsize=12, fixedsize=true, height=.45];
  main; fact; a; b; c; d; e;
  main -> fact;
  main -> a;
  fact -> print;
  fact -> fact;
  a -> b;
  a -> c;
  a -> d;
  b -> c;
  c -> b;
}
```

출력은 ranksep=.25; 와 노드/엣지 리스트 같은 표준문안 설정 서술문으로 구성된다. 고아 노드orphan node를 잡아내기 위해, 들고 나는 엣지가 없더라도 각 함수 이름에 대하여 노드 정의를 생성해야 한다. 그렇지 않다면 그래프에 나타나지 않는다. e는 노드 정의 라인 마지막에 있다.

```
main; fact; a; b; c; d; e;
```

전략은 간단하다. 파스가 함수 선언을 발견하면 응용 프로그램이 리스트에 현재 함수 이름을 추가하고 currentFunctionName 필드를 설정한다. 파서가 함수 호출을 만나면, 응용 프로그램이 currentFunctionName으로부터 피호출자 함수 이름으로 엣지를 기록한다.

보다 더 정교한 리스너 메소드를 얻기 위해 Cymbol.g4의 몇 가지 룰 얼터너티브를 레이블해 보자.

listeners/Cymbol.g4

```
expr:   ID '(' exprList? ')'     # Call
    |   expr '[' expr ']'        # Index
    |   '-' expr                 # Negate
    |   '!' expr                 # Not
    |   expr '*' expr            # Mult
    |   expr ('+'|'-') expr      # AddSub
    |   expr '==' expr           # Equal
    |   ID                       # Var
    |   INT                      # Int
    |   '(' expr ')'             # Parens
    ;
```

그런 후에 랭귀지 응용 프로그램 기반으로 모든 그래프에 관련된 것을 클래스로 캡슐화 한다.

listeners/CallGraph.java

```
static class Graph {
    // I'm using org.antlr.v4.runtime.misc: OrderedHashSet, MultiMap
    Set<String> nodes = new OrderedHashSet<String>(); // list of functions
    MultiMap<String, String> edges =                  // caller->callee
        new MultiMap<String, String>();
    public void edge(String source, String target) {
        edges.map(source, target);
}
```

노드와 엣지 모음으로부터, 클래스 Graph의 toDOT()에 약간의 자바를 사용하여 적절한 DOT 코드를 덤프[Dump]할 수 있다.

listeners/CallGraph.java

```
public String toDOT() {
    StringBuilder buf = new StringBuilder();
    buf.append("digraph G {\n");
    buf.append(" ranksep=.25;\n");
    buf.append(" edge [arrowsize=.5]\n");
    buf.append(" node [shape=circle, fontname=\"ArialNarrow\",\n");
    buf.append("       fontsize=12, fixedsize=true, height=.45];\n");
    buf.append("  ");
    for (String node : nodes) { // print all nodes first
        buf.append(node);
        buf.append("; ");
    }
    buf.append("\n");
    for (String src : edges.keySet()) {
        for (String trg : edges.get(src)) {
            buf.append("  ");
            buf.append(src);
            buf.append(" -> ");
            buf.append(trg);
            buf.append(";\n");
        }
    }
    buf.append("}\n");
    return buf.toString();
}
```

이제 마지막으로 남은 작업은 리스너를 사용하여 이런 데이터 구조를 채우는 것이다. 리스너는 기록하기 위해 두 가지 필드가 필요하다.

```
listeners/CallGraph.java
static class FunctionListener extends CymbolBaseListener {
    Graph graph = new Graph();
    String currentFunctionName = null;
```

응용 프로그램은 두 가지 이벤트를 듣기만 하면 된다. 먼저 파서가 함수 선언을 발견하는 대로 현재 함수 이름을 기록해야 한다.

```
listeners/CallGraph.java
public void enterFunctionDecl(CymbolParser.FunctionDeclContext ctx) {
    currentFunctionName = ctx.ID().getText();
    graph.nodes.add(currentFunctionName);
}
```

그런 후에 파서가 함수 호출을 탐지하면, 응용 프로그램은 현재 함수로부터 호출된 함수로의 엣지를 기록한다.

```
listeners/CallGraph.java
public void exitCall(CymbolParser.CallContext ctx) {
    String funcName = ctx.ID().getText();
    // map current function to the callee
    graph.edge(currentFunctionName, funcName);
}
```

함수 호출은 a()처럼 내부에 중첩된 코드 블록이나 선언을 감출 수 없다.

```
void a() { int x = b(); if false then {c(); d();} }
```

트리 탐색기는 어디에서 함수 호출을 발견했는지와 무관하게 리스너 메소드 exitCall()을 트리거한다.

파스 트리와 클래스 FunctionListener를 가지고, 출력을 생성하기 위해 리스너로 탐색기를 호출할 수 있다.

```
listeners/CallGraph.java
ParseTreeWalker walker = new ParseTreeWalker();
FunctionListener collector = new FunctionListener();
walker.walk(collector, tree);
System.out.println(collector.graph.toString());
System.out.println(collector.graph.toDOT());
```

DOT 문자열을 덤핑하기 전에 코드가 함수와 엣지 리스트를 출력한다.

```
$ antlr4 Cymbol.g4
$ javac Cymbol*.java CallGraph.java
$ java CallGraph t.cymbol
edges: {main=[fact, a], fact=[print, fact], a=[b, c, d], b=[c], c=[b]},
functions: [main, fact, a, b, c, d, e]
digraph G {
  ranksep=.25;
  edge [arrowsize=.5]
...
```

콜 그래프를 보고 digraph G {로 시작하는 출력을 복사하고 붙여넣기한다.

약간의 코드로 콜 그래프 생성기를 빌드할 수 있었다. Cymbol 그래머의 재사용성을 보여주기 위해, 다음 절에서 완전하게 다른 응용 프로그램을 빌드하기 위해 변경 없이 재사용하는 것을 보여준다. 그뿐만이 아니라 두 가지 다른 리스너로 동일 트리에 두 가지 전달을 만들 것이다.

8.4 프로그램 심볼 사용 검증

Cymbol 같은 프로그래밍 언어로부터 인터프리터, 컴파일러, 트랜스레이터를 빌드하기 위해 Cymbol 프로그램이 심볼(식별자)을 정확하게 사용하는지 검증할 필요가 있다. 여기에서 다음 조건을 검증하는 Cymbol 검증기를 빌드한다.

- 변수 참조가 범위 내에 가시적인 대응 정의를 가진다.
- 함수 참조가 대응 정의를 가진다(함수 순서는 무관하다).
- 변수가 함수로 사용되지 않는다.
- 함수가 변수로 사용되지 않는다.

이런 모든 조건을 점검하기 위해 작업할 양이 있어 지금까지의 예제보다는 조금 더 길다. 그러나 실제 언어 툴을 빌드하는 커다란 발판이 된다.

여러 가지 다른 참조를 가진 샘플 Cymbol 코드를 살펴보면서 시작해 보자(몇 가지는 유효하지 않은 코드이다).

listeners/vars.cymbol

```
int f(int x, float y) {
    g();                    // forward reference is ok
    i = 3;                  // no declaration for i (error)
    g = 4;                  // g is not variable (error)
    return x + y;           // x, y are defined, so no problem
}

void g() {
    int x = 0;
    float y;
    y = 9;                  // y is defined
    f();                    // backward reference is ok
    z();                    // no such function (error)
    y();                    // y is not function (error)
    x = f;                  // f is not a variable (error)
}
```

이전 조건에 따라 프로그램 내에 모든 것이 만족되도록 검증하기 위해, 함수와 지역 변수 리스트 및 글로벌 심볼 리스트(함수 및 전역 변수)를 출력해야 한다. 게다가 문제가 발생하면 에러를 보내야 한다. 예를 들어, 이전 입력에서 다음을 생성하는 CheckSymbols 응용 프로그램을 빌드한다.

```
➤ $ java CheckSymbols vars.cymbol
❮ locals:[]
  function<f:tINT>:[<x:tINT>, <y:tFLOAT>]
  locals:[x, y]
  function<g:tVOID>:[]
  globals:[f, g]
  line 3:4 no such variable: i
  line 4:4 g is not a variable
  line 13:4 no such function: z
  line 14:4 y is not a function
  line 15:8 f is not a variable
```

이런 종류의 문제를 구현하는 키는 심볼 테이블Symbol Table이라는 적절한 데이터 구조이다. 응용 프로그램이 심볼 테이블에 심볼을 저장하고 심볼 테이블을 확인하여 식별자 참조의 정확성을 점검한다. 다음 절에서 데이터 구조가 무엇인지를 설명하고, 당면 검증 문제를 해결하기 위해 사용하는 방법에 대해 설명할 것이다.

심볼 테이블 개요

언어 구현기는 일반적으로 심볼을 갖고 있는 데이터 구조(심볼 테이블)를 호출한다. 구현되는 언어는 심볼 테이블 구조와 복잡성에 영향을 준다. 만일 프로그래밍 언어가 별개 컨텍스트에서 별개의 대상을 의미하기 위해 동일 식별자를 허용한다면, 심볼 테이블은 심볼을 스코프Scope로 그룹핑한다. 스코프는 함수를 위한 파라미터 리스트, 글로벌 스코프에서 함수와 변수 리스트 같은 심볼 세트이다.

심볼 테이블 자체는 단순한 심볼 정의 저장소이다. 즉, 점검을 하지 않는다. 코드를 검증하기 위해 이전에 설정한 룰에 대비하여 표현식에서 변수와 함수 참조를 점검할 필요가 있다. 심볼 검증에 두 가지 기본 오퍼레이션이 있다(심볼 정의Defining Symbol와 심볼 분석Resolving Symbol). 심볼 정의는 스코프에 심볼을 추가한다는 의미이다. 심볼 분석은 심볼이 어떤 정의를 참조하는지를 파악한다는 의미이다. 어떤 경우에 심볼 분석은 "가장 가까운" 매칭 정의를 찾는다는 의미이다. 예를 들어, 별개 스코프에서 심볼 정의를 가진 또 다른 Cymbol 예제를 살펴본다.

listeners/vars2.cymbol

```
❶ int x;
   int y;
❷ void a()
❸ {
       int x;
       x = 1; // x resolves to current scope, not x in global scope
       y = 2; // y is not found in current scope, but resolves in global
❹      { int y = x; }
   }
❺ void b(int z)
❻ {}
```

글로벌 스코프 ❶은 함수 a()와 b()뿐만 아니라 변수 x와 y를 가진다. 함수는 글로벌 스코프에 존재하지만, 함수 파라미터를 가지는 신규 스코프를 구성할 수도 있다(❷❺). 또한 함수 내에 중첩된 스코프는 함수의 로컬 코드 블록이다(❸❻). 또 다른 신규 스코프를 구성한다. 지역 변수는 함수 스코프 내에 중첩된 로컬 스코프에 저장된다(❸❹❻)

심볼 x가 두 번 정의되었기 때문에 모든 식별자를 단일 세트로 충돌 없이 넣을 수 없다. 이것이 스코프가 필요한 이유이다. 스코프 세트를 유지하고 스코프에서 각 식별자에 대하여 단일 정의만을 허용한다. 패어런트 스코프에 대한 포인터를 유지하고, 외부 스코프에서 심볼 정의를 찾을 수 있다. 스코프가 트리 형식을 가진다.

동그라미 숫자가 소스 코드로부터 스코프를 참조한다. 어떤 스코프로부터 루트(글로벌 스코프)로의 경로에 따른 노드는 스코프 스택을 형성한다. 심볼 정의를 찾기 위해 참조 주위의 스코프에서 시작하고, 정의를 찾을 때까지 스코프 트리를 탐색한다.

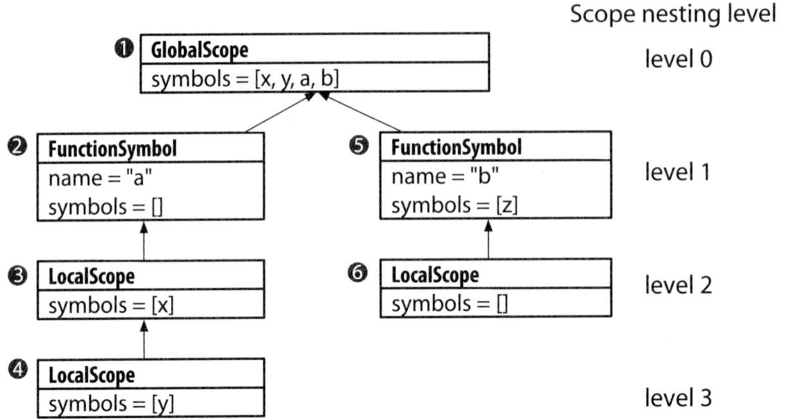

이 예제에만 적절한 심볼 테이블을 구현하기보다는 "Language Implementation Pattern [Par09]"의 6장에서 심볼 테이블 소스 코드[2]를 복사하였다. 구현 감각을 얻기 위해, BaseScope, GlobalScope, LocalScope, Symbol, FunctionSymbol, VariableSymbol에 대한 소스를 살펴보기를 권고한다. 이런 클래스가 심볼 테이블을 구성하고, 문제가 없다고 가정한다. 적절한 심볼 테이블을 가지고, 검증기를 빌드하기 시작한다.

검증기 아키텍처

검증기를 빌드하기 위해 빅 픽처에 관해 생각하고 전체 전략을 형성한다. 주요 오퍼레이션에 따라 문제를 분할할 수 있다(즉, 정의 및 분석). 정의의 경우 변수와 함수 정의 이벤트를 듣고 정의 주위의 스코프에 Symbol 오브젝트를 삽입해야 한다. 함수 시작 지점에서 신규 스코프를 푸시하고 함수 정의 마지막에 팝할 필요가 있다.

심볼 참조를 점검하고 분석하기 위해 표현식 내의 변수 및 함수 이름 참조를 들어야 한다. 각 참조의 경우, 매칭 정의가 있는지 검증하고 그 참조가 심볼을 정확하게 사용하는지를 검증해야 한다.

2 http://pragprog.com/book/tpdsl/language-implementation-patterns

간단해 보이지만 문제가 있다. Cymbol 프로그램은 소스 파일에서 나중에 정의된 함수를 호출할 수 있다. 이것을 선행 참조[Forward Reference]라고 부른다. 이것을 지원하기 위해, 파스 트리에 두 가지 패스[Pass]를 만들어야 한다. 처음 패스나 단계는 함수를 포함하는 심볼을 정의하며, 두 번째 패스는 분석을 수행한다. 이런 방식으로 두 번째 패스는 파일의 모든 함수를 볼 수 있다. 파스 트리에서 양 패스를 트리거하는 TsetRig의 코드는 다음과 같다.

listeners/CheckSymbols.java

```
ParseTreeWalker walker = new ParseTreeWalker();
DefPhase def = new DefPhase();
walker.walk(def, tree);
// create next phase and feed symbol table info from def to ref phase
RefPhase ref = new RefPhase(def.globals, def.scopes);
walker.walk(ref, tree);
```

정의 단계 동안에 여러 가지 스코프가 생성된다. 참조를 유지하지 않는 한, 가비지 콜렉터[Garbage Collector]가 스코프를 버려버린다. 정의 단계로부터 분석 단계로 변환하는 동안에 심볼 테이블을 유지하려면, 이런 스코프를 추적해야 한다. 항상 저장하는 최적의 장소는 파스 트리 자체이다. 다시 말하면 트리 노드에 값을 연계시키는 주석달기 맵을 사용한다. 그런 후에 참조 단계는 파스 트리를 내려가는 대로 현재 스코프 포인터를 잡아낼 수 있다. 함수와 로컬 블록과 관련된 트리 노드는 스코프에 대한 포인터를 가진다.

심볼 정의 및 분석

전체적 전략을 가지고 DefPhase로 시작하여 검증기를 빌드한다. Phase 클래스는 세 가지 필드가 필요하다(글로벌 스코프의 참조, 생성하는 스코프를 추적하기 위한 파스 트리 주석달기 및 현재 스코프의 포인터). enterFile()에 관한 리스너 코드는 글로벌 스코프를 생성하는 활동으로 시작한다. 마지막에서 exitFile()은 결과를 출력한다.

```
listeners/DefPhase.java
public class DefPhase extends CymbolBaseListener {
    ParseTreeProperty<Scope> scopes = new ParseTreeProperty<Scope>();
    GlobalScope globals;
    Scope currentScope; // define symbols in this scope
    public void enterFile(CymbolParser.FileContext ctx) {
        globals = new GlobalScope(null);
        currentScope = globals;
    }
    public void exitFile(CymbolParser.FileContext ctx) {
        System.out.println(globals);
    }
```

파서가 함수 호출을 발견하면 응용 프로그램이 FunctionSymbol 오브젝트를 생성한다. FunctionSymbol 오브젝트는 심볼 및 아규먼트를 가진 스코프로서 두 가지 의무를 수행한다. 글로벌 스코프에 함수 스코프를 연결하기 위해, 함수 스코프를 "푸시[Push]"한다. 함수 스코프를 현재 스코프로 설정하고 현재 스코프를 재설정해 수행한다.

```
listeners/DefPhase.java
public void enterFunctionDecl(CymbolParser.FunctionDeclContext ctx) {
    String name = ctx.ID().getText();
    int typeTokenType = ctx.type().start.getType();
    Symbol.Type type = CheckSymbols.getType(typeTokenType);

    // push new scope by making new one that points to enclosing scope
    FunctionSymbol function = new FunctionSymbol(name, type, currentScope);
    currentScope.define(function);  // Define function in current scope
    saveScope(ctx, function);        // Push: set function's parent to current
    currentScope = function;         // Current scope is now function scope
}

void saveScope(ParserRuleContext ctx, Scope s) { scopes.put(ctx, s); }
```

메소드 saveScope()는 함수 스코프로 functionDecl 룰 노드에 주석을 달기 때문에, 참조 단계에서 이후에 찾을 수 있다. 함수를 떠나면 함수 스코프를 팝[Pop]하여 현재 스코프가 다시 글로벌 스코프이다.

listeners/DefPhase.java

```
public void exitFunctionDecl(CymbolParser.FunctionDeclContext ctx) {
    System.out.println(currentScope);
    currentScope = currentScope.getEnclosingScope(); // pop scope
}
```

로컬 스코프도 유사한 방식으로 수행된다. 리스너 메소드 enterBlock()에 스코프를 푸시하고 exitBlock()에서 팝한다.

이제 스코프와 함수 정의에 관해 논의하며 아규먼트와 변수를 정의한다.

listeners/DefPhase.java

```
public void exitFormalParameter(CymbolParser.FormalParameterContext ctx) {
    defineVar(ctx.type(), ctx.ID().getSymbol());
}

public void exitVarDecl(CymbolParser.VarDeclContext ctx) {
    defineVar(ctx.type(), ctx.ID().getSymbol());
}

void defineVar(CymbolParser.TypeContext typeCtx, Token nameToken) {
    int typeTokenType = typeCtx.start.getType();
    Symbol.Type type = CheckSymbols.getType(typeTokenType);
    VariableSymbol var = new VariableSymbol(nameToken.getText(), type);
    currentScope.define(var); // Define symbol in current scope
}
```

이것으로 정의 단계를 마친다.

참조 단계를 빌드하기 위해, 현재 스코프를 정의 단계로부터 전달된 글로벌 스코프에 설정하여 시작한다.

listeners/RefPhase.java

```
public RefPhase(GlobalScope globals, ParseTreeProperty<Scope> scopes) {
    this.scopes = scopes;
    this.globals = globals;
}
public void enterFile(CymbolParser.FileContext ctx) {
    currentScope = globals;
}
```

다음으로 트리 탐색기가 Cymbol 함수와 블록의 enter/exit 이벤트를 트리거하고 정의 단계 동안에 트리에 저장된 값을 접근하여 리스너 메소드를 최신 currentScope으로 유지한다.

listeners/RefPhase.java

```
public void enterFunctionDecl(CymbolParser.FunctionDeclContext ctx) {
    currentScope = scopes.get(ctx);
}
public void exitFunctionDecl(CymbolParser.FunctionDeclContext ctx) {
    currentScope = currentScope.getEnclosingScope();
}

public void enterBlock(CymbolParser.BlockContext ctx) {
    currentScope = scopes.get(ctx);
}
public void exitBlock(CymbolParser.BlockContext ctx) {
    currentScope = currentScope.getEnclosingScope();
}
```

탐색기가 진행한 대로 적절하게 설정된 스코프로, 변수 참조와 함수 호출을 위한 리스너 메소드를 구현하여 심볼을 분석할 수 있다. 탐색기가 변수 참조를 만나면, 현재 스코프 심볼 테이블에서 이름을 찾는 resolve()를 사용하는 exitVar()를 호출한다. 만일 resolve()가 현재 스코프에서 심볼을 찾지 못한다면, 스코프 체인을 찾는다. 만일 필요하다면, resolve()는 글로벌 스코프까지 올라가서 찾는다. 적합한 정의를 찾을 수 없다면 널[Null]을 리턴한다. 그러나 만일 resolve()가 심볼을 찾았지만, 변수가 아니라 함수라면 에러 메시지를 생성해야 한다.

listeners/RefPhase.java

```
public void exitVar(CymbolParser.VarContext ctx) {
    String name = ctx.ID().getSymbol().getText();
    Symbol var = currentScope.resolve(name);
    if ( var==null ) {
        CheckSymbols.error(ctx.ID().getSymbol(), "no such variable: "+name);
    }
    if ( var instanceof FunctionSymbol ) {
        CheckSymbols.error(ctx.ID().getSymbol(), name+" is not a variable");
    }
}
```

함수 호출 처리도 기본적으로 동일하다. 정의를 찾을 수 없거나 함수가 아니라 변수를 찾았을 경우 에러를 내보낸다.

마지막으로 다음은 이전에 원하는 출력을 보여주는 빌드 및 테스트 순서이다.

```
$ antlr4 Cymbol.g4
$ javac Cymbol*.java CheckSymbols.java *Phase.java *Scope.java *Symbol.java
$ java CheckSymbols vars.cymbol
locals:[]
function<f:tINT>:[<x:tINT>, <y:tFLOAT>]
...
```

두 가지 패스가 완료되면 심볼 검증기 빌드를 마친다. 광범위하게 조사해야 하지만, 이 예제가 자체 언어 툴을 생성하는 아주 좋은 시작점이기 때문에 노력할 가치가 충분히 있다. 리스너 구현은 심볼 테이블 지원 코드 100 라인과 자바 코드 150 라인밖에 안 된다. 만일 심볼 테이블이 필요한 툴이 실제적으로 필요하지 않다면, 상세하게 들어갈 필요는 없다. 가볍고 손쉽게 심볼을 추적하고 검증하는 유명한 솔루션들도 많다. 심볼 테이블 관리를 더 배우고 싶다면, "Language Implementation Patterns [Par09]"를 참조하기 바란다.

현재까지 잘 따라왔다면, 상당한 실력을 갖춘 개발자이다! 언어 참조 매뉴얼을 분석하여 그래머를 빌드할 수 있을 뿐만 아니라, 리스너를 구현하여 유용한 업무를 수행할 수 있는 그래머를 실생활에 접목할 수 있다. 이 시점에서는 아직 언어 문제에 어려움이 있을 수도 있지만 여러 가지 예제를 통하여 우리의 실력이 아주 많이 나아졌다.

PART 3

고급 주제

파트 II에서 우리는 언어 샘플과 참조 매뉴얼에서 언어 구조(구문)를 추출하는 방법과 ANTLR 문법으로 정식으로 구문을 명령하는 방법을 배웠다. 랭귀지 응용 프로그램을 개발하기 위해서, 우리는 자동으로 생성되는 파스 트리에서 작동하는 몇몇의 트리 리스너와 비지터를 구성했다. 이제 우리는 대부분의 문제에 있어서 ANTLR을 효과적으로 사용할 수 있는 열쇠를 갖게 되었다.
파트 III는 ANTLR의 고급 사용법에 관한 것이다. 우리는 먼저 ANTLR의 자동 에러 핸들링 메커니즘을 검사할 것이다. 그러고 나서 우리는 파스 동안에 그때 그때 대충 출력을 생성하거나 계산을 수행하기 위해서 런타임 안에 코드 스니핏을 내재시키는 방법을 탐구할 것이다. 이런 후에 또 우리는 시맨틱 서술을 사용한 런타임 정보에 기반을 두고 그래머 안에서 역동적으로 얼터너티브를 사용 또는 중지 하는 방법을 볼 것이다. 마지막으로 우리는 일부의 어휘적 흑마술을 휘두를 것이다.

CHAPTER 9

에러 리포팅과 복구

우리가 그래머를 개발하면서 다른 여느 소프트웨어처럼 고쳐야 할 오류가 많을 것이다. 이 결과로 나오는 파서는 우리가 그래머(그리고 디버그)를 완성할 때까지 유효한 문장을 인식하지 못할 것이다. 우리가 정확한 그래머를 가지면, 그때는 우리가 사용자나 혹은 기타 틀린 프로그램에서 생성된 비문법적인 문장을 처리해야 한다.

두 경우 모두에서 생산성을 염두에 둘 때, 우리의 파서가 비문법적인 입력을 처리하는 방법은 중요한 고려 대상이 된다. 즉 "어?"로 반응하고는 곧바로 신택스 에러를 잡아내는 파서는, 우리가 개발 중일 때나 또는 사용자가 사용할 때 유용하지 않다.

ANTLR을 사용하는 개발자는 훌륭한 에러 리포팅 도구와 복잡한 에러 복구 전략을 무료로 얻는다. ANTLR은 신택스 에러를 만나면 풍부한 에러 메시지를 자동으로 만들어 내고, 성공적으로 대부분의 시간을 재동기화해 주는 파서를 생성한다. 더욱이 파서는 하나의 신택스 에러에 대해서 하나 이상의 에러 메시지를 생성하는 것을 방지해 준다.

이 장에서 우리는 ANTLR이 생성한 파서를 사용한 자동 에러 리포팅과 복구 전략에 관해서 배울 것이다. 우리는 또 변칙적인 필요에 맞추기 위해서 디폴트 에러 핸들링 메커니즘을 변경하는 방법과 특정 애플리케이션 도메인에 대한 에러 메시지를 커스터마이즈하는 방법을 살펴볼 것이다.

9.1 에러의 퍼레이드

ANTLR의 에러 복구 전략을 설명하는 가장 좋은 방법은 ANTLR이 생성한 파서가 잘못된 입력에 대응하는 방법을 관찰하는 것이다. 필드와 메소드 멤버를 가진 클래스 정의를 포함하는 자바 같은 간단한 언어를 위한 그래머를 살펴보기로 하자. 메소드에는 간단한 명령어와 표현문이 있다. 우리는 이것을 이 절과 이 장의 나머지 부분에서 사례의 핵심으로 사용할 것이다.

errors/Simple.g4

```
grammar Simple;

prog :   classDef+ ; // match one or more class definitions

classDef
    :   'class' ID '{' member+ '}' // a class has one or more members
        {System.out.println("class "+$ID.text);}
    ;

member
    :   'int' ID ';'                       // field definition
        {System.out.println("var "+$ID.text);}
    |   'int' f=ID '(' ID ')' '{' stat '}'   // method definition
        {System.out.println("method: "+$f.text);}
    ;

stat :   expr ';'
        {System.out.println("found expr: "+$stat.text);}
    |   ID '=' expr ';'
        {System.out.println("found assign: "+$stat.text);}
    ;

expr :   INT
    |   ID '(' INT ')'
```

```
    ;

INT  :    [0-9]+ ;
ID   :    [a-zA-Z]+ ;
WS   :    [ \t\r\n]+ -> skip ;
```

내장된 액션[action]은 파서가 엘리먼트를 찾아내면 이것을 출력한다. 우리는 단순성과 간결성을 위해서 파스 트리 리스너 대신에 내장된 액션을 사용한다. 우리는 액션에 관해서 더 많은 부분을 페이지 229에 있는 10장 *"속성과 액션"*에서 배울 것이다.

먼저 정상적인 출력을 관찰하기 위해서 파서를 일부 유효한 입력과 함께 돌려 보자.

```
➢ $ antlr4 Simple.g4
➢ $ javac Simple*.java
➢ $ grun Simple prog
➢ class T { int i; }
➢ EOF
❮ var i
  class T
```

에러가 없기 때문에 파서는 변수 i의 인식과 T의 클래스 정의를 리포트하라는 출력 명령문을 수행한다.

이제 가짜 할당 표현문을 포함하는 메소드를 지닌 클래스를 시도해 보기로 하자.

```
➢ $ grun Simple prog -gui
➢ class T {
➢ int f(x) { a = 3 4 5; }
➢ }
➢ EOF
❮ line 2:19 mismatched input '4' expecting ';'
  method: f
  class T
```

토큰 4에서 파서는 바라던 ;를 발견하지 못하고 에러를 리포트한다. 라인 2:19는 규칙에 반하는 토큰이 두 번째 라인의 20번째 문자 (문자 위치는 0에서 시작) 위치에서 발견되었다는 것을 나타낸다. -gui 옵션 때문에, 우리는 또 에러 노드가 강조된 파스 트리를 볼 수 있다(조금 후에 이것에 대한 더 많은 것을 볼 것이다).

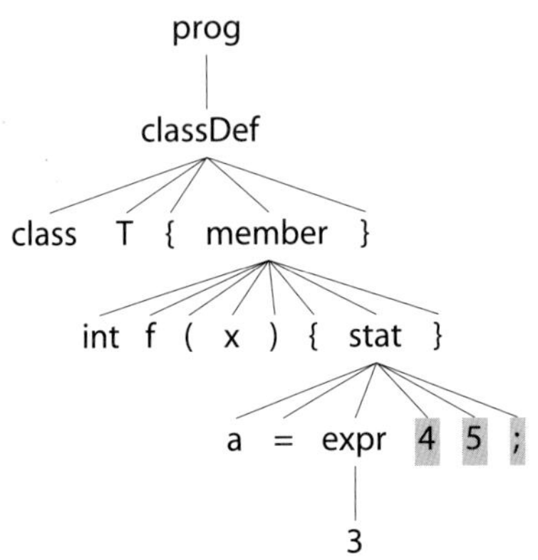

이 경우에 2개의 여분 토큰이 있어서 파서는 미스매치에 관해서 포괄적인 에러 메시지를 낸다. 그러나 여분의 토큰이 하나만 있다면 파서는 이것이 이질적인 토큰이라는 것을 조금 더 세련되게 표시할 수 있다. 다음의 테스트에 이질적인 것이 있는데 클래스 이름 뒤에 그리고 클래스 바디가 시작하기 전에 있다.

```
➤ $ grun Simple prog
➤ class T ; { int i; }
➤ EOF
❮ line 1:8 extraneous input ';' expecting '{'
  var i
  class T
```

파서는 ;에서 에러를 리포트하지만, 다음 토큰이 실제로 찾고 있던 것이라는 것을 알기 때문에 조금 더 유익한 답을 준다. 이 기능은 단일 토큰 삭제라고 부르는데, 파서는 이질적인 토큰이 거기에 없어서 단순하게 계속하는 척하기 때문이다.

언어 이론에 관한 유머

분명히 위대한 니클라우스 비르트Niklaus Wirtha[1]는 아주 높은 유머 감각이 있었다. 그는 유럽에서는 자기를 "참조reference" (그의 이름을 "Ni-klaus Virt"라고 적당히 발음하면)라고 부르며, 미국 사람은 자기를 "가치value"(그의 이름 "Nickle-less Worth"를 발음하면) 라고 부른다고 농담을 했다
1994년 컴파일러 구조 총회에서 크리스튼 니갑(Kristen Nygaardb: Simula 발명자)[2]은 언어 이론 과정을 강의하면서, 자기가 타입type에 느슨한 언어를 선호하는 것을 빗대어 "강한 타이핑은 파시즘이다"라고 언급하던 때의 이야기를 들려 주었다. 그 말을 하고난 후에 학생이 찾아 와서 그에게 키보드를 강하게 치는 것이 파시즘이냐고 질문했다.

비슷하게 파서는 빠진 토큰을 탐지하면 단일 토큰 삽입을 할 수 있다. 닫는 }을 무엇이 일어나는지를 보기 위해서 잘라 내어 보자.

```
➢ $ grun Simple prog
➢ class T {
➢ int f(x) { a = 3; }
➢ EOF
❮ found assign: a=3;
  method: f
  line 3:0 missing '}' at '<EOF>'
  class T
```

파서는 필요한 } 토큰을 찾을 수 없다고 리포트한다.

파서가 결정해야 할 시점에서 나머지 입력이 룰이나 서브룰의 어떤 얼터너티브와도 일치하지 않을 경우에 또 하나의 흔한 신택스 에러가 발생한다. 예를 들면, 우리가 필드 선언declaration에서 변수 이름을 잊어버리면 룰 멤버의 어떤 얼티니티브노 매치하지 않는다. 파서는 가능한 얼터너티브가 없다고 리포트한다.

---

1 See http://en.wikipedia.org/wiki/Niklaus_Wirth.

2 See http://en.wikipedia.org/wiki/Kristen_Nygaard.

```
➤ $ grun Simple prog
➤ class T { int ; }
➤ EOF
❮ line 1:14 no viable alternative at input 'int;'
  class T
```

Int와 ; 사이에 공백이 없다. 왜냐하면 우리가 공백 WS() 룰에서 렉서에게 skip() 하도록 요청했기 때문이다.

어휘적 에러가 있으면 ANTLR은 또한 에러 메시지를 내보내서 캐릭터가 토큰의 일부분과 매치하지 않는다고 알려 준다. 예를 들면, 우리가 완전히 모르는 캐릭터를 보내면 우리는 토큰 인식 에러를 받는다.

```
➤ $ grun Simple prog
➤ class # { int i; }
➤ EOF
❮ line 1:6 token recognition error at: '#'
  line 1:8 missing ID at '{'
  var i
  class <missing ID>
```

우리가 유효한 클래스 이름을 주지 않았기 때문에, 단일 토큰 삽입 메커니즘은 ID가 빠진 이름을 상기해서 클래스 이름 토큰이 전부 Null이 안 되게 한다. 파서가 토큰을 상기하는 방법을 통제하는 것은 DefaultErrorStrategy의 getMissingSymbol()을 오버라이드 하는 것이다(페이지 223의 9.5절 "*ANTLR의 에러 핸들링 전략 변경*"을 참조).

이 절에서 샘플 테스트가 예상한 대로 에러의 발생에도 불구하고, 액션이 수행하는 것을 보여준다는 것을 알아챌 수도 있다. 훌륭한 에러 메시지를 만들어 내고 토큰을 소비하면서 입력을 재동기화하는 것과는 별도로, 파서는 또한 생성된 코드에서 적절한 위치로 건너뛰어야 한다.

예를 들면, 룰 classDef에서 룰 멤버를 통하여 멤버를 매칭할 때, 파서는 나쁜 멤버 정의에서 classDef를 벗어나면 안 된다. 이 이유로 파서가 아직도 액션(신택스 에러 때문에 파서가 룰에서 빠져나가지 않도록)을 행할 수 있다. 파서는 유효한 클래스 정의를 찾으려고 부단히 노력한다. 우리는 이 모든 토픽을 페이지 206에 있는 9.3절 "*자동 에러복구전략*"에서 배울 것이다. 그러나 먼저 그래머 디버깅을 돕고 우리의 사용자에게 더 나은 메시지를 제공하기 위해서 표준 에러 리포팅 변경을 살펴보기로 하자.

9.2 ANTLR 에러 메시지 변경과 재전송(再轉送)

기본적으로 ANTLR는 표준 에러에 모든 에러를 보내지만, 우리는 인터페이스 ANTLR-ErrorListener의 수행을 제공해서 목적지와 내용을 변화시킬 수 있다. 인터페이스는 렉서와 파서 모두에 적용하는 syntaxError() 메소드를 가지고 있다. 메소드[method] syntax-Error()는 에러는 물론 에러 메시지의 위치에 관한 모든 종류의 정보를 받는다. 이것은 또 파서에 대한 참조도 받아서, 우리가 인식의 상태에 관해서 질문할 수 있다.

예를 들면, 여기에 규칙에 어긋난 토큰 정보가 더해진 평범한 에러 메시지가 붙어 있는 룰 호출[invocation] 스택을 출력하는 에러 리스너(테스트 리그[test rig] TestE_Listener.java에서)가 있다.

```
errors/TestE_Listener.java
public static class VerboseListener extends BaseErrorListener {
    @Override
    public void syntaxError(Recognizer<?, ?> recognizer,
                            Object offendingSymbol,
                            int line, int charPositionInLine,
                            String msg,
                            RecognitionException e)
    {
        List<String> stack = ((Parser)recognizer).getRuleInvocationStack();
        Collections.reverse(stack);
        System.err.println("rule stack: "+stack);
        System.err.println("line "+line+":"+charPositionInLine+" at "+
```

```
                    offendingSymbol+": "+msg);
    }
}
```

이 정의로 우리의 응용 프로그램은 쉽게 에러 리스너를 시작하는 룰을 호출하기 전에 파서에 추가할 수 있다.

errors/TestE_Listener.java

```
SimpleParser parser = new SimpleParser(tokens);
parser.removeErrorListeners(); // remove ConsoleErrorListener
parser.addErrorListener(new VerboseListener()); // add ours
parser.prog(); // parse as usual
```

우리의 에러 리스너를 추가하기 바로 전에, 우리는 표준 콘솔 에러 리스너를 제거해서 반복되는 에러 메시지를 받지 않도록 할 필요가 있다.

이제 클래스 정의에서 에러 메시지가 여분의 클래스 이름과 빠진 필드 이름이 어떻게 보이는지 살펴보기로 하자.

```
➤ $ javac TestE_Listener.java
➤ $ java TestE_Listener
➤ class T T {
➤ int ;
➤ }
➤ EOF
❮ rule stack: [prog, classDef]
  line 1:8 at [@2,8:8='T',<9>,1:8]: extraneous input 'T' expecting '{'
  rule stack: [prog, classDef, member]
  line 2:6 at [@5,18:18=';',<8>,2:6]: no viable alternative at input 'int;'
  class T
```

스택 [prog, classDef]는 파서가 룰 classDef 안에 있다는 것을 표시하는데, 이것은 prog라고 부른다. 토큰 정보가 입력 스트림 안에서 캐릭터의 위치를 포함하고 있다는 사실을 주목하자. 개발 환경에서 하는 것 같이 입력에 있는 에러를 강조하는 데 유익하게 쓰인다. 예를 들면, 토큰 [@2,8:8='T',<9>,1:8]은 토큰 스트림(0에서부터 인덱스 2)의 세 번째 토큰이고 범위는 캐릭터 8에서 8까지다. 또한 토큰 타입 9를 가지며, 라인 1에 있고 캐릭터 위치 8(0부터 세는데, 탭[tab]도 한 문자로 간주)에 있다는 것을 표시한다.

우리는 syntaxError() 메소드를 변경함으로써 자바 스윙을 사용하여 그 메시지를 다이얼로그 박스로 아주 쉽게 보낼 수 있다.

errors/TestE_Dialog.java

```
public static class DialogListener extends BaseErrorListener {
    @Override
        public void syntaxError(Recognizer<?, ?> recognizer,
                                Object offendingSymbol,
                                int line, int charPositionInLine,
                                String msg,
                                RecognitionException e)
    {
        List<String> stack = ((Parser)recognizer).getRuleInvocationStack();
        Collections.reverse(stack);
        StringBuilder buf = new StringBuilder();
        buf.append("rule stack: "+stack+" ");
        buf.append("line "+line+":"+charPositionInLine+" at "+
                   offendingSymbol+": "+msg);
        JDialog dialog = new JDialog();
        Container contentPane = dialog.getContentPane();
        contentPane.add(new JLabel(buf.toString()));
        contentPane.setBackground(Color.white);
        dialog.setTitle("Syntax error");
        dialog.pack();
        dialog.setLocationRelativeTo(null);
        dialog.setDefaultCloseOperation(JFrame.DISPOSE_ON_CLOSE);
        dialog.setVisible(true);
    }
}
```

입력 클래스T { int int i; }에 있는 테스트 리그 TestE_Dialog를 돌려서 다음과 같은 다이얼로그 박스를 나오게 할 수 있다.

```
Syntax error
rule stack: [prog, classDef, member] line 1:14 at [@4,14:16='int',<4>,1:14]: no viable alternative at input 'intint'
```

또 하나의 예로, 규칙을 벗어난 토큰에 밑줄을 넣어 출력하는 에러 리스너, TestE_Listener2.java를 다음의 샘플 런처럼 빌드해서 보자.

```
➤ $ javac TestE_Listener2.java
➤ $ java TestE_Listener2
➤ class T XYZ {
➤ int ;
➤ }
➤ EOF
❮ line 1:8 extraneous input 'XYZ' expecting '{'
  class T XYZ {
          ^^^
  line 2:6 no viable alternative at input 'int;'
    int ;
        ^
  class T
```

일을 좀 더 쉽게 하기 위해서 우리는 탭을 무시한다. charPositionInLine은 컬럼 넘버가 아니다. 왜냐하면 탭 사이즈가 전반적으로 정의되지 않았기 때문이다. 아래에 입력 안에 있는 에러 위치에 밑줄을 긋는 에러 리스너 구현 예제가 있다.

errors/TestE_Listener2.java

```
public static class UnderlineListener extends BaseErrorListener {
        public void syntaxError(Recognizer<?, ?> recognizer,
                                Object offendingSymbol,
                                int line, int charPositionInLine,
```

```
                                String msg,
                                RecognitionException e)
    {
        System.err.println("line "+line+":"+charPositionInLine+" "+msg);
        underlineError(recognizer,(Token)offendingSymbol,
                       line, charPositionInLine);
    }
    protected void underlineError(Recognizer recognizer,
                                  Token offendingToken, int line,
                                  int charPositionInLine) {
        CommonTokenStream tokens =
            (CommonTokenStream)recognizer.getInputStream();
        String input = tokens.getTokenSource().getInputStream().toString();
        String[] lines = input.split("\n");
        String errorLine = lines[line - 1];
        System.err.println(errorLine);
        for (int i=0; i<charPositionInLine; i++) System.err.print(" ");
        int start = offendingToken.getStartIndex();
        int stop = offendingToken.getStopIndex();
        if ( start>=0 && stop>=0 ) {
            for (int i=start; i<=stop; i++) System.err.print("^");
        }
        System.err.println();
    }
}
```

에러 리스너에 관해 알아야 할 것이 마지막으로 하나 더 있다. 파서가 모호한 입력 시퀀스를 탐지하면, 에러 리스너에 알려 준다. 그러나 디폴트 에러 리스너인 ConsoleErrorListener는 콘솔에 아무것도 출력하지 않는다. 2.3절 "*원자로에 너무 많은 물을 넣을 수 없다*"에서 본 것처럼, 모호한 입력은 우리의 그래머에서 에러를 나타낼 가능성이 많다(파서는 우리의 사용자에게 알려서는 안 된다). 입력f();에 매치할 수 있는 그 절의 모호한 그래머를 두 가지의 다른 방법으로 뒤돌아보자.

```
errors/Ambig.g4
grammar Ambig;

stat  : expr ';'          // expression statement
      | ID '(' ')' ';'    // function call statement
      ;

expr  : ID '(' ')'
      | INT
      ;

INT   : [0-9]+ ;
ID    : [a-zA-Z]+ ;
WS    : [ \t\r\n]+ -> skip ;
```

그래머를 테스트하면 우리는 모호한 입력에 대한 경고를 볼 수 없다.

```
➤ $ antlr4 Ambig.g4
➤ $ javac Ambig*.java
➤ $ grun Ambig stat
➤ f();
➤ EOF
```

파서가 모호한 것을 언제 발견했는지를 알아보기 위해, 파서에 addErrorListener()를 사용하여 DiagnosticErrorListener의 인스턴스를 사용한다고 통보하자.

```
parser.removeErrorListeners(); // remove ConsoleErrorListener
parser.addErrorListener(new DiagnosticErrorListener());
```

파서에게 빨리 탐지할 수 있는 것뿐만 아니라 모든 모호한 경고에 관심이 있다고 통보를 해줘야 한다. 효율에 흥미가 있는 ANTLR의 의사결정 메커니즘은 항상 완전한 정보만 추적하지 않는다. 아래에 모든 모호한 것을 리포트하도록 만들어 주는 방법이 있다.

```
parser.getInterpreter()
      .setPredictionMode(PredictionMode.LL_EXACT_AMBIG_DETECTION);
```

grun 별명[Alias]를 통해서 TestRig를 사용한다면, 이것이 기본적인 콘솔 에러 리스너(LL_EXACT_AMBIG_DETECTION을 켜야 함) 대신에 DiagnosticErrorListener를 사용하도록 옵션 다이아그노스틱을 사용한다.

```
➤ $ grun Ambig stat -diagnostics
➤ f();
➤ EOF
❮ line 1:3 reportAttemptingFullContext d=0, input='f();'
  line 1:3 reportAmbiguity d=0: ambigAlts={1, 2}, input='f();'
```

출력은 파서 역시 reportAttemptingFullContext()를 호출한다는 것을 보여 준다. ANTLR는 SLL(*) 파싱이 실패해서 파서가 더 강력한 완전한 ALL(*) 메커니즘에 투입되면, 이 메소드를 호출한다. 13.7절 *"파서 속도 최대로 하기"*를 참조한다.

모든 ANTLR 도구가 모호한 그래머 구성에 대해서 정적으로 (파서를 생성할 때) 경고할 수 없으므로, 개발 시에는 다이아그노스틱 에러 리스너를 사용하는 것이 좋은 생각이 된다. ANTLR v4에서 오직 파서만 모호성을 탐지할 수 있다. 말하자면 이것이 자바의 정적인 타이핑과 파이썬의 동적인 타이핑의 다른 점이다.

ANTLR v4의 개선점

v4에는 에러에 관련되어 중요한 개선점이 있다. ANTLR이 더 나은 인라인 에러 리커버리를 하고 프로그래머가 에러 핸들링 전략을 변경하는 것을 더 쉽게 만들었다. 썬 마이크로시스템이 ANTLR v3로 JavaFX를 위한 파서를 구성할 때, 한번 잘못 놓인 세미콜론이 파서가 하는 즉, 멤버(member+를 통하여)의 리스트 탐색을 강제로 중지시킬 수 있다는 것을 발견했다. 지금은 v4 파서가 토큰을 소비하거나 현재의 룰에서 빠져나가는 대신에, 서브룰 인식 전과 인식 동안에 재동기화를 시도한다. 두 번째 개선으로 프로그래머는 전략 패턴 다음에 에러 핸들링 메커니즘을 명시할 수 있도록 했다.

이제 우리는 ANTLR 파서가 생성하는 메시지의 종류와 이들을 조금 변형하고 재전송하는 방법에 관해서 좋은 아이디어를 많이 가지고 있으므로, 에러 복구를 탐구해 보기로 하자.

9.3 자동 에러복구전략

에러 복구는 파서가 구문 에러를 발견 후에도 계속 진행하도록 허용을 한다. 원칙적으로 가장 훌륭한 에러 복구는 손으로 짠 회귀 하향 파서에 있는 인간적인 감촉에서 나온 것이다. 그렇지만 내 경험으로 볼 때, 손으로 짠 에러 복구 프로그램을 찾는 것은 하늘에서 별따기처럼 정말로 어렵다. 왜냐하면 이것은 너무 지루하고, 말아먹기 십상이기 때문이다. 이번 ANTLR의 최신 버전에서 ANTLR 그래머에게 자동적인 훌륭한 에러 복구를 제공하기 위하여, 몇 년에 걸쳐서 내가 배우고 모은 주지츠[jujitsu]의 모든 것을 통합하였다.

ANTLR의 에러 복구 메커니즘은 알고리즘 + Data 구조 = 프로그램 [Wir78]이라는 니클라우스 비르트의 초기 개념에 기반을 두고 있지만 (로드니 토퍼[Rodney Topor]의 회귀 하향 파서에서 에러 복구에 대한 노트에도 마찬가지로 [Top82]), 조세프 그로쉬[Josef Grosch]의 CoCo 파서 생성기(회귀 하향 파서에서 효율적이고 편리한 에러 복구 [Gro90])에 들어있는 훌륭한 아이디어도 포함하고 있다.

넛쉘에서 ANTLR이 이들 생각을 합쳐서 사용하고 있는 방법이 여기에 있다. 파서는 가능하면 일치되지 않는 토큰 에러를 만나면 단일 토큰 삽입과 단일 토큰 삭제를 수행한다. 그렇지 않으면 파서는 현재 룰을 합리적으로 따를 수 있는 토큰을 찾을 때까지 토큰을 먹어 치우고 다시 돌아와서 아무 일 없듯이 계속한다. 이 절에서 우리는 이런 조건들이 의미하는 것이 무엇이고, ANTLR이 다양한 입장에서 에러로부터 복구하는 방법을 탐구할 것이다. 그러면 ANTLR이 사용하는 기본적인 복구 전략에서 시작해 보기로 하자.

다음 토큰을 스캐닝하면서 복구

정말로 엉망으로 된 입력에 맞닥뜨리면 현재의 룰은 계속할 수 없다. 그래서 파서는 재동기화가 되었다고 생각할 때까지 토큰을 얻는 방법으로 복구한 후에 호출하는 룰로 반환 한다. 우리는 이것을 동기화 및 반환 전략이라고 부를 수 있다. 일부 사람은 이것을 "공황 모드"라고 부르지만, 이 방법은 대단히 잘 작동한다. 파서는 현재 룰로 현재 입력을 매치할 수 없다는 것을 안다. 파서가 토큰을 던져 버릴 경우는 오직 (현재 토큰) 파서가 룰에서 빠져나간 후에 미리보기가 어떤 것과 반드시 매치한다는 일관성이 있을 때까지이다. 예를 들면, 할당 명령어 안에 구문 에러가 있으면 파서는 세미콜론이나 기타 명령어 종결자[terminator]를 확인할 때까지 신경을 많이 써서 토큰을 버린다. 과감하면서도 효과적인 방법이다. 우리가 앞으로 보겠지만 ANTLR은 이 기본 전략으로 돌아오기 전에 룰 안에서 복구하려고 노력한다.

각각의 ANTLR이 생성한 룰 메소드는 돌아가기 전에 에러를 리포팅하고 복구를 시도하면서 신택스 에러에 반응하는 트라이 캐치에 둘러 싸여 있다.

```
try {
    ...
}
catch (RecognitionException re) {
    _errHandler.reportError(this, re);
    _errHandler.recover(this, re);
}
```

우리는 9.5절 "*ANTLR의 에러 핸들링 전략 변경*"에서 에러 처리 전략을 자세하게 검토하겠지만, 여기서는 지금 recover()를 재동기화 세트에서 하나를 발견할 때까지 토큰을 얻는 것으로 요약할 수 있다. 재동기화 세트는 호출 스택에 있는 모든 룰에 대한 룰 참조의 연합이다. 룰 참조의 다음 세트는 참조 바로 다음 것과 매치하며 현재의 룰을 벗어나지 않는 토큰의 세트이다. 그래서 예를 들면, 주어진 얼터너티브가 ';'를 할당하면 룰 참조 할당에 대한 다음 세트는 {';'}이 된다. 얼터너티브가 단순한 할당이면 다음 세트는 빈 것이 될 수도 있다.

재동기화 세트가 포함한 것이 무엇인지 예제를 통해서 집중해 보는 것도 가치가 있는 일이다. 다음의 그래머를 생각해 보고 각 룰 호출에서 파서가 각 룰 호출에 대해 따라오는 세트를 추적하는 것을 상상해 보자.

```
errors/F.g4
grammar F;
group
    :   '[' expr ']'     // Tokens following ref to expr: { ']' }
    |   '(' expr ')'     // Tokens following ref to expr: { ')' }
    ;
expr :  atom '^' INT ;   // Tokens following ref to atom: { '^' }
atom :  ID
     |  INT
     ;
INT  :  [0-9]+ ;
ID   :  [a-zA-Z]+ ;
WS   :  [ \t\r\n]+ -> skip ;
```

아래의 다이어그램에서 입력 [1^2]에 대해서 왼편에 있는 파스 트리를 생각해 보자.

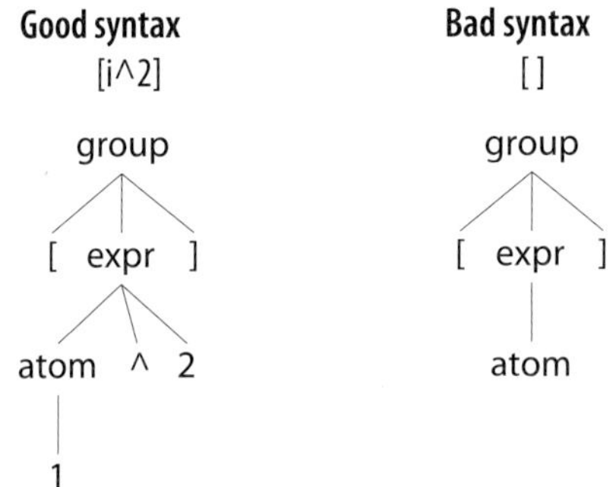

룰 아톰에서 토큰 1을 매칭시킬 때, 콜 스택은 [group, expr, atom]이다(그룹이 expr를 호출하고, expr가 아톰을 호출). 콜 스택을 살펴보면 파서가 우리에게 현재 위치를 알려

주도록 호출한 모든 룰을 따르는 토큰의 세트를 명확하게 알 수 있다. 다음 세트는 오직 현재 룰 안에서만 토큰을 생각하기 때문에, 런타임에서 우리는 현재 콜 스택과 연관된 세트만 결합할 수 있다. 다시 말하면 우리는 룰 expr를 두 개 그룹의 얼터너티브에서 동시에 접근할 수 없다.

그래머 F에서 주석에서 가져온 다음 세트를 결합하면, 우리는 {'^', ']'}의 재동기화 세트를 얻는다. 이 세트를 우리가 왜 원하는지를 살피기 위해서, 파서가 틀린 입력 []을 만나면 어떤 일이 벌어지는지를 눈여겨보기로 하자. 앞에서 나란히 있던 다이어그램의 오른편에 있는 파스 트리를 얻을 것이다. 아톰에서 파서는 현재 토큰,]가 아톰의 어느 얼터너티브와도 일치하지 않는다는 것을 발견한다. 재동기화를 위해서 파서는 재동기화 세트에서 나온 토큰을 찾을 때까지 토큰을 소비한다. 이 경우에 현재 토큰,]는 동기화 세트의 멤버로써 시작해서 파서는 실제로 아톰에서 재동기화하기 위해서 어떤 토큰도 소비하지 않는다.

룰 아톰에서 복구 과정을 마치고 나서 파서는 룰 expr로 다시 돌아가지만, 즉시 ^ 토큰을 가지고 있지 않다는 것을 발견한다. 이 과정은 반복되고 파서는 룰expr를 위한 재동기화 세트에서 어떤 것을 찾을 때까지 토큰을 소비한다. expr를 위한 재동기화 세트는 group: { ']' }의 첫 번째 얼터너티브 안에서 expr 참조를 위한 다음 세트다. 또 한번 파서는 아무것도 먹어 치우지 않고 expr을 빠져나가서 룰 그룹의 첫 번째 얼터너티브로 돌아간다. 이제 파서는 expr에 대한 참조를 따르는 찾고 있던 것을 정확하게 발견한다. 이것은 그룹 안의 ']'와 성공적으로 매치하고, 파서는 이제 적절하게 재동기화되었다.

복구하는 동안 ANTLR 파서는 에러 메시지(그로쉬에서 빌려온 아이디어)를 연이어 내보내는 것을 피한다. 말하자면 파서는 그 에러로부터 성공적으로 복구할 때까지, 신택스 에러에 대해서 단 하나의 에러 메시지만 내보낸다. 신택스 에러에 설정된 단 하나만의 불리언 변수를 사용하는 것을 통해서, 파서가 성공적으로 토큰과 매치하고 변수를 초기화할 때까지 파서는 추가적인 에러를 내보내는 것을 회피한다(클래스 DefaultErrorStrategy 안의 field errorRecoveryMode를 참조).

FOLLOW 세트와 Following 세트 비교하기

언어 이론에 친숙한 사람은 룰 아톰을 위한 재동기화 세트가 단지 FOLLOW(atom)으로, 모든 실행 가능한 토큰의 세트로 일부 문맥에서 atom에 대한 참조를 따르는 것인지 궁금해 할 것이다. 유감스럽게 이것은 그처럼 단순하지 않으며, 재동기화 세트는 모든 문맥이 아니고 특별한 문맥에서 룰을 따를 수 있는 토큰의 세트를 얻기 위하여 반드시 동적으로 계산되어야 한다. FOLLOW(expr)는 { ')', ']' }으로 양쪽 문맥(그룹의 얼터너티브 1과 2)에서 expr에 대한 참조를 따를 수 있는 모든 토큰을 포함한다. 그럼에도 명확하게 런타임 시에 파서는 오직 한곳에서만 한 번 expr를 호출할 수 있다. FOLLOW(atom)는 '^'라는 것을 주목하고, 파서가 재동기화 세트 {'^', ']'} 대신에 그 토큰에 재동기화하면, 이것은 파일의 마지막까지 소비할 것이다. 왜냐하면 입력 스트림에 '^'이 없기 때문이다.

많은 경우, ANTLR은 재동기화 세트와 현재 룰에서 돌아올 때까지 먹어 치우기보다는 더욱 지능적으로 복구할 수 있다. 이것은 입력을 "수리"해서 같은 룰에서 계속하도록 시도를 한다. 다음에 이어지는 몇 개의 절에서 우리는 파서가 매치 안 된 토큰과 서브룰 안의 에러에서 복구하는 방법을 살펴볼 것이다.

매치 안 된 토큰에서 복구하기

파싱 중에 일반적으로 가장 많이 사용하는 작업이 "토큰 매치"이다. 각각의 참조 T에 대해, 그래머에서 파서는 match(T)를 호출한다. 현재 토큰이 T가 아니면, match()는 에러 리스너에 통보하고 재동기화를 시도한다. 재동기화에는 세 가지 선택이 있다. 토큰을 삭제할 수도 있고, 하나를 상기할 수도 있고, 아니면 도박을 해서 예외적인 것을 버리고 기본적인 동기화 및 반환 메커니즘으로 빠져든다.

현재 토큰을 제거하는 것이 타당하다고 생각된다면, 재동기화하는 가장 쉬운 방법이다. 그래머 Simple에 있는 간단한 클래스 정의 언어에서 룰 classDef로 되돌아가 보자.

errors/Simple.g4

```
classDef
    :   'class' ID '{' member+ '}' // a class has one or more members
        {System.out.println("class "+$ID.text);}
    ;
```

입력 클래스9 T { int i; }이 주어지면, 파서는 9를 삭제하고 클래스 바디를 매치하려고 룰을 계속 적용한다. 다음 그림은 파서가 클래스를 소비한 후의 입력의 상태를 보여 준다.

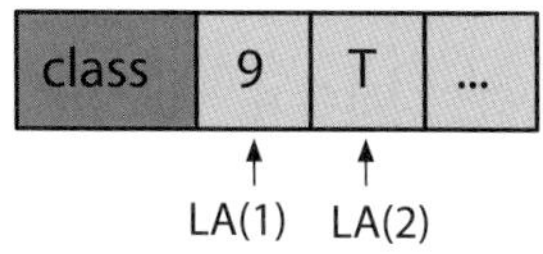

LA(1)과 LA(2) 레이블은 미리보기(현재 토큰)의 첫 번째 토큰과 두 번째 토큰을 표시한다. match(ID)는 LA(1)가 ID가 되길 예상하고 있지만, 그렇지 않다. 그러나 다음 토큰인 LA(2)가 사실 ID이다. 복구하기 위하여 우리는 단지 현재 토큰(노이즈로)을 삭제하고, 우리가 바라는 ID를 소비하고 match()를 나간다.

파서가 토큰을 삭제하고도 재동기화를 할 수 없으면, 대신에 토큰을 삽입하려고 시도한다. 우리가 ID를 잊어서 classDef가 입력을 클래스{ int i; }로 간주했다고 치자. 클래스 매치 후에, 입력 상태는 다음처럼 보일 것이다.

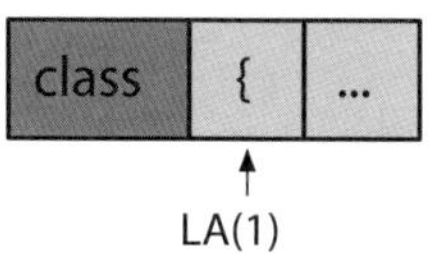

파서는 match(ID)를 호출하지만, 식별자[identifier] 대신에 { 를 발견한다. 이 경우, 파서는 { 가 다음에 필요한 것으로 안다. 왜냐하면 이것이 classDef에서 ID 참조 다음에 오는 것이기 때문이다. 재동기화하기 위해서 match()는 식별자를 본 것처럼 하고 반환할 수 있어서, 다음 match('{') 호출을 계속하라고 허용할 수 있다. 우리가 클래스 이름 식별자를 참조하는 출력 명령어 같은 내장된 액션을 무시한다면 멋지게 작동한다. 인쇄 명령어는 $ID.text를 통해서 빠진 토큰을 참조하고, 토큰이 Null이면 예외를 제기한다. 단순하게 토큰이 있는 척하는 대신에, 에러 핸들러는 하나를 상기해 낸다(DefaultErrorStrategy에 있는 getMissingSymbol()을 참조). 상기된 토큰은 파서가 예상하는 토큰 타입이 있어서, 현재의 입력 토큰인 LA(1)에서 라인과 캐릭터 위치 정보를 가지고 온다. 이렇게 상기된 토큰은 빠진 토큰을 참조하는 리스너와 비지터에서 예외를 방지한다.

무엇이 일어나고 있는지를 볼 수 있는 제일 쉬운 방법은 파스 트리를 살피는 것으로, 이것은 파서가 모든 토큰을 인식하는 방법을 보여 준다. 에러의 경우, 파스 트리는 적색 음영으로 재동기화 중에 파서가 삭제하거나 상기한 토큰을 강조한다. 입력 클래스 { int i; }과 그래머 Simple에 대해서 우리는 다음의 파스 트리를 얻는다.

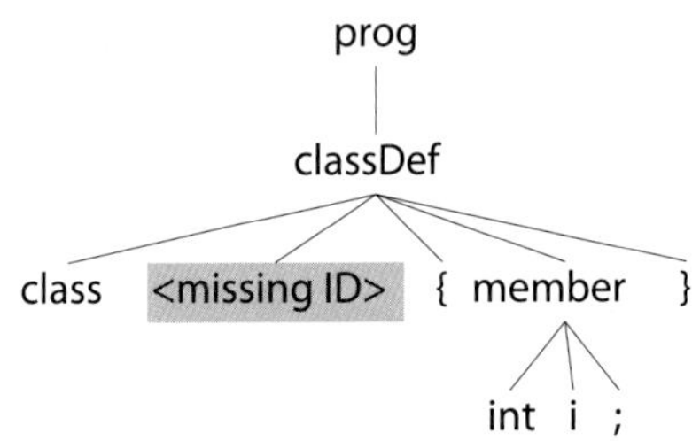

파서는 또한 예외를 버리지 않고 내장된 인쇄 액션을 수행한다. 왜냐하면 에러 복구가 $ID에 대한 유효한 토큰 오브젝트를 상기하기 때문이다.

```
➤ $ grun Simple prog -gui
➤ class { int i; }
➤ EOF
❮ line 1:6 missing ID at '{'
  var i
  class <missing ID>
```

자연스럽게 텍스트 〈missing ID〉를 지닌 식별자는 우리가 이루고자 하는 어떤 목표에도 정말로 도움이 되지 않지만, 최소한 에러 복구는 Null 포인터 예외 다발을 유발하지 않는다.

이제 우리는 ANTLR가 룰 안에서 단순한 토큰 참조를 하는 방법을 알았으므로, 서브룰 인식 이전과 동안에서 에러에서 복구하는 방법을 탐구해 보기로 하자.

서브룰 안에서 에러 복구하기

몇 년 전에 썬의 JavaFX group이 나에게 연락을 했다. 왜냐하면 그들의 ANTLR에서 생성된 파서가 어떤 경우에는 제대로 복구를 못 했기 때문이다. 문제점으로 드러난 것은 파서가 member+ 같은 서브룰 루프[loop]를 문제가 생기자마자 버리고, 주변 룰에 대한 동기화 및 반환 복구를 강요한다는 것이었다. var width Number; (width 다음에 콜론을 빼먹은 것) 선언에서 조그만 에러가, 파서가 나머지 모든 멤버를 건너뛰도록 강요한 것이다.

ANTLR 메일링 리스트의 기여자이며 컨설턴트인 짐 아이들[Jim Idle]이 내가 "Jim Idle's magic sync" 에러 복구라고 부르는 것을 생각해 냈다. 그의 솔루션은 수작업으로 참조를 빈 룰에 삽입해서, 필요하면 에러 복구를 촉발하는 특별한 액션을 포함한 그래머에 집어 넣는 것이다. 현재 ANTLR v4는 이런 끔찍한 복구 작업을 피하기 위하여 시작과 루프 지속 테스트에 자동으로 동기화 검사를 삽입한다. 메커니즘은 다음과 같다.

- **서브룰 시작** 임의의 서브룰 시작에서 파서는 단일 토큰 삭제를 시도한다. 그러나 토큰 매치와 달리, 파서는 단일 토큰 삽입을 시도하지 않는다. ANTLR은 토큰을 상기하는 데 힘든 시간을 보낼 수 있다. 왜냐하면 ANTLR은 여러 개의 얼터너티브 중에 어떤 것이 궁극적으로 성공할 것인지를 추측해야 하기 때문이다.
- **루핑 서브룰 지속 테스트** 서브룰이 (...)* 또는 (...)+ 같은 루핑 구조라면, 파서는 루프 안에 머물기 위해서 에러를 적극적으로 복구하려고 노력한다. 루프의 얼터너티브에 성공적으로 매칭을 한 후에, 파서는 이들 세트 중 하나와 일치할 때까지 토큰을 소비한다.

  (a) 루프를 또 한번 반복

  (b) 루프 다음 것이 무엇인가

  (c) 현재의 재동기화 세트

서브룰 처음 앞의 단일 토큰 삭제를 살펴보자. 그래머 Simple의 룰 classDef에 있는 루핑 member+ 구조를 고려해 보자. 우리가 더듬거리며 여분의 { 를 타이핑하면 member+ 서브룰은 멤버로 건너뛰기 전에, 다음의 파스 트리에 그려진 대로 여분의 토큰을 삭제할 것이다.

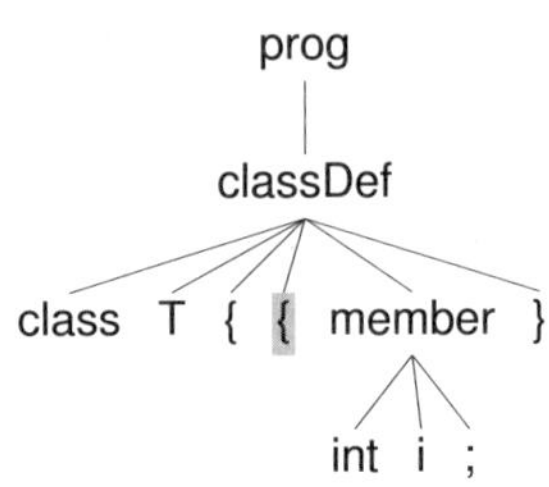

다음 세션에서 적절한 복구를 확인한다. 왜냐하면 이것이 정확하게 변수 i를 식별하기 때문이다.

```
➤ $ grun Simple prog
➤ class T {{ int i; }
➤ EOF
❮ line 1:9 extraneous input '{' expecting 'int'
  var i
  class T
```

이제 정말로 엉망인 입력을 시도해서 member+ 루프가 복구하고 멤버 찾는 것을 지속하는지를 살펴보자.

```
➤ $ grun Simple prog
➤ class T {{
➤ int x;
➤ y;;;
➤ int z;
➤ }
➤ EOF
❮ line 1:9 extraneous input '{' expecting 'int'
  var x
  line 3:2 extraneous input 'y' expecting {'int', '}'}
```

```
var z
class T
```

우리는 파서가 z을 식별했기 때문에, 변수 루프 안에서 재동기화했고 머물렀다는 것을 안다. 파서는 또 다른 멤버(이전의 세트 (c))가 시작하는 것을 보고 나서 멤버로 루프를 되돌릴 때까지 y;;;을 소비한다. 입력이 int z;을 포함하지 않으면, 파서는 }를 보고 (위의 세트 (b)) 루프를 빠져나갈 때까지 소비한다. 파스 트리는 삭제된 토큰을 강조하고 파서가 아직도 int z;를 유효한 멤버로 해석한다는 것을 보여 준다.

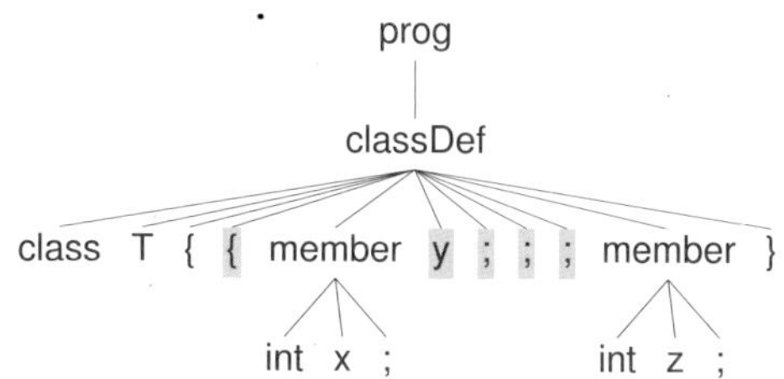

사용자가 나쁜 구문을 가진 룰 멤버를 제공하고 또 클래스의 닫는 }를 잊었다면, 우리는 파서가 }를 찾을 때까지 스캔하는 것을 원치 않을 것이다. 파서 재동기화는 }를 찾으려고 전체의 다음 클래스 정의를 버릴 수 있다. 그 대신에 파서는 다음 세션에서 볼 수 있는 것처럼, 세트 (c)에서 토큰을 볼 때까지 얻는 것을 중단한다.

```
➤ $ grun Simple prog
➤ class T {
➤ int x;
➤ ;
➤ class U { int y; }
➤ EOF
❮ var x
  line 3:2 extraneous input ';' expecting {'int', '}'}
  class T
  var y
  class U
```

파서는 파스 트리에서 우리가 볼 수 있는 것처럼 키워드 클래스를 보면, 재동기화를 중단한다.

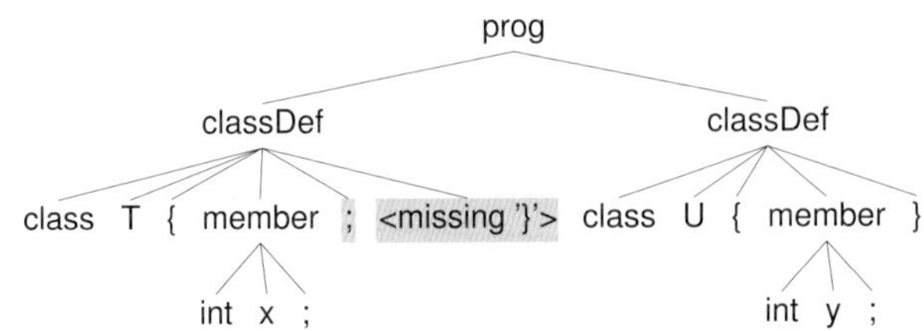

토큰과 서브룰 인식말고도 파서는 시맨틱 서술을 매치하는 것도 실패할 수 있다.

실패한 시맨틱 서술 붙잡기

이 시점에서 우리는 겨우 시맨틱 서술의 맛만 보았지만, 이 에러 핸들링 장에서 실패한 서술에서 무슨 일이 일어났는지를 토의하는 것이 적절할 것 같다. 우리는 11장 "*시맨틱 서술로 파스 변경*"에서 서술을 살펴볼 것이다. 지금은 시맨틱 서술을 단언(assertions)처럼 취급하기로 하자. 그들은 파서가 이들을 넘기 위해서 런타임에서 반드시 참이 되어야 하는 조건을 명시한다. 서술이 거짓으로 평가하면 파서는 현재 룰의 포획에서 붙잡힌 FailedPredicateException 예외를 버린다. 파서는 에러를 보고하고 포괄적인 동기화 및 반환 복구를 행한다.

벡터 안에서 정수의 숫자를 제한하기 위해서 4.4절에 있는 "*시맨틱 서술로 파스 변경하기*"에 있는 그래머와 아주 비슷한 시맨틱 서술을 사용하는 예를 살펴보기로 하자.

errors/Vec.g4

```
vec4:   '[' ints[4] ']' ;
ints[int max]
locals [int i=1]
    :   INT ( ',' {$i++;} {$i<=$max}? INT )*
    ;
```

다음 세션에서처럼 하나에 너무 많은 정수가 주어지면 우리는 에러 메시지를 보고, 여분의 콤마와 정수를 버리는 에러 복구를 하게 된다.

```
➤ $ antlr4 Vec.g4
➤ $ javac Vec*.java
➤ $ grun Vec vec4
➤ [1,2,3,4,5,6]
➤ EOF
❮ line 1:9 rule ints failed predicate: {$i<=$max}?
```

파스 트리는 파서가 에러를 다섯 번째 정수에서 탐지했다.

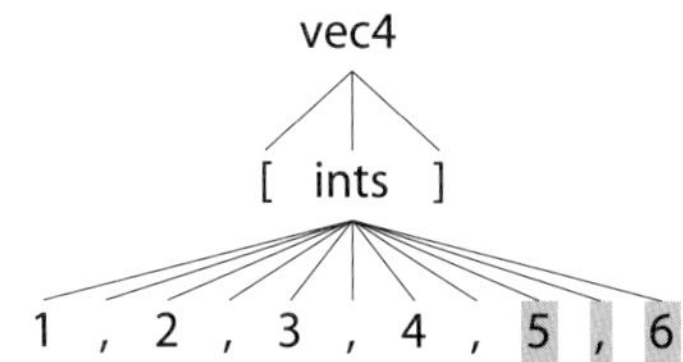

{$i<=$max} 에러 메시지는 그래머 설계자로서 우리에게 도움을 줄 수 있지만. 우리의 사용자에게는 확실하게 도움을 주지 못 한다. 우리는 시멘틱 서술의 실패 옵션을 사용해서 메시지를 좀 더 읽기 쉬운 어떤 것으로 변경을 할 수 있다. 예를 들면, 아래에 ints 룰이 다시 있지만 읽기 쉬운 문자열을 계산하는 액션과 같이 한다.

```
errors/VecMsg.g4
ints[int max]
locals [int i=1]
    :   INT ( ',' {$i++;} {$i<=$max}?<fail={"exceeded max "+$max}> INT )*
    ;
```

이제 우리는 같은 입력에 대해서 더 나은 메시지를 얻는다.

```
➤ $ antlr4 VecMsg.g4
➤ $ javac VecMsg*.java
➤ $ grun VecMsg vec4
➤ [1,2,3,4,5,6]
➤ EOF
❮ line 1:9 rule ints exceeded max 4
```

실패한 옵션은 큰따옴표 안에 있는 문자열 리터럴literal이나 문자열을 평가하는 액션이다. 액션은 서술이 실패해서 함수를 수행하고 싶을 때 아주 유용하다. 단지 {...}?<fail={failedMaxTest()}> 같이 함수를 호출하는 액션을 사용한다.

입력 유효성을 테스트하는 시맨틱 서술을 사용할 때 주의 사항은 다음과 같다. 벡터 예에서 서술은 구문적 룰을 강요하기 때문에, 예외를 던져 버리고 복구하려는 것은 OK 이다. 반면 우리가 구문적으로 유효하지만 의미적으로 무효한 구조를 가지고 있다면, 시맨틱 서술을 사용하는 것은 좋은 생각이 아니다.

일부 언어에서 변수에 0이 아닌 모든 값을 할당할 수 있다고 가정해 보자. 이 의미는 할당 x=0;은 구문적으로 유효하지만, 의미적으로는 무효하다. 확실하게 우리는 사용자에게 에러를 보내야 하지만 우리는 에러 복구를 촉발하면 안 된다. x = 0;은 완전하게 구문적으로 합법적이다. 어떤 의미로 파서는 자동으로 에러에서 "복구"할 것이다. 아래에 이 문제를 보여주는 간단한 그래머가 있다.

errors/Pred.g4

```
assign
    : ID '=' v=INT {$v.int>0}? ';'
      {System.out.println("assign "+$ID.text+" to ");}
    ;
```

룰 assign 안에 있는 서술이 예외를 던져 버리면, 동기화 및 반환 행위는 서술 후에 ; 를 버릴 것이다. 이것이 잘된 일일 수도 있지만, 우리는 불완전한 재동기화의 위험을 안고 있다.

```
{if ($v.int==0) notifyListeners("values must be > 0");}
```

여태껏 우리는 에러 복구를 촉발하는 상황을 살펴보았는데, 이 메커니즘에서 잠재적인 결점을 지적하는 것이 가치가 있을 것 같다. 파서가 가끔 단일한 복구 시도에서 어떤 것도 소비하지 않는다면, 전체적인 복구가 무한 루프로 들어갈 가능성이 있다. 토큰을 소비하지 않고 복구를 하고 파서의 같은 위치로 돌아가면, 우리는 다시 토큰을 소비하지도 않고 복구한다. 다음 절에서 우리는 ANTLR가 어떻게 이 함정을 피해 가는지를 볼 것이다.

에러 복구 안전장치

ANTLR 파서는 에러 복구 종료를 보장하는 내장 안전장치가 있다. 우리가 같은 파서 장소에 도달해서 같은 입력 위치에 있다면, 파서는 복구를 시도하기 전에 토큰 소비를 강요한다. 이 장의 시작에서 설명한 단순한 Simlpe 그래머로 돌아가서, 안전장치 샘플 입력을 보자. 만약 우리가 여분의 int 토큰을 필드정의에 추가하면 파서는 에러를 감지하고 복구를 시도한다. 다음의 테스트에서 보겠지만 파서는 recover() 함수를 호출하고 파싱을 여러 번 재시작하려고 시도할 것이다.

그림 10. "좋은 *구문과 나쁜 구문의 파스 트리*"에서 오른쪽 파스 트리는 classDef에서 나온 멤버에 세 개의 호출이 있다는 것을 보여주고 있다.

```
➤ $ grun Simple prog
➤ class T {
➤ int int x;
➤ }
➤ EOF
❮ line 2:6 no viable alternative at input 'intint'
  var x
  class T
```

그림 9—파서 재동기화

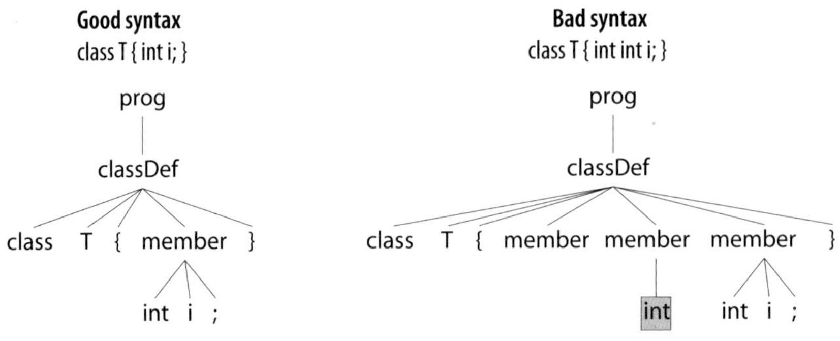

그림 10—좋은 구문과 나쁜 구문의 파스 트리

처음 참조는 아무것도 매치하지 못 하지만, 두 번째는 int 토큰을 외부에서 매치한다. 세 번째 매칭 시도에서 멤버는 적절한 int x; 순서를 매치한다.

정확한 사건의 순서를 살펴보기로 하자. 파서는 첫 에러를 탐지했을 때, 룰 멤버 안에 있다.

errors/Simple.g4

```
member
    : 'int' ID ';'                       // field definition
      {System.out.println("var "+$ID.text);}
    | 'int' f=ID '(' ID ')' '{' stat '}'  // method definition
      {System.out.println("method: "+$f.text);}
    ;
```

입력 int int는 멤버의 어떤 얼터너티브에도 어울리지 않아서 파서는 동기화 및 반환 에러 복구 전략으로 들어간다. 파서는 첫 에러 메시지를 보내고 스택 [prog, classDef, member]을 호출하는 재동기화 세트에 있는 토큰을 볼 때까지 소비한다.

그래머의 classDef+과 member+ 루프 때문에, 재동기화 세트를 계산하는 것은 조금 복잡하다. 멤버를 호출한 다음에 파서는 루프를 되돌아가서 또 하나의 멤버를 찾거나 아니면 루프를 빠져나와 클래스 정의를 닫는 '}'를 찾는다. classDef를 호출한 다음에 파서는 루프를 되돌아가서 또 하나의 클래스를 찾거나 아니면 단순히 prog를 빠져나간다. 그래서 콜 스택 [prog, classDef, member]에 대한 재동기화 세트는 is {'int', '}', 'class'}이다.

이 시점에서 파서는 토큰을 소비하지 않고 복구한다. 왜냐하면 현재 입력 토큰인 int는 재동기화 세트 안에 있기 때문이다. 이것은 단순히 호출자[caller]인 classDef의 멤버+ 루프로 돌아간다. 이렇게 되면 루프는 다른 멤버를 매치하려고 시도한다. 안타깝게도 이것이 어떤 토큰도 소비하지 않았으므로, 파서는 멤버(errorRecovery flag의 힘으로 이것이 가짜 에러 메시지를 달래기는 하지만)로 돌아갔을 때 또 하나의 에러를 탐지한다.

두 번째 에러를 복구하는 동안, 파서는 안전장치를 감지한다. 왜냐하면 이것이 같은 파서 장소와 입력 위치에 도달했기 때문이다. 안전장치는 재동기화를 시도하기 전에 토큰 소비를 강요한다. Int가 재동기화 안에 있기 때문에, 이것은 두 번째 토큰을 소비하지 않는다. 다행스럽게 파서가 지금 적절하게 재동기화했으므로, 그것이 우리가 원하는 것이다. 다음 세 개의 토큰은 유효한 멤버 정의인 int x;를 나타낸다. 파서는 다시 한번 멤버에서 classDef 안의 루프로 돌아간다. 세 번째만에 우리는 멤버로 다시 돌아가지만 이번에 파싱은 성공할 것이다.

그래서 이것이 바로 가끔 더 나은 에러 복구를 제공할 수 있는 ANTLR의 자동 에러 복구 메커니즘이다.

9.4 에러 얼터너티브

일부 구문 에러는 너무 흔해서 이들을 특별하게 취급할 필요가 있다. 예를 들면, 프로그래머는 변수가 포개진 함수 호출의 마지막에서 종종 틀린 개수의 괄호를 사용한다. 이 경우를 특별하게 처리하기 위해서, 우리가 할 수 있는 것이라곤 얼터너티브를 추가해서 틀렸지만 흔하게 발생하는 구문을 매치하는 것이다. 다음의 그래머는 변수에 포개진 괄호가 들어 있을 가능성이 농후한 단일 변수로 함수 호출을 인식한다. 룰 fcall은 이른바 두 개의 에러 얼터너티브를 지니고 있다.

```
errors/Call.g4
stat :   fcall ';' ;
fcall
     :   ID '(' expr ')'
     |   ID '(' expr ')' ')'  {notifyErrorListeners("Too many parentheses");}
     |   ID '(' expr          {notifyErrorListeners("Missing closing ')'");}
     ;
expr:   '(' expr ')'
     |   INT
     ;
```

이들 에러 얼터너티브가 ANTLR 생성 파서가 얼터너티브 사이에서 선택하는 작업을 조금 어렵게 만들지만, 절대로 파서를 혼란스럽게 하지 않는다. 단지 다른 얼터너티브와 마찬가지로 파서는 이들이 현재 입력과 일치하면 매치한다. 예를 들어, 유효한 함수 호출로 시작하는 에러 얼터너티브와 매치하는 일부 입력 순서를 시도해 보자.

```
➤ $ antlr4 Call.g4
➤ $ javac Call*.java
➤ $ grun Call stat
➤ f(34);
➤ EOF
➤ $ grun Call stat
➤ f((34);
➤ EOF
❮ line 1:6 Missing closing ')'
➤ $ grun Call stat
➤ f((34)));
➤ EOF
❮ line 1:8 Too many parentheses
```

여태껏 우리는 ANTLR 파서가 생성할 수 있는 에러 메시지와 여러 다른 상황에서 파서가 에러로부터 복구하는 방법에 대해서 배웠다. 우리는 또한 에러 메시지를 커스터마이즈하고 다른 에러 리스너에게 이들을 재전송하는 방법을 살펴보았다. 이 기능성의 모든 것은 ANTLR의 에러 핸들링 전략을 명시하는 오브젝트 안에서 통제되고 요약되었다. 다음 절에서 파서가 에러에 대응하는 방법을 커스터마이징하는 것에 대해 더 배우기 위해서 그 전략을 상세하게 살펴볼 예정이다.

9.5 ANTLR의 에러 핸들링 전략 변경

기본적인 에러 핸들링 메커니즘은 잘 작동하지만, 우리가 변경하기를 원하는 몇 가지의 변칙적인 상황이 발생한다. 먼저 우리는 런타임 오버헤드 때문에, 인라인 에러 핸들링의 일부를 무능하게 만들고 싶을 수 있다. 두 번째로, 우리는 처음의 구문 에러를 만나면 파서에서 빠져나오고 싶을 수 있다. 예를 들면, 배쉬[bash] 같은 쉘에 대한 명령어 라인을 파싱할 때, 에러를 복구하려고 시도할 하등의 이유가 없을 수 있다. 어쨌든 그 명령어를 수행할 위험을 감수할 수 없기 때문에, 파서는 문제 발생의 첫 조짐이 보이면 빠져나올 수 있다.

에러 핸들링 전략을 탐구하기 위해서 인터페이스 ANTLRErrorStrategy와 이것의 구체적인 리스너 DefaultErrorStrategy를 살펴보자. 그 클래스는 기본적인 에러 핸들링 행위와 관련된 모든 것을 보유하고 있다. ANTLR 파서는 오브젝트에게 에러를 보고하고 복구하라는 신호를 보낸다. 예를 들면, 아래에 각각의 ANTLR 생성 룰 함수 안에 캐치 블록이 있다.

```
_errHandler.reportError(this, re);
_errHandler.recover(this, re);
```

_errHandler는 변수로 DefaultErrorStrategy의 인스턴스[instance]에 대한 참조를 가지고 있다. 메소드 reportError()와 recover()는 에러 보고와 동기화 및 반환 기능성을 구체화한다. reportError()은 버리는 예외의 타입에 따라서, 에러 보고를 세 개의 메소드 중 하나에 위임한다.

우리의 첫 번째 변칙적인 상황으로 돌아가서, 에러 핸들링이 파서에 부과하는 런타임 부담을 줄이도록 해보자. ANTLR가 그래머 Simple에서 member+ 서브룰을 위해서 생성하는 이 코드를 살펴보자.

```
_errHandler.sync(this);
_la = _input.LA(1);
do {
    setState(22); member();
    setState(26);
    _errHandler.sync(this);
    _la = _input.LA(1);
} while ( _la==6 );
```

네트워크 프로토콜 같이 입력이 구문적으로 정확하다고 가정하는 애플리케이션에서, 우리는 또한 서브룰에서 에러를 탐지하고 복구하는 오버헤드를 피할 수 있다. 우리는 이것을 DefaultErrorStrategy와 오버라이딩 sync()를 빈 메소드로 서브클래싱[subclassing] 해서 할 수 있다. 따라서 자바 컴파일러는 인라인으로 처리하고 _errHandler.sync(this) 호출을 제거한다. 우리는 다음의 예를 통하여 파서에게 다른 에러 전략을 사용하도록 통보하는 방법을 알아볼 것이다.

기타 변칙적인 상황은 첫 번째 구문 에러에서 파서를 빠져나오는 것이다. 이렇게 하려면 다음 코드에서 보는 것처럼 우리는 세 개의 중요한 복구 메소드를 무효로 해야 한다.

errors/BailErrorStrategy.java

```
import org.antlr.v4.runtime.*;

public class BailErrorStrategy extends DefaultErrorStrategy {
    /** Instead of recovering from exception e, rethrow it wrapped
     * in a generic RuntimeException so it is not caught by the
     * rule function catches. Exception e is the "cause" of the
```

```
    * RuntimeException.
    */

    @Override
    public void recover(Parser recognizer, RecognitionException e) {
        throw new RuntimeException(e);
    }

    /** Make sure we don't attempt to recover inline; if the parser
     * successfully recovers, it won't throw an exception.
     */
    @Override
    public Token recoverInline(Parser recognizer)
        throws RecognitionException
    {
        throw new RuntimeException(new InputMismatchException(recognizer));
    }

    /** Make sure we don't attempt to recover from problems in subrules. */
    @Override
    public void sync(Parser recognizer) { }
}
```

테스트 리그를 위해서 우리는 전형적인 표준 코드를 재사용할 수 있다. 파서를 생성하고 시작하는 것에 더해서, 우리는 새로운 BailErrorStrategy 인스턴스를 생성하고 파서에게 기본적 전략 대신에 이것을 사용하라고 말해야 한다.

errors/TestBail.java

```
parser.setErrorHandler(new BailErrorStrategy());
```

우리가 여기에 머무르는 동안 우리는 첫 번째 어휘적 에러에서 빠져나와야 한다. 이렇게 하려면 우리는 렉서에서 override method recover()를 해야 한다.

```
errors/TestBail.java
public static class BailSimpleLexer extends SimpleLexer {
    public BailSimpleLexer(CharStream input) { super(input); }
    public void recover(LexerNoViableAltException e) {
        throw new RuntimeException(e); // Bail out
    }
}
```

입력 시작 부분에 요상한 # 캐릭터를 삽입해서 어휘적 에러를 먼저 시도해 보자. 렉서는 메인 프로그램으로 가는 길에 있는 통제 흐름을 망가뜨리는 예외를 버린다.

```
➢ $ antlr4 Simple.g4
➢ $ javac Simple*.java TestBail.java
➢ $ java TestBail
➢ # class T { int i; }
➢ EOF
❮ line 1:1 token recognition error at: '#'
  Exception in thread "main"
  java.lang.RuntimeException: LexerNoViableAltException('#')
  at TestBail$BailSimpleLexer.recover(TestBail.java:9)
  at org.antlr.v4.runtime.Lexer.nextToken(Lexer.java:165)
  at org.antlr.v4.runtime.BufferedTokenStream.fetch(BufferedT...Stream.java:139)
  at org.antlr.v4.runtime.BufferedTokenStream.sync(BufferedT...Stream.java:133)
  at org.antlr.v4.runtime.CommonTokenStream.setup(CommonTokenStream.
  java:129)
  at org.antlr.v4.runtime.CommonTokenStream.LT(CommonTokenStream.java:111)
  at org.antlr.v4.runtime.Parser.enterRule(Parser.java:424)
  at SimpleParser.prog(SimpleParser.java:68)
  at TestBail.main(TestBail.java:23)
  ...
```

파서는 또한 처음의 구문 에러(이 경우에는 클래스 이름을 빼먹음)에서 빠져나온다.

```
➢ $ java TestBail
➢ class { }
➢ EOF
❮ Exception in thread "main" java.lang.RuntimeException:
    org.antlr.v4.runtime.InputMismatchException
  ...
```

ANTLRErrorStrategy 인터페이스의 유연성을 보여주기 위해서 파서가 에러를 보고하는 방법을 변경해 보자. 표준 메시지 "입력 X에 실행 가능한 변수가 없음"을 변경하기 위해서 우리는 오버라이드 reportNoViableAlternative()를 할 수 있으며 메시지를 다른 것으로 바꿀 수 있다.

errors/MyErrorStrategy.java

```
import org.antlr.v4.runtime.*;
public class MyErrorStrategy extends DefaultErrorStrategy {
    @Override
    public void reportNoViableAlternative(Parser parser, NoViableAltException e)
        throws RecognitionException
    {
        // ANTLR generates Parser subclasses from grammars and
        // Parser extends Recognizer. Parameter parser is a
        // pointer to the parser that detected the error
        String msg = "can't choose between alternatives"; // nonstandard msg
        parser.notifyErrorListeners(e.getOffendingToken(), msg, e);
    }
}
```

그러나 기억해야 할 것은 우리가 오로지 바라는 것은 에러 메시지가 나오는 곳을 바꾸는 것으로 우리는 9.2절 "*ANTLR 에러 메시지 변경과 재전송*"에서 처럼 ANTLRErrorListener를 명시할 수 있다. 예외를 잡기 위해서 ANTLR가 코드를 완전하게 오버라이드하는 방법을 배우려면 15.3절에 있는 "*캐싱 예외처리*"를 참조한다.

우리는 ANTLR에 있는 중요한 에러 리포팅과 복구 방법을 모두 섭렵했다. ANTLRError-Listener와 ANTLRErrorStategy 인터페이스 때문에 우리는 에러 메시지가 가는 곳, 이들 메시지가 하는 일 그리고 파서가 에러에서 복구하는 방법에 대한 아주 멋진 유연성을 가지게 되었다.

다음 장에서 우리는 액션이라고 부르는 코드 스니핏snippets을 그래머 안에서 직접 내장시키는 방법을 배우게 될 것이다.

CHAPTER 10

속성과 액션

지금까지 특정 응용 프로그램 코드를 파스 트리 탐색기에 격리시켰는데, 이는 코드가 항상 파싱이 끝난 후에 처리했다는 것을 의미한다. 앞으로 몇 개의 장에서 볼 수 있는 것처럼, 일부 언어 응용 프로그램은 파싱을 하는 동안 실행 가능한 특정 응용 프로그램 코드를 필요로 한다. 이렇게 하려면 액션[action]이라고 부르는 코드 스니핏[code snippets]을 코드 ANTLR 생성에 주입해야 한다. 이렇게 되면 첫 목표는 액션을 파서(parser: 구문 분석기)와 렉서(lexer: 어휘 분석기)에 내포시키는 방법과 이 액션에 무엇을 넣을지를 알아내는 것이다.

명심할 것은 일반적으로 그래머와 응용 프로그램 코드를 엉키지 않도록 하는 것이 좋다는 것이다. 액션이 없는 그래머는 더 읽기가 쉬우며, 특별한 대상 언어나 명시적인 응용 프로그램에 얽매이지 않는다. 그렇지만 내장된 액션은 세 가지 이유 때문에 유용할 수 있다.

- **단순성**: 가끔 몇 개의 액션만 고수하고 트리 리스너나 비지터를 생성하는 것을 피하는 것이 더욱 쉽다.
- **효율성**: 자원이 결정적인 응용 프로그램에서 파스 트리를 구성하는 데 필요한 시간이나 메모리를 낭비하고 싶지 않을 수도 있다.
- **단정 파싱**[Predicated parsing]: 아주 드물게 입력 스트림에서 이전에 수집된 데이터를 참조하지 않고, 적절하게 파스할 수 없는 경우가 있다. 일부 그래머는 식별자가 타입인지 아니면 메소드인지에 따라서 심볼 테이블을 만들고 나서 예상하는 (future)

입력을 다르게 인식할 필요가 있다. 이 부분은 11장 "*시맨틱 서술로 파스 변경*"에서 자세히 다룰 것이다.

액션은 대상 언어로 쓰인 {...} 속에 들어 있는 임의의 코드 청크[Chunk]이다. 액션이 대상 언어 문장[statements]에서 타당하다면 이 속에서 모든 것을 할 수 있다. 일반적으로 액션은 토큰의 어트리뷰트[attribute]나 룰 참조에 작용한다. 예를 들면, 토큰의 텍스트나 전체 룰 호출[invocation]에 합당한 텍스트를 요청할 수 있다. 토큰과 룰 참조에서 파생된 데이터를 사용하여, 출력을 하거나 임의의 연산을 수행할 수 있다. 룰은 또한 파라미터와 반환값을 허용하기 때문에 룰 사이에서 데이터를 넘길 수 있다.

세 가지의 예를 면밀하게 살펴봄으로써 그래머 액션을 배울 것이다. 먼저 7.4절 "*정교한 이벤트 메소드를 위한 룰 얼터너티브 레이블링*"에 있는 것과 같은 기능을 지닌 계산기를 구성한다. 두 번째는 룰과 토큰 속성을 탐구하기 위해서 CSV 그래머 (6.1절 "*CSV 파싱하기*")에 몇 가지 액션을 추가할 것이다. 세 번째 예로는, 런타임 전까지 키워드[keyword]를 알 수 없는 언어를 위한 그래머를 만들어서 렉서 룰에서 사용하는 액션을 배울 것이다.

이제 곧바로 실제 코딩에 들어가는데, 액션에 기반한 계산기를 완성하는 것으로 시작해 보자.

10.1 그래머 액션으로 계산기 구현하기

액션을 배우기 위해서 4.2절 "*비지터로 계산기 빌딩*"에 있는 표현문 그래머를 다시 검토해 보자.

actions/t.expr

```
x = 1
x
x+2*3
```

여기에서 목표는 동일한 기능을 재생하는 것이지만, 비지터를 사용하지 않으며 파스 트리는 구성하지 않는다. 더욱이 이것이 상호작용할 수 있도록, 입력이 끝나면 답이 나오는 것이 아니라 return을 쳐야 나올 수 있도록 약간의 기술을 가미한다. 지금까지의 예는 전체 입력을 다 처리하고 나서 결과로 나온 파스 트리를 처리하고 있다.

이 절을 거치면서 생성된 파서를 패키지에 넣고, 파서 필드와 메소드를 정의하고, 룰 얼터너티브에 액션을 삽입하고, 액션 내에서 사용하도록 그래머 요소를 레이블하고, 그리고 룰 반환값을 정의하는 방법을 배울 것이다.

그래머 룰 밖에서 액션 사용하기

그래머 룰 밖에서는 생성된 파서와 렉서에 주입하고 싶은 것이 두 가지가 있는데, 패키지/가져오기 표현과 필드나 메소드 같은 클래스 멤버[member]가 그들이다.

다음에 코드 스니핏을 주입하고 싶은 곳을 알려 주는 이상적인 코드 생성 템플릿이 있다.

```
<header>
public class <grammarName>Parser extends Parser {
    <members>
    ...
}
```

헤더[header] 액션을 정하기 위해서 그래머에서 @header {...}를 사용한다. 생성된 코드에 주입된[injected] 필드나 메소드를 주입하기 위해서 @members{...}를 사용한다. 파서/렉서가 결합된 그래머에서는 이들 이름 주어진 액션이 파서와 렉서 모두에 적용된다(ANTLR 옵션 -packages는 header 액션 없이 패키지를 설정하도록 해준다). 액션을 생성된 파서나 렉서에 제한하려면, @parser::name 또는 @lexer::name을 사용한다.

이들이 계산기에서 어떻게 보이는지 살펴보자. 표현문 그래머는 전과 같이 그래머 선언으로 시작하지만, 생성된 코드가 자바 패키지 안에 살아 있다고 선언하려고 한다. 또 일부 표준 자바 유틸리티 클래스[standard Java utility classes]를 가져올 필요가 있다.

```
actions/tools/Expr.g4
grammar Expr;

@header {
package tools;
import java.util.*;
}
```

이전 계산기의 EvalVisitor 클래스는 변수 할당variable assignment과 참조를 구현하는 이름 값 쌍을 보관한 memory 필드가 있었다. 그것을 members 액션에 넣을 것이다. 그래머에서 불필요한 것을 줄이기 위해, 두 개의 피연산자에서 연산을 수행하는 eval()이라는 편리한 메소드를 정의하기로 하자. 완전한 members 액션은 아래처럼 보일 것이다.

```
examples/R.g4 actions/tools/Expr.g4
@parser::members {
    /** "memory" for our calculator; variable/value pairs go here */
    Map<String, Integer> memory = new HashMap<String, Integer>();

    int eval(int left, int op, int right) {
        switch ( op ) {
            case MUL : return left * right;
            case DIV : return left / right;
            case ADD : return left + right;
            case SUB : return left - right;
        }
        return 0;
    }
}
```

이렇게 구조를 만들고 나서 룰 요소 속의 액션 안에 있는 이 파서 클래스 멤버를 사용하는 방법을 알아보자.

룰 안에서 액션 내장시키기

이 절에서는 출력을 생성하고 데이터 구조를 업데이트하고 또 룰 반환값을 설정하기 위하여, 그래머에 액션을 내재시키는 방법을 배울 것이다. 또한 ANTLR이 룰 파라미터, 반환값 그리고 룰 호출의 기타 속성을 ParseRuleContext 서브클래스의 예로 표현하는 방법을 살필 것이다.

기초

룰 stat는 표현문, 변수 할당 그리고 빈 줄blank lines을 인식한다. 빈 줄에 아무것도 하지 않기 때문에 stat는 오직 두 개의 액션이 필요하다.

actions/tools/Expr.g4

```
stat :  e NEWLINE           {System.out.println($e.v);}
     |  ID '=' e NEWLINE    {memory.put($ID.text, $e.v);}
     |  NEWLINE
     ;
```

액션은 이전의 그래머 엘리먼트 다음부터 다음의 그래머 엘리먼트 사이 이전 것을 실행한다. 이 경우에 액션이 얼터너티브alternatives의 제일 마지막에 나타나므로, 파서가 전체 문장과 매치한 후에 실행한다. stat가 NEWLINE의 뒤에 있는 표현문을 만나면, 표현문의 값을 출력해야 한다. 변수 할당을 만나면 stat는 이름값 쌍을 필드 memory에 저장해야 한다.

이 액션에서 낯선 구문은 $e.v와 $ID.text이다. 일반적으로 $x.y는 요소 x의 속성 y를 지칭하는데, 여기서 x는 토큰 참조나 룰 참조다. 여기서 $e.v는 호출하는 룰 e의 반환값을 지칭한다(이것을 왜 v로 부르는지 볼 것이다).

ANTLR이 y 요소를 인식하지 못하면 이것을 해석할 수 없다. 이 경우에 text는 토큰의 알려진 속성으로 ANTLR은 이것을 getText()로 번역한다. 같은 결과를 얻기 위해서 $ID.getT ext()를 사용할 수도 있다. 룰과 토큰에 대한 완전한 목록은 15.4절 "*액션 및 어트리뷰트*"를 참조한다.

이제 룰 e로 눈을 돌려, 내장된 액션에서 이것이 어떻게 보이는지 한번 보자. 기본 아이디어를 코드 스니핏을 직접 액션처럼 그래머에 삽입시켜서 EvalVisitor 기능을 흉내내는 것이다.

```
actions/tools/Expr.g4
e returns [int v]
    : a=e op=('*'|'/') b=e    {$v = eval($a.v, $op.type, $b.v);}
    | a=e op=('+'|'-') b=e    {$v = eval($a.v, $op.type, $b.v);}
    | INT                     {$v = $INT.int;}
    | ID
      {
      String id = $ID.text;
      $v = memory.containsKey(id) ? memory.get(id) : 0;
      }
    | '(' e ')'               {$v = $e.v;}
    ;
```

이 예에는 흥미로운 점이 몇 가지 일어나고 있다. 먼저 볼 수 있는 것은 정수 v에 대한 반환값 스펙specification이다. 이 때문에 stat의 액션이 $e.v를 지칭하고 있는 것이다. ANTLR 반환값은 자바 반환값과 다른데, 차이점은 이들에 이름을 부여해야 하며 하나 이상을 가질 수 있다는 점이다.

다음으로 e 룰 참조와 연산자 서브룰에 op=('*'|'/') 같은 레이블을 볼 수 있다. Token 또는 ParserRuleContext 오브젝트를 지칭하는 레이블은 토큰과 매치하거나 룰 호출invoking에서 파생된 것이다.

액션의 내용으로 돌아가기 전에 ANTLR 이 반환값이나 레이블을 어디에 저장하는지를 눈여겨볼 가치가 있다. 이것은 소스 레벨에서 디버깅할 때, ANTLR에서 생성된 코드를 따라가는 것을 쉽게 해준다.

모두를 묶기 위한 하나의 룰 컨텍스트 오브젝트

2.4절 "*파스 트리를 사용하여 랭귀지 응용 프로그램 빌딩*"에서 ANTLR이 룰 컨텍스트 오브젝트와 같이 파스 트리 노드를 수행한다는 것을 배웠다. 각각의 룰 호출은 룰 컨텍스트 오브젝트를 생성하고 반환하는데, 이것은 입력 스트림에서 일정한 위치에서 하는 룰의 인식에 대한 중요한 정보를 모두 가지고 있다. 예를 들면, 룰 e는 EContext 오브젝트를 생성하고 반환한다.

```
public final EContext e(...) throws RecognitionException {...}
```

당연하게 룰 컨텍스트 오브젝트는 룰에 특정한 엔터티[entities]를 넣는 데 아주 유용한 위치이다. EContext의 첫 부분은 다음처럼 보일 것이다.

```
public static class EContext extends ParserRuleContext {
        public int v;           // rule e return value from "returns [int v]"
        public EContext a;  // label a on (recursive) rule reference to e
        public Token op;     // label on operator sub rules like ( '*'|'/' )
        public EContext b;  // label b on (recursive) rule reference to e
        public Token INT;    // reference to INT matched by 3rd alternative
        public Token ID;      // reference to ID matched by 4th alternative
        public EContext e;  // reference to context object from e invocation
...
}
```

레이블은 룰 컨텍스트 오브젝트에서 항상 필드가 되지만 ANTLR는 ID, INT 그리고 e 같은 얼터너티브 엘리먼트에 대해서 필드를 항상 생성하지 않는다. ANTLR는 이들을 위해서 이들이 그래머에서의 액션에 의해 참조될 때만 필드를 생성한다(e의 액션이 하는 것처럼). ANTLR은 컨텍스트 오브젝트 필드의 숫자를 줄이려고 노력한다.

이제 이 모든 부분이 제 자리를 잡았으니, 룰 e의 얼터너티브 안에서 액션의 내용을 분석해보도록 하자.

반환값 계산하기

e set에 있는 모든 액션은 할당 $v = ...;로 반환값을 설정한다. 이것이 반환값을 정하지만 룰 함수에서 반환을 수행하지는 않는다(액션에서 return 문장을 사용하면 안 되는데, 이유는 이것이 파서를 비정상으로 만들기 때문이다). 아래에 있는 것이 처음 두 개의 얼터너티브에 의해 사용된 액션이다.

```
$v = eval($a.v, $op.type, $b.v);
```

이 액션이 부표현식subexpression의 값을 계산하며 e의 반환값을 정한다. eval()에 대한 아규먼트argument가 e, $a.v 및 $b.v에 대한 두 개의 참조에서 나온 반환값이며, 얼터너티브 $op.type에 매치하는 연산자의 토큰 타입이다. $op.type은 항상 하나의 산술 연산자에 대한 토큰 타입이다. 레이블을 다시 사용할 수 있다는 것을 주목한다(같은 대상을 지칭하는 한). 두 번째 얼터너티브는 레이블 a, b 및 op를 재사용한다.

세 번째 얼터너티브의 액션은 INT 토큰에 의해 매치되는 텍스트의 정수 값을 접근하기 위하여 $INT.int를 사용한다. 이것은 단순히 Integer.valueOf($INT.text)의 약칭이다. 내장된 액션은 이와 동등한 비지터 visitInt() 메소드보다 더욱 단순하다(그렇지만 그래머와 응용 프로그램 특정 코드가 엉키는 대가를 지불해야 한다).

tour/EvalVisitor.java

```java
/** INT */
@Override
public Integer visitInt(LabeledExprParser.IntContext ctx) {
    return Integer.valueOf(ctx.INT().getText());
}
```

네 번째 얼터너티브는 변수 참조를 인식하고 그 이름에 값을 저장했으면, e의 반환값을 memory에 저장된 값으로 정한다. 이 액션은 자바의 ?: 연산자를 사용하지만, if-then-else 자바 문장으로도 쉽게 사용할 수 있다. 어떤 것이든 자바 메소드의 바디body처럼 작동하는 액션 속으로 넣을 수 있다.

마지막으로 마지막 얼터너티브의 $v = $e.v; 액션은 반환값을 괄호 속의 표현문과 매치하는 결과치로 정한다. 단순히 반환값만 넘긴다. (3)의 값은 3이다.

이것이 바로 그래머와 액션 코드이다. 그러면 지금부터 계산기에서 상호작용하는 드라이버를 만드는 방법을 살펴보자.

상호작용하는 계산기 구성

상호작용하는 도구의 상세 내용을 탐색하기 전에 그래머와 Calc.java 시험 도구를 마련하고 시험하는 것을 시도해 보자. package tools;이라는 문장을 header 액션에 놓았기 때문에, 생성된 자바 코드를 tools이라고 부르는 디렉터리에 놓아둘 필요가 있다(이것은 패키지와 디렉터리 구조 사이에서 표준 자바 관계를 반영한다). 이 의미는 tools에서 ANTLR을 돌리거나, Expr.g4 대신에 tools/Expr.g4 경로로 상기 tools 디렉터리로부터 돌릴 필요가 있다는 것이다.

```
$ antlr4 -no-listener tools/Expr.g4     # gen parser w/o listener into tools
$ javac -d . tools/*.java               # compile, put .class files in tools
```

이것을 시도하기 위해서 완전히 적격한 이름을 사용해서 Calc를 돌려 보자.

```
➢ $ java tools.Calc
➢ x = 1
➢ x
❮ 1
➢ x+2*3
❮ 7
➢ EOF
```

Return을 치면 계산기가 즉시 답을 보여 준다는 것을 알 수 있다. 왜냐하면 ANTLR이 전체의 입력(보통 큰 버퍼 안으로)을 기본적으로 읽고, 입력 줄을 한 줄씩 파서로 보내서 상호작용을 할 수 있도록 하기 때문이다. 한 줄이 완전한 표현문을 나타낸다(여러 줄에 걸치는 표현문을 처리할 필요가 있으면 12.2절 "*재미있는 파이썬의 줄바꿈 문자*"를 참조한다). main() 메소드에서 첫 번째 표현문을 얻는 방법이 아래에 있다.

actions/tools/Calc.java

```
BufferedReader br = new BufferedReader(new InputStreamReader(is));
String expr = br.readLine();                    // get first expression
int line = 1;                                   // track input expr line numbers
```

표현문에서 memory 필드의 값을 유지하려면 모든 입력 줄에 대해서 작용하는 단일한 공유 파서가 필요하다.

actions/tools/Calc.java

```
ExprParser parser = new ExprParser(null);       // share single parser instance
parser.setBuildParseTree(false);                // don't need trees
```

한 줄을 읽으면 새로운 토큰 스트림을 생성하고 이것을 공유하는 파서로 넘긴다.

actions/tools/Calc.java

```
while ( expr!=null ) {                          // while we have more expressions
    // create new lexer and token stream for each line (expression)
    ANTLRInputStream input = new ANTLRInputStream(expr+"\n");
    ExprLexer lexer = new ExprLexer(input);
    lexer.setLine(line);                        // notify lexer of input position
    lexer.setCharPositionInLine(0);
    CommonTokenStream tokens = new CommonTokenStream(lexer);
    parser.setInputStream(tokens);              // notify parser of new token stream
    parser.stat();                              // start the parser
    expr = br.readLine();                       // see if there's another line
    line++;
}
```

이렇게 해서 지금 상호작용을 하는 도구를 만드는 방법을 알게 되었고, 내장된 액션에 위치를 주고 사용하는 방법에 대해서 좋은 아이디어도 가지게 되었다. 계산기는 header 액션을 사용해서 두 개 파서의 클래스 멤버를 정의하기 위해서 패키지와 members 액션을 분명히 한다. 룰 안에서 액션을 사용해서 토큰의 함수와 룰 속성으로써 부표현식 값을 계산하고 반환한다. 다음 절에서는 더 많은 속성을 살펴보고 액션 위치를 몇 개 더 확인하려 한다.

10.2 토큰과 룰 속성 접근하기

6.1절 "*CSV파싱하기*"에 있는 CSV 그래머를 액션 관련 기능을 좀 더 탐구하기 위한 기반으로 사용하기로 하자. 각 행에 대해서 열 이름에서 필드에 이르는 맵을 응용 프로그램으로 만들고 파싱한 데이터에서 얻은 정보를 출력할 예정이다. 여기에서 목표는 룰에 관련된 액션과 속성에 대해서 정말로 더 많이 배우는 것이다.

먼저 locals 섹션을 이용해서 지역 변수[local variable]를 정의하는 방법을 살펴보자. 선언은 파라미터와 반환값으로 locals 섹션에서 룰 컨텍스트 오브젝트의 필드가 된다. 개개의 룰 호출에 대해서 새로운 룰 컨텍스트 오브젝트를 얻었기 때문에, 바라던 대로 새로운 로컬[locals]의 복사본을 얻었다. 다음의 룰 file의 나아진 버전은 몇 가지 흥미로운 일을 수행하지만, 이것이 로컬을 가지고 무엇을 하는지 눈여겨보기로 하자.

actions/CSV.g4

```
/** Derived from rule "file : hdr row+ ;" */
file
locals [int i=0]
	: hdr ( rows+=row[$hdr.text.split(",")] {$i++;} )+
	{
	System.out.println($i+" rows");
	for (RowContext r : $rows) {
	System.out.println("row token interval: "+r.getSourceInterval());
	}
	}
	;
```

룰 file은 지역 변수 i,를 정의하고 이것을 사용하여 액션 $i++;를 사용한 입력에 있는 열의 개수를 세는 데 사용한다. 지역 변수를 참조하려면 접두사 문자 $를 꼭 기억해야 하는데, 이렇지 못하면 컴파일러가 정의되지 않은 변수로 처리한다. ANTLR는 $i를 _localctx.i;로 번역하는 데 file을 위해서 생성된 룰 함수에는 i 지역 변수가 없다.

다음으로 룰 row에 대한 호출을 검토해 보자. 룰 호출 row[$hdr .text.split(",")]는 파라미터를 룰로 넘길 때 괄호 대신에 꺾쇠괄호를 사용하는 것을 보여주고 있다(ANTLR는 서브룰 구문에 괄호를 사용한다). $hdr .text.split(",")는 row가 필요한 문자열의 배열(array of strings)을 얻기 위해서 hdr 룰 호출에 의해 매치되는 텍스트를 분할한다.

이것을 부분으로 나누어 보자. $hdr은 오직 hdr 호출을 참조하며 이것의 HdrContext 오브젝트를 평가한다. $hdr이 유일하기 때문에 이 경우에 hdr 참조를 (h=hdr 처럼) 레이블할 필요가 없다. 이렇게 되면 $hdr.text는 헤더 행에 매치하는 텍스트가 된다. 쉼표로 분리된 헤더 열을 표준 자바 String.split() 메소드를 이용해서 분할하고, 이것은 문자열의 배열을 반환한다. 조금 후에 룰 row가 문자열의 배열 파라미터를 취하는 것을 보게 된다.

또한 row에 대한 호출도 = 대신에 += 레이블 연산자를 사용하는 새로운 종류의 레이블을 도입한다. 단일 값을 추적하기보다는 레이블 rows는 모든 row 호출에서 반환되는 모든 RowContext 오브젝트의 목록이다. 몇 줄을 출력한 후에 file의 마지막 액션은 RowContext 오브젝트를 통해서 반복하는 루프[loop]를 가지게 된다. 루프를 반복할 때마다 row 호출(getSourceInterval()을 사용해서)에 의해서 매치되는 토큰 인덱스의 범위를 출력한다.

루프는 $r이 아닌 r을 사용하는데, 이유는 r은 자바 액션 안에서 생성되는 지역 변수이기 때문이다. ANTLR는 임의로 사용자가 정의한 내장된 액션에서가 아니라 locals 키워드로 정의된 지역 변수만 볼 수 있다. 차이점은 룰 file에 대한 파스 트리 노드가 필드 r이 아닌 필드 i로 정의된다는 것이다.

이제 룰 hdr로 시선을 돌려서 헤더 행을 출력해 보자. 이것을 $row.text를 참조해서 할 수 있는데, 이것은 row 룰 참조를 해서 매치된 텍스트이다. 얼터너티브로 $text를 사용해서 룰을 둘러 싼 텍스트를 요청할 수도 있다.

```
actions/CSV.g4
hdr : row[null] {System.out.println("header: '"+$text.trim()+"'");} ;
```

이 경우는 이것이 row에 의해서 매치된 텍스트도 될 수가 있다. 왜냐하면 거기에 있는 모든 것이 그 룰 안에 있기 때문이다.

모든 행의 데이터를 룰 row에 있는 액션으로 열 이름을 값으로 해서 맵으로 변환하는 방법을 살펴보자. 먼저 row가 열 이름의 배열을 파라미터로 취하고 맵을 반환한다. 다음에 열 이름 배열을 하나씩 처리하기 위하여 지역 변수 col이 필요하게 된다. 행을 파싱하기 전에 반환값 맵을 초기화할 필요가 있으며, 그리고 재미를 더하기 위하여 row가 끝나면 맵을 출력하기로 하자. 이 모든 것이 룰에 있는 헤더로 가게 된다.

```
actions/CSV.g4
/** Derived from rule "row : field (',' field)* '\r'? '\n' ;" */
row[String[] columns] returns [Map<String,String> values]
locals [int col=0]
@init {
    $values = new HashMap<String,String>();
}
@after {
    if ($values!=null && $values.size()>0) {
        System.out.println("values = "+$values);
    }
}
```

init 액션은 얼터너티브가 얼마나 있는지에 관계 없이, 룰에 어떤 것이라도 매치되기 전에 일어난다. 비슷하게 after 액션은 룰이 얼터너티브의 하나라도 매치가 되면 바로 그 후에 일어난다. 이 경우 after 액션의 기능성을 row의 바깥쪽 얼터너티브^outer alternative^ 끝에서 출력 문장을 액션에 넣는 것으로 표현^express^할 수 있다.

모든 것이 준비되었으면 데이터를 수집하고 맵을 채울 수 있다.

```
actions/CSV.g4
// rule row cont'd...
    : field
      {
      if ($columns!=null) {
         $values.put($columns[$col++].trim(),  $field.text.trim());
      }
      }
      (  ',' field
         {
         if ($columns!=null) {
            $values.put($columns[$col++].trim(),  $field.text.trim());
         }
         }
      )* '\r'? '\n'
    ;
```

액션의 중심 부분은 필드 값을 $values.put(...)를 사용하여 values 맵에 저장한다. 첫 번째 파라미터는 열 이름을 가져오고, 열 숫자를 증가시키고 그리고 이름 $columns[$col++].trim()에서 빈칸을 없앤다. 두 번째 파라미터는 가장 최근에 매치된 필드 $field.text.trim()의 텍스트를 정리한다(row에서 두 개의 액션은 동일하므로 하나를 제외하고 members 액션에 있는 메소드로 보내는 것이 좋은 생각이 될 수 있다).

CSV.g4에 있는 나머지 것은 친숙하므로 이것을 구성하는 방향으로 시도해 보자. grun 때문에 특별한 테스트 리그를 작성할 필요가 없으므로, 단순히 파서를 생성해서 이것을 컴파일하면 된다.

```
$ antlr4 -no-listener CSV.g4     # again, we won't use a listener
$ javac CSV*.java
```

다음에 사용할 수 있는 데이터가 있다.

```
actions/users.csv
User,   Name,      Dept
parrt,  Terence,   101
tombu,  Tom,       020
bke,  Kevin,       008
```

그리고 출력은 다음과 같다.

```
$ grun CSV file users.csv
header: 'User,  Name,    Dept'
values = {Name=Terence, User=parrt, Dept=101}
values = {Name=Tom, User=tombu, Dept=020}
values = {Name=Kevin, User=bke, Dept=008}
3 rows
row token interval: 6..11
row token interval: 12..17
row token interval: 18..23
```

룰 hdr은 첫 번째 줄을 출력하고, 세 개가 row를 호출해서 values=... 줄을 출력하라고 한다. 룰 file로 다시 와서 액션은 행의 개수와 각 행의 데이터와 관련된 토큰 간격을 출력한다.

이 시점에서 룰의 안팎에서 내장된 액션을 사용할 수 있는 수단을 확보했다. 또 룰 속성도 잘 알고 있다. 반면에 계산기와 CSV 예는 파서 룰에서 액션을 독점적으로 사용했다. 액션은 렉서 룰에서도 마찬가지로 아주 유용하게 사용할 수 있다는 것을 보여 주었다. 이어서 이것을 규모가 크고 역동적인 키워드의 집합을 처리하는 방법을 지켜보면서 탐구할 것이다.

10.3 키워드가 고정되지 않은 언어 인식하기

렉서 룰에 내장된 액션을 탐구하기 위해서 키워드가(실행될 때마다) 역동적으로 변하는 콘트라이브[contrived] 프로그래밍 언어에 대한 그래머를 만들어 보자. 이것은 생각만큼 특이한 것이 아니다. 예를 들면, 버전 5에서 자바는 키워드 enum을 추가해서 같은 컴파일러가 -version 옵션에 따라서 키워드를 사용하거나 사용하지 못하게 만들었다.

아마도 더욱 일반적인 사용은 방대한 키워드 세트를 지닌 언어를 취급하는 것이다. 렉서가 모든 키워드를 개별적으로 (별도의 룰로) 매치하도록 하는 것보다는 포괄적인 ID 룰을 만들고 나서, 키워드 테이블에서 식별자를 찾는 것이다. 렉서가 키워드를 찾을 수 있으면 포괄적인 ID속에서 특정한 토큰 타입을 그 키워드의 토큰 타입으로 정할 수 있다.

ID 룰과 키워드 검색 방법을 확보하기 전에 키워드를 참조하는 문장 룰을 살펴보자.

actions/Keywords.g4

```
stat :    BEGIN stat* END
     |    IF expr THEN stat
     |    WHILE expr stat
     |    ID '=' expr ';'
     ;
expr :    INT | CHAR ;
```

ANTLR을 묵시적으로 BEGIN, END 등의 키워드에 대한 토큰 타입을 정의할 것이다. 그러나 ANTLR는 이들 토큰 타입에 상응하는 어휘적 정의가 없다는 것을 알려 줄 것이다.

```
$ antlr4 Keywords.g4
warning(125): Keywords.g4:31:8: implicit definition of token BEGIN in parser
...
```

이 경고를 잠재우기 위해서 명시적으로 하자.

```
actions/Keywords.g4
// explicitly define keyword token types to avoid implicit def warnings
tokens { BEGIN, END, IF, THEN, WHILE }
```

생성된 keywordParser에서 ANTLR을 토큰 타입을 다음처럼 정의한다.

```
public static final int ID=3, BEGIN=4, END=5, IF=6, ... ;
```

이제 토큰 타입을 정의했으니 Map과 HashMap을 가져오는 그래머 선언과 header 액션을 한번 보기로 하자.

```
actions/Keywords.g4
grammar Keywords;
@lexer::header {        // place this header action only in lexer, not the parser
import java.util.*;
}
```

키워드 테이블에서 키워드 이름을 정수 토큰 타입으로 옮기기 위해서 Map을 사용하고, 맵핑 인라인mapping inline을 자바 인스턴스 초기화instance initialize (중괄호 안의 세트)를 이용해 정의할 것이다.

```
actions/Keywords.g4
@lexer::members {     // place this class member only in lexer
Map<String,Integer> keywords = new HashMap<String,Integer>() {{
        put("begin",  KeywordsParser.BEGIN);
        put("end",    KeywordsParser.END);
        put("if",     KeywordsParser.IF);
        put("then",   KeywordsParser.THEN);
        put("while",  KeywordsParser.WHILE);
}};
}
```

모든 기반을 제자리에 잡아 놓고 이전에 여러 번 했던 것처럼 식별자를 매치시키기로 하는데, 토큰 타입을 적절하게 하이라이트해 주는 액션으로 하기로 한다.

actions/Keywords.g4

```
ID  :  [a-zA-Z]+
       {
       if ( keywords.containsKey(getText()) ) {
           setType(keywords.get(getText())); // reset token  type
       }
       }
;
```

여기에서 현재 토큰의 텍스트를 얻기 위해서 렉서의 getText() 메소드를 사용한다. 이것을 식별자가 keyword 내에 존재하는지를 보기 위해서 사용한다. 존재한다면 토큰 타입을 ID에서 키워드 토큰 타입 값으로 재설정할 것이다.

토큰의 텍스트를 바꾸는 방법을 고려해 보자. 이것은 문자와 문자열 리터럴[literals]에서 하나나 두 개의 인용 부호를 없애는 데 아주 유익하다. 보통 언어 응용 프로그램은 인용 부호 안에 텍스트만 있기를 바란다. 다음 예에, setText()를 사용해서 토큰의 텍스트에 오버라이드하는 방법이 있다.

actions/Keywords.g4

```
/** Convert 3-char 'x' input sequence to string x */
CHAR:   '\'' . '\'' {setText( String.valueOf(getText().charAt(1)) );} ;
```

토큰 오브젝트를 setToken()을 사용하여 렉서에서 반환하도록 명시할 수도 있다. 이것이 커스텀[custom] 토큰 구현[implementations]을 반환하는 방법이다. 다른 방법은 렉서의 emit() 메소드를 무시하는 방법이다.

조그마한 언어를 실습할 준비가 되어 있다. 예상하는 행동은 키워드를 정상적인 식별자와 차별화하는 것이다. 다시 말하면 x=34;가 반드시 작동해야 하지만, if=34;는 if가 키워드일 경우에는 작동하면 안 된다. ANTLR을 돌리고 생성된 코드를 컴파일하고 나서 이것을 유효한 할당assignment에서 시도해 보자.

```
➤ $ antlr4 -no-listener Keywords.g4
➤ $ javac Keywords*.java
➤ $ grun Keywords stat
➤ x = 34;
➤ EOF
```

문제는 없다. 에러도 없다. 그러나 파서는 if를 식별자로 사용하려고 시도한 할당에 대해 구문 에러를 보여준다. 또한 타당한 if 문장도 에러 없이 받아들인다.

```
➤ $ grun Keywords stat
➤ if = 34;
➤ EOF
❮ line 1:3 extraneous input '=' expecting {CHAR, INT}
  line 2:0 mismatched input '<EOF>' expecting THEN
➤ $ grun Keywords stat
➤ if 1 then i = 4;
➤ EOF
```

만일 당신이 불행하게도 일부 문맥에서 키워드를 식별자로 허용하는 언어에서 파서를 구축한다면, 12.2절 *"키워드를 식별자로 취급하기"*를 참조한다.

액션은 일반적으로 파서보다는 렉서에서 덜 필요하지만, 토큰 타입이나 토큰 텍스트 변경이 필요한 상황에서는 아직도 유용하다. 또한 입력을 토큰화하는 동안 토큰 스트림을 액션이 아닌 사실로 보면서 토큰을 변경할 수도 있다.

이 장에서 헤더나 멤버 같은 이름이 주어진 액션을 사용한 룰 엘리먼트와 룰 밖에서 액션을 사용하여 그래머 안에서 응용 프로그램 코드를 내재시키는 방법을 배웠다. 또 룰 파라미터와 반환값을 정의하고 참조하는 방법을 보았다. 계속해서 또 text와 타입 같은 토큰 속성을 사용했다. 요약하면 액션에 관련된 기능이 ANTLR가 생성한 코드를 원하는 대로 만들 수 있도록 해주었다.

다시 한번 가능하면 그래머 액션을 피하도록 노력해야 한다. 왜냐하면 액션은 그래머를 특별한 프로그래밍 언어 대상과 응용 프로그램에 고정시킨다. 그렇긴 하지만 당신은 이 문제에 무관심할 수 있다. 왜냐하면 당신 회사가 항상 하나의 언어로 프로그래밍하고 당신의 그래머는 특별한 응용 프로그램에 국한되기 때문이다. 이런 상황에서 액션을 단순성 또는 효율성을 이유로 (파스 트리 구축을 하지 않고) 직접 그래머에 내재시키는 것이 의미가 있을 수 있다. 제일 중요한 점은 일부 파싱 문제는 타당하게 입력이 되었는지를 확인하기 위해서 런타임 테스트가 필요하다는 것이다. 다음 장에서는 다양하게 얼터너티브를 취사선택하게 해주는 시맨틱 서술이라고 부르는 불리언 표현문을 탐구해 볼 것이다.

CHAPTER 11

시맨틱 서술로 파스 변경

이전 장에서 응용 프로그램 특정 코드를 수행하기 위해서, 파스하는 중간 상황에 따라 그래머 속에 액션을 내재시키는 방법을 배웠다. 이들 액션은 어쨌든 로그[log] 문장이 주변 프로그램에 영향을 주지 않는 것과 아주 흡사하게, 파서의 작업에 영향을 미치지 않는다. 내장된 액션은 단순하게 값을 계산하거나 출력한다. 그렇지만 아주 드물게 내장된 코드로 파스를 변경하는 것이 언어의 입력 문장을 합리적으로 인정하는 유일한 방법이 된다.

이 장에서 실행 시에 그래머의 일부를 선택적으로 비활성화시킬 수 있도록 해 주는 시맨틱 서술[semantic predicates]이라고 부르는 특별한 액션 {...}?에 관해 배울 것이다. 서술은 불리언[Boolean] 표현문[expression]으로 파서가 보는 선택의 개수를 줄이는 효과를 가져온다. 믿기 어렵겠지만 선택적인 감소는 실제로 파서의 능력을 증강시킨다.

시맨틱 서술의 잘 알려진 사용 사례는 두 가지가 있다. 먼저 같은 언어에서 복수의, 약간 서로 다른 버전(dialect=방언)을 처리할 파서가 필요할 수가 있다. 예를 들면, 데이터베이스 판매자의 SQL 구문은 시간이 흐르면서 진화해 왔다. 이 판매자의 데이터베이스 프런트 엔드를 구축하기 위해서는 같은 SQL에 대한 서로 다른 버전을 지원할 필요가 있다. 마찬가지로 Gnu C 컴파일러인 gcc는 ANSI C는 물론 엄청난 계산형 goto를 추가한 이것의 방언도 처리해야 한다. 더욱이 시맨틱 서술은 실행 시에, 명령어 스위치나 기타 다양한 방법으로 방언을 고를 수 있도록 해 준다.

두 번째의 사용 사례는 그래머의 모호성을 해결하는 것을 포함한다(2.2절 "*파서 구현*"에서 설명되었음). 일부 언어에서 동일한 구문적 구성syntactic construct은 다른 것을 의미할 수 있고, 서술은 동일한 입력 문에 대한 복수의 해석 중에서 선택할 수 있는 방법을 제시해 주는 근거를 마련해 준다. 예를 들면, 옛날의 포트란Fortran에서 f(i)는 f가 정의된 것에 따라서 – 구문syntax은 동일하다 – 배열 참조나 함수 호출이 될 수도 있다. 컴파일러는 입력을 적절하게 해석하려면 심볼 테이블에서 식별자를 탐색해야 한다.

시맨틱 서술은 심볼 테이블에서 확인한 것을 근거해서 부적절한 해석을 차단할 수 있는 방법을 제시한다. 이렇게 해서 파서는 타당하게 해석된 단 하나만의 선택을 취할 수 있다.

자바와 C++에서 발췌한 예를 검토하면서 시맨틱 서술에 대해서 배울 것이다. 상세 내용의 대부분을 찾아 내면서 탐색을 지속하겠지만, 당신은 15.7절 "*의미 술어*"의 참고 장에서 정밀한 인쇄fine print에 대한 논의를 검토할 수 있다. 내장된 액션과 서술로 무장한다면, 다음 장에 나오는 엄청난 언어 문제를 충분하게 맞닥뜨릴 수 있다.

11.1 다중 언어 방언 인식하기

첫 과제로 시맨틱 서술로 자바의 그래머의 일부분을 비활성화시키는 방법을 배울 것이다. 효과는 불리언 표현문의 평가 결과에 따라서 서로 다른 방언을 상황에 맞게 인식하는 것이 될 것이다. 특히 같은 파서가 열거enumerated 타입을 허용하거나 불허하도록 스위칭하는 방법을 볼 계획이다.

자바 언어는 시간이 흐르면서 새로운 구조를 포함하도록 확장되어 왔다. 예를 들면, 자바 5 이전에 다음의 선언은 무효한 것이었다.

predicates/Temp.java
```
enum Temp { HOT, COLD }
```

조금 다른 방언을 위해서 별도의 컴파일러를 만드는 대신에, 자바 컴파일러 javac는 -source 옵션이 있다. 아래에 보이는 것이 enum을 자바 버전 1.4로 컴파일하려고 시도했을 때 나오는 결과이다.

```
$ javac -source 1.4 Temp.java
Temp.java:1: enums are not supported in -source 1.4
(use -source 5 or higher to enable enums)
enum Temp { HOT, COLD }
^
1 error
$ javac Temp.java    # javac assumes the latest dialect; compiles fine.
```

enum을 식별자에서 키워드로 열거형을 뒤집어서 도입하면, 이전 버전과의 호환성 문제에 봉착한다. 많은 과거의 코드가 enum을 int enum; 같은 변수로 사용했다. 이전 방언을 인식할 수 있는 컴파일러의 옵션이 있기 때문에, 컴파일을 새로 하기 위해서 코드를 변경하지 않는다.

javac이 복수의 방언을 처리하는 것을 맛보기 위해서, 자바의 아주 작은 부분만 인식할 수 있는 그래머를 구축한다. 단순히 enum 선언과 할당[assignment] 문장만 있으면 된다. 목표는 자바 5 이전과 이후의 언어를 적당하게 인식할 수 있지만 동시에 둘 다를 인식하면 안 되는 그래머를 생성하는 것이다. 예를 들면, enum을 키워드인 동시에 식별자로 사용하는 것은 당연히 무효이다.

```
enum enum { HOT, COLD }    // syntax error in any Java version
```

최소의 자바 서브세트[subset]을 인식하는 그래머의 핵심부를 살펴보면서 enum 키워드를 처리하는 방법을 생각해 보자.

```
predicates/Enum.g4
grammar Enum;
@parser::members {public static boolean java5;}

Prog :  (   stat
        |   enumDecl
        )+
    ;
```

```
stat :  id '=' expr ';' {System.out.println($id.text+"="+$expr.text);} ;

expr
    :  id
    |  INT
    ;
```

이 그래머적 구조와 액션에 대해서 이미 친숙하므로 enum 선언으로 넘어가자.

```
enumDecl
    :    'enum' name=id '{' id (',' id)* '}'
         {System.out.println("enum  "+$name.text);}
    ;
```

이 룰은 열거형의 (간단한) 구문을 인식하지만, enum이 가끔 불법적일 수 있다고 추정할 수 있는 것이 아무것도 없다. 그리고 이 사실이 문제의 핵심으로 접근시킨다. 즉, 시맨틱 서술로 얼터너티브 작동을 허용/불용한다.

predicates/Enum.g4

```
enumDecl
    :    {java5}? 'enum' name=id '{' id (',' id)* '}'
         {System.out.println("enum  "+$name.text);}
    ;
```

서술 {java5}?이 런타임에서 진위를 평가해서, 자바 5가 거짓이면 그 얼터너티브를 비활성화한다.

평소에 사용하는 토큰 ID 같은 것 대신에 룰 id를 사용하는 것을 알 것이다. 이것은 식별자의 개념이 자바 5 이전을 인식했을 때 enum을 포함하기 때문이다(렉서는 enum을 식별자가 아닌 키워드로 반환한다). 이 선택을 표현하기 위해서 시맨틱 서술이 있는 룰이 필요하다.

```
predicates/Enum.g4
id  :  ID
    |  {!java5}? 'enum'
    ;
```

{!java5}? 서술은 enum을 자바 5 모드가 아닌 경우에만 식별자로 활성화하도록 허용한다. 이것은 말 그대로 자바 5가 진실일 경우, 제2의 얼터너티브를 비활성화시킨다. 내부적으로 ANTLR 파서는 그래프 데이터 구조를 사용하여 룰 id를 아래와 비슷한 것으로 본다.

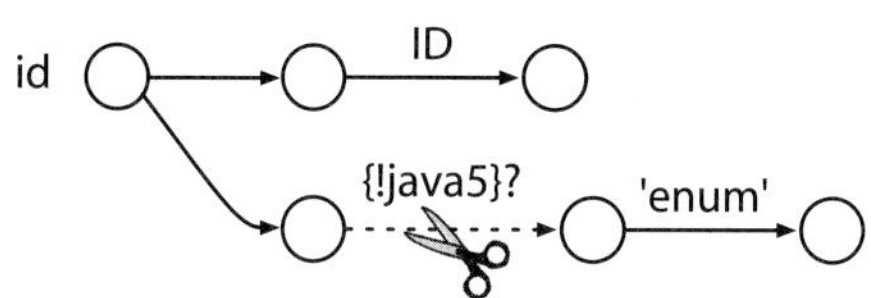

가위 모양 아이콘scissors icon은 !java5가 거짓으로 평가할 때(자바 5가 진실일 때), 파서가 그래프에서 가지를 자르는 것을 나타낸다. 서술이 상호배타적이기 때문에 enum 선언과 enum을 식별자로 간주하는 상호배타적인 구조가 된다.

그래머를 테스트하는 데 grun을 사용할 수 있지만, 자바 방언 사이에서 반전(反轉)할 수 있는 테스트 리그가 필요하다. 아래에 자바 5 모드를 돌리는 -java5 옵션을 지원하는 TestEnum에 관련된 정보가 있다.

```
predicates/TestEnum.java
int i = 0;
EnumParser.java5 = false; // assume non-Java5 mode by default
if ( args.length>0 && args[i].equals("-java5") ) {
        EnumParser.java5 = true;
        i++;
}
```

이제 컴파일해 보자.

```
$ antlr4 -no-listener Enum.g4
$ javac Enum*.java TestEnum.java
```

먼저 자바 5 이전 모드로 시작하는데 enum을 식별자로 허용을 한 것을 확실히 하고 열거형을 허용하지 않도록 한다.

```
➤ $ java TestEnum
➤ enum = 0;
➤ EOF
❮ enum=0

➤ $ java TestEnum
➤ enum Temp { HOT, COLD }
➤ EOF
❮ line 1:0 no viable alternative at input 'enum'
```

자바 5 모드는 반대로 enum을 식별자로 절대로 생각하지 않지만, 열거형으로 반드시 허용해야 한다.

```
➤ $ java TestEnum -java5
➤ enum = 0;
➤ EOF
❮ line 1:0 no viable alternative at input 'enum'

➤ $ java TestEnum -java5
➤ enum Temp { HOT, COLD }
➤ EOF
❮ enum Temp
```

모든 것을 검토했지만 다음으로 넘어가기 전에 서술 배치를 한번 살펴보자. 서술은 서술을 거친 후에 매치시킬 수 있는 모든 것을 활성화하거나 비활성화하는 일을 한다. 이 의미는 기술적으로 {java5}? 서술을 enumDecl 안으로 적절하게 넣을 필요가 없다는 것이다. 이것을 끌어내어 대신에 그 룰의 호출 앞에 넣을 수 있다.

```
prog :  (   {java5}? enumDecl
        |   stat
        )+
    ;
```

이들은 기능적으로 동등하며 이 경우에 이들의 위치는 스타일의 문제가 된다. 중요한 것은 파서가 enumDecl에 있는 'enum' 토큰 참조에 도달하기 전에, 서술을 (...)+ 서브룰 처음 얼터너티브 근처에서 만나야 한다는 것이다.

그리고 이것이 실행 불리언 스위치를 사용하여 복수의 방언을 지원하는 그래머를 구성하는 방법이다. 실제의 자바 그래머를 구성하려면 당신은 이런 서술을 그래머의 적절한 룰로 통합해야 하는데, 이것을 여기서 enumDecl과 id로 부른다.

내장된 액션처럼 시맨틱 서술도 역시 렉서에서 가끔씩 유용하게 쓰인다.

11.2 토큰 비활성화

이 섹션에서 같은 문제를 또 한번 풀 예정이지만, 이번에는 파서가 아닌 렉서에서 서술을 사용한다. 발상은 렉서에 있는 서술은 언어에 있는 구문이 아닌, 토큰을 활성화 또는 비활성화한다는 것이다. 접근 방법은 enum을 키워드로 비활성화해서 이것을 자바 5 이전 모드에서 정상적인 식별자로 매치화시키는 것이다. 자바 5 모드에서 원하는 것은 enum을 빼내서 자체의 키워드 토큰으로 분리하는 것이다. 이렇게 하면 파서를 아주 단순하게 만들어 준다. 왜냐하면 이것이 id 룰이 아닌 일상적인 ID 토큰을 참조함으로써 식별자와 매치할 수 있기 때문이다.

```
predicates/Enum2.g4
stat  :  ID '=' expr ';' {System.out.println($ID.text+"="+$expr.text);} ;

expr :  ID
     |  INT
     ;
```

렉서는 현재 방언과 어울릴 때만 ID를 보낸다. 이것에서 벗어나려면, enum에 매치하는 어휘적 룰에 있는 하나의 서술만 필요하다.

```
predicates/Enum2.g4
ENUM :  'enum' {java5}?  ;  // must be before ID
ID   :  [a-zA-Z]+ ;
```

서술이 파서 얼터너티브에서 했던 것처럼, 어휘적 룰의 왼쪽이 아닌 오른쪽 가에 나타나는 것을 주목한다. 이것은 파서가 앞에 무엇이 나오는가를 예측하고 얼터너티브를 매치하기 전에 서술을 시험할 필요가 있기 때문이다.

반면에 렉서는 얼터너티브를 예측하지 않는다. 단순히 제일 길게 매치되는 것만 찾아서 전체 토큰을 본 후에 결정을 한다. (이것을 참고 장에서 자세하게 배울 수 있다. 특히 15.7절 "*시맨틱 서술*"을 참조하면 된다.)

자바 5가 허위인 경우, 서술은 룰 ENUM을 비활성화한다. 그러나 참인 경우에는, ENUM과 ID 모두 문자열 e-n-u-m과 매치해야 한다. 이들 두 개의 룰은 이 입력에 대해서 모호하다. ANTLR은 항상 먼저 구체화된 룰을 선호하는 방법으로 어휘적 모호성을 해결해서 이 경우에는 ENUM이 된다. 이 룰을 반대로 하면 렉서는 항상 e-n-u-m을 ID로 매치화한다. 이 경우 ENUM이 활성화 또는 비활성화되었는지는 관계 없다.

이 서술된 렉서 해결책이 멋진 점은 자바 5 모드가 아닌 경우, enum 구조를 비활성화하기 위해서 파서에서 서술할 필요가 없다는 것이다.

```
predicates/Enum2.g4
// No predicate needed here because 'enum' token undefined if !java5
enumDecl
        : 'enum' name=ID '{' ID (',' ID)* '}'
          {System.out.println("enum  "+$name.text);}
        ;
```

토큰 'enum'은 얼터너티브의 처음에서 참조되었는데, 특정한 키워드 토큰을 탐색한다. 렉서는 이것을 파서에 보여 줄 수 있는데, 오직 자바 5 모드에서만 가능해서 enumDecl은 자바 5가 진실이 아니면 절대로 매치할 수 없다.

이제 렉서 기반 해결책이 정확하게 두 개의 방언에서 구조를 인식했는지를 확인해 보기로 하자. 자바 5 모드가 아닌 경우 enum은 식별자이다

```
➤ $ antlr4 -no-listener Enum2.g4
➤ $ javac  Enum2*.java TestEnum2.java
➤ $ java TestEnum2
➤ enum = 0;
➤ EOF
❮ enum=0
```

enum이 키워드 토큰이 아닌 식별자이기 때문에 파서는 enumDecl과 매치하려고 절대로 시도하지 않는다. 파서는 enumTemp { HOT, COLD }를 할당으로 취급할 수밖에 없고 구문 에러도 당연히 따르게 된다.

```
➤ $ java TestEnum2
➤ enum Temp { HOT, COLD }
➤ EOF
❮ line 1:5 missing '=' at 'Temp'
  line 1:15 mismatched input ',' expecting '='
  line 1:22 mismatched input '}' expecting '='
```

이 경우에 ANTLR의 오류 복구는 이것이 타당한 할당이 없다는 것을 확인하고, 할당을 시작할 수 있는 어떤 것을 발견할 때까지 토큰을 소비한다.

자바 5 모드에서 enum에 할당하는 것은 효력이 없지만 열거형은 유효하다.

```
➤ $ java TestEnum2 -java5
➤ enum = 0;
➤ EOF
❮ line 1:5 mismatched input '=' expecting ID
➤ $ java TestEnum2 -java5
➤ enum Temp { HOT, COLD }
➤ EOF
❮ enum Temp
```

렉서의 성능을 저하시킬 수 있는 서술을 피하려면 완전히 enum 룰에서 벗어나서, enum을 항상 식별자로 매치시키면 된다. 그러면 10.3절 *"키워드가 고정되지 않은 언어 인식하기"*에서 한 것처럼 토큰 타입을 적절하게 반전시킬 수 있다.

```
ID :   [a-zA-Z]+
       {if (java5 && getText().equals("enum")) setType(Enum2Parser.ENUM);}
   ;
```

또한 enum의 토큰 정의할 필요가 있다.

```
tokens { ENUM }
```

효율과 명료성을 위해서 가능하면 파서에서 내장된 서술을 피하는 것이 좋은 생각이다. 대신에 내가 추천하고 싶은 것은 enum에 관련된 자바 방언을 지원하기 위하여, 이 절의 렉서 기반 해결책 중에 하나를 선택하라는 것이다. 서술도 마찬가지로 렉서를 느리게 한다는 것을 염두에 두고 이들 없이 하도록 노력해 보자.

이것들이 파서와 렉서에서 기본 구문과 시맨틱 서술 사용법이다. 서술은 선택적으로 그래머의 일부분을 비활성화하는 단도직입적인 방법을 제공하며, 이것이 동일한 그래머를 사용하는 동일한 언어의 방언을 인식할 수 있도록 해준다. 더욱이 불리언 표현문 값을 반전시켜서 방언 사이를 융통성 있게 스위치할 수 있다. 이제 두 번째의 사용 사례, 파서에서 모호한 입력 문구를 해결하기 위해서 서술을 사용하는 방법을 검토해 보자.

11.3 모호한 문구 인식하기

간단한 불리언 변수를 기반으로 해서 그래머의 일부를 다듬는 방법을 보았다. 이것은 그래머가 동일한 입력을 복수로 매치하는 것이 아니라, 단순하게 특정 언어 구조를 정지시키기를 원하는 것이다. 이제 목표는 파서가 모호한 입력 문구의 해석만을 남겨 놓고 다른 모든 것을 비활성화하도록 강제적으로 만드는 것이다. 미로를 비유로 사용하면 하나의 암구호를 사용해서 복수의 경로를 따라서 미로를 통해서 출구로 나올 때, 미로와 암구호는 모호하다. 서술은 경로가 갈라지는데 문 같은 것으로 열고 닫을 수 있어서 미로를 통해서 이동할 수 있게 해준다.

글자 언어의 모호성은 나쁜 것인가

현명한 언어 설계자는 의식적으로 모호성 구조를 피한다. 왜냐하면 이것이 코드를 판독하는 데 어려움을 주기 때문이다. 예로, 루비Ruby에 있는 f[0] 은 배열 f의 첫 번째 요소의 참조나 또는 배열을 불러오는 f()의 함수를 호출하는 것일 수도 있는데, 이 경우는 인덱스를 한다. 더욱 재미 있는 것은 f [0]로, [0] 앞에 빈칸이 있는 것은 요소가 0인 배열을 변수로서 함수 f()에 전해 주는 것이다. 이 모든 것은 함수 호출에서 괄호가 루비에서 옵션이기 때문이다. 루비 매니아는 현재 바로 이런 모호성 때문에 괄호 사용을 추천하고 있다.

시작하기 전에 내가 지적하고 싶은 것은 그래머에서 입력 문구를 매치하는 방법이 복수인 경우는 거의 대부분이 그래머 버그라는 것이다. 대부분의 언어에서 구문이 유일하게 모든 유효한 문구를 해석하는 방법을 좌지우지한다(위의 글자 *언어의 모호성은 나쁜 것인가?* 관련 기사를 참조한다). 이 의미는 그래머가 각각의 입력이 반드시 한 가지 방법으로만 매치돼야 한다는 뜻이다. 복수의 해석이 가능하다는 것을 발견하면 그래머를 다시 만들어서 타당하지 않은 해석을 제거해야 한다.

그렇긴 해도 일부 언어에는 구문 자체가 의미를 충분히 확인하기 어려운 문구가 있다. 이런 언어의 그래머는 필연적으로 모호하게 되어 있다. 하지만 구문적으로 모호한 문구의 의미는 식별자가 정의되는 방법 같은 충분한 문맥만 주어지면, 명확하게 할 수 있다. 문맥에 관련된 질문으로 각각의 모호한 문구에 대한 적절한 해석을 선택할 수 있는 서술이 필요하다. 서술이 입력 문구에서 훌륭하게 그래머 모호성을 해결해 준다면, 이 문구가 문맥 민감성이 있다고 말한다.

이 절에서 C++의 구석 구석에 숨겨져 있는 모호성을 탐색할 것이다. 내가 말할 수 있는 것은 C++가 정확하고 정밀하게 파싱하기가 제일 어려운 프로그래밍 언어라는 사실이다. 먼저 함수 호출을 컨스트럭터 스타일[constructor-style] 형변환[typecast]에 비교해서 시작하고, 그다음에는 선언을 표현 문에 비교해서 살펴볼 계획이다.

C++에서 T(0) 적절하게 인식하기

C++에서 표현 문 T(0)는 T가 함수인지 아니면 타입 이름인지에 따라서 함수 호출이나 컨스트럭터 스타일 형변환이 된다. 표현문은 모호한데 같은 문구 구문이 양쪽의 해석에 적용되기 때문이다. 올바른 해석을 얻으려면 프로그램에서 T가 정의된 방법에 따라서 파서가 얼터너티브의 하나를 비활성화할 필요가 있다. 아래에 극도로 단순화된 C++ 표현문 룰은 두 개의 서술을 가지고 있는데, 이것이 ID를 검사해서 함수인지 아니면 타입 이름인지를 확인한다.

predicates/CppExpr.g4

```
/** Distinguish between alts 1, 2 using idealized predicates as demo */
expr :  {«isfunc(ID)»}? ID '(' expr ')'   // func call with 1 arg
     |  {«istype(ID)»}? ID '(' expr ')'   // ctor-style type cast of expr
     |  INT        // integer literal
     |  ID         // identifier
     ;
```

육안으로 룰 expr은 다음의 그래프처럼 보이는데 컷 포인트[cut point]는 처음의 두 개 얼터너티브 앞에 있다.

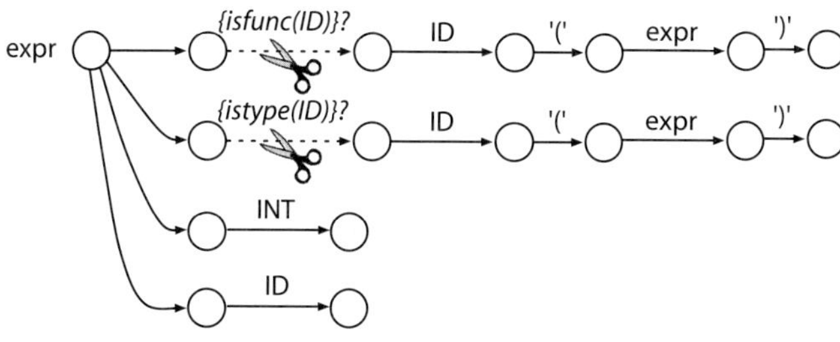

당신은 왜 두 개의 얼터너티브를 하나가 두 경우(함수 호출과 형변환)를 처리할 수 있도록 줄이지 못했는지를 의아하게 생각할 것이다. 첫째 이유는 이것이 파스 트리 탐색기parse-tree walker의 일을 복잡하게 만들기 때문이다. 한 경우에 하나씩, 두 개의 특정한 메소드 대신에 단일한 enterCallOrT ypecast()가 있다. 메소드 내에 두 경우를 수작업으로 나누어 놓았다. 그러나 이것이 절대로 마지막은 아니다.

더 큰 문제는 모호한 얼터너티브가 여기에 있는 것처럼, 같은 경우가 거의 없다는 사실이다. 예를 들면, 함수 호출 얼터너티브는 T()처럼 변수가 없을 경우에도 역시 처리를 해야 한다. 이것은 타당한 역할이 아니어서, 두 개의 얼터너티브를 하나로 줄이는 것은 실제로 작업을 할 수 없게 된다. 모호한 얼터너티브가 멀리 분리된 룰이 되는 경우도 역시 마찬가지인데, 이것은 다음 예에서 살펴보기로 하자.

C++에서 T(i) 적절하게 인식하기

표현문 T(i)의 조그만 변형을 생각해 보자. 일을 간단하게 하기 위해서 C++ 서브세트에 컨스트럭터 스타일constructor-style 형변환이 없다고 가정하자. 그러면 표현문으로서 T(i)는 함수 호출이 된다. 유감스럽게도 이것은 또한 구문적으로 타당한 선언이다. 이것은 타입 T의 변수 i를 정의하는 T i 문구와 같다. 차이를 말해 줄 수 있는 유일한 방법은 다시 문맥으로 돌아오는 것이다. T가 타입 이름이면, T(i)는 변수 i의 선언이다. 그렇지 않으면 이것은 i를 변수로 하는 함수 호출이다.

분리된 룰에서 모호한 얼터너티브를 C++의 일부만 만족시켜 주는 아주 작은 그래머로 보여 줄 수 있다. C++의 문장이 단순하게 선언 또는 표현문이라고만 말하자.

```
predicates/CppStat.g4
stat :    decl ';'    {System.out.println("decl "+$decl.text);}
     |    expr ';'    {System.out.println("expr "+$expr.text);}
     ;
```

구문적으로 선언이 T i 또는 T(i)가 될 수 있다.

```
predicates/CppStat.g4
decl :    ID ID                // E.g., "Point p"
     |    ID '(' ID ')'        // E.g., "Point (p)", same as ID ID
     ;
```

그리고 표현문이 정수(整數)의 문자, 단순한 식별자 또는 변수가 하나인 함수 호출이 될 수 있다고 하자.

```
predicates/CppStat.g4
expr :    INT                  // integer literal
     |    ID                   // identifier
     |    ID '(' expr ')'      // function call
     ;
```

f(i);에 대해서 그래머를 구성하고 시험을 한다면, 파서에서 모호성 경고를 받을 것이다(-diagnostics 옵션을 사용하면).

```
➤ $ antlr4 CppStat.g4
➤ $ javac CppStat*.java   $ grun CppStat stat -diagnostics
➤ f(i);
➤ EOF
❮ line 1:4  reportAttemptingFullContext d=0, input='f(i);'
  line 1:4 reportAmbiguity d=0: ambigAlts={1, 2}, input='f(i);'
  decl f(i)
```

파서는 시작하면서 단순한 *SLL(*)* 파싱 전략으로 입력을 파스하려고 시도하면서 스스로가 문제점을 감지했다고 알린다. 이 전략이 실패하자 파서는 더욱 강력한 *ALL(*)* 방법으로 재시도를 한다. 13.7절 "*파서 속도 최대로 하기*"를 참고한다. 모든 그래머 분석 알고리즘을 동원하여 파서는 다시 문제점을 찾아낸다. 이 시점에서 파서는 입력이 정말로 모호하다는 것을 알게 된다. 파서가 문제점을 발견하지 못하면, 이것은 reportContextSensitivity 메시지를 출력할 것이다(서술을 추가한 후에 여기에 대해서 더 배울 것이다).

입력은 decl의 두 번째 얼터너티브와 expr의 세 번째 얼터너티브를 매치시킨다. 파서는 반드시 룰 stat에서 둘 중의 하나를 골라야 한다. 두 개의 변수 얼터너티브가 주어지면, 파서는 처음 (decl) 명시한 얼터너티브를 선택해서 모호성을 해결한다. 이 때문에 파서는 f(i);를 표현문이 아닌 선언으로 해석한다.

만일 식별자가 타입 이름인지를 알려 주는 "신탁oracle"이 있다면, 서술을 모호한 얼터너티브 앞에 놓고서 모호성을 해결했을 것이다.

predicates/PredCppStat.g4

```
decl :    ID ID                          // E.g., "Point p"
     |    {istype()}? ID '(' ID ')'      // E.g., "Point (p)", same as ID ID
     ;

expr :    INT                            // integer literal
     |    ID                             // identifier
     |    {!istype()}? ID '(' expr ')'   // function call
     ;
```

서술에서 istype() 헬퍼helper 메소드는 파서에게 현재의 토큰을 요청해서, 이것의 텍스트를 얻어서 이미 정해진 타입 테이블에서 이것을 탐색한다.

predicates/PredCppStat.g4

```
@parser::members {
Set<String> types = new HashSet<String>() {{add("T");}};
boolean istype() { return types.contains(getCurrentToken().getText()); }
}
```

우리 그래머의 서술된 버전으로 시험을 하면, 입력 f(i);는 적절하게 선언이 아닌 함수 호출 표현문으로 해석된다. 입력 T(i);는 분명하게 선언으로 해석된다.

```
➤ $ antlr4 PredCppStat.g4
➤ $ javac PredCppStat*.java
➤ $ grun PredCppStat stat -diagnostics
➤ f(i);
➤ EOF
❮ expr f(i)
➤ $ grun PredCppStat stat -diagnostics
➤ T(i);
➤ EOF
❮ decl T(i)
```

아래의 파스 트리(grun -ps file.ps 옵션을 사용해서 생성한)는 명확하게 파서가 적절하게 입력 문구를 해석했다고 보여 준다.

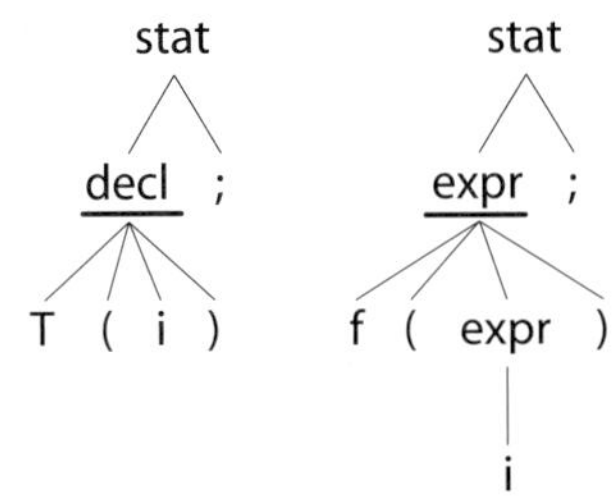

파스 트리에서 중요 노드는 밑줄이 그어진 T와 t의 부모parents이다. 이 내부 노드는 파서가 어떤 것을 매치하는지를 보여 준다. 명심할 것은 인식의 이면에는 하나의 문구를 다른 것과 구별하고 구성 성분을 확인할 수 있다는 생각이 숨어 있다는 것이다. 그래머 단편fragment .+ (하나 이상의 어떤 심볼이라도 매치시키는)로 어떠한 입력 파일도 매치시킬 수 있지만, 이것은 입력에 대해서 아무것도 알려 주지 않는다. 입력에서 정확한 구조를 얻는 것이 언어 응용 프로그램을 구성하는 데 결정적인 역할을 한다.

이들 C++ 예의 모호성은 서술이 부적절한 해석을 제거하기 때문에 사라진다. 유감스럽게도 모호성을 해결해 줄 서술이 존재하지 않는 일부 부분에는 아직도 모호성이 남아 있다. 이런 일이 어떻게 발생하는지를 보기 위해서 C++ 예를 하나만 더 맞닥뜨려 보자.

C++에서 T(i)[5] 적절하게 인식하기

C++는 일부 문구가 두 개의 타당한 의미를 지니고 있어서 흥미롭다. C++ 구문 T(i)[5]를 살펴보자. 구문적으로 이것은 *T가 타입 이름이라는 것을 알고 있더라도*, 선언문인 동시에 표현문처럼 보인다. 이 의미는 T가 타입 이름인 경우 두 개의 해석이 있기 때문에, 여기에 식별자 T를 시험할 수 없으며 해석을 스위치할 수도 없다는 것이다.

선언문 해석은 5개 T 요소의 배열로 T i[5]처럼 된다. 표현문 해석은 T에 대한 i의 역할로 되어 결과 배열에 대한 인덱스 연산이 된다.

C++ 언어 규격 문서는 이 모호성을 항상 표현문보다 선언문을 우선하는 선택으로 해결한다. 언어 규격은 명확하게 T i[5]를 해석하는 방법을 알려 주지만, 시맨틱 서술을 추가하더라도 명확한 그래머를 구성하는 것은 불가능하다.

다행스럽게 파서가 이 모호성을 자동으로 해결해 주어서 이것은 자연스럽게 동작한다. 파서는 모호성을 처음 명시된 얼터너티브를 선택해서 해결한다. 이래서 stat에서 decl 얼터너티브를 expr 얼터너티브 앞에 놓도록 확실하게 해야 한다.

C++를 파싱할 때 고려해야 할 마지막 복잡성이 하나 남아 있다.

포워드 레퍼런스[1] 해결하기

함수를 타입 이름과 구분하기 위해서 이전의 절이나 기타 테이블에서 타입 테이블을 계산할 때, 실제의 C++ 파서는 파스 동안에 마주치는 이름을 추적한다. C++에서 추적 기호tracking symbol는 조금은 교묘하지만 개념적으로는 문제가 없다. 이전 장의 계산기에서 이름값 쌍을 추적하는 방법을 배웠다. 문제는 C++이 가끔 메소드나 변수 같은 기호

1 뒤의 어구를 받음

를 앞선[forward] 참조로 허용한다는 것이다. 이 의미는 파서가 표현문 T(i)를 찾을 때까지 T가 함수 이름인지를 알 수 없다는 사실이다.

이런 사실들이 왜 C++이 파스하기가 너무 어려운지를 알려 준다. 유일한 해결책은 입력이나 파스 트리 같은 입력의 내부 표시법[representation]에 대해서 복수의 패스[pass]를 하는 것밖에 없다.

ANTLR를 사용하면 아마도 가장 간단한 접근 방법은 입력을 토큰화하는 것이다. 이것을 신속하게 스캔해서 모든 기호 정의를 탐색하고 기록한 후에, 다시 "느낌으로" 적절한 파스 트리를 얻기 위해서 이들 토큰을 파스하는 것이다.

대부분의 언어에 이런 끔찍한 모호성 관련 입력 문제가 없지만, 모든 언어는 이것이 연산 표현문을 포함하고 있다는 이유만으로도 모호하게 된다. 예를 들면, 5.4절 "*우선순위, 왼쪽 회귀 및 결합 다루기*"를 보면 1+2*3이 이것을 (1+2)*3 또는 1+(2*3)으로 해석할 수 있다. 때문에 모호하다는 것을 알 수 있다.

시맨틱 서술을 얼터너티브를 활성화하고 비활성화하는 간단한 불리언 표현문으로 생각한다면, 시맨틱 서술의 작동은 대체로 수월해진다. 안타깝게도 복수의 서술과 내장된 액션을 지닌 그래머에서 많은 것이 아주 복잡하게 엉킬 수 있다. 참조 장에 ANTLR이 서술을 언제 어떻게 사용하는지에 대한 상세한 내용을 다루고 있다. 당신의 그래머에서 많은 서술을 액션과 혼용할 계획이 없으면 15.7절 "*의미 술어*"를 생략해도 된다. 나중에 가면 이들 세부 사항이 일부 까다로운 그래머 작동을 설명해 주는 데 도움을 줄 것이다.

비로소 액션과 시맨틱 서술을 사용해서 생성된 파서를 개인 취향에 맞추는 방법을 알게 되었으며, 두려움의 대상이 되는 일부 기술도 습득했다. 다음 장에서 아주 어려운 인식 문제를 파트 III에서 배운 것을 활용하여 해결할 계획이다.

CHAPTER 12

어휘적 마술 부리기

지금까지 어느 정도의 상급 기술을 배웠다. 파스하는 동안 임의의 코드를 실행하는 방법을 배웠으며, 시맨틱 서술로 구문 인식을 변경할 수도 있다. 이제 이런 기술로 일부의 도전적인 언어 인식 문제를 해결하는데, 이번에는 파서가 아닌 렉서에서 사용해 볼 시점이 되었다.

내 경험으론 언어 문제를 풀기가 어려워지면, 대부분의 곤혹스러운 문제는 렉서에서 나온다(언제나 항상 어려운 C++을 제외하고). 이것은 직관에 어긋나는데 여태껏 보아온 렉서 룰은 식별자, 정수 그리고 연산 표현문 연산자 같이 아주 단순하기 때문이다. 그러나 악의가 없어 보이는 자바 시퀀스 〉〉 두 글자를 살펴보자. 자바 렉서는 이것을 오른쪽 시프트[shift] 연산자 또는 두 개의 〉 연산자로 볼 수 있는데, 이것을 파서는 List〈List〈String〉〉 같이 내포된 제네릭[generic] 타입을 닫는 것으로 사용할 수 있다.

근본적인 문제는 렉서는 토큰화를 하지만, 가끔 파서만 토큰화 결정을 하는 데 필요한 문맥 정보를 지니고 있다는 사실이다. 이 문제를 12.2절 "*문맥에 민감한 구문적 문제*"에서 탐구할 것이다. 그 토론에서 "키워드가 식별자가 될 수 있다"라는 문제도 같이 다루며 파이썬의 문맥에 민감한 줄바꿈 문자 처리를 다룰 수 있는 렉서를 구성할 것이다.

살펴볼 다음 문제는 *독립 언어*[island languages]를 포함하는데, 이것은 관심이 없는 것으로 만들어진 바다로 둘러싸인 약간의 흥미거리만 있는 섬으로 만들어진 문장이다. 예로는 XML과 문자열 템플릿 같은 템플릿 언어를 포함한다. 이들 구문을 해석하기 위해서 독립 그래머와 구문 모드가 필요한데, 이들은 12.3절 *"스트림 속의 섬"*에서 탐구할 것이다.

마지막으로 XML 규격으로부터 ANTLR XML 파서와 렉서를 구성한다. 이것은 훌륭한 예로 서로 다른 문맥[regions]을 포함하는 입력 흐름을 처리하는 방법, 파서와 렉서 사이에 구분 선을 그리는 방법 그리고 비 ASCII 입력 글자를 수용하는 방법 등을 다룬다.

준비 운동으로 주석[comments]이나 여백 같은 특별 입력 구역을 제거하지 않으면서도 무시하는 방법을 배워 보기로 하자. 이 기술은 많은 언어 번역 문제를 해결하는 데 사용할 수 있으며 가장 보편적인 사용 사례를 여기에서 다루기로 한다.

12.1 다른 채널에 토큰 브로드캐스팅하기

대부분의 프로그래밍 언어는 토큰 사이의 공백과 주석을 무시하는데, 이들은 아무데서나 나올 수 있다. 이 사실이 파서에 문제를 던져 준다. 그 이유는 파서가 끊임없이 옵션 사항인 공백과 주석 토큰을 검사하고 있기 때문이다. 일반적인 해결책은 단순하게 렉서가 이들 토큰을 매치시켜서 제거하는 것으로 이 책에서 여태껏 해온 작업이다. 예를 들면, 6.4절 *"Cymbol 파싱"* *(Cymbol)*에 있는 심볼[Cymbol] 언어에서 skip 렉서 명령어를 사용하여 공백과 주석을 제거했다.

examples/Cymbol.g4

```
WS  :   [ \t\n\r]+ -> skip ;

SL_COMMENT
    :   '//' .*? '\n' -> skip
    ;
```

이것은 컴파일러 같은 많은 응용 프로그램에서 훌륭하게 작동했다. 왜냐하면 주석이 코드 생성에 영향을 미치지 않기 때문이다. 만일 반대로 과거의 코드를 현대 언어로 변환하는 변역기를 구성하려고 한다면, 정말로 반드시 주석을 남겨 놓아야 한다. 왜냐하면 주석도 프로그램의 일부이기 때문이다. 이 사실이 난제를 안겨 준다. 주석과 공백을 유지해야 하지만, 파서가 토큰 사이에서 끊임없이 이들을 검사하는 부담을 지는 것은 원치 않는다.

토큰 채널 채우기

ANTLR의 해결책은 식별자 같은 실제 언어 토큰은 파서의 한 채널로 보내고 나머지 모든 것은 다른 하나의 채널로 보내는 것이다. 채널은 라디오의 서로 다른 주파수와 같다. 파서는 정확하게 한 채널에 맞추고 기타 다른 채널의 토큰은 무시한다. 렉서 룰은 토큰을 서로 다른 채널에 올리는 책임이 있으며, 클래스 CommonTokenStream이 파서에 오직 하나의 채널만 보여 주는 것이다. CommonTokenStream은 이 일을 하는 동안 원래의 상대적인 토큰 오더[order]를 유지해서 특별한 언어 토큰의 앞이나 뒤에 주석을 요구할 수 있도록 한다. 다음의 그림이 히든[hidden] 채널에 공백과 주석을 삽입하는 C 렉서가 방출한 토큰을 CommonTokenStream의 입장에서 보는 것을 나타낸다.

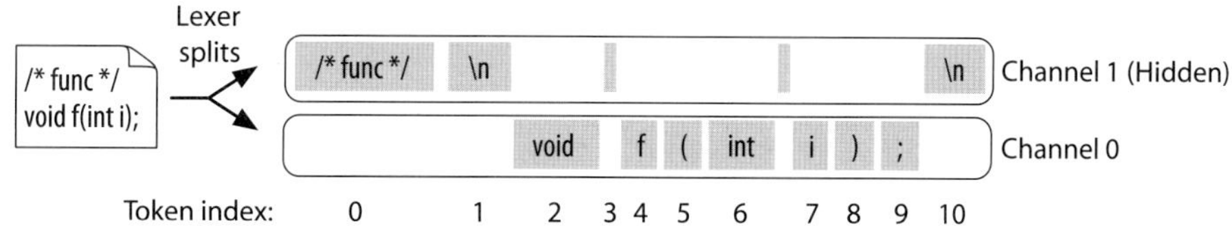

아주 쉽게 주석은 한 채널로, 공백은 또 하나의 채널로 격리시키고 나머지 모든 실제 토큰은 기본 채널 0에 남겨 놓을 수 있다.

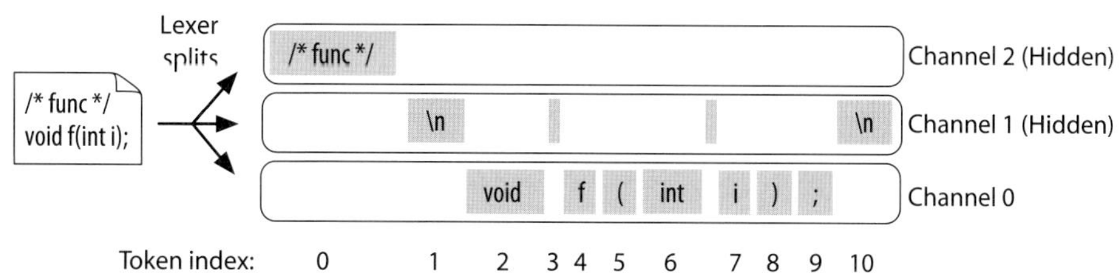

이 방법으로 주석과 공백을 별도로 요구할 수 있다.

다른 하나의 채널에서 토큰을 전송하려면, 렉서 명령어 channel(…)을 적절한 렉서 룰 안에서 사용한다. 심볼Cymbol 그래머에 변경을 가하여 마지막 그림처럼 주석을 숨겨진 채널 2에 놓고 공백은 숨겨진 채널 1에 넣어서, 이 기술을 예시해 보기로 하자.

```
lexmagic/Cymbol.g4
WS  :   [ \t\n\r]+ -> channel(WHITESPACE) ;  // channel(1)

SL_COMMENT
    :   '//' .*? '\n' -> channel(COMMENTS)   // channel(2)
    ;
```

상수 WHITESPACE와 COMMENTS가 우리 그래머의 선언문에서 나온다.

```
lexmagic/Cymbol.g4
@lexer::members {
    public static final int WHITESPACE = 1;
    public static final int COMMENTS = 2;
}
```

ANTLR은 channel(HIDDEN)을 자바의 _channel=HIDDEN 처럼 번역하는데, 이것이 클래스 Lexer의 _channel 필드를 상수 HIDDEN으로 바꾼다. 자바에서 유효한 식별자는 어떤 것이든 명령어 channel()의 변수 (argument)로 사용할 수 있다.

그래머를 grun으로 시험한 것을 보면 주석은 채널 2에 나타나고, 공백은 채널 1에 나오며 기타 토큰은 기본 채널에 나온다.

```
➤ $ antlr4 Cymbol.g4
➤ $ javac Cymbol*.java
➤ $ grun Cymbol file -tokens -tree
➤ int i = 3; // testing
➤ EOF
❮ [@0,0:2='int',<10>,1:0]
  [@1,3:3=' ',<24>,channel=1,1:3]                <-- HIDDEN channel 1
```

```
[@2,4:4='i',<22>,1:4]
[@3,5:5=' ',<24>,channel=1,1:5]              <-- HIDDEN channel 1
[@4,6:6='=',<11>,1:6]
[@5,7:7=' ',<24>,channel=1,1:7]              <-- HIDDEN channel 1
[@6,8:8='3',<23>,1:8]
[@7,9:9=';',<13>,1:9]
[@8,10:10=' ',<24>,channel=1,1:10]           <-- HIDDEN channel 1
[@9,11:21='// testing\n',<25>,channel=2,1:11]  <-- HIDDEN channel 2
[@10,22:21='<EOF>',<-1>,2:22]
(file (varDecl (type int) i = (expr 3) ;))   <-- parse tree
```

파스 트리도 올바른 것처럼 보이는데, 이것은 파서가 정확하게 입력을 해석한다는 의미이다. 구문 에러가 결여되는 것은 파서가 주석 토큰까지 미치지 못했다는 것을 말한다. 이제 언어 응용 프로그램에서 숨겨진 주석에 접근하는 방법을 알아보도록 하자.

숨겨진 채널 접근하기

언어 응용 프로그램에서 숨겨진 채널에 접근하는 방법을 보여줄 수 있도록, /*...*/ 형태의 주석을 사용하도록 조금 변경을 가해서, 선언문 다음의 주석을 선언문 앞으로 옮기는 파스 트리 리스너를 구성해 보자. 예를 들어, 다음의 입력이 주어지면

lexmagic/t.cym

```
int n = 0; // define a counter
int i = 9;
```

다음의 출력이 생성되기를 원한다.

```
/* define a counter */
int n = 0;
int i = 9;
```

기본 전략은 토큰 스트림을 4.5절 "*입력 스트림 재작성하기*"에서 한 것처럼, Token-

StreamRewriter을 사용해 다시 작성하는 것이다. 변수 선언문을 보고 응용 프로그램은 만일 있다면, 세미콜론의 오른쪽으로 주석을 확보하고 이것을 첫 번째 선언문의 토큰 앞에 삽입한다. 아래에 ShiftVarComments라고 부르는 테스트 리그 클래스 안에 앉아 있는 CommentShifter라고 부르는 Cymbol 파스 트리 리스너가 있다.

lexmagic/ShiftVarComments.java

```
public static class CommentShifter extends CymbolBaseListener {
    BufferedTokenStream tokens;
    TokenStreamRewriter rewriter;
            /** Create TokenStreamRewriter attached to token stream
             * sitting between the Cymbol lexer and parser.
             */
    public CommentShifter(BufferedTokenStream tokens) {
        this.tokens = tokens;
        rewriter = new TokenStreamRewriter(tokens);
    }

    @Override
    public void exitVarDecl(CymbolParser.VarDeclContext ctx) {
        Token semi = ctx.getStop();
        int i = semi.getTokenIndex();
        List<Token> cmtChannel =
            tokens.getHiddenTokensToRight(i, CymbolLexer.COMMENTS);
        if ( cmtChannel!=null ) {
            Token cmt = cmtChannel.get(0);
            if ( cmt!=null ) {
                String txt = cmt.getText().substring(2);
                String newCmt = "/* " + txt.trim() + " */₩n";
                rewriter.insertBefore(ctx.start, newCmt);
                rewriter.replace(cmt, "₩n");
            }
        }
    }
}
```

모든 작업은 exitVarDecl()에서 일어난다. 먼저 선언문 세미콜론(14번째 줄)에서 토큰 인덱스를 얻었다. 왜냐하면 그 토큰 다음에 있는 주석을 탐색하고 있기 때문이다. 17번째 줄은 세미콜론 오른쪽의 채널 COMMENTS에 숨겨진 토큰이 있으면, 토큰 스트림을 요청한다. 단순하게 하기 위해 코드는 하나만 있다고 가정해서 19번째 줄은 목록에서 첫 번째 주석을 확보한다. 그리고 과거의 주석에서 새로운 주석을 만들어 내서 이것을 TokenStreamRewriter을 사용해서 변수 선언문이 시작하는 앞에 삽입한다(23번째 줄). 마지막으로 기존의 주석을 줄바꿈 문자로 대체해서(24번째 줄), 실질적으로는 지운다.

테스트 리그 자체도 똑같은 과거 이야기이지만, 마지막에 TokenStreamRewriter 클래스에 요청을 해서 getText()로 재작성한 새로운 입력을 보내라고 한다.

lexmagic/ShiftVarComments.java

```
CymbolLexer lexer = new CymbolLexer(input);
CommonTokenStream tokens = new CommonTokenStream(lexer);
CymbolParser parser = new CymbolParser(tokens);
RuleContext tree = parser.file();

ParseTreeWalker walker = new ParseTreeWalker();
CommentShifter shifter = new CommentShifter(tokens);
walker.walk(shifter, tree);
System.out.print(shifter.rewriter.getText());
```

다음에 구성과 테스트 시퀀스가 있다.

```
$ antlr4 Cymbol.g4
$ javac Cymbol*.java ShiftVarComments.java
$ java ShiftVarComments t.cym
/* define a counter */
int n = 0;
int i = 9;
```

공백을 숨겨진 채널로 보내지 않고 제거해 버렸다면 intn=0;처럼 출력은 모두가 다발로 묶이리란 것을 주목하자.

토큰 채널은 교묘하게 언어 번역 문제를 입력 토큰을 범주화해서 해결한다. 이제 토큰 자체의 구축에 관련된 문제에 집중해 보기로 하자.

12.2 문맥에 민감한 어휘적 문제

"Brown leaves in the fall." ("가을의 갈색 잎들" 또는 "브라운은 가을에 떠난다"라고 번역할 수 있다.)이란 문장을 살펴보자. 여기에는 두 개의 해석이 있으므로 모호하다. 나무에 관해 말하고 있다면 이 문장은 자연의 광합성을 지칭한다. 반면 특정한 사람인 제인 브라운 양에 대해 말하고 있으면, 문맥은 이 단어의 기능을 완전히 변화시킨다. "Leaves"가 명사에서 동사로 전환한다.

이 상황은 11.3절 "*모호한 문구 인식하기*"에서 풀었던 문제를 닮았다. 여기에서 문맥에 민감한 T(0) 같은 C++ 문구가, T가 프로그램의 다른 부분에서 어떻게 정의되느냐에 따라서 함수 호출이나 또는 형변환이 될 수 있다. 이런 구문적인 모호성은 C++ 렉서가 불분명한 제네릭 ID 토큰을 파서로 보내기 때문이다. 대체 가능한 해석에서 선택을 하기 위해서, 파서 룰에서 시맨틱 서술이 필요하다.

파서 룰에서 서술을 제거하려면 렉서가 문맥에 따라서 FUNCTION_NAME을 TYPE_NAME과 비교하는 것 같은, 더욱 명확한 토큰을 파서로 보내야 한다. ("Brown leaves" 입력에서 렉서가 토큰 시퀀스 ADJECTIVE NOUN를 PROPER_NAME VERB에 비교해서 보내도록 해야 한다.) 유감스럽게도 이것은 단지 문맥에 민감한 문제를 렉서로 이동한 것이며, 렉서는 파서가 가진 문맥 정보에 가까이 갈 수 있는 방법이 없다. 이런 이유로 이전 장에서 렉서 문맥을 사용하여 더욱 정밀한 토큰을 파서로 보내는 대신에 파서 룰을 서술하게 된 것이다.

Hack Alert: 파서 피드백

끊임없이 주변에서 맴돌던 통상적인 관례 중에는 파서의 피드백을 렉서로 보낸다면 렉서가 정확한 토큰을 파서로 보낼 수 있다는 것도 포함하고 있다. 이렇게 된다면 파서는 서술 부분이 감소하기 때문에 더 단순해질 수 있다. 유감스럽게도 이것은 ANTLR 그래머로 가능하지 않다. 왜냐하면 ANTLR이 생성한 파서는 파싱 결정을 하기 위해서 자주 토큰 스트림보다 더 앞서가기 때문이다. 이 의미는 렉서가 입력 문자를 토큰화하도록 요청받기 훨씬 전에 파서가 렉서에 문맥 정보를 제공하는 액션을 실행한다는 것이다.

항상 입력 문자 토큰화에 관련된, 문맥 민감성 문제에서 벗어날 수 없다. 이 절에서 문맥에 민감한 범주로 빠져드는 세 가지의 어휘적 문제를 살펴볼 것이다.

- **동일한 토큰 문자 시퀀스는 파서에게 다른 것을 의미한다.** 잘 알려진 "키워드도 식별자가 될 수 있다"는 문제에 도전할 것이다.
- **동일한 토큰 문자 sequence는 하나 또는 복수의 토큰이 될 수 있다.** 자바 문자 시퀀스 >>를 두 개의 닫힌(closed) 타입 파라미터 토큰이나 아니면 단일한 오른쪽 시프트 연산자 토큰으로 취급하는 방법을 살필 것이다.
- **동일한 토큰은 파서에 의해 가끔은 무시되고 가끔은 인식된다.** 파이썬의 물리적 입력 줄과 논리적인 입력 줄을 판별하는 방법을 배울 것이다. 해결책은 어휘적인 액션과 시맨틱 서술 모두와 지난 두 개의 장에서 배운 기술을 필요로 한다.

키워드를 식별자로 취급하기

옛날이든 현재든 많은 언어는 문맥에 따라서 키워드를 식별자로 허용한다. 포트란에서 end = goto + if/while 같은 말을 할 수 있다. C#은 언어 통합 Query (LINQ) 기능으로 SQL 쿼리를 지원한다. 쿼리는 키워드 from으로 시작하는데, from을 변수 x = from + where; 로도 사용할 수 있다. 이것은 구문적으로 쿼리가 아니고, 명확하게 표현문이므로 렉서는 반드시 from을 키워드가 아닌 식별자로 취급해야 한다. 문제는 렉서가 입력을 파스하지 않는 데 있다. 렉서는 말하자면 KEYWORD_FROM 또는 ID를 파서로 보내야 할지를 모른다.

일부 구문적인 문맥에서 키워드를 식별자로 허용하는 데는 두 가지 접근 방법이 있다. 첫 번째는 렉서가 모든 키워드를 파서에 키워드 토큰 타입으로 보내고 나서, ID와 기타 다른 키워드와 매치하는 파서 id 룰을 생성하는 것이다. 두 번째는 렉서가 키워드를 식별자로 보내도록 하고 서술을 이용해서 파서에서 식별자 이름을 아래와 같이 시험하는 것이다.

프랑스 파리에서…

나는 1980년대 말에 프랑스에서 일했는데, 곧바로 전화로 사람을 부르는데 문제를 발견했다. 받는 쪽이 누구냐고 되물으면 나는 미스터 파르[Parr]라고 답 했는데, 파르는 동사 "leave"(떠나다)의 3인칭 단수인 part와 발음이 비슷했다. 이것은 "내가 곧 전화를 끊는다고 말하려던 참이다"라고 들린다. 우습네!
여기에 재미있게 혀를 꼬는 프랑스어 문장이 있는데, 각 단어를 해석을 하려면 상당한 전후 사정을 알아야 한다. "Si six cent scies scient six cent saucisses, six cent six scies scieront six cent six saucissons." 쓰여진 형식은 간단하지만 명확하다. 그러나 말로 하면 영어로 할 경우에, "See see saw, see see see saw, sawcease, see saw see see seeron see saw see sawcease."로 들린다. 번역은 "육백 개 톱이 육백 개 소시지를 봤다면 육백여섯 개 톱이 육백여섯 개 소시지를 본 것입니다."이다. 프랑스어 si, six, scies 및 scient가 모두 같은 발음이라는 사실로 프랑스인을 놀리면 안 된다. 영어에는 read(읽다의 원형), read(읽다의 과거형) 같이 동일하게 적지만 발음이 틀린 경우가 있다!

```
keyIF : {_input.LT(1).getText().equals("if")}? ID ;
```

이것은 아주 볼품이 없으며 아주 느려서 첫 번째 접근 방법을 고수할 것이다. (마무리로 내가 작지만 잘 돌아가는 서술 키워드 예를 PredKeyword.g4에 남겨 놓았다.)

추천하는 접근 방법을 보여주기 위해서 아래에 if if then call call; 같이 약간 비정상인 문장에 어울리는 간단한 그래머를 소개한다.

lexmagic/IDKeyword.g4

```
grammar IDKeyword;

prog :   stat+ ;

stat :   'if' expr 'then' stat
     |   'call' id ';'
```

```
        |    ';'
        ;

Expr  : id ;

id    :    'if' | 'call' | 'then' | ID ;

ID    :    [a-z]+ ;
WS    :    [ \r\n]+ -> skip ;
```

요약하면 접근 방법은 토큰 ID에 대한 모든 참조를 룰 id에 대한 참조로 대체하는 것이다. 당신이 서로 다른 키워드를 서로 다른 문맥에서 식별자로 허용하는 언어를 마주한다면, 하나 이상의 id 룰(문맥당 하나씩)이 필요하다.

아래에 그래머 IDKeyword에 대한 구성과 테스트 시퀀스가 있다.

```
➢ $ antlr4 IDKeyword.g4
➢ $ javac IDKeyword*.java
➢ $ grun IDKeyword prog
➢ if if then call call;
➢ EOF
```

파스 트리는 그래머가 두 번째 if와 두 번째 call 기호를 식별자로 취급하는 것을 보여준다.

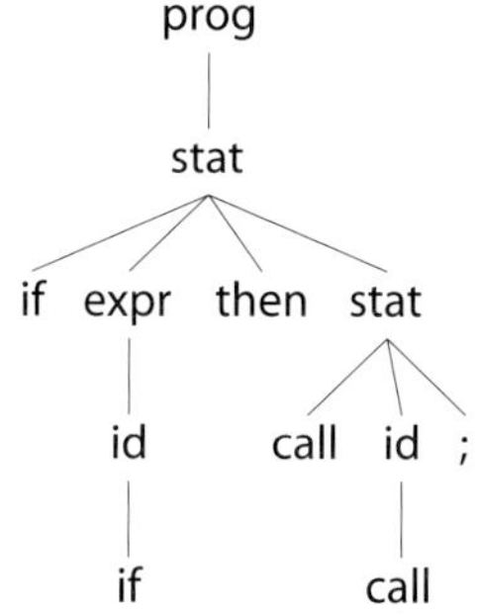

이 문제에서 렉서는 키워드를 반환할 것인지 식별자 토큰을 반환할 것인지를 결정해야 하지만, 어떤 문자가 토큰을 구성하는지에 대해서는 관심이 없는다. 지금부터 렉서가 개개의 토큰에 얼마나 많은 입력을 소비해야 하는지를 모르는 문제에 대해서 작업을 할 계획이다.

맥시멀 먼치의 모호성 회피하기

렉서 생성기 도구가 만든 일반적인 가정이 있는데 이것은 렉서가 각각의 입력 위치에서 가장 긴 토큰과 매치해야 된다는 것이다. 이 가정은 렉서에 가장 자연스러운 작동을 보장해 준다. 예를 들면, C 입력 +=가 주어지면 C 렉서는 +와 = 같이 두 개의 분리된 토큰이 아닌 단일한 토큰 +=으로 매치해야 한다. 유감스럽게도 다르게 처리해야 할 경우는 얼마 되지 않는다.

C++에서, A〈B〈C〉〉 같이 겹 꺾쇠괄호로 내포되어 파라미터화된 타입은 닫을 수가 없다. 마지막 꺾쇠괄호 사이에 반드시 빈칸을 삽입해서 A〈B〈C〉 〉 로 사용해서, 렉서가 겹 꺾쇠괄호를 오른쪽 시프트 연산자 〉〉[1]와 혼동하지 않는다. C++의 설계자가 끔찍한 어휘적인 실행 문제를 극복하기 위해서 언어 자체를 변경하는 것은 너무 힘든 문제로 생각된다.

이후로 적절한 몇 가지 해결책이 제안되었으나, 가장 간단한 것은 렉서가 〉〉 문자 시퀀스를 오른쪽 시프트 연산자로 매치시키지 않도록 하는 것이다. 대신에 렉서는 두 개의 〉 토큰을 파서로 보내고, 파서가 문맥을 사용해서 토큰을 적절하게 묶는다. 예를 들면, C++ 파서 표현문 룰이 두 개의 오른쪽 꺾쇠괄호를 단일한 토큰 대신에 일렬로 늘어서 매치시킨다. 4.3절 *"리스너로 번역기 구현하기"*에 있는 그래머의 자바를 뒤돌아보면 당신은 이 접근 방법의 예증을 볼 수 있다. 아래에 단일 문자 토큰을 복수 문자 연산자로 결합하는 두 개의 expr 룰 얼터너티브가 설명되어 있다.

---

1 http://www.open-std.org/jtc1/sc22/wg21/docs/papers/2005/n1757.html

```
tour/Java.g4
|     expression ('<' '<' | '>' '>' '>' | '>' '>') expression
|     expression ('<' '=' | '>' '=' | '>' | '<') expression
```

시프트 연산자에 대해서 렉서가 파서에 전달하는 토큰을 보기로 하자.

```
➤ $ antlr4 Java.g4
➤ $ javac Java*.java
➤ $ grun Java tokens -tokens
➤ i = 1 >> 5;
➤ EOF
< [@0,0:0='i',<98>,1:0]
  [@1,1:1=' ',<100>,channel=1,1:1]
  [@2,2:2='=',<25>,1:2]
  [@3,3:3=' ',<100>,channel=1,1:3]
  [@4,4:4='1',<91>,1:4]
  [@5,5:5=' ',<100>,channel=1,1:5]
  [@6,6:6='>',<81>,1:6]          <-- two '>' tokens not one '>>'
  [@7,7:7='>',<81>,1:7]
  [@8,8:8=' ',<100>,channel=1,1:8]
  [@9,9:9='5',<91>,1:9]
  [@10,10:10=';',<77>,1:10]
  [@11,11:11='\n',<100>,channel=1,1:11] [@12,12:11='<EOF>',<-1>,2:12]
```

그리고 내포된 제네릭 타입 참조에 대해서 토큰 스트림이 어떻게 보이는지 아래에 설명되어 있다.

```
➤ $ grun Java tokens -tokens
➤ List<List<String>> x;
➤ EOF
< [@0,0:3='List',<98>,1:0]
  [@1,4:4='<',<5>,1:4]
  [@2,5:8='List',<98>,1:5]
```

```
[@3,9:9='<',<5>,1:9]
[@4,10:15='String',<98>,1:10]
[@5,16:16='>',<81>,1:16]
[@6,17:17='>',<81>,1:17]
[@7,18:18=' ',<100>,channel=1,1:18]
[@8,19:19='x',<98>,1:19]
[@9,20:20=';',<77>,1:20]
[@10,21:21='\n',<100>,channel=1,1:21] [@11,22:21='<EOF>',<-1>,2:22]
```

이제 이들 문구에 대해서 파스 트리를 생성해 보자. 왜냐하면 이들이 그래머가 〉 토큰을 어떻게 사용하는지를 명확하게 해주기 때문이다.

아래에 꺽쇠괄호를 강조하면서 룰 statement와 localVariableDeclarationStatement에 근거를 둔 파스 트리가 나란히 놓여 있다.

시프트 연산자의 두 개 오른쪽 꺾쇠괄호를 분리하는 데 있어서 유일한 문제는 파서가 빈칸으로 분리된 꺾쇠괄호 〉 〉도 역시 인정한다는 것이다. 이를 다루려면 시맨틱 서술을 그래머에 추가하든지 아니면, 리스너나 비지터를 사용하여 〉 토큰 열 번호가 시프트 연산자에 인접한지를 확인할 수 있도록 파스 트리를 나중에 검사해야 한다. 파스하는 동안에 서술을 사용하는 것은 비효율적이어서, 파스가 끝난 후에 오른쪽 시프트 연산자를 검사하는 것이 더 낫다. (표현 룰에서 서술은 ANTLR의 왼쪽 반복 룰 패턴을 깨뜨릴 수 있기 때문에, 이것은 왼쪽 반복 버전이 아닌 방향으로 변환하는 방법을 알고 있다. 14장 "*직접 왼쪽 회귀 제거*"를 참조한다.)

여기까지 오면서 토큰을 서로 다른 채널에 넣는 방법과 문맥에 민감한 토큰을 가장 효력이 적은 토큰 구성 요소로 분리하는 방법을 보았다. 이제 같은 문자 시퀀스를 문맥에 따라서 두 개의 다른 토큰 타입으로 취급하는 방법을 검토할 예정이다.

재미있는 파이썬의 줄바꿈 문자

파이썬의 줄바꿈 문자 처리는 프로그래머에게 아주 자연스럽다. 세미콜론을 사용하는 대신에 줄바꿈 문자는 문장을 종료한다. 우리들 대부분은 한 줄에 한 문장을 사용하기 때문에 세미콜론을 쉴 새 없이 치는 것도 성가시게 된다. 또한 실제로 긴 표현문을 동일한 줄에 쓰는 것도 원치 않는다. 그래서 파이썬은 특정한 문맥에서 줄바꿈 문자를 무시한다. 예를 들면, 파이썬은 메소드 호출을 다음처럼 복수의 줄에 걸쳐서 나누도록 한다.

```
f(1,
2,
3)
```

줄바꿈 문자를 무시할 시점을 알기 위해서 파이썬 참조 매뉴얼[2]에서 줄바꿈 문자에 관련된 모든 문서를 전부 모으자. 제일 중요한 룰은 다음과 같다.

2 http://docs.python.org/reference/lexical_analysis.html

> 괄호, 꺾쇠괄호 또는 중괄호 속의 표현문은 하나 이상의 실제적인 줄로 나눌 수 있다 [...].

그래서 1+2 표현문을 + 이후에 줄바꿈 문자로 나누려면 파이썬은 에러를 표시한다. 그러나 (1+2)를 줄을 넘어서 나눌 수 있다. 매뉴얼은 또 "묵시적으로 연결되는 줄에는 주석을 달 수 있다." 그리고 "빈칸이 연속되는 줄은 허용된다."라고 말하는데, 아래와 같은 것이다.

```
f(1,  # first arg


2,   # second arg
     # blank line with a comment
3)   # third arg
```

또 명시적으로 백슬래시(\)를 사용하여 실제의 줄을 하나의 논리적인 줄로 연결할 수 있다.

> 두 개 또는 그 이상의 실제 줄을 백슬래시(\)를 사용하여 실제의 줄을 하나의 논리적인 줄로 연결할 수 있는데, 다음과 같이한다. 실제 줄이 중첩된 문자나 주석이 아닌 백슬래시로 끝나면, 이것은 다음 줄과 연결되면서 단일한 논리적인 줄을 형성하고 백슬래시를 삭제하며 줄의 끝 문자를 따른다.

이것은 아래와 같이 그룹핑 기호 밖에서도 줄을 나눌 수 있다는 것을 의미한다.

```
1+\
2
```

매뉴얼은 명시적으로 그렇게 말하지 않지만, "백슬래시로 끝나는 줄"이란 문구는 \와 줄바꿈 문자를 나타내는 문자 사이에 주석이 있을 수 없다는 것을 암시한다.

결론은 파서나 렉서는 일부 줄바꿈 문자를 버릴 수 있지만 다른 것들은 할 수 없다는 말이다. 토큰 채널에서 이미 본 것처럼 파서가 쉴 새 없이 옵션인 공백을 검사하는 것은 좋은 해결책이 아니다. 이것이 주는 의미는 파이썬 렉서가 옵션인 줄바꿈 문자를 처리할 필요가 있다는 사실이다. 이렇게 되면 이것은 구문적 문맥이 렉서의 작동을 좌지우지하는 경우가 된다.

이 모든 룰을 명심하고 임무와 간단한 표현을 매치시키는 파이썬의 평범한 버전을 위한 그래머를 구성해 보자. 오직 적절한 주석과 줄바꿈 문자 처리에만 초점을 맞추기 위하여, 문자열을 무시한다. 아래에 구문 룰이 있다.

lexmagic/SimplePy.g4

```
file  :    stat+ EOF ;

stat  :    assign NEWLINE
      |    expr NEWLINE
      |    NEWLINE          // ignore blank lines
      ;

assign:    ID '=' expr ;

expr:      expr '+' expr
      |    '(' expr ')'
      |    call
      |    list
      |    ID
      |    INT
      ;

call  :    ID '(' ( expr (',' expr)* )? ')' ;

list  :    '[' expr (',' expr)* ']' ;
```

렉서를 구성하기 위해서 먼저 친숙한 룰을 제거한다. 정수에 대한 INT 룰이 일상적이며, 참조에 따르면 식별자는 아래처럼 보일 것이다.

```
identifier  ::= (letter|"_") (letter | digit | "_")*
letter      ::= lowercase | uppercase
```

ANTLR의 표기법을 따르면 이것은 다음과 같다.

lexmagic/SimplePy.g4

```
ID : [a-zA-Z_] [a-zA-Z_0-9]* ;
```

이렇게 되면 일상적인 공백 룰과 줄바꿈 문자를 매치시킬 룰이 필요한데, 이것은 NEWLINE 토큰을 파서로 보내 준다.

lexmagic/SimplePy.g4

```
/** A logical newline that ends a statement */
NEWLINE
    : '\r'? '\n'
    ;

/** Warning: doesn't handle INDENT/DEDENT Python rules */
WS  : [ \t]+ -> skip
    ;
```

파이썬의 줄 주석 처리를 위해서 주석 부분을 발췌하지만 줄바꿈 문자에는 손을 대지 않는 룰이 필요하다.

lexmagic/SimplePy.g4

```
/** Match comments. Don't match \n here; we'll send NEWLINE to the parser. */
COMMENT
    : '#' ~[\r\n]* -> skip
    ;
```

NEWLINE이 모든 줄바꿈 문자를 처리하기를 원하기 때문에

```
i = 3  # assignment
```

는 NEWLINE에 이어지는 할당처럼 보인다.

지금이 특별한 줄바꿈 문자 등등을 처리할 시점이다. 명시적인 줄 연결을 먼저 하기로 하자. \가 \바로 줄바꿈 문자에 이어지도록 하고 \문자를 버리는 룰을 추가한다.

lexmagic/SimplePy.g4

```
/** Ignore backslash newline sequences. This disallows comments
 *  after the backslash because newline must occur next.
 */
LINE_ESCAPE
    :    '\\' '\r'? '\n' -> skip
    ;
```

이는 파서가 \나 또는 줄바꿈 문자도 볼 수 없다는 의미이다.

이제 렉서가 괄호나 중괄호 같은 그룹핑 기호 안에 있는 줄바꿈 문자를 무시하도록 만들어야 한다. 이는 그룹핑 기호 안에 있을 경우 NEWLINE 같은 줄바꿈 문자에 매치하지만 토큰을 건너뛰는, IGNORE_NEWLINE으로 불리는 렉서 룰이 필요하다는 의미이다. 이 두 가지 룰은 같은 문자열에 매치하기 때문에 이들은 모호하고 이것을 차별화하는 시맨틱 서술이 필요하게 된다. 만일 당장 렉서가 닫히는 기호가 아닌 열리는 그룹핑 기호를 보면 0보다 큰 값을 가지는 마술 같은 nesting 변수를 상상한다면, IGNORE_NEWLINE을 다음처럼 쓸 수 있다.

lexmagic/SimplePy.g4

```
/** Nested newline within a (..) or [..] are ignored. */
IGNORE_NEWLINE
    :    '\r'? '\n' {nesting>0}? -> skip
    ;
```

이 룰은 반드시 룰 NEWLINE 이전에 나와서, 서술이 진실이면 렉서가 룰 IGNORE_NEWLINE을 선택해서 모호성을 해결하도록 해야 한다. 또 {nesting==0}? 서술을 NEWLINE 안에 놓아서 순서 의존order dependency을 해결해야 한다.

이제 괄호나 중괄호를 열거나 닫을 때, 이 변수를 적절하게 주물러 보자. (구문론은 중괄호를 허용하지 않는다.) 먼저 마술 같은 nesting 변수를 정의해 보자.

lexmagic/SimplePy.g4

```
@lexer::members {
    int nesting = 0;
}
```

그러고는 그룹핑 기호를 보면서 nesting을 위아래로 흔드는 액션을 실행할 필요가 있다. 다음의 룰이 재주를 부린다.

lexmagic/SimplePy.g4

```
LPAREN   : '(' {nesting++;} ;

RPAREN   : ')' {nesting--;} ;

LBRACK   : '[' {nesting++;} ;

RBRACK   : ']' {nesting--;} ;
```

정말로 확실히 하려면 괄호와 중괄호에 다른 변수를 사용해서 그들 사이에 확실한 균형을 잡아야 한다. 그러나 [1,2) 같은 불균형에 대해서 걱정할 필요가 없다. 왜냐하면 파서가 에러를 탐지하기 때문이다. 무시된 줄바꿈 문자에서 부정확한 동작은 이러한 구문 에러가 있을 경우에는 중요하지 않다.

SimplePy 그래머를 시험하기 위해서 다음의 시험 파일이 파이썬의 줄바꿈 문자와 주석 처리에서 중요 요소를 실행한다. 즉, 빈칸은 무시하고 그룹핑 기호 안의 줄바꿈 문자는 무시하고, 백슬래시가 다음 줄바꿈 문자를 숨기고, 주석은 그룹핑 기호 안에서 줄바꿈 문자의 처리에 영향을 미치지 않는다.

lexmagic/f.py
```
# a test
f (1,     # first arg
   2,     # second arg
          # blank line with a comment
   3)     # third arg

g()       # on end

1+\
2+\
3
```

다음에 NEWLINE 토큰을 강조해서 파서로 보낸 토큰 스트림을 보여주는 구성과 테스트 시퀀스가 있다.

```
$ antlr4 SimplePy.g4
$ javac SimplePy*.java
$ grun SimplePy file -tokens f.py
[@0,8:8='\n',<11>,1:8]
[@1,9:9='f',<4>,2:0]
[@2,10:10='(',<6>,2:1]
[@3,11:11='1',<5>,2:2]
[@4,12:12=',',<1>,2:3]
[@5,29:29='2',<5>,4:2]
[@6,30:30=',',<1>,4:3]
[@7,80:80='3',<5>,6:2]
[@8,81:81=')',<7>,6:3]
[@9,94:94='\n',<11>,6:16]
[@10,95:95='\n',<11>,7:0]
```

```
[@11,96:96='g',<4>,8:0]
[@12,97:97='(',<6>,8:1]
[@13,98:98=')',<7>,8:2]
[@14,108:108='\n',<11>,8:12]
[@15,109:109='\n',<11>,9:0]
[@16,110:110='1',<5>,10:0]
[@17,111:111='+',<2>,10:1]
[@18,114:114='2',<5>,11:0]
[@19,115:115='+',<2>,11:1]
[@20,118:118='3',<5>,12:0]
[@21,119:119='\n',<11>,12:1]
[@22,120:119='<EOF>',<-1>,13:2]
```

꼭 지적해야 할 사항은 스트림에는 6개의 NEWLINE 토큰이 있지만, 파일 f.py에는 12개의 줄바꿈 문자가 있다는 것이다. 렉서는 성공적으로 6개의 줄바꿈 문자는 버린다. 줄바꿈 문자 토큰을 강조한 파스 트리는 그림 11. "*줄바꿈 문자 토큰을 강조한 파스 트리 토큰*"처럼 보인다.

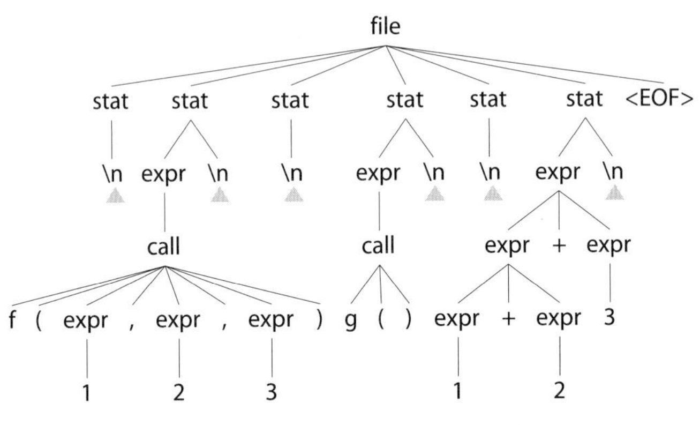

그림 11—줄바꿈 문자 토큰으로 강조된 파스 트리

새로운 첫 째 줄은 빈 줄이고 파서는 빈 문장(룰 stat)으로 처리한다. 세 번째와 다섯 번째 줄바꿈 문자도 역시 빈 문장이다. 3개의 줄바꿈 문자는 표현문 문장을 끝낸다. f.py

를 파이썬 해석기(적당한 f()와 g()의 정의로)에서 돌리면 f.py이 유효한 파이썬이라고 확인해 준다.

토큰에 관련된 세 종류의 문맥에 민감한 문제를 극복했다. 고려한 문맥은 구문으로 정의된 것이지 입력 파일의 한 영역이 아니었다.

다음에는 관심이 없는 부분으로 둘러싸인, 격리되어 흥미로운 영역을 가진 입력 파일을 살펴볼 예정이다.

12.3 스트림 속의 섬

여태껏 토론한 입력 파일은 모두 단일한 언어를 포함했다. 예를 들면, DOT, CSV, 파이썬Python, 그리고 자바 파일은 이들 언어의 텍스트들로만 채워져 있다. 그러나 주위에는 구조적인 영역, 즉 섬을 둘러싸는 임의의 텍스트를 포함하는 파일 형식이 있다. 이런 형식을 독립 *언어*island languages라고 부르며 이것을 독립 *그래머*island grammer로 설명한다. 이런 예는 문자열템플릿StringTemplate 같은 템플릿 엔진 언어template engine languages나 LaTeX 문서 준비 언어document preparation language를 포함하지만, XML은 본질적으로 섬 언어이다. XML 파일은 구조적인 태그와 & 실체를 포함하는데, 관심 밖에 있는 것들의 바다에 둘러싸여 있다. (tags 자체 사이에 일부의 구조가 있기 때문에, XML을 다도해 언어archipelago language라고 부를 수 있다.)

종종 관점에 의존해서 어떤 것을 섬 언어로 분류한다. C 전처리기preprocessor를 구성한다면 사전처리기 명령어가 섬 언어를 형성하는데, 여기에서 C 코드는 바다에 해당한다. 반면 IDE에 적합한 C 파서를 구성하려 한다면 파서는 반드시 사전처리기 명령어의 바나를 무시해야 한다.

이 절에서 목표는 바다를 무시하고 섬을 토큰화하는 방법을 배워서 파서가 이들 섬에서 구문론을 확인할 수 있도록 하는 것이다. 다음 절에서 실제의 XML 파서를 구성하려면 이 두 가지 기술을 모두 습득해야 한다. 먼저 바다에서 XML 섬을 차별화하는 방법부터 배우기로 하자.

텍스트의 바다에서 XML 섬 분리하기

텍스트에서 XML 태그를 분리하려면 먼저 떠오르는 생각이 태그 사이의 모든 것을 없애버리는 입력 문자 스트림 필터를 구성하는 것이다. 이 생각이 렉서가 섬을 쉽게 확인하도록 해줄 수 있지만, 필터가 모든 텍스트 데이터를 버려야 하는데 이것은 원치 않는 것이다. 예를 들면, 입력 〈name〉John〈/name〉이 주어지면 John을 버리고 싶지 않다는 것이다.

대신에 태그 사이에 있는 텍스트를 하나의 토큰으로 묶고 텍스트 밖에 있는 것은 다른 토큰으로 묶어 주는 초보적인 XML그래머를 구성해 보자. 여기에서 관심이 있는 것은 렉서이므로 다수의 태그, & 실체, CDATA 섹션 그리고 텍스트 (바다)와 매치하는 단일한 구문적인 룰을 사용할 것이다.

lexmagic/Tags.g4

```
grammar Tags;
file : (TAG|ENTITY|TEXT|CDATA)* ;
```

룰 file은 문서가 적절하게 형성되었는지를 확인하기 위한 시도를 하지 않는다. 이것은 단순히 XML 파일에서 발견되는 토큰의 종류만 표시할 것이다.

렉서 룰로 XML 파일을 분리하기 위하여 단순하게 섬을 위한 룰을 주고 나서 마지막에 나머지 것을 매치화하기 위한 TEXT라고 부르는 잡동사니 룰을 준다.

lexmagic/Tags.g4

```
COMMENT : '<!--' .*? '-->' -> skip ;
CDATA : '<![CDATA[' .*? ']]>' ;
TAG : '<' .*? '>' ;   // must come after other tag-like structures
ENTITY : '&' .*? ';' ;
TEXT : ~[<&]+ ;   // any sequence of chars except < and & chars
```

이 룰은 욕심 없는 .*? 연산자(5.5절 *"문자열 문자 매칭하기"*를 참조)를 엄청나게 사용하는데, 이 연산 다음에 무엇이 있는지를 확인할 때까지 스캔한다.

룰 TEXT는 문자가 태그나 실체의 시작이 아닌 한, 하나 또는 그 이상의 문자를 매칭한다. ~[<&]+ 대신에 .+를 쓰고 싶은 생각이 들지만, 한번 루프[loop]에 들어가면 입력이 끝날 때까지 시간을 허비한다. TEXT에서 .+ 다음에는 루프에 그만할 때를 말할 수 있도록 매칭해 주는 문자열이 없다.

중요하지만 미묘한 모호성 해결 방법이 여기에서 무대에 등장한다. 2.3절 "*원자로에 너무 많은 물을 넣을 수 없다*"에서 ANTLR 렉서가 모호성을 해결하는데, 파일의 첫 부분에 명시된 룰을 선호한다고 배웠다. 예를 들면, 룰 TAG는 꺾쇠괄호 안의 모든 것과 매치하는데 여기에는 주석과 CDATA 섹션도 포함한다. COMMENT와 CDATA를 먼저 명시했기 때문에, 룰 TAG는 다른 태그 룰과 매치에 실패한 태그만 골라서 매치한다.

곁 풀이로 XML은 기술적으로 --->로 끝나는 주석이나 --가 포함된 주석은 허용하지 않는다. 9.4절 "*에러 얼터너티브*"에서 배운 것을 활용해서, 부실한 주석을 탐색하고 명시적이며 유익한 에러 메시지를 주는 어휘적 룰을 추가할 수 있다.

```
BAD_COMMENT1 :    '<!--' .*? '--->'
                  {System.err.println("Can't have ---> end comment");} -> skip ;
BAD_COMMENT2 :    '<!--' ('--'|.)*? '-->'
                  {System.err.println("Can't have -- in comment");}   -> skip ;
```

그래머 Tags의 단순성을 위해서 배제시켰다.

이제 초보 XML 그래머가 다음의 입력에 대해서 무엇을 하는지 보기로 하자.

lexmagic/XML-inputs/cat.xml

```
<?xml version="1.0" encoding="UTF-8"?>
<?do not care?>
<CATALOG>
<PLANT id="45">Orchid</PLANT>
</CATALOG>
```

아래에 토큰을 인쇄하기 위한 grun을 사용한 구성과 테스트 시퀀스가 있다.

```
$ antlr4 Tags.g4
$ javac Tags*.java
$ grun Tags file -tokens XML-inputs/cat.xml
[@0,0:37='<?xml version="1.0" encoding="UTF-8"?>',<3>,1:0]
[@1,38:38='\n',<5>,1:38]
[@2,39:53='<?do not care?>',<3>,2:0]
[@3,54:54='\n',<5>,2:15]
[@4,55:63='<CATALOG>',<3>,3:0]
[@5,64:64='\n',<5>,3:9]
[@6,65:79='<PLANT id="45">',<3>,4:0]
[@7,80:85='Orchid',<5>,4:15]
[@8,86:93='</PLANT>',<3>,4:21]
[@9,94:94='\n',<5>,4:29]
[@10,95:104='</CATALOG>',<3>,5:0]
[@11,105:105='\n',<5>,5:10]
[@12,106:105='<EOF>',<-1>,6:11]
```

이 초보 XML 그래머는 적절하게 XML 파일을 읽고 다양한 섬과 텍스트의 시퀀스를 매치시킨다. 그러나 이것은 태그를 따로 분리해서 부분을 파서로 보내서 구문을 검사하도록 하는 것은 하지 않는다.

어휘 모드에서 문맥에 민감한 토큰 배급하기

태그 안팎의 텍스트는 서로 다른 언어를 따른다. 예를 들면, id="45"는 태그 밖에서는 텍스트 뭉치이지만, 태그 안에서는 3개의 토큰이다. 어떤 의미로 XML 렉서가 문맥에 따라서 다른 종류의 룰을 매칭하기를 원한다. ANTLR은 렉서가 문맥 사이에서 스위치하는 어휘적 모드를 제공한다. 이 절에서 이전 절의 초보적인 XML 그래머를 개량해서 태그 정보를 파서로 보내 주는 분석적인 모드를 사용하는 방법을 배울 것이다.

어휘적 모드는 단일한 렉서 그래머를 따로 분리해서 복수의 서브 렉서로 나누는 것을 허용한다. 렉서는 현재 모드에 룰을 적용해서 매칭되는 토큰만 반환해 준다. 모드 스위칭에서 제일 중요한 요구 사항은 언어에, 왼쪽이나 오른쪽 꺾쇠괄호처럼 스위칭을 앞뒤로 촉발하는 명확한 어휘적 감시자가 있어야 한다는 것이다. 다시 요약하면 모드는 입력의 서로 다른 부분을 구분하기 위하여 구문적 문맥이 필요로 하지 않는다는 사실에 근거하고 있다.

일을 단순히 하기 위해서 태그가 식별자를 포함하지만 속성은 포함하지 않는 XML 서브세트를 위한 그래머를 구성해 보자. 태그 밖의 바다와 매칭을 하는 기본 모드와 태그 내부와 매칭하는 또 하나 모드를 사용한다. 렉서가 기본 모드에서 〈를 매칭하면 섬 모드(태그 내 모드)로 스위칭해서 파서에 태그 시작 토큰을 반환한다. 내부 모드가 〉를 만나면 기본 모드로 스위치해서 태그 중지 토큰을 반환한다. 내부 모드는 또 식별자와 /를 매치하는 룰이 필요하다. 다음의 렉서가 이 전략을 부호화한다.

lexmagic/ModeTagsLexer.g4

```
lexer grammar ModeTagsLexer;

// Default mode rules (the SEA)
OPEN  : '<'     -> mode(ISLAND) ;             // switch to ISLAND mode
TEXT  : ~'<'+ ;                               // clump all text together

mode ISLAND;
CLOSE : '>'     -> mode(DEFAULT_MODE) ;       // back to SEA mode
SLASH : '/' ;
ID    : [a-zA-Z]+ ;                           // match/send ID in tag to parser
```

룰 OPEN과 TEXT는 기본 모드에 있다. OPEN은 단일한 〈에 매칭하여 렉서 명령이 mode(ISLAND)를 사용해서 모드를 스위치한다. 파서에서 다음 토큰 요청을 받으면 렉서는 ISLAND 모드에 있는 룰만 고려 대상에 넣는다. TEXT는 태그를 시작하는 문자가 아닌 어떤 문자열과도 매칭한다. 이 그래머의 어휘적 룰 어떤 것도 어휘적 명령어 skip을 사용하지 않기 때문에, 모두가 매칭되면 파서에 토큰을 반환한다.

ISLAND 모드에서 렉서는 닫는 〉, / 그리고 ID 토큰에 매치한다. 렉서가 〉를 보면 렉서 명령어를 수행해서 기본 모드로 다시 돌아가며, 클래스 렉서의 상수 DEFAULT_MODE로 확인한다. 이렇게 렉서가 모드 사이에서 앞뒤로 역할을 주고받는다.

문제의 소지가 조금 있었던 XML 서브세트를 위한 파서는 그래머 Tags처럼 태그와 텍스트 뭉치를 매칭하지만, 이제 룰 tag를 사용하여 단일한 뭉치 토큰 대신에 개인적인 태그 요소와 매칭할 예정이다.

```
lexmagic/ModeTagsParser.g4
parser grammar ModeTagsParser;

options { tokenVocab=ModeTagsLexer; } // use tokens from ModeTagsLexer.g4

file :  (tag | TEXT)* ;

tag :  '<' ID '>'
    |  '<' '/' ID '>'
    ;
```

파서에서 유일하게 친숙하지 않은 구문론적 항목은 tokenVocab 옵션이다. 파서와 렉서를 별도의 파일로 가지고 있으면 두 개의 파일에서 나오는 토큰 타입과 토큰 이름을 동기화했는지를 확인해야 한다. 예를 들면, 렉서 토큰 OPEN은 반드시 렉서에서처럼 파서에서도 동일한 토큰 타입을 가져야 한다.

그래머를 구성해서 이것을 간단한 XML 입력에 테스트해 보자.

```
➢ $ antlr4 ModeTagsLexer.g4   # must be done first to get ModeTagsLexer.tokens
➢ $  antlr4  ModeTagsParser.g4
➢ $ javac ModeTags*.java
➢ $ grun ModeTags file -tokens
➢ Hello  <name>John</name>
➢ EOF
```

```
< [@0,0:5='Hello ',<2>,1:0]
  [@1,6:6='<',<1>,1:6]
  [@2,7:10='name',<5>,1:7]
  [@3,11:11='>',<3>,1:11]
  [@4,12:15='John',<2>,1:12]
  [@5,16:16='<',<1>,1:16]
  [@6,17:17='/',<4>,1:17]
  [@7,18:21='name',<5>,1:18]
  [@8,22:22='>',<3>,1:22]
  [@9,23:23='\n',<2>,1:23]
  [@10,24:23='<EOF>',<-1>,2:24]
```

렉서는 〈name〉을 인덱스 1, 2 그리고 3을 가진 3개의 토큰처럼 파서로 보낸다. 또한 바다에 있는 HELLO는 룰 ID와 매치할 수 있지만, 이 경우는 오직 ISLAND 모드라는 것을 주목한다. 렉서가 기본 모드에서 시작하기 때문에 HELLO는 토큰 TEXT처럼 매치한다. 인덱스 0과 2 토큰 사이에서 토큰 타입이 다르다는 것을 볼 수 있는데, 여기에서 name은 토큰 ID (토큰 타입 5)처럼 매치한다.

렉서가 아닌 파서에서 태그 구문을 매치하기를 원하는 또 하나의 이유는, 파서가 액션을 수행하는 데 더욱더 융통성이 있기 때문이다. 더욱이 파서는 자동으로 파스 트리를 구성해 준다.

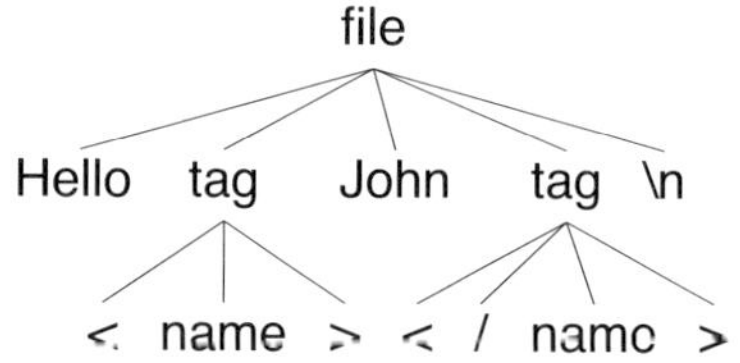

우리 그래머를 응용 프로그램에 사용하려면, 통상적인 리스너나 비지터 방법을 사용하든지 아니면 그래머에 액션을 추가해야 한다. 예를 들면, XML SAX 이벤트를 수행하려면, SAX 메소드 호출을 유발하기 위해서 자동적인 트리 구성을 차단하고 그래머 액션을 내재시켜야 한다.

이제 바다에서 XML 섬을 분리하는 방법과 태그 구성 성분을 파서로 보내는 방법을 알았으니, 실제의 XML 파서를 구성해 보자.

12.4 XML의 파싱과 렉싱

XML은 알기 쉬운 언어이기 때문에, XML 프로젝트를 W3C XML 언어 정의[3]를 검토하는 것에서 시작하는 것이 좋다.[3] 유감스럽게 XML 규격spec은 아주 방대해서 세부 사항으로 들어가면 길을 잃기가 십상이다. 쉽게 만들기 위해서 XML 파일을 파스하는 데 필요 없는 잡다한 것들을 버리기로 하자. 〈!DOCTYPE..〉 문서 형태 정의 (DTDs), 〈!ENTITY ..〉 실체 선언 그리고 〈!NOTATION..〉 표기 선언 등이 그것이다. 그 외에도 이들 태그를 취급하는 것은 다른 구조들을 취급하는 데 필요한 것 말고는 가르쳐 주는 것이 아무것도 없다.

XML 구문적 룰을 구성하는 것에서 시작하려고 한다. 좋은 소식은 규격으로부터 비공식적인 그래머 룰을 거의 그대로 ANTLR 표기로 변경함으로써, 재사용할 수 있다는 것이다.

ANTLR 파서 그래머 대한 XML 규격

XML 경험을 사용하여 아마도 합리적으로 완전하고 정확한 XML 그래머를 만들어 낼 수 있을 것이다. 그렇지만 빠진 것이 없도록 확실하게 하기 위해서 규격을 핵심적인 그래머 룰로 여과하고 응축하기로 하자.

```
document     ::= prolog element Misc*
prolog       ::= XMLDecl?  Misc*
content      ::= CharData?
                 ((element | Reference | CDSect | PI | Comment) CharData?)*
Element:     ::= EmptyElemTag
```

3 http://www.w3.org/TR/REC-xml/

```
                    |  STag content ETag
EmptyElemTag      ::= '<' Name (S Attribute)* S? '/>'
STag              ::= '<' Name (S Attribute)* S? '>'
ETag              ::= '</' Name S? '>'
XMLDecl           ::= '<?xml' VersionInfo EncodingDecl? SDDecl? S? '?>'
Attribute         ::= Name Eq AttValue
Reference         ::= EntityRef | CharRef
Misc              ::= Comment | PI | S
```

필요로 하는 룰이 많지만, 이들은 렉서로 들어갈 것이다. 이것은 어디에 선을 그어야 할지에 대해 5.6절 "*렉서와 파서 간에 구분 짓기*"에 대한 훌륭한 사례가 된다. 반드시 따라야 할 기준은 요소의 구조 내부를 볼 필요가 있느냐이다. 예를 들면, 주석의 내부나 처리 지시문 (PI)에 신경을 쓰지 않고, 렉서가 이들을 청크로 매치하도록 한다.

이 비공식적인 규격 룰을 다음에 나오는 완전한 ANTLR 파서 그래머와 비교해 보기로 하자. JSON과 심볼[Cymbol] 같은 언어를 위해서 구성한 그래머와 상대적으로, XML 파서 룰은 아주 단순하다.

lexmagic/XMLParser.g4

```
parser grammar XMLParser;
options { tokenVocab=XMLLexer; }

document        : prolog? misc* element misc*;

prolog          : XMLDeclOpen  attribute* SPECIAL_CLOSE ;

content         : chardata?
                  ((element | reference | CDATA | PI | COMMENT) chardata

element         : '<' Name attribute* '>' content '<' '/' Name '>'
                | '<' Name attribute* '/>'
                ;
```

```
reference            : EntityRef | CharRef ;

attribute            : Name '=' STRING ; // Our STRING is AttValue in spec
/** "All text that is not markup constitutes the character data of
 * the document."
 */
chardata             : TEXT | SEA_WS ;

misc                 : COMMENT | PI | SEA_WS ;
```

규격의 룰과 룰 사이에는 얼마간의 차이점이 있다. 먼저 규격 룰인 XMLDecl는 3개의 특정한 속성(version, encoding, standalone)과 매치할 수 있는 반면, 우리 것은 <?xml ...?> 내부의 임의의 속성과 매치할 수 있다. 나중에 의미 문구가 속성 이름이 옳은 것인지 검사할 것이다.

얼터너티브로 그래머 속에 서술을 넣을 수 있지만, 이것이 그래머를 판독하기 어렵게 만들며 생성된 파서의 성능을 감소시킬 수 있다.

```
prolog        : XMLDecl versionInfo encodingDecl? standalone? SPECIAL_CLOSE ;
versionInfo   : {_input.LT(1).getText().equals("version")}? Name '=' STRING ;
encodingDecl  : {_input.LT(1).getText().equals("encoding")}? Name '=' STRING ;
standalone    : {_input.LT(1).getText().equals("standalone")}? Name '=' STRING ;
```

다음 차이점은 렉서가 속성 사이의 태그 안에 있는 공백을 매치해서 제거하기 때문에, 엘리먼트[element] 룰 내부의 공백을 검사할 필요가 없다는 것이다. (element는 이전 절에서 나온 룰 tag의 확장형 버전이다.) 렉서 역시 공백 (SEA_WS)과 태그 밖에서 공백이 아닌 텍스트 (TEXT)를 차별화하지만, 두 개 모두를 토큰으로 파서에 반환한다. (이전의 두 섹션은 태그 외부의 모든 텍스트를 뭉쳐서 단일한 TEXT 토큰으로 만들었다.) 이는 규격은 루트 엘리먼트[root element] 앞 같은 특정 구역에서는 공백을 허용하지만 텍스트는 허용하지 않았기 때문이다. 따라서 캐릭터[character]는 파서의 룰이지, 우리 그래머에서 토큰은 아니었다.

XML 토큰화

XML 파서를 어떻게 다루는지 보기 위해서 규격에서 관련된 룰을 추출하는 것으로 시작해 보자.

```
Comment     ::= '<!--' ((Char - '-') | ('-' (Char - '-')))* '-->'
CDSect      ::= '<![CDATA[' CData ']]>'
CData       ::= (Char* - (Char* ']]>' Char*)) // anything but ']]>'
PI          ::= '<?' PITarget (S (Char* - (Char* '?>' Char*)))? '?>'
/** Any name except 'xml' */
PITarget ::= Name - (('X' | 'x') ('M' | 'm') ('L' | 'l'))
/** Spec: ``CharData is any string of characters which does not contain the
 * start-delimiter of any markup and does not include the
 * CDATA-section-close delimiter, "]]>".''
 */
CharData    ::= [^<&]* - ([^<&]* ']]>' [^<&]*)
EntityRef   ::= '&' Name ';'
CharRef      ::= '&#' [0-9]+ ';'
            |  '&#x' [0-9a-fA-F]+ ';'
Name        ::= NameStartChar (NameChar)*
NameChar    ::= NameStartChar | "-" | "." | [0-9] | #xB7
            |  [#x0300-#x036F] | [#x203F-#x2040]
NameStartChar
            ::= ":" | [A-Z] | "_" | [a-z] | [#xC0-#xD6] | [#xD8-#xF6]
            |  [#xF8-#x2FF] | [#x370-#x37D] | [#x37F-#x1FFF]
            |  [#x200C-#x200D] | [#x2070-#x218F] | [#x2C00-#x2FEF]
            |  [#x3001-#xD7FF] | [#xF900-#xFDCF] | [#xFDF0-#xFFFD]
            |  [#x10000-#xEFFFF]

AttValue    ::= '"' ([^<&"] | Reference)* '"'
            |  "'" ([^<&'] | Reference)* "'"
S           ::= (#x20 | #x9 | #xD | #xA)+
```

이것은 복잡한 것으로 보일지 모르지만 이것을 쪼개서 3개의 서로 다른 모드로 나누어 하나씩 구성할 것이다. 외부 태그, 내부 태그 그리고 특별한 <?...?> 태그 내부를 다룰 모드가 필요한데, 이는 12.3절에 있는 "*어휘적 모드에서 문맥에 민감한 토큰 배포하기*"에서 했던 것과 아주 비슷하다.

규격 룰과 ANTLR 렉서 룰을 비교해 보면, 동일한 룰 이름을 대부분 재사용할 수 있다는 것을 알 수 있다. 규격의 표시는 ANTLR의 것과 아주 다르지만 대부분 룰의 오른쪽 부분의 개념은 재사용할 수 있다. 태그 외부의 바다에서 매칭하는 기본 모드에서 시작하기로 하자. 아래에 있는 것이 파서가 사용하는 그 부분이다.

lexmagic/XMLLexer.g4

```
lexer grammar XMLLexer;

// Default "mode": Everything OUTSIDE of a tag
COMMENT         : '<!--' .*? '-->' ;
CDATA           : '<![CDATA[' .*? ']]>' ;
/** Scarf all DTD stuff, Entity Declarations like <!ENTITY ...>,
 *  and Notation Declarations <!NOTATION ...>
 */

DTD             : '<!' .*? '>'  -> skip ;
EntityRef       : '&' Name ';' ;
CharRef         : '&#' DIGIT+ ';'
                | '&#x' HEXDIGIT+ ';'
                ;
SEA_WS          : (' '|'\t'|'\r'? '\n') ;

OPEN            : '<'           -> pushMode(INSIDE) ;
XMLDeclOpen     : '<?xml' S     -> pushMode(INSIDE) ;
SPECIAL_OPEN    : '<?' Name     -> more, pushMode(PROC_INSTR) ;

TEXT            : ~[<&]+ ;      // match any 16 bit char other than < and &
```

렉서 그래머는 완전한 토큰으로 처리할 수 있는 모든 어휘 구조를 취급하는 것으로 시작한다. 먼저 COMMENT와 CDATA 토큰에 룰을 부여한다. 다음으로 〈!...〉 형태에 이어지는 문서, 엔터티 그리고 표기에 관계된 선언 모두를 매치한 후에 버린다. 이 프로젝트에서 이런 쓸데없는 것에 신경 쓰지 않는다. 이렇게 하고 나서 각종 실체와 공백 토큰을 매치할 룰이 필요하다. 잠시 앞서 나가면 룰 TEXT는 태그나 실체 참조가 시작될 때까지 무엇이든 매칭한다. 이것은 일종의 “else 절else clause”이다.

그리고 이제 재미 있는 일을 할 시점이다. 렉서가 태그의 시작을 보면, 이것은 문맥을 스위치해서 다음 렉서 토큰 매치가 태그 안에서 유효한 토큰을 찾을 수 있도록 한다. 이것이 룰 OPEN이 하는 것이다. 단순히 mode 명령어만 사용했던 ModeTagsLexer와 달리, pushMode(그리고 잠시만 있으면 popMode)를 사용한다. 모드를 강요해서, 렉서는 모드가 “호출invoking” 모드를 반환하도록 만든다. 이것은 내포된 모드 스위치에 도움이 되지만, 여기서 이것을 하지 않는다.

다음 두 개의 룰은 특별한 〈?xml...?〉 태그와 정상적인 〈?...?〉 처리 지시를 차별화한다. 파서의 prolog 룰이 〈?xml...?〉 태그 안의 속성을 매치하기를 원하기 때문에, XMLDeclOpen 토큰을 반환하고 나서 INSIDE 태그 모드로 스위치하기 위하여 렉서가 필요하며, 이것이 속성 토큰을 매치한다. 룰 SPECIAL_OPEN은 그 외의 다른 〈?...?〉 태그 시작을 매치하고 그 후에 PROC_INSTR 모드(곧 볼 수 있다)로 스위치한다. 이것은 또한 more라고 부르는 친숙하지 않은 렉서 명령어를 사용하는데, 이것은 렉서에 또 하나의 토큰을 찾아서 방금 매치된 토큰의 텍스트를 보관하고 있으라고 지시한다.

모드 PROC_INSTR 안에 있으면, 렉서가 룰 IGNORE를 통해서 처리 지시문의 마지막 ?〉을 볼 때까지 문자를 시간을 들여 모으기를 원한다.

lexmagic/XMLLexer.g4

```
mode PROC_INSTR;
PI          : '?>'          -> popMode ; // close <?...?>
IGNORE      : .             -> more ;
```

이것은 〈?xml...?〉 태그를 제외하고 모든 처리 지시문에 대해서 ‘〈?’ .*? ‘?〉’를 매치하기 위한 아주 멋진 방법이다. SPECIAL_OPEN 룰 역시 〈?xml를 매치하지만, 렉서는 룰 XMLDeclOpen에 우선권을 준다. 왜냐하면 2.3절 "*원자로에 너무 많은 물을 넣을 수 없다*"에서 한 토론에서 처음으로 나왔기 때문이다. 안타깝게도 '〈?' .*? '?〉' 같은 간단한 룰만 가지고 PROC_INSTR 모드를 폐기해 버릴 수 없다. '〈?' .*? '?〉'가 '〈?xml' S보다 더 긴 문자열을 매치하기 때문에, 렉서는 XMLDeclOpen을 절대로 매치할 수 없다. 이것은 12.2절 "*맥시멀 먼치*[Maximal Munch] *의 모호성 회피하기*"의 상황과 유사한데, 여기에서 렉서는 두 개의 〉 토큰보다 하나의 〉〉 토큰을 선호한다.

돌아본 양쪽 모드 어느 곳에서도 나타나지 않았던 SPECIAL_OPEN 참조 룰 Name을 주목하자. 이것은 다음에 볼 INSIDE 모드에 나온다. 모드는 토큰을 요청받았을 때, 단순히 매칭 시에 어떤 룰 세트를 반드시 고려해야 하는지를 렉서에 말해 준다. 한 가지 룰이 다른 모드에서 또 하나의 룰을 호출하는 것은 도와주는 입장에서 문제는 없다. 그러나 명심할 것은 렉서가 토큰 타입을 파서에 반환하는 경우는 현재의 렉서 모드 안에서 정의된 것에서만 한다는 것이다.

마지막 모드는 INSIDE 모드인데 이것은 아래와 같은 태그 안의 모든 요소를 인식한다.

```
title id="chap2", center="true"
```

태그 안의 어휘 구조는 5.3절 "*ANTLR 그래머로 일반 언어 패턴 인식하기*"에 나오는 아이디어를 강화해 주는데, 이 아이디어는 어휘 분석 측면에서 보면 많은 언어가 같아 보인다는 생각이다.

예를 들면, C의 렉서는 이 태그 내용을 토큰화하는 데 문제가 없을 것이다.

아래에 태그 안에서 구조를 처리하는 (마지막) 모드가 설명되어 있다.

lexmagic/XMLLexer.g4

```
mode INSIDE;

CLOSE        : '>'                    -> popMode ;
```

```
SPECIAL_CLOSE :  '?>'                         -> popMode ; // close <?xml...?>
SLASH_CLOSE   :  '/>'                         -> popMode ;
SLASH         :  '/' ;
EQUALS        :  '=' ;
STRING        :  '"' ~[<"]* '"'
              |  '\'' ~[<']* '\''
              ;
Name          :  NameStartChar NameChar*;
S             :  [ \t\r\n]                    -> skip ;

fragment
HEXDIGIT      :  [a-fA-F0-9] ;

fragment
DIGIT         :  [0-9] ;

fragment
NameChar      :  NameStartChar
              |  '-' | '.' | DIGIT
              |  '\u00B7'
              |  '\u0300'..'\u036F'
              |  '\u203F'..'\u2040'
              ;

fragment
NameStartChar
              :  [:a-zA-Z]
              |  '\u2070'..'\u218F'
              |  '\u2C00'..'\u2FEF'
              |  '\u3001'..'\uD7FF'
              |  '\uF900'..'\uFDCF'
              |  '\uFDF0'..'\uFFFD'
              ;
```

처음 세 개의 룰은 마지막 태그 시퀀스를 매치한다. 여기에서 popMode의 어휘적 명령어가 쓸모가 있다. 스위치해야 할 모드를 지정하지 않는다. 룰이 단순하게 "pop"이라고 말한다. 이전의 모드는 모드 스택stack에 있다.

룰 STRING은 규격에서 룰 AttValue를 매치하는데, 다른 것은 유일하게 STRING은 구체적으로 문자열 안의 실체를 매치하지 않다는 점이다. 문자열 안에 관심이 없어서 이들 문자를 조심스럽게 매칭할 이유가 없다.

규격에 따라서 〈나 인용구를 문자열 안에서 허용하지 않는다는 것만 확실히 하면 된다.

이제 파서와 렉서의 그래머를 갖추었으니 이것을 구성해서 테스트해 보기로 하자.

XML 그래머 시험

예전대로 두 개의 그래머에 ANTLR을 돌릴 필요가 있는데, 파서는 XMLLexer.g4 를 위한 ANTLR에 의해서 생성된 토큰 타입에 의존하기 때문에 렉서를 먼저 돌릴 수 있도록 조심해야 한다.

```
$ antlr4 XMLLexer.g4
$ antlr4 XMLParser.g4
$ javac XML*.java
```

아래에 XML 입력 파일의 예가 있다.

```
lexmagic/XML-inputs/entity.xml
<!-- a comment
-->
<root><!-- comment --><message>if salary &lt; 1000</message>
&apos; <a>hi</a> <foo/>
</root>
```

파스 트리를 생성하기 위해서 grun을 사용하기로 하자.

```
$ grun XML document -gui XML-inputs/entity.xml
```

파스 트리는 파서가 정확하게 주석, 앤터티, 태그 그리고 텍스트를 처리했다는 것을 표시한다.

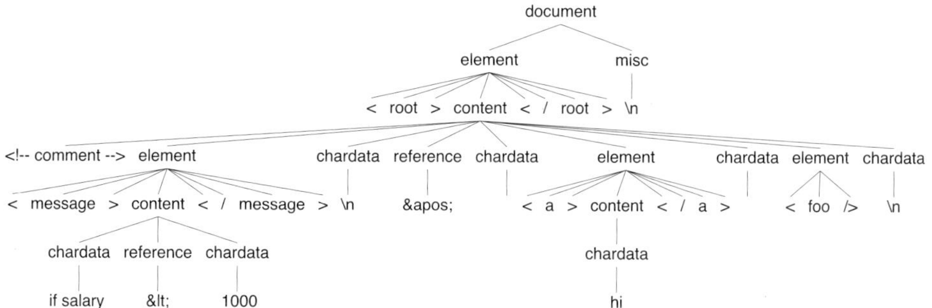

이제 파서가 정확하게 <?xml...?>를 기타 처리 지시문 태그에 비교해서 처리한 것을 확인하는 검사를 해보자. 아래에 입력 파일의 예가 있다.

lexmagic/XML-inputs/cat.xml

```
<?xml version="1.0" encoding="UTF-8"?>
<?do not care?>
<CATALOG>
<PLANT id="45">Orchid</PLANT>
</CATALOG>
```

모드 INSIDE에서 대부분의 렉서 룰은 모든 유효한 유니코드[Unicode] 포인트를 사용하여 적절하게 매칭되는 태그 이름을 처리한다. 이것은 예로, 일본어 태그 이름[4]으로 된 XML 파일을 인식하도록 허용해 준다. 샘플 파일 weekly-euc-jp.xml를 돌려서 파서로 보내려면 grun에 대한 적절한 일본어 인코딩 옵션이 있어야 한다.

```
$ grun XML document -gui -encoding euc-jp XML-inputs/weekly-euc-jp.xml
```

그림 12. "*대화 상자로 들어가는 윈도우*"는 더 큰 대화 상자로 들어가는 윈도우를 보여준다.

---

4 http://people.apache.org/~edwingo/jaxp-ri-1.2.0-fcs/samples/data/weekly-euc-jp.xml

이 XML 그래머는 어떻게 복잡성이 렉서에 빈번히 내재하는지를 알려 주는 아주 훌륭한 예이다. 파서는 흔히 클 수 있지만 보통은 그만큼 어렵지는 않다. 언어를 인식하기가 어렵다고 느낄 때는 대부분의 이유가 문자를 토큰으로 묶기가 어렵기 때문이다. 이것은 렉서가 결정할 때 정말로 구문적 문맥이 필요하기 때문일 수도 있거나 아니면 이들이 파일의 영역마다 다른 어휘적 룰을 가지고 있기 때문일 수도 있다.

이 장은 아주 커서 많은 것을 살펴보았지만, 당신이 도전적인 인식 문제에 당면했을 때 훌륭한 자원을 제공해 줄 것이다. 다른 토큰을 다른 채널로 보내서 주석이나 공백 같은 중요 토큰을 무시는 하지만 버리지 않는 방법을 배우는 것으로 시작했다. 다음으로 귀찮은 키워드를 식별자로 하는 문제 같은 문맥에 민감한 어휘적 문제의 일부를 해결하는 방법을 살펴보았다. 그리고 나서 바다에서 섬을 분리하는 것 같이, 어휘적 모드를 사용해서 입력의 복수 영역을 토큰화하는 방법을 배웠다. 그리고 마지막으로 어휘적 모드를 사용해서 정확한 XML 렉서를 구성했다.

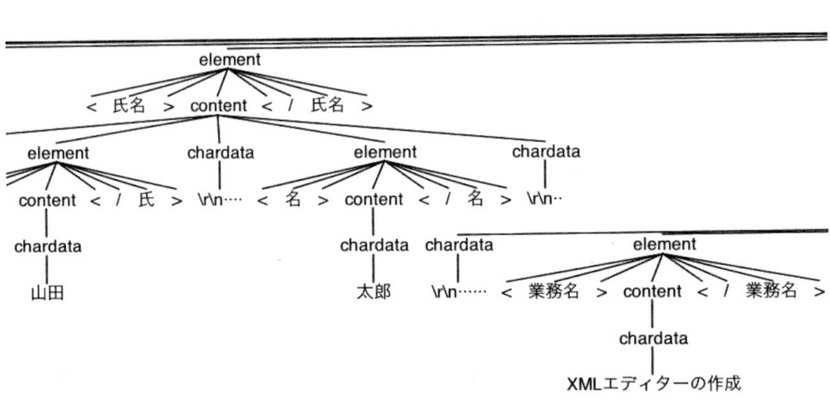

그림 12 – 대화 창에 들어가는 윈도우

이 시점까지 ANTLR을 사용하는 방법에 관해서 아주 많은 것을 배웠다. 이 책의 다음 파트는 참조하는 절로 여기에는 전반부에서 명확성을 위해서 회피했던 많은 상세 내용으로 가득 차 있다.

PART 4

ANTLR 참조

이 책의 처음 세 개의 파트는 ANTLR을 사용하는 안내서인 반면, 이 마지막 파트는 기본적으로 참조 자료로 구성되어 있다. 런타임 API를 요약하는 것으로 시작하여 ANTLR이 왼쪽 반복 룰을 처리하는 방법을 살펴볼 것이다. 그리고 마지막으로 방대한 참조의 장을 검토할 것이다.

CHAPTER 13

런타임 API 탐구

이 장은 ANTLR 런타임 API에 대한 개요를 제공하고 런타임 라이브러리runtime library 탐구의 시발점이 된다. 이 장은 프로그래머가 당면하는 클래스를 설명하지만, Javadoc[1]에 있는 자세한 내용을 다시 다루지 않는다. 이들의 사용에 관한 자세한 정보는 클래스와 개별적인 방법에 관한 주석을 살펴보기 바란다.

13.1 라이브러리 패키지 개요

ANTLR 런타임은 6개 패키지로 구성되어 있으며, 대부분의 응용 프로그램을 마주치는 클래스는 메인 org.antlr .v4.runtime 패키지에 있다. 무엇보다도 가장 일반적인 클래스는 일부 입력에 대해서 파서를 가동시키는 데 사용되는 것이다. 아래에 X.g로 불리는 그래머 파일과 XListener를 수행하는 MyListener로 불리는 파스 트리를 위한 대표적인 코드 스니펫을 적었다.

```
XLexer lexer = new XLexer(input);
CommonTokenStream tokens = new CommonTokenStream(lexer);
XParser parser = new XParser(tokens);
```

1 http://www.antlr.org/api

```
ParseTree tree = parser.XstartRule();

ParseTreeWalker walker = new ParseTreeWalker();
MyListener listener = new MyListener(parser);
walker.walk(listener, tree);
```

이것을 처음 3.3절 *"생성된 파서를 자바 프로그램에 통합"*에서 만났다.

아래에 패키지 내용을 요약했다.

- `org.antlr.v4.runtime` 이 패키지는 입력 스트림의 계층구조, 문자와 토큰 버퍼, 에러 처리, 토큰 구성, 렉싱 그리고 파싱 같은 가장 일반적으로 사용되는 클래스와 인터페이스를 포함한다.
- `org.antlr.v4.runtime.atn` 이것은 내부적으로 ANTLR의 어댑티브Adaptive LL(*) 렉싱과 파싱 전략에 사용된다. *atn* 용어는 확장 천이망augmented transition network[2]을 의미하며, 상태 머신state machine인데, 여기서 엣지edges가 그래머 요소를 나타낸다. ANTLR은 렉싱과 파싱 동안 미리 보기 기호에 기반하여 예측을 하기 위해서 ATN을 한다.
- `org.antlr.v4.runtime.dfa` 예측하는 데 ATN을 사용하는 것은 고비용이므로, 런타임 캐쉬caches 예측은 결정적 유한 자동자deterministic finite automata (DFA)[3]을 만들어 낸다. 이 패키지는 모든 DFA 리스너를 수용한다.
- `org.antlr.v4.runtime.misc` 이 패키지는 기타 데이터 구조를 수용하지만, 명령어 라인command-line 별명Alias grun을 통해서 이 책 전반에 걸쳐 사용한 일반적으로 사용되는 TestRig 클래스도 수용한다.
- `org.antlr.v4.runtime.tree` ANTLR이 생성한 파서는 기본적으로 파스 트리를 구성하고 이 패키지는 이들을 수행에 필요한 모든 클래스와 인터페이스를 수용한

2 http://en.wikipedia.org/wiki/Augmented_transition_network

3 http://en.wikipedia.org/wiki/Deterministic_finite_automaton

다. 이것은 또한 기본 파스 트리 리스너, 워커[walker] 그리고 비지터 메커니즘[mechanism]도 수용한다.

- org.antlr.v4.runtime.tree.gui ANTLR은 inspect()를 통해서 접근 가능한 기초 파스 트리 뷰어[viewer]를 보낸다. 이것은 또한 트리를 save()를 통해서 PostScript 형식으로 보관한다. TestRig의 -gui 옵션이 이 뷰어를 가동시킨다.

나머지 섹션은 기능성으로 분류된 런타임 API를 설명한다.

13.2 인식기

ANTLR은 렉서와 파서의 서브클래스인 렉서와 파서를 생성한다. 서브클래스 Recognizer는 문자나 토큰의 시퀀스 안에 있는 구조를 인식하는 개념을 추상화한다. 인식기[Recognizer]는 IntStreams을 얻는데, 이것은 후에 살필 것이다. 아래에 상속[inheritance]과 인터페이스의 수행 관계가 있다(아래 그림의 *TokenSource*가 인터페이스다).

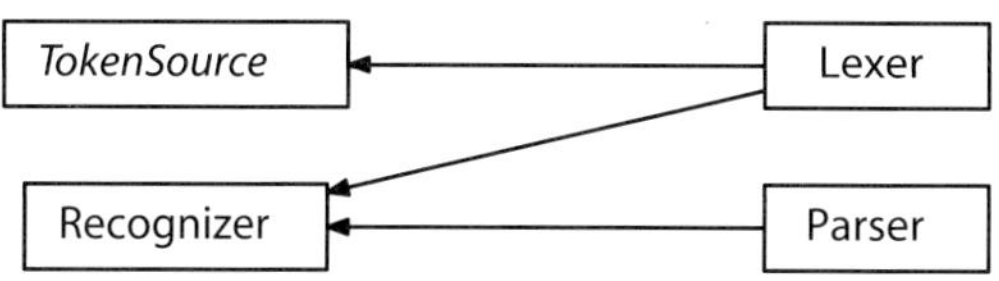

렉서는 인터페이스 TokenSource를 구현하는데, 이것은 코어[core] 렉서 기능성을 규정한다. nextToken(), getLine() 그리고 getCharPositionInLine()가 그것들이다. 렉서를 돌려서 ANTLR 파서 그래머와 같이 사용하는 것은 그리 큰일이 아니다. 아래의 입력 파일과 같은 간단한 식별자나 정수를 토큰화하는 렉서를 구성해 보자.

api/Simple-input

```
a 343x
abc 9 ;
```

아래에 손수 구성한 렉서의 코어가 있다.

```
api/SimpleLexer.java
@Override
public Token nextToken() {
    while (true) {
        if ( c==(char)CharStream.EOF ) return createToken(Token.EOF);
        while ( Character.isWhitespace(c) ) consume(); // toss out whitespace
        startCharIndex = input.index(); startLine = getLine();
        startCharPositionInLine = getCharPositionInLine();
        if ( c==';' ) {
            consume();
            return createToken(SEMI);
        }
        else if ( c>='0' && c<='9' ) {
            while ( c>='0' && c<='9' ) consume();
            return createToken(INT);
        }
        else if ( c>='a' && c<='z' ) { // VERY simple ID
            while ( c>='a' && c<='z' ) consume();
            return createToken(ID);
        }
        // error; consume and try again
        consume();
    }
}

protected Token createToken(int ttype) {
    String text = null; // we use start..stop indexes in input
        Pair<TokenSource, CharStream> source =
            new Pair<TokenSource, CharStream>(this, input);
    return factory.create(source, ttype, text, Token.DEFAULT_CHANNEL,
                    startCharIndex, input.index()-1,
                    startLine, startCharPositionInLine);
}

protected void consume() {
```

```
        if ( c=='\n' ) {
            line++; // \r comes back as a char, but ₩n means line++
            charPositionInLine = 0;
        }
        if ( c!=(char)CharStream.EOF ) input.consume();
        c = (char)input.LA(1);
        charPositionInLine++;
    }
```

손수 만든 렉서에서 ANTLR에 있는 같은 토큰 이름을 공유할 방법이 필요하다. 파서 코드 생성에서 또한 ANTLR에 렉서 소스에서 수립한 토큰 타입 정수 값을 알려 줄 필요가 있다. 이것이 .tokens 파일의 역할이다.

api/SimpleLexer.tokens

```
ID=1
INT=2
SEMI=3
```

아래에 이들 토큰 정의를 얻는 간단한 그래머가 있다.

api/SimpleParser.g4

```
parser grammar SimpleParser;
options {
    // get token types from SimpleLexer.tokens; don't name it
    // SimpleParser.tokens as ANTLR will overwrite!
    tokenVocab=SimpleLexer;
}

s : ( ID | INT )* SEMI ;
```

그리고 아래에 구성과 테스트 시퀀스가 있다.

```
$ antlr4 SimpleParser.g4
$ javac Simple*.java TestSimple.java
$ java TestSimple Simple-input
(s a 343 x abc 9 ;)
```

13.3 문자와 토큰의 입력 스트림

가장 추상적인 수준에서 렉서와 파서 모두는 정수 스트림의 문법을 검사한다. 렉서는 문자(짧은 정수)를 처리하고, 그리고 파서는 토큰 타입을 처리한다(정수). 이것이 ANTLR 입력 스트림 클래스 계층구조의 루트[root]를 IntStream으로 부르는 이유이다.

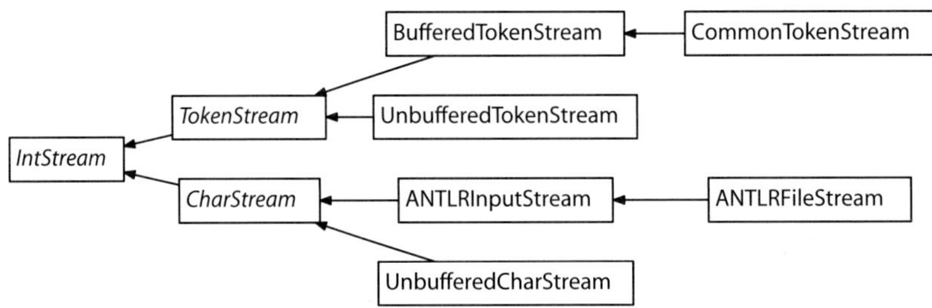

인터페이스 IntStream은 기호를 소비하는 메소드와 미리 보기 기호를 가져오는 것, 즉 consume ()과 LA()를 포함하는 스트림에 대한 대부분의 중요한 연산을 정의한다. ANTLR 인식기가 먼저 스캔하고 되감아야 할 필요가 있기 때문에, IntStream이 mark()와 seek() 메소드를 정의한다.

CharStream과 TokenStream 서브인터페이스는 스트림에서 텍스트를 추출하는 메소드를 추가했다. 이 인터페이스를 구현한 클래스는 일반적으로 한꺼번에 모든 입력을 읽고 버퍼에 저장한다. 이것은 이들 클래스를 구성하는 것이 더 쉬우며, 입력에 용이하게 접근할 수 있게 해주고, 이것이 일반적인 경우에 어울리기 때문이다. 만일 당신의 입력이 너무 길거나 무한정인 경우(예로, 소켓[socket]을 통해서), 당신은 UnbufferedCharStream과 UnbufferedTokenStream을 사용할 수 있다.

파스를 하기 위한 통상적인 코드 시퀀스는 입력 스트림을 생성하고, 여기에 렉서를 부착해서 렉서에 부착된 토큰 스트림을 생성하고 나서 토큰 스트림에 부착된 파서를 생성하는 것이다.

```
ANTLRInputStream input = new ANTLRFileStream("an-input-file");
// ANTLRInputStream input = new ANTLRInputStream(System.in); // or read stdin
SimpleLexer lexer = new SimpleLexer(input);
CommonTokenStream tokens = new CommonTokenStream(lexer);
SimpleParser parser = new SimpleParser(tokens);
ParseTree t = parser.s();
```

13.4 토큰과 토큰 팩토리

렉서는 문자 스트림을 토큰 오브젝트[object]로 쪼개고, 파서는 문법에 맞는 구조를 토큰의 스트림에 적용한다. 일반적으로 토큰을 렉서에서 구성한 후에는 변경할 수 없는 것으로 알지만, 가끔 토큰 필드를 생성한 후에 이들을 변경할 필요가 있다. 예를 들면, 토큰 스트림은 진행 과정에서 토큰의 토큰 인덱스를 설정하기 좋아한다. 이를 지원하기 위하여 ANTLR은 인터페이스 WritableToken을 사용하는데, 이것은 토큰의 일종으로 "세터[setter]" 메소드를 가지고 있다. 마지막으로 모든 기능을 가진 토큰 역할을 하는 Common Token을 가지고 있다.

통상적으로 토큰을 정의할 필요가 없지만 이것은 유용한 능력이 있다. 아래에 토큰 수행의 예가 있는데, 이것은 모든 토큰 오브젝트에 필드를 추가한다.

```
api/MyToken.java
import org.antlr.v4.runtime.CharStream;
import org.antlr.v4.runtime.CommonToken;
import org.antlr.v4.runtime.TokenSource; import org.antlr.v4.runtime.misc.Pair;
```

```
/** A Token that tracks the TokenSource name in each token. */
public class MyToken extends CommonToken {
    public String srcName;

    public MyToken(int type, String text) {
        super(type, text);
    }

    public MyToken(Pair<TokenSource, CharStream> source, int type,
                   int channel, int start, int stop)
    {
        super(source, type, channel, start, stop);
    }

    @Override
    public String toString() {
        String t = super.toString();
        return srcName +":"+t;
    }
}
```

렉서가 이처럼 특별한 토큰을 생성하도록 하려면 팩토리[factory]를 생성해서 이것을 렉서에게 넘겨줄 필요가 있다. 또한 파서에게 이것의 에러 핸들러가 필요하다고 말해서, 올바른 종류의 토큰을 마술을 부리듯 꺼내 올 수 있도록 해야 한다.

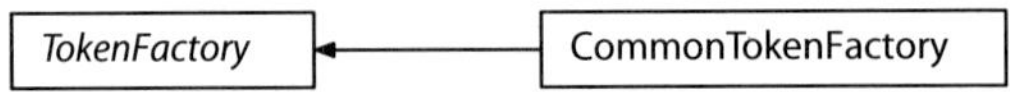

아래에 MyToken 오브젝트를 생성하는 토큰 팩토리가 있다.

api/MyTokenFactory.java

```
import org.antlr.v4.runtime.CharStream;
import org.antlr.v4.runtime.TokenFactory;
```

```
import org.antlr.v4.runtime.TokenSource;
import org.antlr.v4.runtime.misc.Interval;
import org.antlr.v4.runtime.misc.Pair;

/** A TokenFactory that creates MyToken objects */
public class MyTokenFactory implements TokenFactory<MyToken> {
    CharStream input;

    public MyTokenFactory(CharStream input) { this.input = input; }
    @Override
    public MyToken create(int type, String text) {
        return new MyToken(type, text);
    }
    @Override
    public MyToken create(Pair<TokenSource, CharStream> source, int type,
                          String text,
                          int channel, int start, int stop, int line,
                          int charPositionInLine)
    {
        MyToken t = new MyToken(source, type, channel, start, stop);
        t.setLine(line);
        t.setCharPositionInLine(charPositionInLine);
        t.srcName = input.getSourceName();
        return t;
    }
}
```

그리고 아래에 렉서와 파서에게 팩토리를 통보해 주는 샘플 코드의 일부가 있다.

api/TestSimpleMyToken.java

```
ANTLRInputStream input = new ANTLRFileStream(args[0]);
SimpleLexer lexer = new SimpleLexer(input);
MyTokenFactory factory = new MyTokenFactory(input);
lexer.setTokenFactory(factory);
```

```
CommonTokenStream tokens = new CommonTokenStream(lexer);

// now, print all tokens
tokens.fill();
List<Token> alltokens = tokens.getTokens();
for (Token t : alltokens) System.out.println(t.toString());

// now parse
SimpleParser parser = new SimpleParser(tokens);
parser.setTokenFactory(factory);
ParseTree t = parser.s();
System.out.println(t.toStringTree(parser));
```

이것은 이전에 나온 SimpleParser.g4 그래머를 재사용한다. 아래에 구성과 테스트 시퀀스가 있다.

```
$ antlr4 SimpleParser.g4
$ javac Simple*.java MyToken*.java TestSimpleMyToken.java
$ java TestSimpleMyToken Simple-input
Simple-input:[@0,0:0='a',<1>,1:0]
Simple-input:[@1,2:4='343',<2>,1:2]
Simple-input:[@2,5:5='x',<1>,1:5]
Simple-input:[@3,7:9='abc',<1>,2:1]
Simple-input:[@4,11:11='9',<2>,2:5]
Simple-input:[@5,13:13=';',<3>,2:7] Simple-input:[@6,15:14='<EOF>',<-1>,3:1]
(s a 343 x abc 9 ;)
```

MyToken에서 toString() 메소드는 Simple-input을 추가한다. 정상적인 토큰 문자열에 접두사로 표시한다.

13.5 파스 트리

인터페이스 Tree는 페이로드와 차일드를 가진 트리의 기본 개념을 정의한다. Syntax

Tree는 TokenStream에서 토큰과 트리 노드를 연관 짓는 방법을 알고 있는 트리이다. 더 구체적으로 인터페이스 Parse Tree는 파스 트리에서 노드를 대표한다. 이것은 트리에서 이것의 아래에 있는 모든 잎과 연관된 텍스트를 반환하는 방법을 알고 있다. 샘플 파스 트리를 2.4절 "*파스 트리를 사용한 랭귀지 응용 프로그램 구현*"에서 본 것이며, 이 클래스 계층구조에서 노드가 타입에 대응하는 방법도 보았다. Parse Tree는 또한 ParseTreeVisitor에게 통상적인 비지터 패턴visitor pattern 더블 디스패치double dispatch accept() 메소드도 제공하는데, 이것은 2.5절 "*파스 트리 리스너와 비지터*"에서 살펴본 것이다.

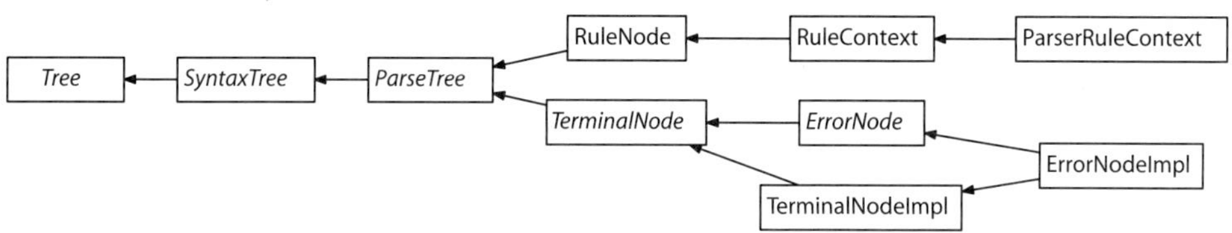

클래스 RuleNode와 TerminalNode는 서브트리 뿌리roots와 잎사귀leaf 노드에 대응한다. ANTLR은 단일 토큰 삽입 회복single-token-insertion recovery 동안에 ErrorNodeImpl 노드를 생성한다(9.3절 "*매치 안 된 토큰에서 복구하기*"를 참조한다).

RuleContext는 단일 룰 호출의 기록으로 어떤 문맥이 이것을 호출invoke한지를, 만일 있다면, getParent() 체인을 워크 업walk up 해서 알고 있다. ParserRuleContext는 파서가 트리를 생성한다면, 파스 트리를 추적하는 필드를 가지고 있다. 이들은 기본적으로 리스너이므로 당신은 ANTLR이 당신 그래머의 하나 하나 룰마다 생성하는 특별한 서브클래스에 관심을 가져도 된다.

13.6 에러 리스너와 전략

ANTLR의 구문적 에러 메커니즘에 관련되어 두 가지 중요한 인터페이스가 있다. ANTLRErrorListener와 ANTLRErrorStrategy가 이들인데, ANTLRErrorListener에 대한 것은 9.2절 "*ANTLR의 에러 메시지 변경과 재전송*"에서 배웠으며 또 하나는 9.5절 "*ANTLR의 에러 핸들링 전략 변경*"에서 배웠다. 리스너는 에러 메시지와 가는 곳을 변경하도록 해주었다. 전략 수행은 파서가 에러에 대응하는 방법을 변경한다.

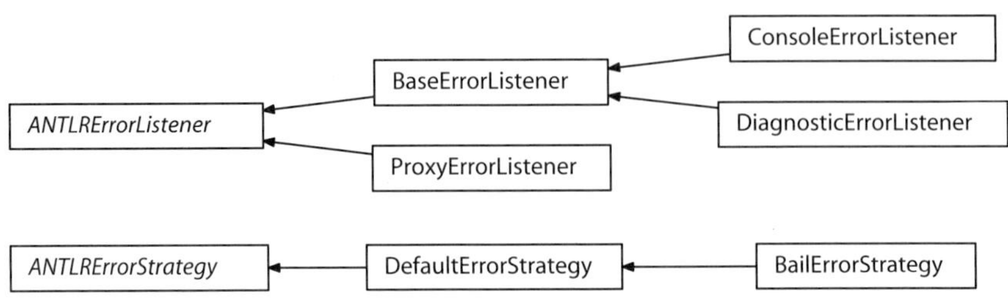

ANTLR은 에러에 따라서 특정한 RecognitionExceptions을 버린다. 이들이 검사하지 않은 런타임 예외라는 것을 주목해서, 당신이 당신의 메소드에서 throws 절을 명시하지 않도록 해야 한다.

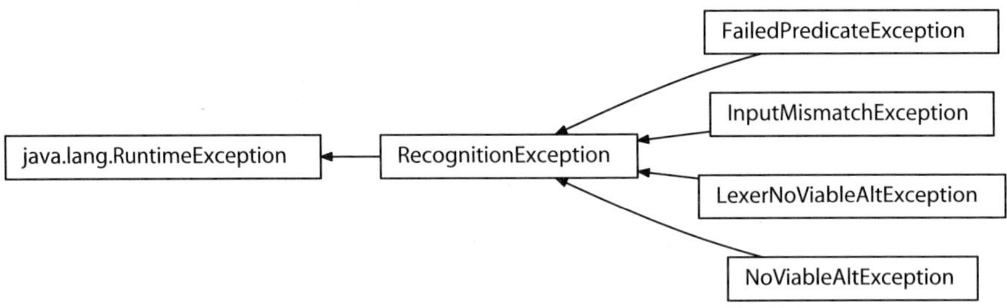

13.7 파서 속도 최대로 하기

ANTLR v4의 적응 가능 파싱 전략은 v3보다 더욱 강력하지만, 약간의 속도를 희생하고 얻어지는 것이다. 당신이 제일 빠른 속도와 가능한 범위 내에서 최소의 메모리 공간이 필요하다면 당신은 그 단계 파싱 전략을 구사할 수 있다. 첫 단계는 거의 항상 작동하는 조금 약한 파싱 전략, *SLL(*)*을 사용한다. (이것은 되돌아올 필요가 없다는 것만 빼면 v3의 전략과 유사하다.) 첫 단계 파싱이 실패하면, 당신은 전면적인 *LL(*)* 파스를 시도해야 한다. 첫 단계 실패 후에, 이것이 정말 구문적 에러인지 아니면 *SLL(*)* 전략이 충분히 강하지 못해서 그런지를 알 길이 없다. SLL(*) 단계를 통과시키는 입력은 전면적인 LL(*) 단계 통과를 보장하기 때문에 더욱 비싼 전략을 시도할 근거가 없어진다.

```
// try with simpler/faster SLL(*)
parser.getInterpreter().setSLL(true);
// we don't want error messages or recovery during first try
parser.removeErrorListeners();
parser.setErrorHandler(new BailErrorStrategy());
try {
    parser.startRule();
    // if we get here, there was no syntax error and SLL(*) was enough;
    // there is no need to try full LL(*)
}
catch (RuntimeException ex) {
if (ex.getClass() == RuntimeException.class &&
ex.getCause() instanceof RecognitionException)
{
// The BailErrorStrategy wraps the RecognitionExceptions in
// RuntimeExceptions so we have to make sure we're detecting
// a true RecognitionException not some other kind
tokens.reset(); // rewind input stream
// back to standard listeners/handlers
parser.addErrorListener(ConsoleErrorListener.INSTANCE);
parser.setErrorHandler(new DefaultErrorStrategy());
parser.getInterpreter().setSLL(false); // try full LL(*)
parser.startRule();
}
}
```

두 번째 단계에서 실패하는 입력은 구문적으로 정말 무효하다.

13.8 버퍼 안 된 문자와 토큰 스트림

ANTLR은 기본적으로 버퍼가 입력 문자 스트림과 모든 입력 토큰으로 인식하기 때문에, 컴퓨터 메모리보다 큰 입력을 처리할 수 없으며 소켓 연결 같은 무한정한 스트림은 처리할 수 없다. 이 문제를 극복하기 위해서 당신은 문자나 토큰 스트림에 버퍼가 없는 버전을 사용할 수 있는데, 이렇게 하면 스트림에 조그만 슬라이딩 윈도우를 마련해 준다: UnbufferedCharStream과 UnbufferedTokenStream.

데모를 위해서 아래에 6.1절 *"CSV 파싱하기"*에 나와 있는 쉼표로 분리된 값 그래머의 수정 본을 실었는데, 이것은 두 컬럼으로 된 파일에서 부동소수점 값의 합을 구하는 것이다.

api/CSV.g4

```
/** Rows are two real numbers:
    0.9962269825793676, 0.9224608616182103
    0.91673278673353, -0.6374985722530822
    0.9841464019977713, 0.03539546030010776
    ...
 */
grammar CSV;

@members {
double x, y; // keep column sums in these fields
}

file: row+ {System.out.printf("%f, %f \n", x, y);} ;

row : a=field ',' b=field '\r'? '\n'
      {
      x += Double.valueOf($a.start.getText());
      y += Double.valueOf($b.start.getText());
      }
    ;
field
    : TEXT
    ;

TEXT : ~[,\n\r]+ ;
```

당신의 관심이 오로지 컬럼의 합이라면, 당신은 오직 메모리에 하나 또는 두 개의 토큰이 동시에 필요하다. 완전한 버퍼링을 방지하기 위해서 세 가지 할 일이 있다. 먼저 통상적인 ANTLFileStream과 CommonTokenStream 대신에 버퍼가 안 되는 스트림을 사용한다. 두 번째, 렉서에 입력 스트림에서 문자를 복사해서 토큰의 텍스트에 담는 토큰 팩토리를 보낸다. 그렇지 않으면 토큰에 대한 getText() 메소드가 입력 문자 스트림에 접근하려고 시도하는데, 이것은 아마도 더 이상 허용되지 않을 것이다. (토큰과 문자 스트림의 관계를 보여주는 2.4절 "*파스 트리를 사용하여 랭귀지 응용 프로그램 빌딩*"에 있는 도표를 참조한다.) 마지막으로 파서에 파스 트리를 생성하지 말도록 요청한다. 다음의 테스트 리그에 주요 라인이 강조되어 있다.

api/TestCSV.java

```
import org.antlr.v4.runtime.CharStream;
import org.antlr.v4.runtime.CommonToken;
import org.antlr.v4.runtime.CommonTokenFactory;
import org.antlr.v4.runtime.Token;
import org.antlr.v4.runtime.TokenStream;
import org.antlr.v4.runtime.UnbufferedCharStream;
import org.antlr.v4.runtime.UnbufferedTokenStream;

import java.io.FileInputStream;
import java.io.InputStream;
public class TestCSV {
    public static void main(String[] args) throws Exception {
        String inputFile = null;
        if ( args.length>0 ) inputFile = args[0];
        InputStream is = System.in;
        if ( inputFile!=null ) {
            is = new FileInputStream(inputFile);
        }
        CharStream input = new UnbufferedCharStream(is);
        CSVLexer lex = new CSVLexer(input);
        // copy text out of sliding buffer and store in tokens
```

```
        lex.setTokenFactory(new CommonTokenFactory(true));
        TokenStream tokens = new UnbufferedTokenStream<CommonToken>(lex);
        CSVParser parser = new CSVParser(tokens);
         parser.setBuildParseTree(false);
        parser.file();
    }
}
```

아래에 1,000 줄의 샘플 파일을 사용한 샘플 구성과 테스트 시퀀스가 있다.

```
$ antlr4 CSV.g4
$ javac TestCSV.java CSV*.java
$ wc sample.csv
    1000    2000   39933 sample.csv # 1000 lines, 2000 words, 39933 char
$ java TestCSV sample.csv
1000.542053,  1005.587845
```

인식기가 모든 것을 버퍼에 채우지 않는 것을 확인하기 위해서, 나는 자바 VM을 오직 10M RAM에 국한시킨 상황에서 7.8 M의 수치 쌍을 가진 310M CSV 입력 파일을 테스트 리그에서 돌렸다.

```
$ wc big.csv
  7800000 15600000 310959090 big.csv # 7800000 lines, ...
$ time java -Xmx10M TestCSV big.csv
11695395.953785,  7747174.349207

real   0m43.415s # wall clock duration to compute the sums
user   0m51.186s
sys    0m6.195s
```

이렇게 버퍼가 안 된 스트림은 효율이 최대의 관심사일 경우에 유용하다. (당신은 심지어 이들을 이전 절에 있는 기술과 결합할 수도 있다.) 이들의 단점은 당신이 수동으로 버퍼를 강제로 채워야 하는 것이다. 예를 들면, 당신은 룰 안에 내장된 액션에서 $text를 사용할 수 없다. 왜냐하면 이것이 입력 스트림으로 가서 텍스트를 요청하기 때문이다 (그리고 텍스트는 버퍼가 되지 않는다).

13.9 ANTLR의 코드 생성 변경하기

ANTLR은 코드를 생성하기 위해서 두 가지를 사용한다. 문자열템플릿StringTemplate [4]그룹 파일(템플릿을 포함한)과 언어 Target이라고 부르는 Target 서브클래스인데, 여기서 언어는 그래머 language 옵션이다. 문자열템플릿 그룹 파일은 org/antlr/v4/tool/templates/codegen/Language.stg이다. 당신이 코드 생성 템플릿, 즉 자바를 수정하고 싶으면 당신이 해야 할 일은 org/antlr/v4/tool/templates/codegen/Java.stg을 복사해서 수정하는 것뿐이다. 그러고 나서 이것을 ANTLR의 jar 앞에 있는 CLASSPATH에 놓은 것이다. ANTLR은 이들 템플릿을 얻기 위해서 리소스 로더resource loader를 사용하기 때문에 이것은 당신의 수정된 버전을 먼저 보게 된다.

템플릿은 단순히 그래머에 특정 코드code specific를 생성한다. 대부분의 일반 기능성은 런타임 라이브러리에서 제외되었다. 따라서 렉서, 파서 등은 ANTLR에서 생성되는 것이 아니라 모두 런타임 라이브러리의 일부이다.

언어 L에 새로운 오브젝트를 추가하려면, 당신은 클래스 L Target이 필요할지 모른다. 그렇다면 이것을 패키지 org.antlr.v4.codegen에 놓고 또 이것을 CLASSPATH 안에 있는 ANTLR의 jar 앞에 놓는다. 당신은 이 클래스가, 오브젝트가 Target 안에서 기본적인 기능성의 일부를 변경할 필요가 있을 때만 필요하다. L Target 클래스를 발견 못하면, ANTLR은 Target 기본base 클래스를 사용한다. (이것이 자바 언어 오브젝트를 위해서 하는 것이다.)

4 http://www.stringtemplate.org

CHAPTER 14

직접 왼쪽 회귀 제거

5.4절 *"우선순위, 왼쪽 회귀 및 결합 다루기"*에서 문법적으로 산술식[Arithmetic Expression]을 명시하는 일반적인 방식이 애매모호하다는 것을 알 수 있었다. 예를 들어, 다음 expr은 (1+2)*3 이나 1+(2*3), 1+2*3 으로 해석할 수 있다. 그러나 먼저 명시된 얼터너티브[Alternative]에 선행 사항을 부여해, ANTLR은 모호성을 깔끔하게 피해 간다.

left-recursion-removal/Expr.g4

```
stat : expr ';' ;

expr : expr '*' expr          // 선행 4
     | expr '+' expr          // 선행 3
     | INT                    // 우선적 (선행 2)
     | ID                     // 우선적 (선행 1)
     ;
```

규칙 expr은 여전히 전통적인 하향식[Top-Down] 그래머[Grammar](예, ANTLR v3)는 처리하지 못하는 왼쪽 회귀[Left-Recursive]이다. 여기에서 ANTLR이 왼쪽 회귀를 다루는 방법과 연산자[Operator] 선행을 처리하는 방법을 탐구한다. 아주 간단하게 말하면 ANTLR은 왼쪽 회귀를 이전과 이후 연산자의 선행을 비교하여 (…)* 로 대체한다.

생성된 코드가 원래 규칙이 아니라 변환된 규칙을 반영하기 때문에 규칙 변환에 친숙해지는 것이 중요하다. 보다 더 중요하게 그래머가 예측된 그룹핑이나 연산자 결합법칙을 주지 않을 경우, 왜 그런지 알 필요가 있다. 대부분 사용자는 정당한 회귀 얼터너티브 패턴을 보여주는 다음 섹션 이후를 읽을 필요는 없다. 구현 상세에 관심 있는 고급 사용자는 다음 절을 계속해서 읽는 것이 좋다.

ANTLR이 수행하는 변환을 살펴보며 실제적인 "선행 오르기"[1]를 보기 위해 예제를 살펴본다.

14.1 직접 왼쪽 회귀 얼터너티브 패턴

ANTLR은 네 가지 부표현식Subexpression 연산자 패턴 중 하나를 찾는 왼쪽 회귀 규칙을 점검한다.

- binary 이진법 : expr op expr 이나 expr(op1 | op2 |···|opN) expr 형식의 얼터너티브. op는 싱글 토큰이나 멀티 토큰 연산자가 될 수 있다. 예를 들어, 자바 그래머는 연산자 〈=〉와 〉=를 싱글 토큰으로 다루지 않고 개별적으로 꺾쇠괄호 Angle Brackets 〈〉로 취급할 수도 있다. 동일 선행 수준에서 비교 연산자를 처리하는 얼터너티브는 다음과 같다.

```
expr : ...
     | expr ('<' '=' | '>' '=' | '>' | '<') expr
     ...
     ;
```

  op는 규칙 참조가 될 수도 있다. 예를 들어, 이런 토큰을 또 다른 규칙으로 뽑아낼 수 있다.

```
expr : ...
     | expr compareOps expr
     ...
     ;
compareOps : ('<' '=' | '>' '=' | '>' | '<') ;
```

1 Theodore Norvell(http://www.engr.mun.ca/~theo/Misc/exp_parsing.htm)이 용어를 만들었지만, Keith Clarke (http://antlr.org/papers/Clarke-expr-parsing-1986.pdf)가 원조이다.

- **ternary 삼진법** : expr op1 expr op2 expr 형식의 얼터너티브. op1과 op2는 싱글 토큰 참조이다. 이 패턴은 C 파생 언어에서 ?: 연산자를 처리한다.

```
expr    : ...
      | expr '?' expr ':' expr
      ...
      ;
```

- **unary prefix 단항 접두사** : elements expr 형식의 얼터너티브. ANTLR은 얼터너티브가 binary나 ternary 패턴에 맞지 않는 한, unary prefix 연산으로 마무리 회귀 규칙 참조에 후속하는 엘리먼트 시퀀스를 인식한다. 다음은 prefix 연산자의 두 가지 얼터너티브다.

```
expr : ...
      | ' ( ' type ' ) ' expr
      ...
      | ('+'|'-'|'++'|'--') expr
      ...
      ;
```

- **unary suffix 단항 접미사** : expr elements 형식의 얼터너티브. prefix 패턴으로 ANTLR은, binary나 ternary 패턴에 맞지 않는 한 엘리먼트 시퀀스 후속의 직접 왼쪽 회귀 규칙 참조의 얼터너티브를 인지한다. 다음은 suffix 연산자의 두 가지 얼터너티브다.

```
expr : ...
      | expr '.' Identifier
      ...
      | expr '.' 'super' ' ( ' exprList? ' ) '
      ...
      ;
```

또 다른 얼터너티브 패턴이 식별자나 정수와 같은 우선적 표현식 엘리먼트[Element]로 고려되지만, 연산자 패턴에 맞지 않기 때문에 '(' expr ')' 같은 것을 포함한다. 전체 괄호 부분이 단일 원자 엘리먼트의 폐쇄 표현식으로 취급되기 때문에 정당하다. 이런 다른 얼터너티브는 순서대로 나타날 수 있다. ANTLR은 적절하게 수집하고 처리한다. 모든 다른 얼터너티브의 순서가 문제가 된다. 다음은 몇 가지 우선적 표현식 얼터너티브 예제이다.

```
expr : ...
     |  literal
     |  Identifier
     |  type '.' 'class'
     ...
     ;
```

다른 것이 명시되지 않는 한, ANTLR은 모든 연산자가 왼쪽 결합이라 가정한다. 다시 말하면 1+2+3 그룹은 다음과 같다: (1+2)+3. 그러나 5.4절 "우선순위, 왼쪽 회귀 및 결합 다루기"에서 보듯이 할당과 지수연산 같은 어떤 연산자는 오른쪽 결합이다. 오른쪽 결합을 명시하기 위해 assoc 토큰 옵션을 사용한다.

```
expr :  expr '^'<assoc=right> expr
     ...
     | expr '='<assoc=right> expr
     ...
     ;
```

다음 절에서 ANTLR이 이런 패턴을 변환하는 방법을 살펴볼 것이다.

14.2 왼쪽 회귀 규칙 변환

-Xlog ANTLR 명령 옵션을 사용한다면 로그 파일에 변환된 왼쪽 회귀 규칙을 찾을 수 있다. 다음은 이전의 Expr.g4의 규칙 stat와 expr에 무엇이 발생했는지 보여 준다.

```
// 변환된 규칙을 보기 위해 "antlr4 -Xlog Expr.g4" 사용
stat :   expr[0] ';' ;             // 어떤 연산자가 선행을 가졌는지 expr 매치

expr[int _p]                       // _p 는 최소 예측 선행 수준
    :   ( INT                      // 우선 매치(비연산자)
        | ID
        )
        // 선행이 기대 최소 보다 더 높은 한 연산자 매치
        ( {4 >= $_p}? '*' expr[5]      // * 선행 4
        | {3 >= $_p}? '+' expr[4]      // + 선행 3
        )*
    ;
```

ANTLR이 expr의 모든 파라미터Parameter에 어떻게 마법을 부리는지는 신경 쓰지 않아도 된다. 단지 조건부Predicates가 파싱을 지시하고 올바른 그룹핑을 가져오기 위해 연산자 선행을 테스트하는 방법에만 관심을 가지면 된다.

현재 expr 호출에서 다음 연산자를 매치하는지 여부와 expr 호출이 다음 연산자와 매치하게 결정하는 것이다. (…)* 루프는 연산자와 오른쪽 피연산자Operand 쌍을 매치한다. 입력 1+2*3의 경우, 루프는 +2와 *3을 매치한다. 루프 얼터너티브에서 조건부의 목적은 파서Parser가 연산자/피연산자 쌍을 즉시적으로 매치시켜야 하는지 여부와 현재 expr 호출의 누락을 결정하는 것이다. 예를 들어, 조건부 {3 >= $_p}? 는 현재 부표현식Subexpression에서 추가 연산자 선행 3이 최소 기대 선행 _p보다 낮을 경우 추가 얼터너티브를 비활성화시킨다.

파라미터 _p의 값은 항상 이전 연산자의 선행으로부터 파생된다. stat와 같이 _p는 0에서 시작하고, expr의 비회귀적 호출이 0 을 전달하기 때문에: expr(0). 실제적으로 _p를 보기 위해, 변환된 규칙에서 파생된 파스 트리를 살펴본다(대괄호Square Brackets [ ]의 파라미터 _p 값). 이런 파스 트리는 ANTLR이 원 왼쪽 회귀 규칙에서 구축하는 것과는 다르다. 원래가 아니라 변환된 규칙의 파스 트리이다. 다음은 예제 입력과 연계 파스 트리이다.

이 것은 연산자 선행 파싱이 아니다.

위키피디아[2]에서 무엇을 읽었던, 연산자 선행 파싱과 혼동하면 안 된다. 연산자 선행 파싱은 두 가지 다른 선행을 가진(하나는 단항 부정, 다른 하나는 이진법 뺄셈 연산자) 마이너스 기호 같은 것을 처리할 수 없다. 또한 expr ops expr 같은 2개 인접 규칙 참조를 가진 얼터너티브를 처리하지 못한다. 실제적 정의를 보려면, Compilers: Principles, Techniques, and Tools [ALSU06]를 참조하기 바란다.

처음 트리에서 expr의 초기 호출은 0의 _p를 가지고, expr이 즉시적으로 (INT|ID) 부규칙[Subrule]에 1을 매치한다. 이제 expr은 +를 매치하거나 전체 루프를 스킵하고 리턴 할지를 판단해야 한다. 조건부는 {3 >= 0}?로 평가하고, +를 매치하기 위해 루프로 들어가며, 4 아규먼트[Argument]로 회기적으로 expr을 호출한다. 이 호출은 2를 매치하고 더 이상 입력이 없기 때문에 즉시적으로 리턴한다. expr[0]이 stat의 expr에 원래 호출을 리턴한다.[2]

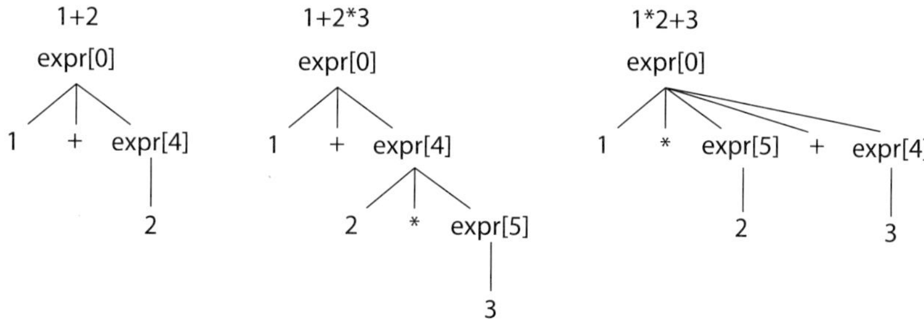

두 번째 트리는 expr[0]이 1을 매치하는 방법을 나타내며, 다시 {3 >= 0}?가 두 번째 피연산자 expr[4]의 후속 + 연산자를 매치한다. expr[4]의 회귀 호출은 2를 매치하고 {4 >= 4}를 평가한다. 파서가 expr[5]의 호출을 통하여 마지막 피연산자 3의 후속 * 파라미터를 매치 진행한다

세 번째 트리가 가장 흥미롭다. 초기 호출 expr[0]는 1을 매치하고 {4 >= 0}?이 true이기 때문에, * 연산과 매치한다. 다음에 루프는 즉시적으로 2를 매치하는 expr[5]를 회귀적

2 http://en.wikipedia.org/wiki/Operator-precedence_parser

으로 호출한다. 이제 expr[5] 호출 내부에, 2+3이 곱셈하기 전에 평가되기 때문에, 파서가 +를 매치하지 않는다. 파스 트리에서 2 대신에 차일드로 2+3의 expr[5]를 볼 수 있다. 조건부 {3 >= 5}?는 얼터너티브를 비활성화하고, expr[5]는 +를 매치하지 않고 리턴한다. 리턴한 다음에 expr[0]는 {3 >= 0}?이 true이기 때문에 +3을 매치한다.

우선순위 상승 메커니즘에 대해 잘 이해했기를 바란다. 더 상세한 정보는 Norvell 자료[3]를 참조하기 바란다.

3 http://www.engr.mun.ca/~theo/Misc/exp_parsing.htm

CHAPTER 15

그래머 참조

이 책의 대부분은 ANTLR 사용 방법을 가이드한다. 15장은 참조이며 그래머 구문Grammer Syntax과 주요 ANTLR 그래머 의미를 요약 설명한다. 이 책의 모든 예제 소스 코드는 웹사이트[1]에 공개되어 있다.

15.1 그래머 어휘

ANTLR 어휘는 몇 가지 문법적 설명 확장과 C와 C 파생어의 구문을 따랐기 때문에 대부분의 프로그래머가 친숙할 것이다.

코멘트

싱글 라인, 멀티 라인, Javadoc 스타일 코멘트Comment가 있다.

```
/** 이 그래머는 세 가지 종류 코멘트의
 * 예제이다.
 */
grammar T;

/* 멀티라인
```

1 http://pragprog.com/book/tpantlr2/the-definitive-antlr-4-reference

```
  comment
 */

/** 이 규칙은 언어의 선언자를 매치한다 */
decl : ID ; // 변수 이름 매치
```

Javadoc 코멘트는 파서에 보내지고 무시되지 않으며, 그래머나 규칙의 시작에 사용할 수 있다.

식별자

토큰 이름은 항상 대문자로 시작하고, Java Character.isUpperCase() 메소드[Method]에 정의된 대로 렉서 규칙을 정의한다. 파서 규칙 이름은 항상 소문자로 시작한다. 처음 문자는 대문자나 소문자, 숫자 및 밑줄 '_'가 뒤에 붙을 수 있다. 다음은 몇 가지 예제 이름이다.

```
ID, LPAREN, RIGHT_CURLY                  // 토큰 이름/규칙
expr, simpleDeclarator, d2, header_file  // 규칙 이름
```

자바처럼 ANTLR은 이름에 유니코드를 허용한다.

```
grammar 外;
a : '外' ;
```

유니코드 파서와 렉서 규칙 이름을 지원하기 위해 ANTLR은 다음 규칙을 사용한다.

```
ID    :    a=NameStartChar NameChar*
           {
           if ( Character.isUpperCase(getText().charAt(0)) ) setType(TOKEN_REF);
           else setType(RULE_REF);
           }
      ;
```

NameChar은 정당한 식별자^Identifier 문자를 식별한다.

```
fragment
NameChar
        :   NameStartChar
        |   '0'..'9'
        |   '_'
        |   '\u00B7'
        |   '\u0300'..'\u036F'
        |   '\u203F'..'\u2040'
        ;
```

NameStartChar은 식별자(규칙, 토큰이나 레이블 이름)를 시작할 수 있는 문자 리스트이다.

```
fragment
NameStartChar
: 'A'..'Z' | 'a'..'z'
        |   '\u00C0'..'\u00D6'
        |   '\u00D8'..'\u00F6'
        |   '\u00F8'..'\u02FF'
        |   '\u0370'..'\u037D'
        |   '\u037F'..'\u1FFF'
        |   '\u200C'..'\u200D'
        |   '\u2070'..'\u218F'
        |   '\u2C00'..'\u2FEF'
        |   '\u3001'..'\uD7FF'
        |   '\uF900'..'\uFDCF'
        |   '\uFDF0'..'\uFFFD'
        ;
```

Java Character 클래스의 isJavaIdentifierPart()와 isJavaIdentifierStart(0)는 약간 다르다. 만일 그래머 파일이 UTF-8 포맷이 아니라면, ANTLR이 정확하게 문자를 읽어 들이도록 ANTLR 툴에서 -encoding 옵션을 사용해야 한다.

리터럴

ANTLR은 대부분의 언어처럼 문자와 문자열 리터럴Literal 간에 구분하지 않는다. 길이가 하나 이상 문자인 모든 리터럴 문자열은 ';', 'if', '>=', '\' 같이 작은따옴표로 싸여 있다. 리터럴은 정규 표현식을 가지면 안 된다.

리터럴은 \uXXXX 같은 유니코드 이스케이프 시퀀스Escape Sequence를 가질 수 있다(XXXX는 16진 유니코드 문자 값). 예를 들어, '\u00E8'은 낮은 악센트의 프랑스 문자 e이다: 'è'. 또한 ANTLR은 일반 특수 이스케이프 시퀀스도 이해한다: '\n'(newline), '\r'(carriage return), '\t'(tab), '\b'(backspace), '\f'(form feed). 리터럴 내에 직접적으로 유니코드 문자를 사용하거나 유니코드 이스케이프 시퀀스를 사용할 수 있다. code/reference/Foreign.g4를 참조하기 바란다.

```
grammar Foreign;
a : '外' ;
```

ANTLR이 생성하는 인식기Recognizer는 모든 유니코드 문자를 가진 문자 어휘를 가정한다. 런타임 라이브러리가 가정한 입력 파일 인코딩Encoding은 타겟Target 언어에 따라 다르다. 자바 타겟인 경우, 런타임 라이브러리는 파일을 UTF-8로 가정한다. 생성자Constructor를 사용하여 별개 인코딩을 명시할 수 있다. 예를 들어, ANTLR의 ANTLRFileStream을 참조하기 바란다.

액션

액션Action은 타겟 언어로 작성된 코드 블록이다. 그래머의 여러 위치에서 액션을 사용할 수 있지만 구문은 항상 동일하다: 중괄호Curly Brackets { }로 둘러싸인 임의 텍스트. 만일 중괄호가 문자열이나 코멘트에 있을 경우에는 닫힌 중괄호를 벗어날 필요는 없다: {"}"} 나 {/*}*/;}. 만일 중괄호가 짝을 맞추어도 }를 벗어날 필요가 없다: {{…}}. 그렇지 않다면 백슬래시로 추가 중괄호를 벗어난다: {\{} 나 {\}}. 액션 텍스트는 language 옵션에 명시된 타겟 언어를 준수해야 한다.

임베디드Embedded 코드는 @header와 @members 이름 액션, 파서와 렉서 규칙, 예외처리 명세, 파서 규칙(리턴 값, 아규먼트 및 로컬)의 어트리뷰트Attribute 섹션 및 몇 가지 규칙 엘리먼트 옵션에 나타날 수 있다.

ANTLR이 내부 액션을 수행하는 오직 한 가지 해석은 그래머 어트리뷰트와 연관된다. 15.4절 "*토큰 어트리뷰트*", 10장 "*속성과 액션*"을 참조하기 바란다. 렉서 규칙에 임베디드된 액션은 생성된 렉서로 변환 없이 방출된다.

키워드

다음은 ANTLR 그래머의 예약어Reserved Word 리스트이다: import, fragment, lexer,parser, grammar, returns, locals, throws, catch, finally, mode, options, tokens. 또한 비록 키워드Keyword는 아니지만 컨텍스트Context 오브젝트로 RuleContext에 영향을 미치기 때문에, 규칙이나 얼터너티브 레이블 이름으로 룰을 사용하면 안 된다; RuleContext는 빌트인 클래스와 충돌한다. 게다가 토큰, 레이블이나 규칙 이름으로 타겟 언어의 키워드를 사용하면 안 된다. 예를 들어 규칙 if 는 if() 를 호출하는 함수를 생성한다.

15.2 그래머 구조

그래머는 기본적으로 규칙 리스트가 후속하는 문법 선언이지만 다음 일반 형식을 가진다.

```
/** 선택적 Javadoc-스타일 코멘트 */
grammar Name;
options {...}
import ... ;
tokens {...}
@actionName {...}
```

```
≪rule1≫// 파서와 렉서 규칙, 혼합 가능
...
≪ruleN≫
```

그래머 X를 가진 filename은 X.g4로 호출되어야 한다. 옵션, 임포트Import, 토큰 명세 및 액션을 순서에 관계없이 명시할 수 있다. 최대 하나의 각 옵션, 임포트 및 토큰 명세가 있을 수 있다. 모든 이런 엘리먼트는 헤더 ❶에 관하여 헤더 선택적 예외이며, 최소 하나의 규칙을 가진다. 규칙은 다음 기본 형식을 가진다.

```
ruleName : ≪alternative1≫| ... | ≪alternativeN≫;
```

파서 규칙 이름은 소문자로 시작해야 하고, 렉서 규칙은 대문자로 시작해야 한다.

grammar 헤더에 접두사 없이 정의된 그래머는 렉서와 파서 규칙 양쪽을 가질 수 있는 조합 그래머Combined Grammar이다. 파서 규칙만을 가진 파서 그래머를 만들려면 다음 헤더를 사용한다.

```
parser grammar Name;
...
```

자연스럽게 순수 렉서 그래머는 다음과 같다.

```
lexer grammar Name;
...
```

렉서 그래머만이 mode 명세를 가질 수 있다.

15.5절 "*렉서 규칙*"과 15.3절 "*파서 규칙*"에서 규칙 구문에 관해 상세하게 설명한다. 15.8절 "*옵션*"에서는 그래머 옵션을 설명하고, 15.4절 "*액션 및 어트리뷰트*"에서는 그래머 수준 액션에 관한 정보를 제공한다.

그래머 임포트

그래머 임포트imports를 통하여 그래머를 논리적이고 재사용 가능한 청크Chunk로 분할할 수 있다(4.1절 "*그래머 임포트*" 참조). ANTLR은 임포트된 그래머를 객체 지향 언어에서 슈퍼클래스Superclass를 취급하는 것과 아주 유사한 방식으로 다룬다. 그래머는 모든 규칙, 토큰 명세 및 임포트된 그래머의 네임드 액션Named Action을 상속한다. "메인 그래머main grammar"의 규칙은 상속성을 구현하기 위해 임포트된 그래머의 규칙을 덮어쓴다.

임포트를 더 기능이 풍부한 include 문구로 생각하면 이해가 빠르다. 임포트의 결과는 단일 조합 그래머이다. ANTLR 코드 생성기Generator는 완전한 그래머를 보며, 임포트된 그래머는 상관하지 않는다.

메인 그래머를 처리하기 위해 ANTLR 툴은 모든 임포트된 그래머를 부속 그래머 오브젝트로 적재한다. 그런 다음에 규칙, 토큰 타입 및 네임드 액션을 메인 그래머로 결합한다. 다음 그림에서 오른쪽의 그래머는 ELang 그래머를 임포트한 MyELang 그래머에 미친 영향을 보여준다.

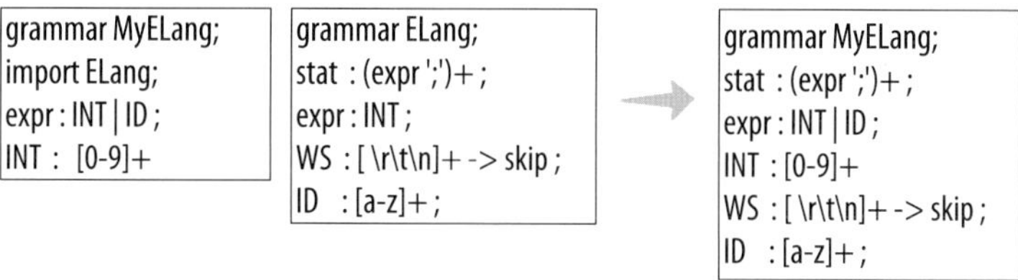

MyElang은 규칙 stat, WS 및 ID를 상속하지만, 규칙 expr을 재정의하고 INT를 추가했다. 원래 ELang이 할 수 없는 정수 표현식을 인지하는 MyELang을 보이기 위한 예제이다. 세 번째에서 에러 입력 문장은 파서기 ELang이 아니라 MyELang의 expr을 찾는 에러 메시지를 발생시킨다.

```
➤ $ antlr4 MyELang.g4
➤ $ javac MyELang*.java
➤ $ grun MyELang stat
```

```
➤ 34;
➤ a;
➤ ;
➤ EOF
❮ line 3:0 extraneous input ';' expecting {<EOF>, INT, ID}
```

만일 어딘가에 tokens 명세가 있다면, 메인 그래머가 토큰 세트를 합친다. @members 같은 모든 네임드 액션이 합쳐진다. 일반적으로 재사용이 제한되므로 임포트된 그래머의 규칙 내에서 네임드 액션 및 액션을 삼가야 한다. 또한 ANTLR은 임포트된 그래머의 모든 옵션을 무시한다.

임포트된 그래머는 다른 그래머를 임포트할 수도 있다. ANTLR은 깊이 우선[Depth-First] 방식으로 모든 임포트된 그래머를 수행한다. 만일 2개 이상 임포트된 그래머가 규칙 r 을 정의한다면 ANTLR은 처음 발견한 r 버전을 선택한다. 다음 그림에서 ANTLR은 다음 순서로 그래머를 점검한다: Nested, G1, G3, G2.

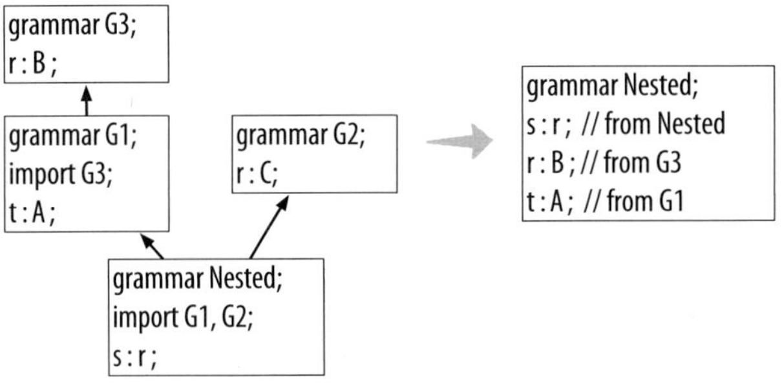

Nested는 G2의 r 이전 버전을 보기 때문에, G3로부터 r 규칙을 포함한다.

모든 종류의 그래머가 모든 다른 종류의 그래머를 임포트하지 않는다.

- 렉서 그래머는 렉서 그래머를 임포트할 수 있다.
- 파서 그래머는 파서 그래머를 임포트할 수 있다.
- 조합된 그래머는 렉서나 파서 그래머를 임포트할 수 있다.

ANTLR은 메인 렉서 그래머의 규칙 끝에 임포트된 규칙을 추가한다. 즉, 메인 그래머의 렉서 규칙은 임포트된 그래머보다 우선권을 가진다. 예를 들어, 만일 메인 그래머가 규칙 IF: 'if'를 정의하고, 임포트된 그래머가 규칙 ID: [a-z]+를 정의한다면(마찬가지로 if를 인지하는) 임포트된 ID는 메인 그래머의 IF 토큰 정의를 숨기지 못한다.

토큰 섹션

토큰[tokens] 섹션의 목적은 연관된 렉서 규칙이 없는 그래머에서 필요한 토큰 타입을 정의한다. 기본 구문은 다음과 같다.

```
tokens { «Token1», ..., «TokenN»}
```

대부분의 경우에 토큰 섹션은 그래머의 액션에서 필요한 토큰 타입을 정의하는 데 사용된다(10.3절 *"키워드가 고정되지 않은 언어 인식하기"* 참조).

```
// 내장된 정의 경고를 피하기 위해 키워드 토큰 타입을 명시적으로 정의
tokens { BEGIN, END, IF, THEN, WHILE }
@lexer::members {       // 토큰 타입을 할당하기 위해 렉서에서 사용되는 키워드맵
Map<String,Integer> keywords = new HashMap<String,Integer>() {{
        put("begin", KeywordsParser.BEGIN);
        put("end", KeywordsParser.END);
        ...
}};
}
```

토큰 섹션은 전체 세트에 추가하기 위해 토큰 세트를 실제로 정의한다

```
$ cat Tok.g4
grammar Tok;
tokens { A, B, C }
a : X ;
```

```
$ antlr4 Tok.g4
warning(125): Tok.g4:3:4: implicit definition of token X in parser
$ cat Tok.tokens
A=1
B=2
C=3
X=4
```

그래머 수준에서의 액션

10.1절 *"그래머 룰 밖에서 액션 사용하기"*에서 그래머 파일 상단 수준에서 네임드 액션의 사용법을 설명했다. 현재 자바 타겟인 경우 두 가지 정의 액션만이 존재한다: header와 members. 전자는 인식기[Recognizer] 클래스 정의 전에, 생성된 인식기 클래스 파일에 코드를 삽입하며 후자는 인식기 클래스 정의 안에 필드와 메소드로 코드를 삽입한다.

조합된 그래머의 경우, ANTLR은 파서와 렉서 둘 다에 액션을 삽입한다. 생성된 파서와 렉서에 액션을 제한하기 위해, @parser::name이나 @lexer::name을 사용한다.

다음은 그래머가 생성된 코드에 패키지를 명세하는 예제이다.

reference/foo/Count.g4

```
grammar Count;

@header {
package foo;
}

@members {
int count = 0;
}

list
@after {System.out.println(count+" ints");}
```

```
        : INT {count++;} (',' INT {count++;} )*
        ;

INT : [0-9]+ ;
WS : [ \r\t\n]+ -> skip ;
```

그래머는 foo 디렉터리 안에 있어야 하며, ANTLR이 동일 foo 디렉터리에 코드를 생성한다(-o ANTLR 툴 옵션을 사용하지 않을 경우).

```
➤ $ cd foo
➤ $ antlr4 Count.g4 # generates code in the current directory (foo)
➤ $ ls
❮ Count.g4                  CountLexer.java          CountParser.java
  Count.tokens              CountLexer.tokens
  CountBaseListener.java    CountListener.java
➤ $ javac *.java
➤ $ cd ..
➤ $ grun foo.Count list
➤ 9, 10, 11
➤ EOF
❮ 3 ints
```

자바 컴파일러는 디렉터리 foo의 패키지 foo에 클래스들이 있기를 기대한다.

지금까지 그래머의 전체 구조를 보았다. 이제부터 파서와 렉서 규칙을 상세하게 살펴본다.

15.3 파서 규칙

파서는 parser나 조합된 그래머의 파서 규칙 세트로 구성된다. 자바 응용 프로그램은 원하는 시작 규칙과 연계된, ANTLR이 생성한 규칙 함수를 호출하여 파서를 호출한다. 가장 기본적인 규칙은 세미콜론(;)으로 종료하는 단일 얼터너티브가 후속하는 규칙 이름이다.

```
/** Javadoc 코멘트는 규칙을 선행할 수 있다 */
retstat : 'return' expr ';' ;
```

또한 규칙은 | 연산자로 구분된 얼터너티브를 가질 수도 있다.

```
stat :   retstat
     |   'break' ';'
     |   'continue' ';'
     ;
```

얼터너티브는 규칙 엘리먼트 리스트나 비어 있을 수도 있다. 예를 들어, 다음은 전체 규칙을 선택적으로 만드는 빈 얼터너티브를 가진 규칙이다.

```
superClass
     :   'extends' ID
     |       // 다른 얼터너티브가 선택적임을 의미한다
     ;
```

얼터너티브 레이블

7.4절 "정교한 이벤트 메소드를 위한 룰 얼터너티브 레이블링"에서 보듯이, # 연산자를 사용하는 최외각[Outermost] 규칙 얼터너티브를 레이블링하여 파스 트리 리스너[Listener] 이벤트를 보다 더 정밀하게 만들 수 있다. 규칙 내의 모든 얼터너티브는 레이블되어야 한다. 다음은 레이블된 얼터너티브의 두 가지 규칙이다.

```
reference/AltLabels.g4
grammar AltLabels;
stat :   'return' e ';'    # Return
     |   'break' ';'       # Break
     ;
e    :   e '*' e           # Mult
```

```
    |   e '+' e          # Add
    |   INT              # Int
    ;
```

얼터너티브 레이블은 라인 끝에 있으면 안 되며, # 심볼 뒤에 빈칸을 가지면 안 된다.

```
public interface AltLabelsListener extends ParseTreeListener {
    void enterMult(AltLabelsParser.MultContext ctx);
    void exitMult(AltLabelsParser.MultContext ctx);
    void enterBreak(AltLabelsParser.BreakContext ctx);
    void exitBreak(AltLabelsParser.BreakContext ctx);
    void enterReturn(AltLabelsParser.ReturnContext ctx);
    void exitReturn(AltLabelsParser.ReturnContext ctx);
    void enterAdd(AltLabelsParser.AddContext ctx);
    void exitAdd(AltLabelsParser.AddContext ctx);
    void enterInt(AltLabelsParser.IntContext ctx);
    void exitInt(AltLabelsParser.IntContext ctx);
}
```

각 레이블된 얼터너티브와 연계된 enter와 exit 메소드가 존재한다. 이런 메소드의 파라미터는 그 얼터너티브에 특정적이다.

파스 트리 워커[Walker]가 얼터너티브의 동일 이벤트를 트리거하기 위해, 여러 얼터너티브에 동일 레이블을 재사용할 수 있다. 예를 들어, 다음은 레이블 BinaryOp를 재사용하는 규칙 e의 변형이다.

```
e   :   e '*' e          # BinaryOp
    |   e '+' e          # BinaryOp
    |   INT              # Int
    ;
```

ANTLR은 규칙 e에 대하여 다음 리스너 메소드를 생성한다.

```
void enterBinaryOp(AltLabelsParser.BinaryOpContext ctx);
void exitBinaryOp(AltLabelsParser.BinaryOpContext ctx);
void enterInt(AltLabelsParser.IntContext ctx);
void exitInt(AltLabelsParser.IntContext ctx);
```

얼터너티브 이름이 규칙 이름과 충돌하면 ANTLR이 에러를 유발한다. 다음은 두 가지 얼터너티브 레이블이 규칙 이름과 충돌하도록 규칙 e를 재작성한 것이다.

reference/Conflict.g4

```
e   :   e '*' e         # e
    |   e '+' e         # Stat
    |   INT             # Int
    ;
```

컨텍스트Context 오브젝트가 규칙 이름으로 생성되고 대문자 레이블을 가지며, 레이블 Stat가 규칙 stat와 충돌한다.

```
$ antlr4 Conflict.g4
error(124): Conflict.g4:6:23: rule alt label e conflicts with rule e
error(124): Conflict.g4:7:23: rule alt label Stat conflicts with rule stat
warning(125): Conflict.g4:2:13: implicit definition of token INT in parser
```

규칙 컨텍스트 오브젝트

ANTLR이 각 규칙 참조와 연계된 규칙 컨텍스트 오브젝트(파스 트리 노드)를 접근하기 위해 메소드를 생성한다. 단일 규칙 참조의 규칙인 경우, ANTLR은 아규먼트 없는 메소드를 생성한다. 다음과 같은 규칙을 고려해 본다.

```
inc : e '++' ;
```

ANTLR은 컨텍스트 클래스를 생성한다.

```
public static class IncContext extends ParserRuleContext {
    public EContext e() { ... } // return context object associated with e
    ...
}
```

또한 ANTLR은 규칙에 단일 참조 이상이 존재할 경우에 컨텍스트 오브젝트 접근을 지원한다.

```
field : e '.' e ;
```

ANTLR은 그 규칙의 모든 참조에 대한 컨텍스트를 가져오는 메소드뿐만 아니라 i 번째 엘리먼트를 접근하는 인덱스를 가진 메소드를 생성한다.

```
public static class FieldContext extends ParserRuleContext {
    public EContext e(int i) { ... }       // i 번째 e 컨텍스트 가져오기
    public List<EContext> e() { ... }     // 모든 e 컨텍스트 리턴
    ...
}
```

만일 field를 참조하는 또 다른 규칙 s를 가지면, 임베디드 액션은 field가 수행하는 e 규칙 매치 리스트를 접근할 수 있다.

```
s  :  field
      {
      List<EContext> x = $field.ctx.e();
       ...
      }
   ;
```

리스너와 비지터는 동일한 것을 수행한다. FieldContext 오브젝트 f에 포인터를 주면 f.e()가 List<EContext>를 리턴한다.

규칙 엘리먼트 레이블

규칙 컨텍스트 오브젝트에 필드를 추가하기 위해 = 연산자를 사용하여 규칙 엘리먼트를 레이블할 수 있다.

```
stat : 'return' value=e ';'   # Return
     | 'break' ';'            # Break
     ;
```

여기에서 value는 어딘가에 정의된 규칙 e의 리턴 값 레이블이다.

레이블은 적절한 파스 트리 노드 클래스의 필드가 된다. 이런 경우에 레이블 value는 Return 얼터너티브 레이블 때문에 ReturnContext의 필드가 된다.

```
public static class ReturnContext extends StatContext {
    public EContext value;
    ...
}
```

+= "list label" 연산자를 가지고, 토큰 개수를 추적하는 것은 쉽다. 예를 들어, 다음 규칙은 간단한 배열 구조체[Construct]의 Token 오브젝트 매치 리스트를 생성한다.

```
array : '{' el+=INT (',' el+=INT)* '}' ;
```

ANTLR은 적절한 규칙 컨텍스트 클래스에 List 필드를 생성한다.

```
public static class ArrayContext extends ParserRuleContext {
    public List<Token> el = new ArrayList<Token>();
    ...
}
```

이런 리스트 레이블은 규칙 참조와 동작한다.

```
elist : exprs+=e (',' exprs+=e)* ;
```

ANTLR은 컨텍스트 오브젝트 리스트를 가지는 필드를 생성한다.

```
public static class ElistContext extends ParserRuleContext {
    public List<EContext> exprs = new ArrayList<EContext>();
    ...
}
```

규칙 엘리먼트

규칙 엘리먼트는 프로그래밍 언어의 문장[Statement]처럼 파서가 해당 시점에 무엇을 수행해야 되는지 명세한다. 엘리먼트는 expression, ID 및 "return" 같은 문자열 리터럴이나 규칙, 토큰이 될 수 있다. 다음은 완전한 규칙 엘리먼트 리스트이다(액션과 조건부는 이후에 상세하게 다룬다).

구문	설명
T	현재 입력 위치에서 토큰 T를 매치한다. 토큰은 항상 대문자로 시작한다.
'leteral'	현재 입력 위치에서 문자열 리터럴을 매치한다. 문자열 리터럴은 고정 문자열을 가진 토큰이다.
r	현재 입력 위치에서 규칙 r을 매치한다(함수 호출처럼 규칙을 호출할 때까지). 파서 규칙 이름은 항상 소문자로 시작한다.
r[≪args≫]	현재 입력 위치에서 규칙 r을 매치한다(함수 호출처럼 아규먼트 리스트에 전달). 대괄호 안의 아규먼트는 타겟 언어의 구문이며, 통상 콤마 구분 정규식 리스트이다.
{≪action≫}	얼터너티브 엘리먼트를 선행한 다음과 다음 얼터너티브 엘리먼트 전에 즉시적으로 액션을 실행한다. 액션은 타겟 언어 구문을 준수한다. ANTLR은 생성된 클래스에 액션 코드를 복사한다($x.y 같은 토큰 참조와 어트리뷰트 대체는 제외).
{≪p≫}?	의미 술어 ≪p≫를 평가. 만일 실행 시에 ≪p≫가 거짓 False으로 평가되면 조건부 이전의 파싱은 지속되지 않는다. ANTLR이 얼터너티브 간에 구별할 경우에, 조건부가 예측 동안에 나타나면, 조건부를 싼 얼터너티브를 가능/불가능 상태로 만든다. EOF 토큰을 제외하고 모든 싱글 토큰을 매치한다. "." 연산자는 와일드카드라고 부른다.

특정 토큰이나 토큰 세트를 제외하고 모든 것을 매치하기 원한다면, ~ "not" 연산자를 사용한다. 파서에서 이 연산자는 드물기는 하지만, 사용 가능하다. ~INT는 INT 토큰을 제외한 모든 토큰을 매치한다. ~','는 콤마를 제외한 모든 토큰을 매치한다. ~(INT|ID)는 INT와 ID를 제외한 모든 토큰을 매치한다.

토큰, 문자열 리터럴 및 의미 술어 규칙 엘리먼트는 옵션을 가질 수 있다. "규칙 엘리먼트 옵션"을 확인하기 바란다.

부규칙

규칙은 부규칙^{Subrule}이라 부르는 얼터너티브 블록을 가질 수 있다(확장 BNF 표기 [EBNF[2]]에서 허용되는 것처럼). 부규칙은 이름이 결여된 규칙이고, 괄호로 싸여 있다. 부규칙은 괄호 내부에 하나 이상의 얼터너티브를 가질 수 있다. 부규칙은 규칙이 할 수 있는 returns나 locals를 가진 어트리뷰트는 정의할 수 없다. 네 가지 종류의 부규칙이 있다(x, y, z는 그래머 조각을 나타낸다).

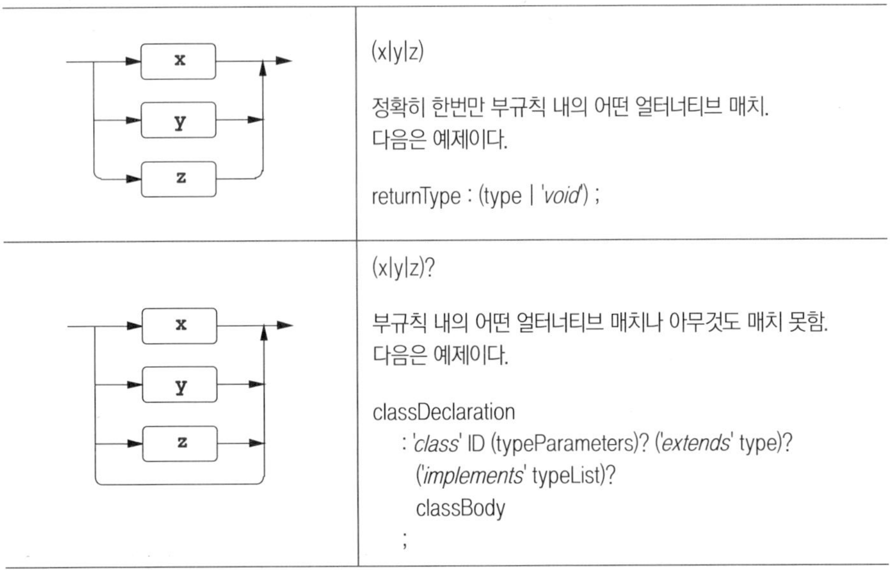

x y z	(x|y|z) 정확히 한번만 부규칙 내의 어떤 얼터너티브 매치. 다음은 예제이다. returnType : (type | '*void*') ;

x
y
z
	(x|y|z)?
	
	부규칙 내의 어떤 얼터너티브 매치나 아무것도 매치 못함.
	다음은 예제이다.
	
	classDeclaration
	    : '*class*' ID (typeParameters)? ('*extends*' type)?
	      ('*implements*' typeList)?
	      classBody
	    ;

2 Extended Backus-Naur Form

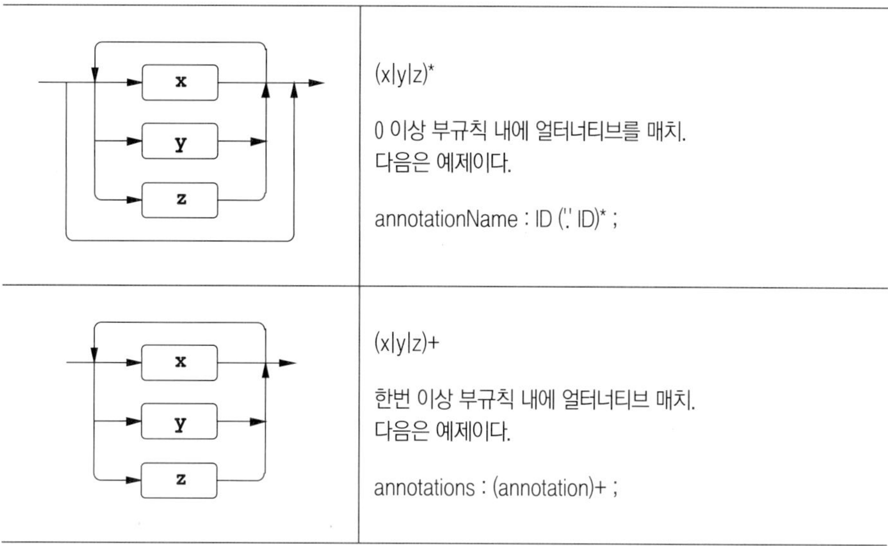

다이어그램	설명
x, y, z	(x|y|z)* 0 이상 부규칙 내에 얼터너티브를 매치. 다음은 예제이다. annotationName : ID ('.' ID)* ;
x, y, z	(x|y|z)+ 한번 이상 부규칙 내에 얼터너티브 매치. 다음은 예제이다. annotations : (annotation)+ ;

??, *?, +? 같은 물음 기호인 최소일치[NonGreedy] 연산자로 ?, *, + 부규칙 연산자로 접미사를 붙일 수 있다. 15.6절 *"와일드카드 연산자 및 최소일치 부규칙"*을 참조하기 바란다.

약칭으로 단일 규칙 엘리먼트 참조를 가진 단일 얼터너티브 구성의 부규칙에 대해 괄호를 누락할 수도 있다. 예를 들어, annotation+는 (annotation)+와 동일하고, ID+는 (ID)+와 동일하다. 또한 레이블도 약칭으로 작업할 수 있다. ids+=INT+는 INT 토큰 오브젝트 리스트를 만든다.

캐싱 예외처리

규칙 내에서 구문 에러가 발생할 때, ANTLR은 예외를 잡고, 에러를 보고하며, 복구를 시도한다(더 많은 토큰을 사용). 그리고 규칙에서 리턴한다. 모든 규칙은 try/catch/finally 문장으로 싸인다.

```
void r() throws RecognitionException {
    try {
        «rule-body»
    }
```

```
    catch (RecognitionException re) {
        _errHandler.reportError(this, re);
        _errHandler.recover(this, re);
    }
    finally {
        exitRule();
    }
}
```

9.5절 "*ANTLR의 에러 핸들링 전략 변경*"에서 ANTLR 에러 처리를 변경하기 위해 전략[Strategy] 오브젝트를 사용하는 방법을 배웠다. 그러나 전략 대체는 모든 규칙의 전략을 변경한다. 단일 규칙의 예외 처리를 변경하기 위해, 규칙 정의 다음에 예외를 명시한다.

```
r   :   ...
    ;
    catch[RecognitionException e] { throw e; }
```

이 예제는 디폴트 에러 보고와 복구를 회피하는 방법을 보여준다. r이 예외를 다시 보내며, 에러를 보고하기 위해 더 높은 수준의 규칙을 만들 때 유용하다. 예외 절[Clause]을 명시하면 ANTLR이 RecognitionException을 처리하는 절을 생성하지 않는다.

마찬가지로 다른 예외를 명시할 수 있다.

```
r   :    ...
    ;
    catch[FailedPredicateException fpe] { ... }
    catch[RecognitionException e] { ... }
```

괄호 안의 코드와 예외 "아규먼트" 액션은 자바 같은 타겟 언어로 작성되어야 한다.

예외가 발생하더라도 액션을 수행하기 원한다면 finally 절에 넣으면 된다.

```
r  :    ...
   ;
   // catch 블록이 먼저 오고
   finally { System.out.println("exit rule r"); }
```

finally 절은 리턴하기 전, 규칙이 exitRule()을 트리거하기 바로 전에 실행된다. 만일 규칙이 얼터너티브 매칭을 완료한 다음이지만 정리 작업하기 전에 액션을 실행하기 원한다면, after 액션을 사용한다.

다음은 완전한 예외 리스트다.[3]

예외 이름	설명
RecognitionException	ANTLR 생성 인식기가 던지는 모든 예외의 슈퍼클래스. 점검된 예외의 번거로운 일을 피하기 위해 RuntimeException의 서브클래스이다. 이 예외는 인식기(렉서나 파서)가 입력의 어디에 있는지, ATN[3] (그래머를 나타내는 내부 그래프 데이터 구조)의 어디에 있는지, 규칙호출 스택Stack 및 발생 문제 종류를 기록한다.
NoViableAltException	파서가 나머지 입력을 확인하여 2개 이상 경로 중 무엇을 받아들일지 판단할 수 없는지를 가리킨다. 이 예외는 위반한 입력의 시작 토큰을 추적하고, 에러가 발생할 때 파서가 다양한 경로에서 어디에 있는지도 알 수 있다.
LexerNoViableAltException	렉서만을 사용하며, NoViableAltException와 동일하다.
InputMismatchException	현재 입력 토큰이 파서가 기대하는 것과 매치하지 않는다.
FailedPredicateException	예측 동안에 거짓으로 평가되는 의미 술어가 실행 가능한 주위 얼터너티브를 제공한다. 예측은 규칙이 어떤 얼터너티브를 받아들일지 예측할 때 발생한다. 만일 모든 실행 가능한 경로가 사라지면, 파서가 NoViableAltException를 던진다. 이 예외는 토큰 매칭과 규칙 호출의 정상 파싱 처리 동안에, 의미 술어가 예측 외부에 거짓으로 평가할 때, 파서가 던진 것을 받는다.

3 Augmented Transition Network

규칙 어트리뷰트 정의

인지해야 하는 규칙과 관련된 액션 관련 구문 엘리먼트가 여러 개 있다. 규칙은 프로그래밍 언어의 함수처럼 아규먼트, 리턴 값 및 지역 변수를 가진다(15.4절 "*액션 및 어트리뷰트*"에서 보듯이, 규칙은 규칙 엘리먼트 중에 삽입되는 액션을 가질 수 있다). ANTLR은 규칙 컨텍스트 오브젝트에 정의하고 저장한 모든 변수를 수집한다. 이런 변수는 통상 어트리뷰트[attribute]라고 부른다. 다음은 모든 가능한 어트리뷰트 정의 위치를 보여주는 일반 구문이다.

```
rulename[«args»] returns [«retvals»] locals [«localvars»] : ... ;
```

[…] 내에 정의된 어트리뷰트는 다른 변수 같이 사용될 수 있다. 다음은 리턴 값에 파라미터를 복사하는 예제 규칙이다.

```
// INT 토큰의 정수 값에 아규먼트를 더하여 리턴
add[int x] returns [int result] : '+=' INT {$result = $x + $INT.int;} ;
```

그래머 수준에서 규칙 수준 네임드 액션을 명시할 수 있다. 규칙의 경우 정당한 이름은 init와 after이다. 이름이 의미한 대로 파서는 연관된 규칙과 매치 시도 전에 즉시적으로 init 액션을 실행하고, 규칙을 매치한 다음에 즉시적으로 after 액션을 실행한다. ANTLR after 액션은 생성된 규칙 함수의 finally 코드 블록의 부분으로 실행하지 않는다. 생성된 규칙 함수 finally 코드 블록에 코드를 위치시키기 위해 ANTLR finally 액션을 사용한다.

액션은 아규먼트, 리턴 값 또는 지역 변수 정의 뒤에 따라온다. 룰 row의 문법은 10.2절 "*토큰과 룰 속성 접근하기*"에 자세히 설명되어 있다.

actions/CSV.g4

```
/** 규칙 "row : field (',' field)* '\r'? '\n' ;"에서 파생 */
row[String[] columns] returns [Map<String,String> values]
```

```
locals [int col=0]
@init {
    $values = new HashMap<String,String>();
}
@after {
    if ($values!=null && $values.size()>0) {
        System.out.println("values = "+$values);
    }
}
```

룰 row는 컬럼[columns] 아규먼트, 리턴 값 및 지역 변수 col을 정의한다. 대괄호의 "액션"은 생성된 코드에 직접적으로 복사된다.

```
public class CSVParser extends Parser {
    ...
    public static class RowContext extends ParserRuleContext {
        public String[] columns;
        public Map<String,String> values;
        public int col=0;
        ...
    }
    ...
}
```

또한 생성된 룰 함수는 함수 아규먼트처럼 룰 아규먼트를 명시하지만 로컬 RowContext 오브젝트로 빠르게 복사된다.

```
public class CSVParser extends Parser {
    ...
    public final RowContext row(String[] columns) throws RecognitionException {
        RowContext _localctx = new RowContext(_ctx, 4, columns);
        enterRule(_localctx, RULE_row);
        ...
```

```
    }
    ...
}
```

ANTLR은 액션 내에서 중첩된 [⋯]를 추적하기 때문에, String[] 컬럼columns이 적절하게 파싱된다. 또한 꺾쇠괄호도 추적하기 때문에 범용 타입 파라미터 내의 콤마가 다른 어트리뷰트의 시작을 나타내지 않는다. Map⟨String, String⟩ values는 하나의 어트리뷰트 정의이다.

각 액션에 여러 어트리뷰트가 존재할 수도 있으며, 리턴 값도 그럴 수 있다. 동일 액션 내에서 어트리뷰트를 분리하기 위해 콤마를 사용한다.

```
a[Map<String,String> x, int y] : ... ;
```

ANTLR은 2개 아규먼트 x와 y를 정의하기 위해 액션을 해석한다.

```
public final AContext a(Map<String,String> x, int y)
    throws RecognitionException
{
    AContext _localctx = new AContext(_ctx, 0, x, y);
    enterRule(_localctx, RULE_a);
    ...
}
```

시작 룰과 EOF

시작 룰은 파서가 먼저 개입하는 룰이다. 랭귀지 응용 프로그램이 호출하는 룰 함수이다. 예를 들어, 자바 코드를 파싱하는 랭귀지 응용 프로그램이 parser라 부르는 JavaParser 오브젝트에 parser.compilationUnit()을 호출할 수도 있다. 그래머의 모든 룰은 시작 룰로 동작할 수 있다.

시작 룰은 모든 입력을 사용하지 않아도 된다. 룰의 얼터너티브를 매치하는 데 필요한 만큼만 입력을 사용하면 된다. 예를 들어, 입력에 따라 세 가지 토큰을 매치하는 다음 룰을 고려해 본다.

```
s : ID
  | ID '+'
  | ID '+' INT
  ;
```

a+3인 경우, 룰 s는 세 번째 얼터너티브를 매치한다. a+b인 경우, 두 번째 얼터너티브를 매치하고 최종 b 토큰을 무시한다. a b인 경우, 처음 얼터너티브를 매치하고 b 토큰을 무시한다. 후자의 경우 룰이 룰 얼터너티브를 매치한 다음에 EOF가 반드시 발생한다고 명시적으로 말하지 않았기 때문에 파서가 입력을 완전하게 사용하지 않는다.

이런 디폴트 기능은 IDE[4] 같은 것을 구축하는 데 아주 유용하다. 커다란 자바 파일 중간 어딘가의 메소드를 파싱하기 원하는 IDE를 상상해 본다. methodDeclaration 룰 호출은 메소드 매치만을 시도하고, 다음은 무엇이던 무시한다.

다른 한편으로 전체 입력 파일을 서술하는 룰은 특수 선정의 EOF를 참조해야 한다. 만일 그렇지 않다면 무엇을 주던지 간에 시작 룰이 에러를 유발하지 않아서 혼란스러울 것이다. 다음은 구성 파일을 읽는 그래머 부분 룰이다.

```
config : element*; // 부정당한 입력이라도 매치 가능.
```

부정당한 입력은 입력을 매치하지 않고, 에러를 보고하지 않으며 즉시적으로 리턴하는 config를 유발할 수 있다. 다음은 정확한 명세이다.

```
file : element* EOF; // 초기에 중지하지 말고, 모든 입력을 매치한다.
```

4 Integrated Development Environments

15.4 액션 및 어트리뷰트

10장 "*속성과 액션*"에서 그래머 내에 액션을 삽입하는 방법과 가장 일반적인 토큰과 룰 어트리뷰트를 살펴보았다. 이 절은 앞 장으로부터 중요한 구문과 의미를 요약 정리하며, 모든 가용한 어트리뷰트 리스트를 제공한다.

액션은 타겟 언어로 작성된 텍스트 블록이고, 중괄호 {}로 싸인다. 인식기가 그래머 내의 위치에 따라 트리거한다. 예를 들어, 다음 룰은 파서가 정당한 선언을 본 다음에 found a decl를 내보낸다.

```
decl : type ID ';' {System.out.println("found a decl");} ;
type : 'int' | 'float' ;
```

종종 자주 액션은 토큰이나 룰 참조의 어트리뷰트를 접근한다.

```
decl : type ID ';'
       {System.out.println("var "+$ID.text+" : "+$type.text+" ; ");}
     | t=ID id=ID ' ; '
       {System.out.println("var "+$id.text+" : "+$t.text+" ; ");}
     ;
```

토큰 어트리뷰트

모든 토큰은 미리 정의된 읽기 전용 어트리뷰트 모음집을 가진다. 어트리뷰트는 토큰 타입 및 토큰과 매치하는 텍스트 같은 유용한 토큰 프로퍼티Property를 포함한다. 액션은 $label.attribute를 통하여 이런 어트리뷰트를 접근할 수 있다. label은 토큰 참조의 특정 인스턴스Instance를 레이블한다(다음 예제에서 a와 b는 $a와 $b로 액션 코드에서 사용된다). 종종 특정 토큰은 룰에서 한 번만 참조된다. 이런 경우에 토큰 이름 자체는 액션 코드에서 모호하지 않게 사용된다(토큰 INT는 액션에서 $INT로 사용될 수 있다). 다음 예제는 토큰 어트리뷰트 표현식 구문을 보여준다.

```
r    :  INT {int x = $INT.line;}
        ( ID {if ($INT.line == $ID.line) ...;} )?
        a=FLOAT b=FLOAT {if ($a.line == $b.line) ...;}
     ;
```

리터럴에 매치하는 토큰을 접근하려면 레이블을 사용해야 한다.

```
stat :  r='return' expr ';' {System.out.println("line="+$r.line);} ;
```

대부분의 경우에 토큰 어트리뷰트를 접근하지만, 어떤 때는 토큰 오브젝트 자체가 모든 어트리뷰트를 집산하기 때문에 자체를 접근하는 것이 유용하다. 게다가 선택적 부규칙이 토큰과 매치하는지 여부를 테스트하기 위해 사용할 수도 있다.

```
stat :  'if' expr 'then' stat (el='else' stat)?
        {if ( $el!=null ) System.out.println("found an else");}
     |  ...
     ;
```

$T와 $l은 토큰 이름 T와 토큰 레이블 l에 대해 토큰 오브젝트를 평가한다. $ll은 리스트 레이블 ll에 대해 List<Token>을 평가한다. $T.attr은 어트리뷰트 attr에 대해 다음 표에 명세된 타입과 값을 평가한다.

어트리뷰트	타입	설명
text	string	토큰과 매치되는 텍스트; getText() 호출로 변환. 예제: $ID.text.
type	int	INT 같은 토큰의 타입(0이 아닌 양의 정수). 예제: $ID.type.
line	int	토큰이 발생한 라인 번호로 1부터 시작; getLine() 호출로 변환. 예제: $ID.line.
pos	int	토큰의 첫 번째 문자가 발생한 라인 내의 문자 위치로 0부터 시작; getCharPositionInLine()으로 변환. 예제: $ID.pos.

어트리뷰트	타입	설명
index	int	토큰 스트림에서 이 토큰의 전체 인덱스로 0부터 시작; getTokenIndex() 호출로 변환. 예제: $ID.index.
channel	int	토큰의 채널 번호. 파서는 오프 채널 토큰을 효율적으로 무시하면서, 하나의 채널만을 조정. 디폴트 채널은 0(Token.DEFAULT_CHANNEL)이고, 디폴트 히든 채널은 Token.HIDDEN_CHANNEL이다. getChannel() 호출로 변환. 예제: $ID.channel.
int	int	이 토큰이 가진 텍스트의 정수 값; 텍스트가 정당한 숫자 문자열이라 가정. 계산기 Calculator를 구축하는데 쉬움. Integer.valueOf(text-of-token)으로 변환. 예제: $INT.int

파서 규칙 어트리뷰트

ANTLR은 액션에 사용 가능한 파서 규칙 참조와 연관된 읽기 전용 어트리뷰트 개수를 미리 정의한다. 액션은 액션을 선행하는 참조의 룰 어트리뷰트만을 접근할 수 있다. 구문은 룰 이름 r에 대해 $r.attr나 룰 참조에 할당된 레이블이다. 예를 들어, $expr.text는 룰 expr의 선행 호출에 의해 매치되는 완전한 텍스트를 리턴한다.

```
returnStat : 'return' expr {System.out.println("matched "+$expr.text);} ;
```

다음과 같이 룰 레이블을 사용한다.

```
returnStat : 'return' e=expr {System.out.println("matched "+$e.text);} ;
```

또한 현재 실행 룰과 연관된 값을 접근하기 위해 어트리뷰트 이름이 후속되는 $를 사용할 수 있다. 예를 들어, $start는 현재 룰의 시작 토큰이다.

```
returnStat : 'return' expr {System.out.println("first token "+$start.getText());} ;
```

$r과 $rl은 룰 이름 r과 룰 레이블 rl에 대해 타입 RContext의 ParserRuleContext 오브젝

트를 평가한다. $rll은 룰 리스트 레이블 rll에 대해 List<RContext>를 평가한다. $r.attr은 어트리뷰트 attr에 대해 다음 표에 명세된 타입과 값을 평가한다.

어트리뷰트	타입	설명
text	String	룰에 매치하는 텍스트. $text 표현식 평가 시점까지 이르는 룰 시작에 매치하는 텍스트. 통상 모든 공백과 코멘트를 가지지 때문에 원하는 대상인, 히든 채널의 토큰을 포함하여 모든 토큰의 텍스트를 포함한다. 현재 룰을 참조할 때 이 어트리뷰트는 모든 예외 액션을 포함하여 모든 액션에서 사용 가능하다.
start	Token	메인 토큰 채널상의 룰에 의해 잠재적으로 매치되는 첫 번째 토큰. 다시 말하면 이 어트리뷰트는 히든 토큰이 될 수 없다. 토큰 매칭 없이 종료되는 룰의 경우, 이 어트리뷰트는 이 룰에 의해 매치될 수 있는 첫 번째 토큰을 가리킨다. 현재 룰을 참조할 때, 이 어트리뷰트는 룰 내 모든 액션에서 사용 가능하다.
stop	Token	룰에 의해 매치되는 마지막 논히든[Nonhidden] 채널 토큰. 현재 룰을 참조할 때, 이 어트리뷰트는 after와 finally 액션에만 사용 가능하다.
ctx	ParserRule Context	룰 호출과 연관된 룰 컨텍스트 오브젝트. 모든 다른 어트리뷰트는 이 어트리뷰트를 통하여 사용 가능하다. 예를 들어, $ctx.start는 현재 룰 컨텍스트 오브젝트 내에서 start 필드를 평가한다. $start와 동일하다.

동적 범위지정 어트리뷰트

범용 프로그래밍 언어의 함수처럼 파라미터와 리턴 값을 사용하여 룰에 정보를 주고받을 수 있다. 그러나 프로그래밍 언어는 함수를 호출하는 파라미터나 지역 변수를 접근하는 함수를 허용하지 않는다.

예를 들어, 중첩된 메소드 호출에서 지역 변수 x에 대한 다음 참조는 자바에서 부적당하다.

```
void f() {
    int x = 0;
    g();
}
```

```
void g() {
    h();
}
void h() {
    int y = x; // f의 지역 변수 x 참조는 부적당하다.
}
```

변수 x는 중괄호에 의해 어휘로 범위가 정해진 텍스트이고, f() 범위 내에서만 사용 가능하다. 이런 이유로 자바는 어휘 범위지정Lexical Scoping을 사용한다. 어휘 범위지정은 대부분 프로그래밍 언어에서 표준이다.[5] 이전에 정의된 지역 변수를 접근하기 위해 콜 체인Call Chain에서 메소드가 더 내려가게 허용하는 언어는 동적 범위지정Dynamic Scoping을 사용한다고 말한다. 동적이라는 용어는 컴파일러가 가용한 변수 세트를 정적으로 판단할 수 없다는 뜻이다. 메소드에 가용한 변수 세트가 메소드를 호출한 대상에 따라 변경되기 때문이다.

그래머 영역에서 종종 떨어진 룰이 서로 간 통신할 필요가 있으며, 대부분 룰 호출 체인에서 아래에 매치된 룰에 컨텍스트 정보를 제공한다(자연스럽게 파스 트리 리스너 이벤트 메커니즘 대신에 그래머에서 직접적으로 액션을 사용한다고 가정한다). ANTLR은 액션이 구문 $r::x(r은 규칙 이름, x는 규칙 내의 어트리뷰트)을 사용하는 호출 규칙에서 어트리뷰트를 접근할 수 있게 동적 범위지정을 허용한다. r이 현재 룰의 호출 규칙임을 프로그래머가 확인해야 한다. $r::x를 접근할 때 r이 현재 콜 체인에 없으면 런타임 에러가 발생한다.

동적 범위지정 사용을 표현하기 위해, 변수 정의와 표현식의 변수 정의 보장에 관한 문제를 고려해 본다. 다음 그래머는 블록block 규칙에 속하지만 규칙 decl에서 변수 이름을 추가하는 symbols 어트리뷰트를 정의한다. 그런 후에 룰 stat는 변수가 정의되었는지 확인하기 위해 리스트를 살펴본다.

5 http://en.wikipedia.org/wiki/Scope_(programming)#Static_scoping 참조.

```
reference/DynScope.g4
grammar DynScope;

prog :  block
     ;

block
/* 이 블록 내에 정의된 심볼 리스트 */
locals [
    List<String> symbols = new ArrayList<String>()
]
     :  '{' decl* stat+ '}'
        // print out all symbols found in block
        // $block::symbols evaluates to a List as defined in scope
        {System.out.println("symbols="+$symbols);}
     ;

/** 선언을 매치하고 심볼 리스트에 식별자 이름 추가 */
decl :  'int' ID {$block::symbols.add($ID.text);} ';'
     ;

/** 할당을 매치하고 왼쪽 할당 부분에 변수를 가졌는지 검증하기 위해
 *  심볼 리스트를 테스트한다.
 *  $block::symbols가 List이기 때문에,
 *  메소드 contains()는 List.contains()이다.
 */
stat :  ID '=' INT ';'
        {
        if ( !$block::symbols.contains($ID.text) ) {
            System.err.println("undefined variable: "+$ID.text);
        }
        }
     |  block
     ;
```

```
ID  :  [a-z]+ ;
INT :  [0-9]+ ;
WS  :  [ \t\r\n]+ -> skip ;
```

다음은 간단한 빌드/테스트 순서이다.

```
➤ $ antlr4 DynScope.g4
➤ $ javac DynScope*.java
➤ $ grun DynScope prog
➤ {
➤ int i;
➤ i = 0;
➤ j = 3;
➤ }
➤ EOF
❮ undefined variable: j
  symbols=[i]
```

@members 액션의 단순한 필드 선언과 동적 범위지정 간에 중요한 차이가 있다. symbols가 지역 변수이기 때문에, 규칙 블록[block]의 각 호출에 사본이 존재한다. 정확히 중첩된 블록으로 원하는 것이기 때문에 내부 블록에 동일 입력 변수 이름을 재사용할 수 있다. 예를 들어, 다음 중첩된 코드 블록은 내부 범위에 i를 재정의한다. 이 신규 정의는 외부 범위에서 정의를 숨겨야 한다.

```
reference/nested-input
{
    int i;
    int j;
    i = 0;
    {
        int i;
        int x;
```

```
        x = 5;
    }
    x = 3;
}
```

다음은 DynScope의 입력에 생성된 출력이다.

```
$ grun DynScope prog nested-input
symbols=[i, x]
undefined variable: x
symbols=[i, j]
```

$block::symbols 참조는 최근 호출된 블록[block]의 규칙 컨텍스트 오브젝트의 symbols 필드를 접근한다. 콜 체인을 더 올라가는 룰 호출로부터 symbols 인스턴스를 접근하려면, 현재 컨텍스트 $ctx의 시작 지점으로 뒤로 갈 수 있다. 체인을 올라가기 위해 getParent()를 사용한다.

15.5 렉서 규칙

렉서 그래머는 렉서 규칙으로 구성되며, 선택적으로 여러 모드로 분할될 수 있다. 12.3절 "*어휘 모드에서 문맥에 민감한 토큰 배급하기*"에서 보았듯이 어휘 모드[Lexical Mode]를 통하여, 싱글 렉서 그래머를 여러 서브렉서[Sublexer]로 분할할 수 있다. 렉서는 현재 모드에서 규칙에 매치된 토큰만을 리턴할 수 있다.

렉서 규칙은 토큰 정의를 명시하고, 거의 파서 규칙 구문을 따른다(렉서 규칙은 아규먼트, 리턴 값이나 지역 변수를 가질 수는 없음). 렉서 규칙 이름은 대문자로 시작하며 파서 규칙 이름과 구별된다.

```
/** 선택적 문서 코멘트 */
TokenName : ≪alternative1≫| ... | ≪alternativeN≫;
```

또한 토큰은 아니지만 토큰 인식에 도움이 되는 규칙을 정의할 수도 있다. 이런 fragment 규칙은 파서에 가시적인 토큰을 만들지 않는다.

```
fragment HelperTokenRule : ≪alternative1≫| ... | ≪alternativeN≫;
```

예를 들어, DIGIT는 아주 일반적인 fragment 규칙이다.

```
INT   :   DIGIT+ ;               // DIGIT helper 규칙 참조
fragment DIGIT : [0-9] ;         // 자체는 토큰이 아님
```

어휘 모드

XML 태그 내외부 같이 컨텍스트에 의해 어휘 규칙을 그룹핑할 수 있는 모드. 컨텍스트마다 하나를 가진, 여러 서브렉서를 가진 것과 같다. 렉서는 현재 모드에서 규칙을 입력하여 매치된 토큰만을 리턴할 수 있다. 렉서는 소위 디폴트 모드에서 시작한다. 모든 규칙은 mode 명령을 명시하지 않는 한 디폴트 모드 내에 있다고 간주한다. 모드는 조합 그래머 내에서는 허용되지 않는다(12.4절 "*XML의 파싱과 렉싱*"에서 XMLLexer의 그래머를 참조하라).

```
≪rules in default mode≫
...
mode MODE1;
≪rules in MODE1≫
...
mode MODEN;
≪rules in MODEN≫
...
```

렉서 규칙 엘리먼트

렉서 규칙은 파서 규칙에서는 사용할 수 없는 범위 연산자 .. 와 대괄호로 묶인 문자 세트 표기 [characters] 등의 2개 구성체[Construct]를 허용한다. 파서 규칙에서 아규먼트를 가진 문자 세트와 혼동하면 안 된다. [characters]는 렉서에서의 문자 세트만을 의미한다. 다음은 모든 렉서 규칙 엘리먼트이다.

구문	설명
'literal'	문자나 문자열을 매치. 예제: 'while', '='
[char set]	문자 세트에 명세된 문자 중 하나를 매치. x-y를 x와 y 사이의 문자 세트로 해석. 다음 이스케이프 문자는 단일 특수 문자로 해석된다: \n, \r, \b, \t, \f.], \나 -를 가지기 위해서는 \로 이스케이프되어야 한다. 또한 유니코드 문자 명세도 사용할 수 있다: \uXXX. 다음은 예제이다. WS : [\n\u000D] -> skip ; *// [\n\r]와 동일* ID : [a-zA-Z] [a-zA-Z0-9]* ; *// 식별자 명세 매치* DASHBRACK : [\-\]]+ ; *// 여러 번 - 또는] 를 매치*
'x'..'y'	x와 y 사이의 단일 문자 매치. 예제: 'a'..'z'([a-z]와 동일).
T	렉서 규칙 T를 호출; 회귀가 일반적으로 허용되지만, 왼쪽 회귀는 아니다. T는 정규 토큰이나 fragment 규칙이 될 수 있다. ID : LETTER (LETTER|'0'..'9')* ; **fragment** LETTER : [a-zA-Z\u0080-\u00FF_] ;
.	도트는 모든 단일 문자와 매치하는 단일 문자 와일드카드이다. 예제: ESC : '\\' . ; *// 모든 \x 문자 매치*
{≪action≫}	렉서 액션은 최외부 얼터너티브의 끝에 나타나야 한다. 렉서 규칙이 하나 이상의 얼터너티브를 가진다면, 괄호로 묶어야 하고 액션을 뒤에 두어야 한다. END : ('*endif*'|'*end*') {System.out.println("found an end");} ; 액션은 타겟 언어의 구문을 준수한다. ANTLR은 액션의 내용을 생성된 코드로 복사한다. 파서 액션에서 $x.y 처럼 표현식을 변환하지 않는다.

구문	설명
{≪p≫}?	의미 술어 ≪p≫를 평가. 만일 실행 시에 ≪p≫가 거짓으로 평가되면, 주위 규칙은 사용 불가능하다. 표현식 ≪p≫는 타겟 언어 구문을 준수한다. 의미 술어가 렉서 규칙 내의 어딘가에 나타날 수 있지만, 규칙 끝에 두는 것이 가장 효율적이다. 한 가지 경고는 의미 술어가 렉서 액션을 선행해야 한다는 것이다.(15.5절 "*렉서 규칙*"을 참조)
~x	x가 서술한 세트 외의 문자와 매치. 세트 x는 단일 문자열, 범위나 ~('x'|'y'|'z') 나 ~[xyz] 같은 부규칙 세트가 될 수 있다. 다음은 ~[\r\n]*을 사용하는 문자 외의 어떤 문자와 매치하는 데 ~를 사용하는 예제이다. COMMENT : '#' ~[\r\n]* '\r'? '\n' -> skip ;

파서 규칙과 같이 렉서 규칙은 괄호로 부규칙을 허용하고 EBNF 연산자(?,*,+)를 허용한다. COMMENT 규칙은 *와 ? 연산자를 나타낸다. +의 일반적인 사용은 정수를 매치하기 위한 [0-9]+이다. 렉서 부규칙은 이런 EBNF 연산자에 최소일치 ? 접미사를 사용할 수도 있다.

회귀 렉서 규칙

ANTLR 렉서 규칙은 대부분의 어휘 그래머 툴과 달리 회귀가 될 수 있다. 중첩된 액션 블록 {…{…}…} 같은 중첩된 토큰을 매치할 때 아주 쉽다.

```
reference/Recur.g4
lexer grammar Recur;

ACTION : '{' ( ACTION | ~[{}] )* '}' ;

WS : [ \r\t\n]+ -> skip ;
```

중복 문자열 리터럴

여러 렉서 규칙의 오른 편에 동일 문자열 리터럴을 명시하지 않게 주의해야 한다. 이런 리터럴은 애매모호하며 여러 가지 토큰 타입을 매치할 수도 있다. ANTLR은 파서에서 이런 리터럴을 허용하지 않는다. 모드에 걸친 규칙도 마찬가지이다. 예를 들어, 다음 렉서 그래머는 동일 문자 순서를 가진 2개 토큰을 정의한다.

```
reference/L.g4
lexer grammar L;
AND : '&' ;
mode STR;
MASK : '&' ;
```

파서 그래머는 리터럴 '&'를 참조할 수 없지만 토큰 이름은 참조할 수 있다.

```
reference/P.g4
parser grammar P;
options { tokenVocab=L; }
a : '&'     // 툴 에러 유발: 이런 토큰 없음
    AND     // 문제 없음
    MASK    // 문제 없음
  ;
```

다음은 빌드/테스트 순서이다.

```
➤ $ antlr4 L.g4 # yields L.tokens file needed by tokenVocab option in P.g4
➤ $ antlr4 P.g4
❮ error(126): P.g4:3:4: cannot create implicit token for string literal '&'
                        in non-combined grammar
```

렉서 규칙 액션

ANTLR 렉서는 어휘 규칙을 매칭한 다음에 토큰 오브젝트를 생성한다. 토큰의 각 요청은 Lexer.nextToken()에서 시작하며, 토큰을 식별하면 emit()을 호출한다. emit()은 토큰을 빌드하기 위해 현재 렉서 상태에서 정보를 수집한다. _type, _text, _channel, _tokenStartCharIndex, _tokenStartLine 및 _tokenStartCharPositionInLine를 접근한

다. setType() 같은 세터Setter 메소드로 상태를 설정할 수 있다. 예를 들어, 다음 규칙은 enumKeyword가 거짓이면 enum을 식별자로 넘긴다.

```
ENUM : 'enum' {if (!enumIsKeyword) setType(Identifier);} ;
```

ANTLR은 렉서 액션에서 특수 $x 어트리뷰트 변환이 없다(v3과 다름).

규칙에 얼마나 많은 얼터너티브가 있던 상관없이 어휘 규칙에는 최대로 단일 액션만이 존재할 수 있다.

렉서 명령

그래머를 특정 타겟 언어로 묶지 않기 위해 ANTLR은 렉서 명령을 지원한다. 임의 임베디드 액션과 달리 이런 명령은 특정 구문을 따르며, 작은 공통 명령으로 제한된다. 렉서 명령은 렉서 규칙 정의의 최외부 얼터너티브의 끝에 나타난다. 임의 액션처럼 토큰 규칙당 하나만 존재할 수 있다. 렉서 명령은 선택적으로 파라미터를 받아들이는 여러 명령 이름이 후속하는 -> 연산자로 구성된다.

```
TokenName : ≪alternative≫-> command-name
TokenName : ≪alternative≫-> command-name(≪identifier or integer≫)
```

얼터너티브는 콤마로 구분된 하나 이상의 명령을 가질 수 있다. 다음은 정당한 명령 이름이다.

- skip : 이 규칙의 파서에 토큰을 리턴하지 않는다. 공백에 일반적으로 사용된다.

```
WS : [ \r\t\n]+ -> skip ;
```

- more : 이 규칙을 매치하지만 토큰을 계속해서 찾는다. 다음을 매치하는 토큰 규칙은 이 규칙에 매치되는 텍스트를 포함한다. 일반적으로 모드와 사용된다. 다음은 모드와 문자열 리터럴을 매치하는 예제이다.

```
reference/Strings.g4
lexer grammar Strings;
LQUOTE  :  '"' -> more, mode(STR) ;
WS      :  [ \r\t\n]+ -> skip ;

mode STR;

STRING  :  '"' -> mode(DEFAULT_MODE) ; // 파서가 보기 원하는 토큰
TEXT    :  . -> more ;                 // 문자열에 더 많은 텍스트 수집
```

다음은 실행 예제이다.

```
➤ $ antlr4 Strings.g4
➤ $ javac Strings.java
➤ $ grun Strings tokens -tokens
➤ "hi"
➤ "mom"
➤ EOF
❮ [@0,0:3='"hi"',<2>,1:0]
  [@1,5:9='"mom"',<2>,2:0]
  [@2,11:10='<EOF>',<-1>,3:0]
```

- type(T): 현재 토큰에 토큰 타입을 설정한다. 다음은 동일 토큰 타입을 사용하기 위해 두 가지 다른 토큰을 강제하는 예제이다.

```
reference/SetType.g4
lexer grammar SetType;

tokens { STRING }

DOUBLE  :  '"' .*? '"' -> type(STRING) ;
SINGLE  :  '\'' .*? '\'' -> type(STRING) ;
WS      :  [ \r\t\n]+ -> skip ;
```

다음은 예제 실행이다. 양 토큰이 토큰 타입 1로 되돌아오는 것을 볼 수 있다.

```
➤ $ antlr4 SetType.g4
➤ $ javac SetType.java
➤ $ grun SetType tokens -tokens
➤ "double"
➤ 'single'
➤ EOF
❮ [@0,0:7='"double"',<1>,1:0]
  [@1,9:16=''single'',<1>,2:0]
  [@2,18:17='<EOF>',<-1>,3:0]
```

- channel(C) : 현재 토큰의 채널을 설정한다. 디폴트는 Token.DEFAULT_CHANNEL 이다. 상수를 정의하고 사용하거나, 값 (0)을 가진 Token.DEFAULT_CHANNEL 이상의 정수 리터럴을 정의할 수 있다. 값 1을 가진 Token.HIDDEN_CHANNEL 이름의 범용 히든 채널이 있다.

```
@lexer::members { public static final int WHITESPACE = 1; }
...
WS : [ \t\n\r]+ -> channel(WHITESPACE) ;
```

- mode(M) : 이 토큰을 매치한 다음에 렉서를 모드 M으로 스위치한다. 다음에 렉서는 토큰 매치를 시도하며, 모드 M의 규칙에서만 볼 것이다. M은 동일 그래머나 정수 리터럴의 모드 이름이 될 수 있다. 이전의 그래머 Strings를 확인하기 바란다.
- pushMode(M) : 스택에 현재 모드를 푸시하는 것을 제외하고는 mode와 동일하며, 모드 M을 설정한다. popMode와 결합하여 사용되어야 한다.
- popMode(M) : 모드 스택 상단에 모드를 가져오고 그 모드로 현재 렉서 모드를 설정한다. pushMode와 결합하여 사용된다.

15.6 와일드카드 연산자 및 최소일치 부규칙

(…)?, (…)*, (…)+ 같은 EBNF 부규칙은 최대일치[Greedy]이지만, - 가능한 많은 입력을 소모, 종종 필수적이지 않을 수도 있다. .* 같은 구성체는 렉서나 종종 파서에서 입력의 끝까지 소모한다. 최소일치[Nongreedy] 루프를 원하기 때문에, 다른 구문을 사용할 필요가 있다. 정규 표현식 표기에서 빌려온 .*?. 또 다른 ? 접미사를 추가하여 ?, *, + 접미사 최소일치를 가진 부규칙을 만들 수 있다. 이런 최소일치 부규칙은 파서와 렉서에서 허용되지만 렉서에서 더 많이 사용된다.

최소일치 렉서 부규칙

다음은 뒤따르는 '*/'를 볼 때까지 모든 문자를 소모하는 가장 일반적인 C 스타일 코멘트이다.

```
COMMENT : '/*' .*? '*/' -> skip ; // .*? matches anything until the first */
```

다음은 이스케이프 인용부호로 \"를 허용하는 문자열을 매치하는 또 다른 예제이다.

```
reference/Nongreedy.g4
grammar Nongreedy;
s : STRING+ ;
STRING : '"' ( '\\"' | . )*? '"' ; // match "foo", "\"", "x\"\"y", ...
WS     : [ \r\t\n]+ -> skip ;
```

```
➤ $ antlr4 Nongreedy.g4
➤ $ javac Nongreedy*.java
➤ $ grun Nongreedy s -tokens
➤ "quote:₩""
➤ EOF
< [@0,0:9='"quote:\""',<1>,1:0]
  [@1,11:10='<EOF>',<-1>,2:0]
```

최소일치 부규칙은 인식 문제를 복잡하게 하고, 종종 렉서가 텍스트를 매치하는 방법을 판독하기가 힘들게 하기 때문에 주의해서 사용해야 한다. 다음은 렉서가 토큰 규칙을 선택하는 방법이다.

- 우선적 목표는 대부분 입력 문자를 인지하는 렉서 규칙을 매치하는 것이다.

```
INT    : [0-9]+ ;
DOT    : '.' ;              // match period
FLOAT  : [0-9]+ '.' ;       // match FLOAT upon '34.' not INT then DOT
```

- 만일 하나 이상의 렉서 규칙이 동일 입력 시퀀스를 매치한다면, 우선도가 그래머 파일의 첫 번째 발생 규칙이다.

```
DOC  : '/**' .*? '*/' ; // both rules match /** foo */, resolve to DOC
CMT  : '/*' .*? '*/' ;
```

- 가장 적은 문자를 매치하는 최소일치 부규칙은 여전히 주위 어휘 규칙을 매치하도록 허용한다.

```
/** Match anything except \n inside of double angle brackets */
STRING : '<<' ~'\n'*? '>>' ; // Input '<<foo>>>>' matches STRING then END
END    : '>>' ;
```

- 어휘 규칙 내에서 최소일치 부규칙을 통과한 다음에, 그런 후에 만들어진 모든 의사결정은 "첫 매치 승리[First match wins]"이다.
  예를 들어, 규칙 오른편 .*?('a'|'ab')의 얼터너티브 'ab'는 데드 코드[Dead Code]이고 결코 매치되지 않는다. 만일 입력이 ab라면, 처음 얼터너티브 'a'는 처음 문자를 매치하므로 성공적이다. 규칙 오른편의 ('a'|'ab') 자체는 입력 ab의 두 번째 얼터너티브를 적절하게 매치한다. 이런 이상한 점은 여기에서 취급하기에는 너무 복잡한 최소일치 설계 의사결정에서 발생한다.

렉서 규칙 내 루프를 사용하기 위한 다른 방식을 나타내기 위해 3개 다른 액션 유사 토큰을 가진 다음과 같은 그래머를 고려해 본다(다른 구분자[Delimiter]를 사용하기 때문에 한 예제 그래머 내에 모두 맞다).

```
reference/Actions.g4
ACTION1 : '{' ( STRING | . )*? '}' ;   // {"foo} 허용
ACTION2 : '[' ( STRING | ~'"' )*? ']' ; // ["foo] 허용 안됨; 최소일치 *?
ACTION3 : '<' ( STRING | ~[">] )* '>' ; // <"foo> 허용 안됨; 최대일치 *
STRING  : '"' ( '\\"' | . )*? '"' ;
```

규칙 ACTION1은 {"foo} 같은 미종료 문자열을 허용한다. 입력 "foo가 루프의 와일드카드 부분과 매치하기 때문이다. 인용부호와 매치하기 위해 규칙 STRING으로 갈 필요가 없다. 해결하기 위해 규칙 ACTION2는 인용부호를 제외한 모든 문자를 매치하기 위해 ~'"'를 사용한다. 표현식 ~'"'는 여전히 규칙을 종료하는 ']'로 애매모호하지만, 부규칙이 최소일치라는 사실은 렉서가 오른쪽 대괄호에 따라 루프를 종료한다는 것을 의미한다. 최소일치 부규칙을 방지하기 위해 얼터너티브를 명확하게 해야 한다. 표현식 ~[">]는 인용부호와 오른쪽 꺾쇠괄호를 제외한 모든 것을 매치한다. 다음은 예제 실행이다.

```
➤ $ antlr4 Actions.g4
➤ $ javac Actions*.java
➤ $ grun Actions tokens -tokens
➤ {"foo}
➤ EOF
❮ [@0,0:5='{"foo}',<1>,1:0]
  [@1,7:6='<EOF>',<-1>,2:0]
➤ $ grun Actions tokens -tokens
➤ ["foo]
➤ EOF
❮ line 1:0 token recognition error at: '["foo]\n'
  [@0,7:6='<EOF>',<-1>,2:0]
➤ $ grun Actions tokens -tokens
➤ <"foo>
➤ EOF
❮ line 1:0 token recognition error at: '<"foo>\n'
  [@0,7:6='<EOF>',<-1>,2:0]
```

최소일치 파서 부규칙

최소일치 부규칙과 와일드카드는 목표가 전체 그래머를 명시하지 않고 입력 파일로부터 정보를 추출하는 것이라면, "퍼지 파싱Fuzzy Parsing"을 수행하는 파서 내에서 유용하다. 최소일치 렉서 의사결정과 대조적으로 파서는 항상 전체적으로 정확한 의사결정을 내린다. 파서는 파싱 동안 나중에 실패하는 정당한 입력을 유발하는 의사결정을 내리지 않는다. 다음은 중심 사상이다. 최소일치 파서 부규칙은 정당한 입력 문장의 성공적인 파싱을 보존하는 가장 짧은 토큰 시퀀스를 매치한다.

예를 들어, 다음은 임의 자바 파일에서 정수 상수를 추출하는 방법을 보여주는 주요 규칙이다.

reference/FuzzyJava.g4

```
grammar FuzzyJava;
/** 상수 규칙 매치 간에 모든 것 매치 */
file : .*? (constant .*?)+ ;

/** 더 빠른 얼터너티브 버전(무시할 수 있는 파서에서 .* 같은 부규칙에 관한
 *  ANTLR 툴 경고를 가져온다.)
 */
altfile : (constant | .)* ; // 상수나 토큰을 매치, 0이나 여러 번

/** 어떤 것이 후속하는 "public static final SIZE" 같은 것을 매치 */
constant
        : 'public' 'static' 'final' 'int' Identifier
          {System.out.println("constant: "+$Identifier.text);}
        ;
Identifier : [a-zA-Z_$] [a-zA-Z_$0-9]* ; // simplified
```

그래머는 실제 자바 렉서로부터 아주 단순화한 렉서 규칙 세트를 가진다. 전체 파일은 60 라인이다. 여전히 인식기는 코멘트뿐만 아니라 문자열과 문자 상수를 처리할 필요가 있기 때문에 동시 수행을 벗어나지 않는다. 예를 들어, 문자열 내부의 상수 매치를

시도한다. 단 하나의 비정상 렉서 규칙은 "또 다른 렉서 규칙과 매치하지 않는 모든 문자를 매치"하는 기능을 수행한다.

```
reference/FuzzyJava.g4
OTHER : . -> skip ;
```

이 catchall 렉서 규칙과 파서의 .*? 부규칙은 퍼지 파싱에서 중요한 구성요소이다.

다음은 퍼지 파서에 실행할 수 있는 예제 파일이다.

```
reference/C.java
import java.util.*;
public class C {
    public static final int A = 1;
    public static final int B = 1;
    public void foo() {}
    public static final int C = 1;
}
```

다음은 빌드/테스트 순서이다.

```
$ antlr4 FuzzyJava.g4
$ javac FuzzyJava*.java
$ grun FuzzyJava file C.java
constant: A
constant: B
constant: C
```

public static final int 선언을 제외하고 모든 것을 무시한다. 단지 2개 파서 규칙으로 모두 일어난다.

15.7 의미 술어

의미 술어 {…}?는 타겟 언어로 작성된 불리언Boolean 표현식이다. 조건부가 보호하는 경로에 따라 파싱의 지속 여부 정당성을 나타낸다. 조건부는 액션처럼 파서 규칙 내 어디에나 나타날 수 있지만, 얼터너티브의 왼쪽 끝단에 나타나는 것만이 예측에 영향을 줄 수 있다. 11장 *"시맨틱 서술로 파스 변경"*에서 조건부를 상세하게 논의하였다. 여기에서는 파서와 렉서 규칙에서 의미 술어 사용에 관한 상세 정보를 제공한다. 파서가 조건부를 파싱 의사결정에 결합하는 방식을 상세하게 설명한다.

조건부 파싱 의사결정 만들기

ANTLR의 일반 의사결정 전략은 모든 실행 가능한 얼터너티브를 찾고 현재 거짓으로 평가된 조건부로 걸러낸 얼터너티브를 무시하는 것이다. 사용 가능한 얼터너티브는 현재 입력과 매치된 대상이다. 만일 하나 이상의 얼터너티브가 남는다면, 파서는 의사결정에서 먼저 명세된 얼터너티브를 선택한다.

배열 참조가 대괄호 외의 괄호를 사용하는 C++ 변형을 고려해 본다. 만일 하나의 얼터너티브만을 술어한다면 expr에서 여전히 애매모호한 결정을 가진다.

```
expr:               ID '(' expr ')' // 배열 참조 (ANTLR이 이 것을 선택)
    | {istype()}? ID '(' expr ')' // ctor-style typecast
    |               ID '(' expr ')' // 함수 호출
    ;
```

이런 경우에 모든 3개 얼터너티브는 입력 x(i)에 사용 가능하다. x가 타입 이름이 아니라면 조건부는 거짓으로 평가한다. expr의 가능한 매치로 처음과 세 번째 얼터너티브를 남긴다. ANTLR은 모호성을 해결하기 위해 배열 참조를 매칭하는 첫 번째 얼터너티브를 자동으로 선택한다. 너무 적은 조건부는 좋은 아이디어가 아니기 때문에, ANTLR은 하나 이상의 사용 가능한 얼터너티브를 남긴다. 최소한 n-1개 조건부를 가진 n개의 사용 가능한 얼터너티브를 커버하는 것이 최상이다. 다시 말하면 너무 적은 조건부로 expr 같은 규칙을 빌드하면 안 된다.

종종 파서가 단일 선택과 연관된 다중 가시적 조건부를 발견한다. 걱정할 필요 없이, ANTLR은 단일 메타 조건부를 고안하기 위해 적절한 논리적 연산자와 조건부를 결합한다.

예를 들어, 규칙 stat의 의사결정은 두 번째 stat 얼터너티브를 거르기 위해 || 연산자로 expr의 양 얼터너티브로부터 조건부를 결합한다.

```
stat :   decl | expr ;
decl :   ID ID ;
expr :   {istype()}? ID ' ( ' expr ' ) ' // ctor-style typecast
     |   {isfunc()}? ID ' ( ' expr ' ) ' // 함수 호출
     ;
```

파서는 isType()||isFunc()가 참[True]으로 평가될 경우에만 stat로부터 expr을 예측한다. 들어오는 ID가 타입 이름이거나 함수 이름인 경우에만, 파서가 표현식을 매치하도록 선택하기 때문에 타당하다. 이런 경우에 조건부 하나만을 테스트하는 것은 타당하지 않다. 파서가 expr 자체를 가져올 경우, 파싱 의사결정은 각 얼터너티브마다 개별적으로 조건부를 테스트한다.

만일 다중 조건부가 시퀀스에 나타난다면 파서는 && 연산자로 결합한다. 예를 들어, expr을 호출하기 전에 조건부를 포함하기 위해 stat를 변경하는 것을 고려해 본다.

```
stat :   decl | {java5}? expr ;
```

이런 경우에 파서는 java5&&(istype()||isfunc())가 참일 경우에만 두 번째 얼터너티브를 예측한다.

이제 조건부 자체 내부 코드를 살펴본다. 다음 지침을 염두에 둔다.

- **의미 있는 조건부를 사용한다.**

  ANTLR은 조건부가 모호성을 실제로 해결한다고 가정한다. 예를 들어, ANTLR은 다음 조건부처럼 2개 얼터너티브 간에 모호성을 의미 있게 해결하지 못하는 경우 해답을 찾지 못한다.

```
expr: {isTuesday()}? ID '(' expr ')'      // ctor-style typecast
    | {isHotOutside}? ID '(' expr ')'   // 함수 호출
    ;
```

- **조건부가 부작용이 없어야 한다.**

  ANTLR은 조건부가 정리가 안 되더라도(여러 번이라도) 평가할 수 있다고 가정하기 때문에, {$i++ < 10}? 같은 조건부를 사용하면 안 된다. 아마도 대부분 이런 조건부는 예상대로 동작하지 않는다.

파서가 의사결정을 못 내리더라도, 조건부가 규칙 실패를 유발하는 얼터너티브를 비활성화할 수 있다. 규칙이 단일 얼터너티브를 가질 경우에만 발생한다. 선택할 수 없지만 ANTLR은 액션에서 수행하는 것처럼 정규 파싱 프로세스의 부분으로 조건부를 평가한다. 즉 다음 규칙은 항상 매치를 실패한다.

```
prog: {false}? 'return' INT ; // throws FailedPredicateException
```

ANTLR은 그래머의 {false}?를 생성된 파서에서 조건문으로 변경한다.

```
if ( !false ) throw new FailedPredicateException(...);
```

지금까지 봐온 모든 조건부는 예측 프로세스에서 가시적이고 사용 가능하였지만 항상 그런 것은 아니다.

가시적 조건부 찾기

파서는 액션이나 토큰 참조 이후에 발생한 예측 동안에 조건부를 평가하지 않는다. 먼저 액션과 조건부 간에 관계를 살펴본다.

ANTLR은 액션의 순수 코드 내부에 무엇이 있는지 알지 못하기 때문에, 모든 조건부는 그 액션의 부작용에 따라 다르다고 가정해야 한다. x를 테스트하는 조건부와 x 값을 계산하는 액션을 가정한다. 액션이 x를 생성하도록 실행하기 전에 조건부를 평가하면 그래머 내에서 의도된 동작 순서에 위배된다.

보다 더 중요하게 파서는 어떤 얼터너티브가 매치되는지 판단하기 전까지 액션을 실행할 수 없다. 액션이 부작용을 가지며, print 문장 같은 것을 취소하지 못하기 때문이다. 예를 들어, 다음 규칙에서 파서는 얼터너티브를 결정하기 전에 {java5}? 조건부 앞에서 액션을 실행할 수 없다.

```
@members {boolean allowgoto=false;}
stat : {System.out.println("goto"); allowgoto=true;} {java5}? 'goto' ID ';'
     | ...
     ;
```

만일 예측 동안에 액션을 실행할 수 없다면, 액션에 의존하기 때문에 {java5}? 조건부를 평가하지 못한다.

또한 예측 프로세스는 토큰 참조를 통하여 볼 수 없다. 토큰 참조는 입력을 하나의 심볼로 진전시키는 부작용을 가진다. 현재 입력 심복을 테스트한 조건부는 파서가 토큰 참조로 전환 이동하는 경우 동시 작동을 벗어난다. 예를 들어, 다음 그래머에서 조건부는 ID 토큰을 리턴하기 위해 getCurrentToken()를 예상한다.

```
stat  : '{' decl '}'
      | '{' stat '}'
      ;
decl  : {istype(getCurrentToken().getText())}? ID ID ';' ;
expr  : {isvar(getCurrentToken().getText())}? ID ;
```

stat 시작에서 현재 토큰이 왼쪽 중괄호이기 때문에, stat에서 의사결정은 이런 조건부를 테스트할 수 없다. 의미를 보존하기 위해 ANTLR은 이런 의사결정에서 조건부를 테스트하지 않는다.

가시적 조건부는 예측이 액션이나 토큰을 만나기 전에 맞닥뜨린다는 것이다. 예측 프로세스는 가시적이지 않는 조건부를 무시하며, 존재하지 않는 것처럼 취급한다.

드물게 특정 의사결정에 조건부가 가시적이더라도, 파서가 조건부를 사용하지 못할 수도 있다.

문맥 종속 조건부 사용

주위 규칙의 지역 변수나 파라미터에 의존하는 조건부를 문맥 종속[Context-Dependent] 조건부라고 부른다. 분명하게 조건부가 정의된 규칙 내에서만 이런 조건부를 평가할 수 있다. 예를 들어, 문맥 종속 조건부 {$i<=5}?를 테스트하기 위한 다음 prog에서 의사결정은 의미가 없다.

```
prog : vec5
     | ...
     ;
vec5
locals [int i=1]
     : ( {$i<=5}? INT {$i++;} )* // 5 INT 매치
     ;
```

ANTLR은 적절한 상황에서 평가할 수 없는 문맥 종속 조건부를 무시한다. 정상적으로 적절한 상황은 조건부를 정의한 규칙을 단순화하지만, 종종 파서가 동일 규칙 내에서도 문맥 종속 조건부를 평가할 수 없다. 이런 사례 탐지는 적응 LL(*) 예측 도안 런타임 시에 대충 수행된다.

예를 들어, stat의 else 부규칙의 선택적 분기의 예측은 stat의 끝으로 떨어지며 호출 prog 규칙에서 심볼을 계속해서 찾는다.

```
prog : stat+ ; // stat가 stat를 따를 수 있음
stat
locals [int i=0]
    : {$i==0}? ' if ' expr 'then' stat {$i=5;} ('else' stat)?
    | 'break' ';'
    ;
```

예측 프로세스는 else 절 외에 if 문장에 무엇이 따를 수 있는지 밝혀내려고 시도한다. 입력이 해당 열에 여러 stats를 가질 수 있기 때문에, else 부규칙의 선택적 분기의 예측은 stat를 다시 입력한다. 이런 경우에 5가 아니라 0 값을 가진 $i의 신규 복제본을 가진다. ANTLR은 파서가 원래 stat 호출에 없는 것을 알기 때문에, 상황 존속 조건부 {$i==0}?를 무시한다. 조건부는 다른 $i 버전을 테스트하기 때문에 파서가 평가할 수 없다.

렉서에서 조건부의 세세 항목은 이런 동일 지침을 따른다(렉서 규칙이 파라미터와 지역 변수를 가질 수 없는 사항은 제외). 다음 절에서 모든 렉서 특정 지침을 살펴본다.

렉서 규칙에서 조건부

파서 규칙에서 조건부는 얼터너티브 예측에 도움이 되게 얼터너티브의 왼쪽 끝단에 나타나야 된다. 다른 한편으로 렉서는 토큰의 전체 텍스트를 본 후에 규칙을 선택하기 때문에, 조건부가 렉서 규칙 오른쪽 끝단에 있는 것을 선호한다. 렉서 규칙이 조건부는 기술적으로는 규칙 내 어디에 두어도 문제가 되지는 않는다. 어떤 위치가 다른 것보다 효율적일 수는 있다. ANTLR은 최적 위치에 관해서 보장하지 않는다. 렉서 규칙에서 조건부는 싱글 토큰 매치 동안에도 여러 번 실행될 수도 있다. 렉서 규칙에 여러 조건부를 삽입할 수 있으며, 매칭 동안에 렉서에서 평가될 수 있다.

대략적으로 말하면 렉서의 목표는 입력 문자와 가장 매치하는 규칙을 선택하는 것이다. 각 문자에서 렉서는 어떤 규칙을 사용 가능한지 판단한다. 궁극적으로 단일 규칙만이 사용 가능하게 된다. 이 시점에서 렉서는 규칙의 토큰 타입과 매치된 텍스트에 따라 토큰 오브젝트를 생성한다.

종종 렉서는 규칙과 매치하여 사용 가능한 여러 대상을 만날 수도 있다. 예를 들어, enum은 ENUM 규칙과 ID 규칙에 매치된다. 만일 enum 다음 문자가 공백이라면, 규칙은 계속하지 않는다. 렉서는 그래머에서 처음 명시된 사용 가능 규칙을 선택하여 모호성을 벗어난다. 이것이 다음과 같이 식별자 규칙 이전에 키워드 규칙을 배치하는 이유이다.

```
ENUM : 'enum' ;
ID      : [a-z]+ ;
```

만일 입력 enum 이후의 다음 문자가 글자이면 ID만 사용 가능하다.

조건부는 사용 가능한 렉서 규칙 세트를 가지치기하여 전개된다. 렉서가 거짓 조건부를 만나면, 파서가 거짓 조건부의 얼터너티브를 비활성화하는 것처럼 규칙을 비활성화한다.

파서 조건부처럼 렉서 조건부는 렉서 액션의 부작용에 종속될 수는 없다. 액션은 렉서가 긍정적으로 매치하는 규칙을 식별한 후에만 실행할 수 있기 때문이다. 조건부가 규칙 선택 프로세스의 부분이기 때문에, 액션 부작용에 의존할 수는 없다. 렉서 액션은 렉서 규칙에서 조건부 이후에 나타나야 한다. 예를 들어, 다음은 렉서에서 키워드로 enum을 매치하는 또 다른 방식이다.

reference/Enum3.g4

```
ENUM :    [a-z]+ {getText().equals("enum")}?
          {System.out.println("enum!");}
     ;
ID   :    [a-z]+ {System.out.println("ID "+getText());} ;
```

ENUM의 print 액션은 마지막에 나타나고 현재 입력이 [a-z]+를 매치하고 조건부가 참일 경우에만 실행한다. enum과 식별자 간에 구별 여부를 보기 위해 Enum3를 빌드하고 테스트한다.

```
➤ $ antlr4 Enum3.g4
➤ $ javac Enum3.java
➤ $ grun Enum3 tokens
➤ enum abc
➤ EOF
❮ enum!
  ID abc
```

제대로 동작하지만 이것은 교육 목적만으로 사용된다. 다음과 같은 간단한 규칙으로 enum 키워드를 매치하는 것이 보다 더 효율적이고 이해하기가 쉽다.

```
ENUM : 'enum' ;
```

15.8 옵션

그래머 및 규칙 엘리먼트 수준에서 여러 가지 옵션을 명세할 수 있다(현재 규칙 옵션은 없다). ANTLR이 그래머로부터 코드를 생성하는 방식을 변경한다. 일반적인 구문은 다음과 같다.

```
options { name1=value1; ... nameN=valueN; } // ANTLR이 타겟 언어 구문이 아님
```

value는 식별자, 제한적인 식별자(예, a.b.c), 문자열, 중괄호로 묶인 여러 줄 문자열 및 정수가 될 수 있다.

그래머 옵션

모든 그래머는 다음과 같은 옵션을 사용할 수 있다. 조합 그래머에서 language를 제외한 모든 옵션은 생성된 파서에만 적용된다. 옵션은 옵션 구문을 사용하여 그래머 파일 내에 설정되거나, -D 옵션을 사용하여 명령으로 ANTLR을 호출할 때 설정할 수도 있다 (15.9절 "ANTLR 툴 명령 옵션" 참조). 다음 예제는 양 메커니즘을 설명한다. -D 옵션은

그래머 내의 옵션을 겹쳐 쓴다.

- superClass : 생성된 파서나 렉서의 슈퍼클래스를 설정한다. 조합 그래머인 경우에, 파서의 슈퍼클래스를 설정한다.

```
$ cat Hi.g4
grammar Hi;
a : 'hi' ;
$ antlr4 -DsuperClass=XX Hi.g4
$ grep 'public class' HiParser.java
public class HiParser extends XX {
$ grep 'public class' HiLexer.java
public class HiLexer extends Lexer {
```

- language : 만일 ANTLR이 수행할 수 있다면, 표시된 언어로 코드를 생성한다. 그렇지 않다면, 다음과 같은 에러를 볼 수 있다.

```
$ antlr4 -Dlanguage=C MyGrammar.g4
error(31): ANTLR cannot generate C code as of version 4.0
```

- tokenVocab : ANTLR이 파일에서 토큰을 만날 때 토큰에 토큰 타입 번호를 할당한다. 분리 렉서 같은 것으로 다른 토큰 타입 값을 사용하는 경우 .token 파일에 ANTLR 끌어오기[Pull]를 위해 사용한다. ANTLR은 각 그래머로부터 .token 파일을 생성한다.

```
$ cat SomeLexer.g4
lexer grammar SomeLexer;
ID : [a-z]+ ;
$ cat R.g4
parser grammar R;
options {tokenVocab=SomeLexer;}
tokens {A,B,C} // 일반적으로 토큰 타입 1, 2, 3이다.
a : ID ;
$ antlr4 SomeLexer.g4
```

```
$ cat SomeLexer.tokens
ID=1
$ antlr4 R.g4
$ cat R.tokens
A=2
B=3
C=4
ID=1
```

- tokenLabelType : 일반적으로 ANTLR은 토큰을 참조하는 변수를 생성할 때, 타입 Token을 사용한다. 파서와 렉서에 TokenFactory를 전달하여 커스텀[Custom] 토큰을 생성하는 경우, 특정 타입에 이 옵션을 설정해야 한다. 컨텍스트 오브젝트가 필드와 메소드 리턴 값의 타입을 알아야 한다.

```
$ cat T2.g4
grammar T2;
options {TokenLabelType=MyToken;}
a : x=ID ;
$ antlr4 T2.g4
$ grep MyToken T2Parser.java
    public MyToken x;
```

규칙 옵션

현재 정당한 규칙 수준 옵션은 없지만, 향후에 툴이 다음과 같은 구문을 지원할 계획이다.

```
rulename
options {...}
    : ...
    ;
```

규칙 엘리먼트 옵션

토큰 옵션은 T<name=value> 형식을 가진다. 5.4절 *"우선순위, 왼쪽 회귀 및 결합 다루기"*를 참조하기 바란다. 토큰 옵션은 assoc 하나이며, 값 left/right를 받아들인다. 그림 13. "샘플 그래머"는 '^' 지수 연산자 토큰에 토큰 옵션을 명시하는 왼쪽 회귀 표현식을 가진 샘플 그래머를 보여준다.

또한 의미 술어도 옵션을 받아들인다. 한 가지 정당한 옵션은 이중 인용부호의 문자열 리터럴이나 문자열을 평가하는 액션을 받아들이는 fail 옵션이다.

reference/ExprLR.g4

```
grammar ExprLR;

expr : expr '^'<assoc=right> expr
     | expr '*' expr          // '*' 연산자와 결합하는 부표현식 매치
     | expr '+' expr          // '+' 연산자와 결합하는 부표현식 매치
     | INT                    // 간단한 정수 매치
     ;

INT  : '0'..'9'+ ;
WS   : [ \n]+ -> skip ;
```

그림 13 – 샘플 그래머

액션으로부터 유발한 문자열 리터럴이나 문자열은 조건부 실패 시에 내보내기 위해 메시지가 되어야 한다.

errors/VecMsg.g4

```
ints[int max]
locals [int i=1]
    : INT ( ',' {$i++;} {$i<=$max}?<fail={"exceeded max "+$max}> INT )*
    ;
```

액션은 조건부가 실패할 때 문자열 연산뿐만 아니라 함수를 실행할 수 있다: {...}?<fail={ doSomethingAndReturnAString()}>

15.9 ANTLR 툴 명령 옵션

만일 명령 아규먼트 없이 ANTLR 툴을 호출하면 도움말 메시지를 얻을 수 있다.

```
$ antlr4
ANTLR Parser Generator Version 4.0
 - o ___                specify output directory where all output is generated
 - lib ___              specify location of grammars, tokens files
 - atn                  generate rule augmented transition network diagrams
 - encoding ___         specify grammar file encoding; e.g., euc-jp
 - message-format ___specify output style for messages in antlr, gnu, vs2005
 - listener             generate parse tree listener (default)
 - no-listener          don't generate parse tree listener
 - visitor              generate parse tree visitor
 - no-visitor           don't generate parse tree visitor (default)
 - package ___          specify a package/namespace for the generated code
 - depend               generate file dependencies
 - D<option>=value      set/override a grammar-level option
 - Werror               treat warnings as errors
 - XdbgST               launch StringTemplate visualizer on generated code
 - Xforce-atn           use the ATN simulator for all predictions
 - Xlog                 dump lots of logging info to antlr-timestamp.log
```

다음은 옵션에 관한 상세 정보이다.

- **-o outdir** : ANTLR이 기본적으로 현재 디렉터리에 출력 파일을 생성한다. 이 옵션은 ANTLR이 파서, 리스너, 비지터 및 .tokens 파일을 생성하는 출력 디렉터리를 명세한다.

```
$ antlr4 -o /tmp T.g4
$ ls /tmp/T*
/tmp/T.tokens                /tmp/TListener.java
/tmp/TBaseListener.java      /tmp/TParser.java
```

- –lib libdir : .tokens 파일과 임포트된 그래머를 찾을 때, 일반적으로 ANTLR은 현재 디렉터리에서 찾는다. 이 옵션은 대신에 찾는 디렉터리를 명세한다.

```
$ cat /tmp/B.g4
parser grammar B;
x : ID ;
$ cat A.g4
grammar A;
import B;
s : x ;
ID : [a-z]+ ;
$ antlr4 -lib /tmp A.g4
```

- –atn : ANTLR이 그래머를 표현하는 데 사용하는 내부 ATN[6]데이터 구조를 나타내는 DOT 그래프 파일을 생성한다. 파일은 Grammer.rule.dot로 나온다. 만일 그래머가 조합 그래머라면, 렉서 규칙이 GrammerLexer.rule.dot로 명명된다.

```
$ cat A.g4
grammar A;
s : b ;
b : ID ;
ID : [a-z]+ ;
$ antlr4 -atn A.g4
$ ls *.dot
A.b.dot A.s.dot ALexer.ID.dot
```

---

6 Augmented Transition Network

- −encoding encodingname : 기본적으로 ANTLR은 UTF-8[7]인코딩을 사용하여 그래머 파일을 로딩한다. UTF-8은 한 바이트에 맞게 문자를 ASCII[8]로 재생성하는 아주 일반적인 문자 파일 인코딩이다. 전 세계적으로 많은 문자 파일 인코딩이 존재한다. 만일 그래머 파일이 디폴트 인코딩이 아니라면, ANTLR이 적절하게 그래머 파일을 해석하기 위해 이 옵션이 필요하다. 생성된 파서의 입력에 영향을 주지 않고 그래머 자체를 인코딩한다.

```
# my locale is en_US on a Mac OS X box
# I saved this _le with a UTF-8 encoding to handle grammar name 外(\uCDE2)
# inside the grammar _le
$ cat 外.g4
grammar 外;
a : 'foreign' ;
$ antlr4 -encoding UTF-8 外.g4
$ ls 外*.java
外BaseListener.java 外Listener.java
外Lexer.java 外Parser.java
$ javac -encoding UTF-8 外*.java
```

- −message−format format : ANTLR은 tool/resources/org/antlr/v4/tool/templates/messages/ formats 디렉터리의 템플릿을 사용하여 경고와 에러 메시지를 생성한다. 기본적으로 ANTLR은 antlr.stg(StringTemplate 그룹) 파일을 사용한다. 이것을 Emacs나 Visual Studio에 적절한 메시지를 생성하기 위해 gnu나 vs2005로 변경할 수 있다. X라 부르는 자체를 만들려면, 자원 org/antlr/v4/tool/templates/messages/formats/X를 생성하고, CLASSPATH에 위치시킨다.
- −listener : 이 옵션은 ANTLR에게 파스 트리 리스너를 생성하라고 지시하며, 디폴트이다.
- −no−listener : 이 옵션은 파스 트리 리스너를 생성하지 말라고 지시한다.

---

7 Unicode Transformation Format

8 American Standard Code for Information Interchange

- –visitor : ANTLR은 기본적으로 파스 트리 비지터를 생성하지 않는다. 이 옵션은 기능을 가능하게 한다. ANTLR이 파스 트리 리스너와 비지터를 생성할 수 있다. 이 옵션과 -listener은 상호 배타적이다.
- –no–visitor : ANTLR에게 파스 트리 비지터를 생성하지 말라고 지시한다. 디폴트로 지정된다.
- –package : ANTLR 생성 파일에 네임스페이스와 패키지를 명세하는 옵션이다. 다른 방식으로, @header {…} 액션을 추가할 수 있지만, 그래머를 특정 언어로 묶는다. 이 옵션과 @header를 사용한다면, 헤더 액션이 패키지 명세를 가지면 안 된다. 그렇지 않으면 생성된 코드가 두 가지를 가지게 된다.
- –depend : 파서나 렉서를 생성하는 대신에, 라인별로 파일 종속 리스트를 생성한다. 출력은 각 그래머가 무엇을 의존하는지와 무엇이 생성되는지를 보여준다. ANTLR 그래머 종속을 알 필요가 있는 빌드 툴에서 유용하다. 다음은 예제이다.

```
$ antlr4 -depend T.g
T.g: A.tokens
TParser.java : T.g
T.tokens : T.g
TLexer.java : T.g
TListener.java : T.g
TBaseListener.java : T.g
```

  -depend와 -lib libdir을 사용하고 그래머 옵션이 tokenVocab=A라면, 종속성은 라이브러리 경로도 포함한다: T.g: libdir/A.tokens.

  또한 출력이 -o outdir 옵션에 민감하다: outdir/TParser.java :T. g.
- –D⟨option⟩=value : 명세된 그래머에 그래머 수준 옵션을 설정하거나 겹쳐 쓰기 위해 이 옵션을 사용한다. 이 옵션은 그래머를 변경하지 않고 다른 언어로 파서를 생성할 경우에 유용하다.

```
$ antlr4 -Dlanguage=Java T.g4 # default
$ antlr4 -Dlanguage=C T.g4
error(31): ANTLR cannot generate C code as of version 4.0
```

- –Werror : 대규모 빌드의 부분으로 ANTLR 경고 메시지가 간과될 수 있다. 경고를 에러로 취급하기 위해 이 옵션을 사용한다. ANTLR 툴이 호출 명령 셸에 실패를 보고한다.

ANTLR 자체를 디버깅하는 데 유용한 몇 가지 확장 옵션이 있다.

- -XdbgST : 코드 생성 타겟을 빌드하기 위해, 이 옵션은 생성된 코드와 코드를 생성하는데 사용된 템플릿을 보여주는 윈도우를 띄운다. StringTemplate 분석기 윈도우를 호출한다.
- –Xforce–atn : 일반적으로 ANTLR은 가능하다면 전통적 "토큰 타입 상에 스위치 Switch on Token Type"를 빌드한다(한 토큰 미리보기는 의사결정에서 모든 얼터너티브 간에 구별하기에 충분하다). 적응 LL(*) 메커니즘에 이런 간단한 의사결정을 강제하려면 이 옵션을 사용한다.
- –Xlog : 이 옵션은 ANTLR이 그래머를 처리하면서 발생한 많은 메시지 정보를 가진 로그 파일을 생성한다. ANTLR이 왼쪽 회귀 규칙을 변환하는 방법을 보려면, 옵션을 사용하고 결과 로그 파일을 보면 된다.

```
$ antlr4 -Xlog T.g4
wrote ./antlr-2012-09-06-17.56.19.log
```

참고문헌

[ALSU06] Alfred V. Aho, Monica S. Lam, Ravi Sethi, and Jeffrey D. Ullman. Compilers: Principles, Techniques, and Tools . Addison-Wesley Longman, Reading, MA, Second, 2006.

[Gro90] Josef Grosch. Efficient and Comfortable Error Recovery in Recursive Descent Parsers. Structured Programming. 11[3]:129–140, 1990.

[Par09] Terence Parr. Language Implementation Patterns. The Pragmatic Bookshelf, Raleigh, NC and Dallas, TX, 2009.

[Top82] Rodney W. Topor. A note on error recovery in recursive descent parsers. SIGPLAN Notices. 17[2]:37–40, 1982.

[Wir78] Niklaus Wirth. Algorithms + Data Structures = Programs. Prentice Hall, Englewood Cliffs, NJ, 1978.

INDEX